ARARIBÁ PLUS Ciências 7

Organizadora: Editora Moderna
Obra coletiva concebida, desenvolvida e produzida pela Editora Moderna.

Editoras Executivas:
Maíra Rosa Carnevalle
Rita Helena Bröckelmann

5ª edição

MODERNA

© Editora Moderna, 2018

MODERNA

Elaboração dos originais:

Alda Regina Tognini Romaguera
Licenciada em Pedagogia pela Universidade Estadual de Campinas. Mestre e Doutora em Educação (Educação, Conhecimento, Linguagem e Arte) pela Universidade Estadual de Campinas. Professora e assessora pedagógica.

Cristiane Roldão
Bacharel em Física pela Universidade Federal do Rio Grande do Sul. Mestre e Doutora em Física na área de Física Teórica pelo Instituto de Física Teórica da Universidade Estadual Paulista "Júlio de Mesquita Filho". Professora.

Daniel Hohl
Licenciado em Física pela Universidade de São Paulo. Editor.

Fernando Frochtengarten
Bacharel e licenciado em Ciências Biológicas pela Universidade de São Paulo. Mestre e Doutor em Psicologia (Psicologia Social) pela Universidade de São Paulo. Professor e coordenador pedagógico.

Flávia Ferrari
Bacharel em Ciências Biológicas pelo Instituto de Biociências da Universidade de São Paulo. Professora.

Juliana Bardi
Bacharel e licenciada em Ciências Biológicas pelo Instituto de Biociências da Universidade Estadual Paulista. Doutora em Ciências Biológicas (Zoologia) pelo Instituto de Biociências da Universidade de São Paulo. Editora.

Marta de Souza Rodrigues
Licenciada em Física pela Universidade de São Paulo. Mestre em Ciências (Ensino de Ciências modalidades Física, Química e Biologia – Área de concentração Física) pela Universidade de São Paulo. Professora.

Mauro Faro
Engenheiro Químico pela Universidade de São Paulo. Mestre em Engenharia Química (Engenharia Química) pela Universidade de São Paulo. Licenciado em Química pelas Faculdades Oswaldo Cruz (SP). Professor.

Murilo Tissoni
Licenciado em Química pela Universidade de São Paulo. Professor.

Tassiana Carvalho
Licenciada em Física pela Universidade de São Paulo. Mestre e doutora em Ciências (Ensino de Ciências modalidades Física, Química e Biologia – Área de concentração Física) pela Universidade de São Paulo. Professora.

Tathyana Tumolo
Bacharel em Química pela Universidade Presbiteriana Mackenzie. Pós-doutorada pelo Departamento de Alimentos e Nutrição Experimental da Faculdade de Ciências Farmacêuticas da Universidade de São Paulo. Editora.

Vivian Vieira
Licenciada em Física pela Universidade de São Paulo. Professora.

Imagem de capa
Submarino explorando o oceano. Devido ao desenvolvimento de novos equipamentos, áreas antes inacessíveis podem ser exploradas.

Coordenação editorial: Maíra Rosa Carnevalle, Rita Helena Bröckelmann
Edição de texto: Dino Santesso Gabrielli, Heloise do Nascimento Calça, Tathyana Tumolo, Mauro Faro, Ana Carolina Suzuki Dias Cintra, Daniel Hohl, Renata Amelia Bueno Migliacci, Tatiani Donato
Edição de conteúdo digital: Heloise do Nascimento Calça, Tathyana Tumolo
Preparação de texto: Fabiana Biscaro, Débora Tamayose, Malvina Tomaz, Marcia Leme
Gerência de *design* e produção gráfica: Sandra Botelho de Carvalho Homma
Coordenação de produção: Everson de Paula, Patricia Costa
Suporte administrativo editorial: Maria de Lourdes Rodrigues (coord.)
Coordenação de *design* e projetos visuais: Marta Cerqueira Leite
Projeto gráfico: Daniel Messias, Otávio dos Santos
Pesquisa iconográfica para capa: Daniel Messias, Otávio dos Santos, Bruno Tonel
  Foto: Iriton Submarines LLC; Auscape/UIG/Getty Images
Coordenação de arte: Carolina de Oliveira Fagundes
Edição de arte: Mônica Maldonado
Editoração eletrônica: Essencial Design
Edição de infografia: Luiz Iria, Priscilla Boffo, Giselle Hirata
Ilustrações dos ícones-medida: Paulo Manzi
Coordenação de revisão: Maristela S. Carrasco
Revisão: Ana Maria C. Tavares, Cárita Negromonte, Cecilia Oku, Cristiano Oliveira, Renato da Rocha, Rita de Cássia Sam, Salete Brentan, Vânia Bruno, Viviane Oshima
Coordenação de pesquisa iconográfica: Luciano Baneza Gabarron
Pesquisa iconográfica: Flávia Aline de Morais, Luciana Vieira e Camila D'Angelo
Coordenação de *bureau*: Rubens M. Rodrigues
Tratamento de imagens: Fernando Bertolo, Joel Aparecido, Luiz Carlos Costa, Marina M. Buzzinaro
Pré-impressão: Alexandre Petreca, Everton L. de Oliveira, Marcio H. Kamoto, Vitória Sousa
Coordenação de produção industrial: Wendell Monteiro
Impressão e acabamento: Esdeva Indústria Gráfica Ltda.
Lote: 288794

Dados Internacionais de Catalogação na Publicação (CIP)
(Câmara Brasileira do Livro, SP, Brasil)

Araribá plus : ciências naturais / obra coletiva concebida, desenvolvida e produzida pela Editora Moderna ; editoras executivas Maíra Rosa Carnevalle, Rita Helena Bröckelmann. – 5. ed. – São Paulo : Moderna, 2018.

Obra em 4 v. para alunos do 6º ao 9º ano.
Bibliografia.

1. Ciências (Ensino fundamental) I. Carnevalle, Maíra Rosa. II. Bröckelmann, Rita Helena.

18-15777   CDD-372.35

Índices para catálogo sistemático:
1. Ciências : Ensino fundamental   372.35
Cibele Maria Dias - Bibliotecária - CRB-8/9427

ISBN 978-85-16-11239-4 (LA)
ISBN 978-85-16-11240-0 (LP)

Reprodução proibida. Art. 184 do Código Penal e Lei 9.610 de 19 de fevereiro de 1998.
Todos os direitos reservados
EDITORA MODERNA LTDA.
Rua Padre Adelino, 758 – Belenzinho
São Paulo – SP – Brasil – CEP 03303-904
Vendas e Atendimento: Tel. (0_ _11) 2602-5510
Fax (0_ _11) 2790-1501
www.moderna.com.br
2020
Impresso no Brasil

1 3 5 7 9 10 8 6 4 2

APRESENTAÇÃO

Certamente você já sabe algo sobre os assuntos mais famosos da Ciência: o Universo, os seres vivos, o corpo humano, os cuidados com o ambiente, as tecnologias e suas aplicações, a energia e a matéria são temas comuns.

Ciência tem sua origem na palavra latina *scientia*, que significa conhecimento. É uma atividade social feita por diversas pessoas em diferentes lugares do mundo. Ciência também tem a ver com questões econômicas, políticas e culturais de cada lugar.

Você já parou para pensar em como a Ciência funciona? Será que os cientistas têm sempre certeza de tudo? Como eles trabalham? Como é feita uma pesquisa? É fácil fazer uma descoberta científica? Só os cientistas "fazem Ciência"?

Para a última pergunta, queremos que você considere um **não** como resposta. Os investigadores são pessoas atentas, observadoras e curiosas que questionam e buscam respostas. Convidamos você a ser um deles!

Este livro apresenta algumas respostas. Como investigador, no entanto, você deve saber que as perguntas são mais importantes. Faça perguntas, duvide, questione, não se contente com o que é apresentado como verdade. Nesse caminho, conte com a sua professora ou o seu professor: converse sobre suas dúvidas e dê também a sua opinião.

Seu livro traz ainda um trabalho com **Atitudes para a vida**. Você vai aprender que elas podem ajudá-lo nas tarefas escolares e também a tomar decisões melhores e a resolver problemas.

Esperamos que este livro o incentive a pensar com qualidade, a criar bons hábitos de estudo e a ser um cidadão bem preparado para enfrentar o mundo e cuidar dele.

Bons estudos!

ATITUDES PARA A VIDA

11 ATITUDES MUITO ÚTEIS PARA O SEU DIA A DIA!

As Atitudes para a vida *trabalham competências socioemocionais e nos ajudam a resolver situações e desafios em todas as áreas, inclusive no estudo de Ciências.*

1. Persistir
Se a primeira tentativa para encontrar a resposta não der certo, **não desista**, busque outra estratégia para resolver a questão.

2. Controlar a impulsividade
Pense antes de agir. Reflita sobre os caminhos que pode escolher para resolver uma situação.

3. Escutar os outros com atenção e empatia
Dar atenção e escutar os outros são ações importantes para se relacionar bem com as pessoas.

4. Pensar com flexibilidade
Considere diferentes **possibilidades** para chegar à solução. Use os recursos disponíveis e dê asas à imaginação!

5. Esforçar-se por exatidão e precisão
Confira os dados do seu trabalho. Informação incorreta ou apresentação desleixada podem prejudicar a sua credibilidade e comprometer todo o seu esforço.

6. Questionar e levantar problemas
Fazer as perguntas certas pode ser determinante para esclarecer suas dúvidas. Esteja alerta: indague, questione e levante problemas que possam ajudá-lo a compreender melhor o que está ao seu redor.

7. Aplicar conhecimentos prévios a novas situações

Use o que você já sabe!
O que você já aprendeu pode ajudá-lo a entender o novo e a resolver até os maiores desafios.

8. Pensar e comunicar-se com clareza

Organize suas ideias e comunique-se com clareza.
Quanto mais claro você for, mais fácil será estruturar um plano de ação para realizar seus trabalhos.

9. Imaginar, criar e inovar

Desenvolva a criatividade conhecendo outros pontos de vista, imaginando-se em outros papéis, melhorando continuamente suas criações.

10. Assumir riscos com responsabilidade

Explore suas capacidades!
Estudar é uma aventura, não tenha medo de ousar. Busque informação sobre os resultados possíveis, e você se sentirá mais seguro para arriscar um palpite.

11. Pensar de maneira interdependente

Trabalhe em grupo, colabore. Juntando ideias e força com seus colegas, vocês podem criar e executar projetos que ninguém poderia fazer sozinho.

No Portal *Araribá Plus* e ao final do seu livro, você poderá saber mais sobre as *Atitudes para a vida*. Veja <www.moderna.com.br/araribaplus> em **Competências socioemocionais**.

CONHEÇA O SEU LIVRO

UM LIVRO ORGANIZADO

Seu livro tem 8 Unidades, com uma organização clara e regular. Todas elas apresentam abertura, Temas, páginas de atividades e seções como *Explore*, *Pensar Ciência*, *Atitudes para a vida* e *Compreender um texto*.

PROJETO
A proposta do projeto pode ser feita no momento mais conveniente para a turma: no início do ano, na feira de Ciências da escola ou em outra ocasião. É uma oportunidade de envolvimento da classe com a comunidade e com outras áreas do conhecimento.

POR QUE ESTUDAR ESTA UNIDADE?
Um pequeno texto introdutório vai explicar a relevância dos assuntos tratados na Unidade.

UNIDADES – ABERTURA
No começo de cada Unidade, há uma ou mais imagens interessantes para despertar a curiosidade e promover a troca de ideias sobre o tema. Analise-as com atenção.

COMEÇANDO A UNIDADE
As perguntas propostas convidam a refletir sobre os temas que serão estudados. Aproveite para contar o que você sabe sobre cada tema e perceber quais são suas principais dúvidas e curiosidades.

ATITUDES PARA A VIDA
O boxe *Atitudes para a vida* indica as atitudes cujo desenvolvimento será priorizado na Unidade.

TEMAS
Os conteúdos foram selecionados e organizados em temas. Um pequeno texto inicial resume a ideia central do tema. Um sistema de títulos hierarquiza as ideias principais do texto.

IMAGENS
Fotografias, ilustrações, gráficos, mapas e esquemas auxiliam na construção dos conceitos propostos.

ÍCONE-MEDIDA
Um ícone-medida é aplicado para indicar o tamanho médio do ser vivo ou do objeto que aparece em uma imagem. Esse ícone pode indicar sua altura ($\updownarrow$) ou seu comprimento ($\leftrightarrow$).

As fotomicrografias (fotografias obtidas com o auxílio de microscópio) e as ilustrações de objetos ou de seres invisíveis a olho nu aparecem acompanhadas do ícone de um microscópio.

VAMOS FAZER
Atividades procedimentais relativamente rápidas e diretas que proporcionam oportunidades de observação e de comprovação de fenômenos.

DE OLHO NO TEMA
Atividades que promovem a compreensão do assunto principal de cada tema.

GLOSSÁRIO
Traz a explicação de termos mais difíceis.

ENTRANDO NA REDE
Sugestões de endereços para consulta e pesquisa na internet.

CONHEÇA O SEU LIVRO

COLETIVO CIÊNCIAS
Mostra a Ciência como produto coletivo de diferentes áreas do conhecimento e feita por cientistas e não cientistas em colaboração.

INFOGRÁFICOS
Exploram aspectos dos assuntos estudados e ajudam a aprofundar e contextualizar conceitos.

ATIVIDADES
Organizar o conhecimento, Analisar e Compartilhar são atividades que trabalham habilidades como a compreensão e a aplicação de conceitos e enfatizam o uso de técnicas de leitura, registro e interpretação.

SAIBA MAIS!
Quadro que traz informações adicionais e curiosidades relativas aos temas.

EXPLORE
Propõe a investigação de fatos e acontecimentos, bem como a exploração de ideias novas. Incentiva o trabalho em equipe e o uso de habilidades de investigação científica.

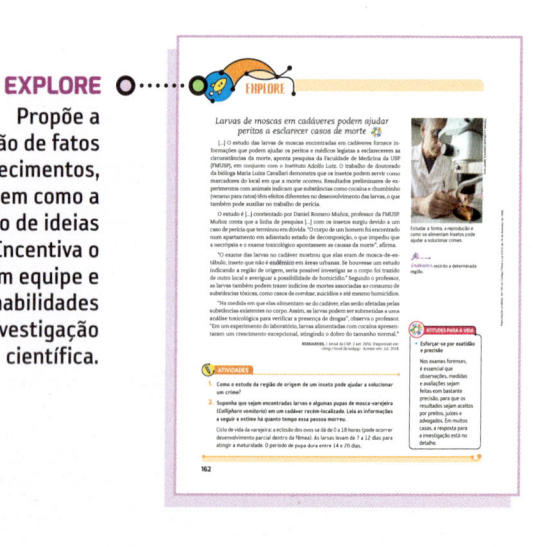

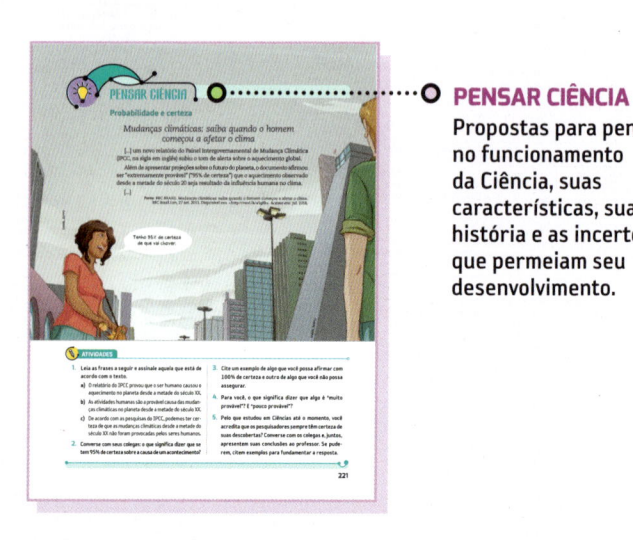

PENSAR CIÊNCIA
Propostas para pensar no funcionamento da Ciência, suas características, sua história e as incertezas que permeiam seu desenvolvimento.

8

ATITUDES PARA A VIDA

Nesta seção, o objetivo é desenvolver atitudes, interesses e hábitos que reforçam as atitudes para a vida, em propostas de discussão e reflexão tanto coletivas quanto individuais.

O símbolo aparece em outros momentos ao longo do livro, adicionalmente, indicando oportunidades para o trabalho com as atitudes.

COMPREENDER UM TEXTO

Páginas que desenvolvem a compreensão leitora, trabalhando com a leitura e a interpretação de textos diversos, incluindo os de divulgação científica. As atividades sobre o texto estimulam a busca por informações e a reflexão.

OFICINAS DE CIÊNCIAS

Incluem atividades experimentais, estudo do meio, construção de modelos e montagens, entre outras propostas de investigação. Cada oficina apresenta os objetivos, o material necessário, o procedimento e as atividades exploratórias.

ÍCONES DA COLEÇÃO

Glossário

Atitudes para a vida

Indica que existem jogos, vídeos, atividades ou outros recursos no **livro digital** ou no **portal** da coleção.

CONTEÚDO DOS MATERIAIS DIGITAIS

O *Projeto Araribá Plus* apresenta um Portal exclusivo, com ferramentas diferenciadas e motivadoras para o seu estudo. Tudo integrado com o livro para tornar a experiência de aprendizagem mais intensa e significativa.

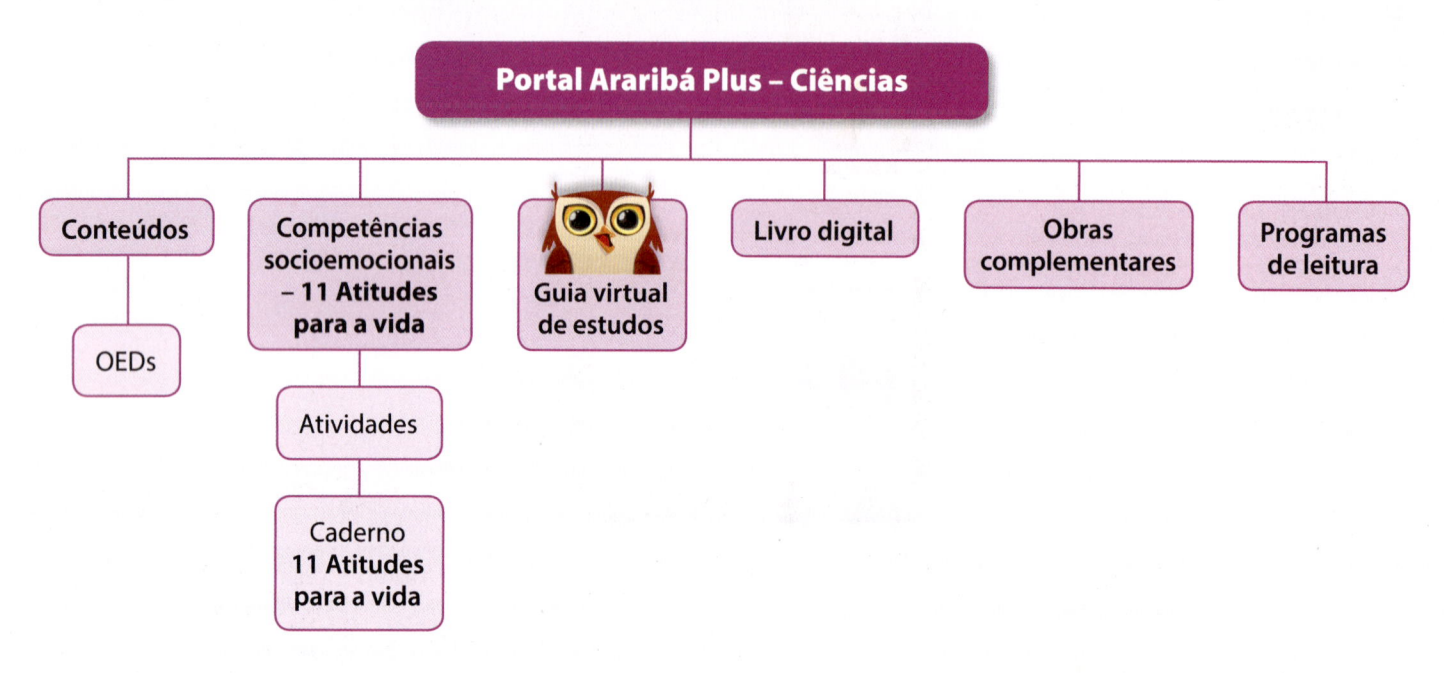

Portal Araribá Plus – Ciências
- Conteúdos
  - OEDs
- Competências socioemocionais – 11 Atitudes para a vida
  - Atividades
  - Caderno 11 Atitudes para a vida
- Guia virtual de estudos
- Livro digital
- Obras complementares
- Programas de leitura

Livro digital com tecnologia *HTML5* para garantir melhor usabilidade e ferramentas que possibilitam buscar termos, destacar trechos e fazer anotações para posterior consulta. O livro digital é enriquecido com objetos educacionais digitais (OEDs) integrados aos conteúdos. Você pode acessá-lo de diversas maneiras: no *smartphone*, no *tablet* (Android e iOS), no *desktop* e *on-line* no *site*:

http://mod.lk/livdig

LISTA DE OEDs

Unidade	Título do objeto digital
1	Como se formam os terremotos
1	Vulcões
2	O pensamento evolucionista
2	Camuflagem e adaptação
3	Características dos fungos
3	Fabricação da vacina contra febre amarela
4	Plantas aquáticas
4	Das flores aos frutos
5	Criaturas das profundezas do oceano
5	Verminoses
6	Biomas brasileiros
7	Sistema de calefação
7	Convecção térmica no cotidiano
8	Máquinas simples

ARARIBÁ PLUS APP

Aplicativo exclusivo para você com recursos educacionais na palma da mão!

Objetos educacionais digitais diretamente no seu *smartphone* ou *tablet* para uso *on-line* e *off-line*.

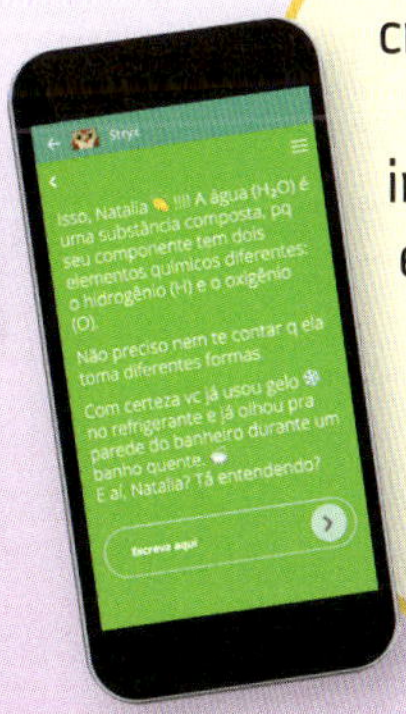

Acesso rápido por meio do leitor de código *QR*.
http://mod.lk/app

Stryx, um guia virtual criado especialmente para você. Ele ajudará a entender temas importantes e achar videoaulas e outros conteúdos confiáveis, alinhados com o seu livro.

Eu sou **Stryx** e serei seu guia virtual por trilhas de conhecimentos de um jeito muito legal de estudar!

SUMÁRIO

UNIDADE 1 — A VIDA NO PLANETA TERRA ... 18

TEMA 1 O que é um ser vivo ... 20
Composição, 20 – Metabolismo, 20 – Ciclo de vida, 20 – Reprodução, 21 – Percepção e interação com o ambiente, 21 – Células, 21

TEMA 2 Características das células ... 22
A unidade da vida, 22

TEMA 3 Os primeiros seres vivos ... 25
A terra primitiva, 25 – Os primeiros seres vivos, 25

ATIVIDADES ... 27
EXPLORE – A importância do microscópio ... 28

TEMA 4 Teorias sobre a origem da vida ... 29
Geração espontânea e biogênese, 29 – Oparin, Haldane e as bases da teoria da evolução molecular, 31 – A panspermia cósmica, 32

TEMA 5 O planeta em transformação ... 33
A litosfera, 33 – Terremotos, 36 – Vulcões, 37

TEMA 6 O surgimento e a extinção de espécies ... 38
A camada de ozônio, 40 – Extinções em massa, 41

ATIVIDADES ... 42
PENSAR CIÊNCIA – Mapeando o fundo do oceano ... 43

ATITUDES PARA A VIDA – A verdade está lá fora ... 44
COMPREENDER UM TEXTO ... 46

UNIDADE 2 — INTRODUÇÃO À EVOLUÇÃO DOS SERES VIVOS ... 48

TEMA 1 Seleção natural ... 50
As ideias evolucionistas de Lamarck, 50 – As contribuições de Darwin e Wallace, 51

TEMA 2 Adaptações ... 53
Adaptação e evolução biológica, 53

ATIVIDADES ... 56
PENSAR CIÊNCIA – As paixões de Darwin ... 57

TEMA 3 Seleção artificial ... 58
Seleção artificial e melhoramento genético na agropecuária, 59

TEMA 4 Evolução humana ... 60
Dos primeiros primatas à linhagem humana, 60 – A evolução da linhagem humana, 61

ATIVIDADES ... 62
EXPLORE – A seleção natural e a diversidade dos bicos das aves ... 63

ATITUDES PARA A VIDA – Raças humanas? ... 64
COMPREENDER UM TEXTO ... 66

UNIDADE 3 — A CLASSIFICAÇÃO DOS SERES VIVOS 68

TEMA 1 Por que classificar? 70
Um exemplo de classificação, 70 – A importância da classificação dos seres vivos, 71 – Critérios para a classificação dos seres vivos, 72 – Histórico da classificação dos seres vivos, 73 – O sistema de classificação de Lineu, 74 – A nomenclatura científica, 75 – Os reinos, 75 – Árvores da vida, 76

TEMA 2 Os vírus 77
A estrutura dos vírus, 77 – A reprodução viral e as viroses, 78 – Vacinação, 78

TEMA 3 O reino dos moneras 80
As árqueas, 80 – As bactérias, 81

ATIVIDADES 84
EXPLORE – Observação e classificação: chaves dicotômicas 85

TEMA 4 O reino dos protoctistas 86
As algas: protoctistas autotróficos, 86 – Os protozoários: protoctistas heterotróficos, 88 – Papéis das algas e dos protozoários, 90

TEMA 5 O reino dos fungos 91
A alimentação dos fungos, 91 – A reprodução dos fungos, 92 – O modo de vida dos fungos, 92 – A classificação dos fungos, 93 – Papéis dos fungos, 94

TEMA 6 O ambiente, a saúde e os seres microscópicos 95
Doenças emergentes e reemergentes, 95 – Fatores de transmissão das doenças, 96 – Gripe: por que vacinar?, 97

ATIVIDADES 98
PENSAR CIÊNCIA – O que é vida? 99

ATITUDES PARA A VIDA – Lixo e saúde 100
COMPREENDER UM TEXTO 102

UNIDADE 4 — O REINO DAS PLANTAS 104

TEMA 1 Características das plantas 106
Características gerais das plantas, 106 – As células das plantas, 107 – Os tecidos das plantas, 108

TEMA 2 Classificação das plantas 109
Grupos de plantas, 109 – A evolução das plantas, 110 – Briófitas, 111 – Pteridófitas, 111 – Gimnospermas, 112 – Angiospermas, 113

TEMA 3 Raiz e caule 114
A raiz e suas partes, 114 – O caule e suas partes, 116

ATIVIDADES 118
PENSAR CIÊNCIA – A imagem do cientista 119

TEMA 4 Folha 120
A folha e suas partes, 120 – A fotossíntese, 122 – A respiração, 123 – A transpiração, 124

TEMA 5 Ciclos reprodutivos das plantas 125
A reprodução das plantas, 125

TEMA 6 Flor, fruto e semente 129
A flor e suas partes, 129 – O fruto e suas partes, 130 – A semente e suas partes, 131

ATIVIDADES 133
EXPLORE – Taxa de germinação de sementes 134

ATITUDES PARA A VIDA – Mulheres na Ciência 136
COMPREENDER UM TEXTO 138

SUMÁRIO

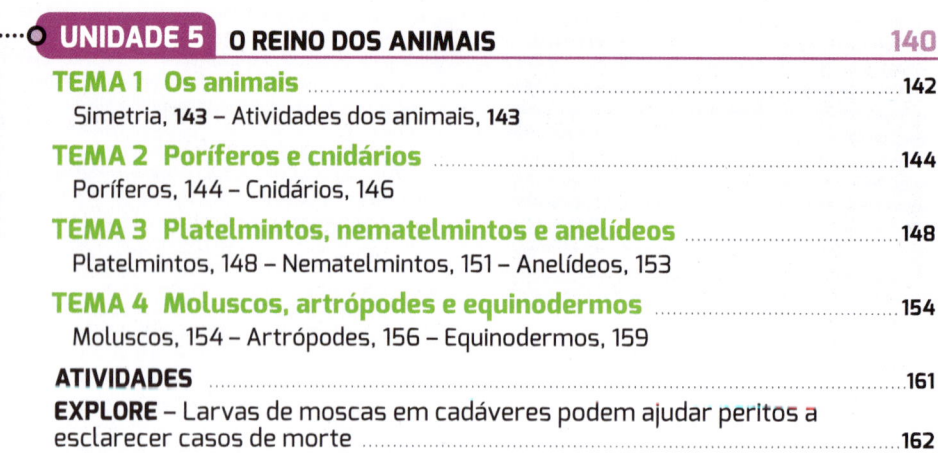

UNIDADE 5 — O REINO DOS ANIMAIS — 140

TEMA 1 Os animais 142
Simetria, 143 – Atividades dos animais, 143

TEMA 2 Poríferos e cnidários 144
Poríferos, 144 – Cnidários, 146

TEMA 3 Platelmintos, nematelmintos e anelídeos 148
Platelmintos, 148 – Nematelmintos, 151 – Anelídeos, 153

TEMA 4 Moluscos, artrópodes e equinodermos 154
Moluscos, 154 – Artrópodes, 156 – Equinodermos, 159

ATIVIDADES 161
EXPLORE – Larvas de moscas em cadáveres podem ajudar peritos a esclarecer casos de morte 162

TEMA 5 Peixes e anfíbios 163
Peixes, 163 – Anfíbios, 165

TEMA 6 Répteis 166
Animais venenosos e peçonhentos, 167

TEMA 7 Aves e mamíferos 168
Aves, 168 – Mamíferos, 169

ATIVIDADES 170
PENSAR CIÊNCIA – O pulmão dos celacantos 171

ATITUDES PARA A VIDA – Área de São Paulo e US$ 25 mi por ano salvariam anfíbios da Mata Atlântica 172
COMPREENDER UM TEXTO 174

UNIDADE 6 — RELAÇÕES ECOLÓGICAS E ECOSSISTEMAS BRASILEIROS — 176

TEMA 1 Relações ecológicas em ecossistemas 178
Relações ecológicas, 178 – A vida em grupo, 182

TEMA 2 Domínios morfoclimáticos brasileiros 184
O que são domínios morfoclimáticos?, 184

TEMA 3 O domínio atlântico 186
A Mata Atlântica, 186

TEMA 4 O domínio amazônico 188
A Floresta Amazônica, 188

ATIVIDADES 190
PENSAR CIÊNCIA – A compreensão das paisagens 191

TEMA 5 O domínio do Cerrado 192
O Cerrado, 192

TEMA 6 O domínio das Caatingas 195
A Caatinga, 195

TEMA 7 O domínio das Pradarias 198
Os Pampas, 198

TEMA 8 O domínio das Araucárias 200
Mata de Araucárias, 200

TEMA 9 O Pantanal Mato-grossense 201
Características do Pantanal, 201

TEMA 10 – Ecossistemas aquáticos 202
Classificação dos ecossistemas aquáticos, 202 – Manguezais, 203

ATIVIDADES 204
EXPLORE – Gráfico de domínios 205

ATITUDES PARA A VIDA – Quais as consequências do desastre de Mariana (MG)? 206
COMPREENDER UM TEXTO 208

UNIDADE 7 — ATMOSFERA, CALOR E TEMPERATURA 210

TEMA 1 Os gases da atmosfera 212
A composição do ar, 212 – Características de alguns componentes do ar, 213

TEMA 2 Modificações na atmosfera 215
A atmosfera é dinâmica, 215 – O efeito estufa e o aquecimento global, 215 – A chuva ácida, 218 – O ozônio, 219

ATIVIDADES 220
PENSAR CIÊNCIA – Probabilidade e certeza 221

TEMA 3 A medida da temperatura 222
Sensação térmica, 222 – Termômetros, 222 – As escalas de temperatura, 224

TEMA 4 Temperatura e calor 225
Temperatura, 225 – Calor, 226 – Equilíbrio térmico, 226

TEMA 5 A propagação do calor 228
As formas de propagação do calor, 228

ATIVIDADES 232
EXPLORE – Estudando a agitação térmica 233

ATITUDES PARA A VIDA – Carros levam 30% dos passageiros, mas respondem por 73% das emissões em São Paulo 234

COMPREENDER UM TEXTO 236

UNIDADE 8 — MÁQUINAS SIMPLES E MÁQUINAS TÉRMICAS 238

TEMA 1 O que são máquinas simples 240
Força, 240 – Máquinas simples e máquinas complexas, 241

TEMA 2 Alavancas 242
Como funcionam as alavancas, 242 – Tipos de alavancas, 243

TEMA 3 Plano inclinado 245
Cunha, 246 – Parafuso, 246

ATIVIDADES 248
EXPLORE – Montando uma alavanca 249

TEMA 4 Rodas, polias e engrenagens 250
Força de atrito, 250 – Rodas, 251 – Polias, 252 – Engrenagens, 253

TEMA 5 Máquinas térmicas 255
A transformação de energia nas máquinas térmicas, 255 – Máquina a vapor, 256 – Motor a combustão, 257

TEMA 6 O uso das máquinas ao longo do tempo 258
O uso de máquinas térmicas, 259 – Impactos sociais e ambientais causados pelo desenvolvimento tecnológico, 260

ATIVIDADES 262
PENSAR CIÊNCIA – Pesquisadora desenvolve *flywheel* para veículos elétricos 263

ATITUDES PARA A VIDA – A queima de combustíveis polui o ar que respiramos 264

COMPREENDER UM TEXTO 266

OFICINAS DE CIÊNCIAS 268
REFERÊNCIAS BIBLIOGRÁFICAS 280

ATITUDES PARA A VIDA 281

PROJETO: POSSE RESPONSÁVEL DE ANIMAIS DE ESTIMAÇÃO

Neste volume serão estudados diversos aspectos dos seres vivos. Para começar, oferecemos um projeto relacionado àqueles que estão mais próximos de nós: os animais domésticos. Todo projeto tem começo, mas, se quisermos, pode não ter fim; o que aprendemos com ele será usado em nossa vida, em nossas ações cidadãs, em ensinamentos que poderemos compartilhar com os amigos e com a família.

Para começo de conversa

O abandono de animais nas ruas virou um grave problema para a cidade

Não se pode chegar perto dos oito filhotinhos da cadela Clara, nascidos há cerca de três semanas. Como boa mãe, ela não quer ninguém mexendo com sua prole. A família ficou balançada por perder o lar de uma hora para a outra. No último dia 19, a cadela e seus bebês foram largados na frente da ONG Cão sem Dono, em Itapecerica da Serra, dentro de uma gaveta, com um punhado de ração. O canil da instituição, com capacidade para 210 bichos, está superlotado, com mais de 370 cães. "Mesmo sem condições, não tivemos outra opção a não ser acolher esses novos *pets*", afirma o diretor Vicente Defini.

Não é a primeira vez que uma cena dessas ocorre por lá. Essa é uma realidade comum no dia a dia de entidades do tipo e na cidade como um todo. Os descartes acontecem também em parques, praças, estradas e portas de *pet shops*. Nem os hospitais veterinários públicos escapam. Há quem interne o bichinho doente e não volte nunca mais.

De acordo com um levantamento realizado [...] em dez das principais instituições atuantes nessa causa na capital [de São Paulo], pelo menos 500 *pets* são resgatados das ruas por mês, uma média de dezesseis por dia, ou cerca de 6 000 por ano. Grande parte deles já teve uma casa e foi abandonada pelo dono, segundo os profissionais dessas ONGs. Trata-se apenas de uma amostragem. O problema, de acordo com os especialistas, certamente é muito maior. [...]

Os períodos de férias e festas de fim de ano acumulam recordes, pois os proprietários vão viajar, não têm com quem deixar os amigos de quatro patas (ou não querem gastar com os hoteizinhos) e optam pela medida extrema do descarte. [...]

GIOVANELLI, C. Disponível em: <http://mod.lk/fddkg>. Acesso em: jun. 2018.

Diversos animais são abandonados por seus donos e acabam vivendo sozinhos e sem cuidados.

Animais necessitam de cuidados de um veterinário. Quando são abandonados, a chance de terem atendimento adequado diminui muito.

Animais abandonados têm o acesso à alimentação prejudicado e, por isso, podem ficar menos saudáveis e desenvolver doenças. Algumas entidades privadas e organizações não governamentais ajudam a alimentar esses animais.

a) Em sua cidade, existem muitos animais de rua? Que problemas relacionados a esse fato você vê?

b) O texto relata o frequente abandono de animais de estimação. Em sua opinião, que motivos levam algumas pessoas a abandonar seus animais de estimação? Converse com seus colegas.

É hora de planejar e agir

Além dos custos para cuidar de um animal, é preciso dedicar tempo a eles. Muita gente decide ter um cão ou gato, mas não considera essas questões. Assim, abandoná-los quando estão doentes, velhinhos ou simplesmente quando enjoa deles se torna consequência.

Hoje em dia, instituições e grupos de pessoas se organizam para divulgar a posse responsável de animais, ou seja, os cuidados que todo dono de um *pet* deve ter para garantir o bem-estar dos animais e da comunidade em geral. Nessa atividade, propomos que você e seus colegas participem de um projeto para divulgar a posse responsável de cães e gatos. Para isso, vamos começar planejando o trabalho. Lembrem-se de anotar todas as decisões.

1. Qual é a importância desse projeto? Por que ele deve ser feito?

2. Que informações serão dadas e onde serão pesquisadas: livros, internet, jornais, revistas?

3. Qual será o público para quem as informações serão dadas: outros alunos da escola, professores, família, pessoas do bairro, clínicas veterinárias?

4. De que forma as informações serão divulgadas: cartaz, folheto, faixas, *e-mail*, texto para o *blog* da classe, vídeo, arquivo de áudio para ser enviado para a rádio do bairro, ou outra?

5. Quem ficará responsável por cada etapa do projeto?

6. Quais são as datas para cumprir cada etapa do projeto? Combinem com o professor.

É hora de partir para a ação! É interessante também registrar as etapas e os resultados do trabalho. Que tal tirar fotos e compartilhar com a turma?

Vamos avaliar e refletir?

Agora, vamos conversar sobre o resultado desse projeto. É importante expor suas opiniões com sinceridade e também considerar com atenção a fala dos colegas. Conversem em grupo:

- Este projeto foi importante para a classe? O que vocês aprenderam?

- O projeto foi bem organizado e executado? O que foi positivo? O que poderia ser melhorado?

- Vocês consideram que as informações dadas ao público foram úteis? Por quê?

- Sobre a sua atuação no projeto, do que vocês gostaram? O que fariam diferente?

- Como vocês poderiam expandir o trabalho desse projeto? Que outras ações seriam importantes para o tema, considerando a realidade da sua comunidade?

UNIDADE 1

A VIDA NO PLANETA TERRA

POR QUE ESTUDAR ESTA UNIDADE?

Atualmente, a Terra conta com uma enorme diversidade de ambientes e seres vivos. Em um passado distante, porém, o planeta era muito, muito diferente. Diversas mudanças aconteceram desde o surgimento da Terra até os dias atuais, tanto no planeta como nos seres vivos que nele habitam.

Nesta Unidade, vamos estudar essas transformações. Conhecer as mudanças pelas quais o planeta passou, e ainda passa, ajuda a compreender como o surgimento da vida foi possível aqui. Essas informações auxiliam na busca por vida em outros locais do Universo.

A Terra é, atualmente, o único astro que abriga vida, até onde sabemos.

COMEÇANDO A UNIDADE

1. O que caracteriza um ser vivo?
2. É comum procurar vida em outro planeta. O que poderia indicar que há vida em outro local além da Terra?
3. Uma expressão que costuma ser utilizada em pesquisas é "a vida como a conhecemos". O que isso significa?

Fotografia da lua Europa, um dos satélites naturais de Júpiter. Alguns cientistas acreditam que esse astro possui condições que permitem a existência de vida. Diferentes pesquisas estão em curso para verificar essa possibilidade.

Elementos representados fora de escala.

ATITUDES PARA A VIDA
- Persistir
- Controlar a impulsividade

TEMA 1 — O QUE É UM SER VIVO?

Embora não seja simples definir o que é vida, todos os seres vivos apresentam características em comum.

Há muitos tipos de ser vivo no planeta, mas o que todos eles têm em comum? É fácil e instintivo reconhecer um gato como um ser vivo e uma rocha como um ser não vivo. Contudo, existem microrganismos e alguns sistemas não vivos com diversas características similares que dificultam a definição do que é vida.

Entre os pesquisadores, existe consenso de que os seres vivos apresentam determinadas características comuns, como a **composição**, o **metabolismo**, o **ciclo de vida**, a capacidade de **reprodução**, a **percepção do ambiente** e a **interação** com ele e a presença de **células**.

COMPOSIÇÃO

Todos os seres vivos apresentam composição semelhante. Em todos eles encontramos materiais como água, açúcares, proteínas e ácidos nucleicos.

METABOLISMO

Em cada ser vivo ocorre um conjunto de transformações químicas denominado **metabolismo**. Esse processo está relacionado com a produção de energia e de novos componentes do corpo, transformações e atividades de um ser vivo.

O metabolismo sofre grande influência da temperatura. Se o indivíduo não conseguir manter sua temperatura nem ficar em ambientes que o ajudem a mantê-la, seu metabolismo pode ser interrompido.

CICLO DE VIDA

Todo ser vivo tem seu **ciclo de vida**, que inclui etapas como **nascimento**, **crescimento**, **reprodução** e **morte**. O ciclo pode ser dividido em uma fase jovem e uma fase adulta, quando o indivíduo é capaz de se reproduzir.

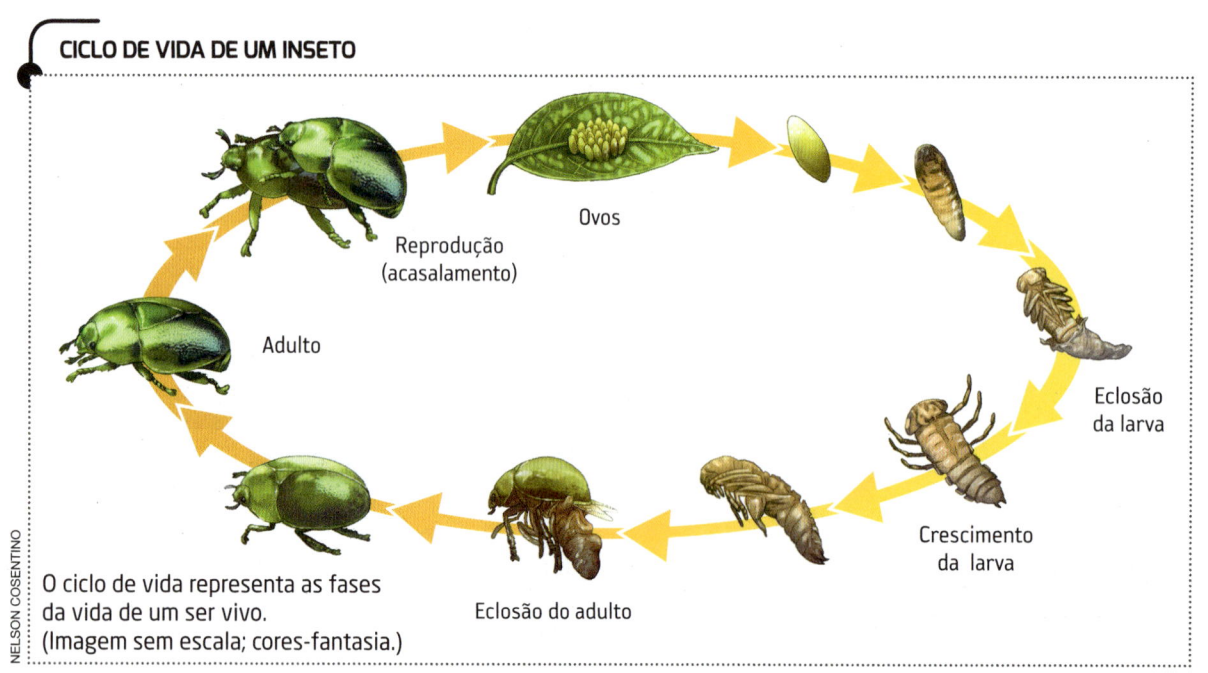

CICLO DE VIDA DE UM INSETO

Reprodução (acasalamento) → Ovos → Eclosão da larva → Crescimento da larva → Eclosão do adulto → Adulto

O ciclo de vida representa as fases da vida de um ser vivo. (Imagem sem escala; cores-fantasia.)

NELSON COSENTINO

Fonte: TANSY BEETLE LIFECYCLE. Disponível em: <http://mod.lk/eivss>. Acesso em: fev. 2018.

Ácidos nucleicos: formam o material hereditário (transmitido entre as gerações) dos seres vivos.

REPRODUÇÃO

Uma das etapas do ciclo de vida dos seres vivos é a reprodução, que pode ser assexuada ou sexuada.

Na **reprodução assexuada** formam-se descendentes com material genético apenas do ser vivo do qual se originaram. Esse processo ocorre em vários microrganismos, em algumas plantas e em alguns animais. Já a **reprodução sexuada** acontece quando, no ser vivo gerado, há material genético dos dois genitores.

A reprodução não é uma etapa obrigatória; vários indivíduos podem não se reproduzir, mas isso não os torna seres não vivos. Para considerar um ser vivo, é levado em conta seu potencial de reprodução, ou seja, a capacidade que esse indivíduo e outros similares a ele têm para se reproduzir.

Estacas de espada de São Jorge. É comum reproduzir algumas plantas utilizando um pedaço de seu caule ou uma folha. Nesse caso, a nova planta gerada tem o mesmo material genético daquela da qual o pedaço foi retirado, e a reprodução é assexuada.

PERCEPÇÃO E INTERAÇÃO COM O AMBIENTE

Os seres vivos percebem o ambiente em que estão e interagem com ele. Essa interação tem diferentes graus de complexidade. Microrganismos, por exemplo, conseguem orientar sua movimentação para localizar materiais dos quais se alimentam, peixes percebem a movimentação da água e os seres humanos possuem sentidos (visão, audição etc.) que os ajudam a reconhecer o ambiente.

A percepção do ambiente é muito importante, pois influencia o comportamento dos seres vivos. Eles podem perceber ameaças e se afastar delas ou encontrar fontes de alimento e abrigo e ir em direção a elas.

Seres humanos apresentam reprodução sexuada: um filho tem, em seu material genético, uma mistura dos materiais hereditários do pai e da mãe.

CÉLULAS

Todos os seres vivos são formados por **células**, que são a estrutura básica da vida, onde ocorrem atividades características desses seres. Uma célula apresenta metabolismo, potencial de reprodução e pode interagir com o ambiente. Os seres vivos podem ser **unicelulares**, formados por uma única célula, ou **pluricelulares**, formados por mais de uma célula.

A dormideira (*Mimosa pudica*), depois de ser tocada, fecha suas folhas.

DE OLHO NO TEMA

- Quais são as características comuns a uma bactéria e ao ser humano que fazem com que ambos sejam considerados seres vivos?

Os peixes chicharros (*Trachurus picturatus*) percebem mudanças na pressão que a água causa no corpo deles. Isso os ajuda a perceber, por exemplo, a aproximação do grupo de golfinhos (*Delphinus delphis*).

TEMA 2
CARACTERÍSTICAS DAS CÉLULAS

Todos os seres vivos são constituídos de células.

A UNIDADE DA VIDA

A Terra é habitada por uma grande diversidade de seres vivos, desde seres microscópicos, como as bactérias, até gigantescos, como as sequoias e as baleias. Todos eles têm em comum o fato de serem constituídos por células. A única exceção são os vírus, que não são formados por células. Por esse motivo há uma discussão entre os cientistas sobre classificá-los ou não como seres vivos.

A célula constitui a **unidade estrutural** da vida, ou seja, compõe o corpo de todos os seres vivos. Os seres unicelulares são formados por uma única célula, ao passo que os pluricelulares podem ter em seu corpo de duas células até trilhões delas. No corpo humano, por exemplo, há cerca de 65 trilhões de células.

A célula é também a **unidade funcional**, ou seja, a menor estrutura que desempenha as funções características dos seres vivos.

SAIBA MAIS!

Unidades de medida

O tamanho das células é variável, porém a maioria delas é microscópica e não pode ser vista a olho nu. Para indicar o tamanho das células, os cientistas utilizam unidades de medida diferentes das empregadas para objetos no dia a dia. Uma dessas unidades é o micrômetro, representado por μm. Um micrômetro corresponde a uma parte obtida da divisão de um centímetro em dez mil partes. Para medir estruturas celulares, que podem ser ainda menores, utiliza-se outra unidade de medida, o nanômetro, representado por nm. Um nanômetro corresponde a uma parte obtida da divisão de um centímetro em dez milhões de partes.

As sequoias estão entre as maiores árvores do mundo. O tamanho das células nos organismos pluricelulares não varia muito: as células que constituem as sequoias têm aproximadamente o mesmo tamanho que as células que formam um pé de alface, por exemplo (Estados Unidos, 2016).

AS ESTRUTURAS CELULARES

As células podem variar em relação a diversas características, como formato, tamanho e funções realizadas. Apesar dessa variação, todas elas têm composição semelhante e são formadas basicamente por **membrana plasmática**, **citoplasma** e **material genético**.

A membrana plasmática, também chamada de membrana celular, envolve toda a célula, delimitando-a. Por meio dela a célula realiza trocas de substâncias com o meio externo. As células de bactérias, algas, fungos e plantas possuem uma **parede celular** externa à membrana plasmática e unida estreitamente a ela. Essa parede confere maior sustentação e proteção à célula.

O citoplasma é a porção da célula localizada dentro da membrana plasmática. Ele contém uma parte fluida, o citosol, em que estão mergulhadas várias estruturas denominadas **organelas** ou organoides. Algumas organelas estão presentes em todos os tipos de célula, ao passo que outras são mais específicas. No citoplasma ocorrem diversas reações químicas importantes para o funcionamento das células.

O material genético contém as instruções necessárias para a manifestação das características hereditárias de um ser vivo, incluindo a produção de proteínas, moléculas responsáveis por muitas das atividades celulares. O material genético também é o material hereditário, ou seja, que é transmitido de geração para geração por meio da reprodução.

TIPOS DE CÉLULA

Existem dois tipos básicos de célula: **procariontes** e **eucariontes**.

Nas células procariontes, o material genético fica disperso no citoplasma. Os seres que apresentam essas células são chamados **procariontes** e são unicelulares. As bactérias são exemplos de procariontes.

Nas células eucariontes, o material genético encontra-se envolto pelo **envelope nuclear** (também denominado carioteca), que é constituído por duas membranas que formam o **núcleo**. Essas células apresentam algumas organelas, como a mitocôndria e o complexo golgiense, que são revestidas por membranas e não são encontradas nas células procariontes. Os organismos que possuem esse tipo de célula também são chamados **eucariontes** e podem ser unicelulares, como as amebas, ou pluricelulares, como os animais e as plantas.

As células dos animais e das plantas diferem em relação à presença de algumas estruturas. As células vegetais são dotadas de parede celular, estrutura que as envolve fornecendo proteção e sustentação, e de cloroplastos, organoides que participam do processo de fotossíntese.

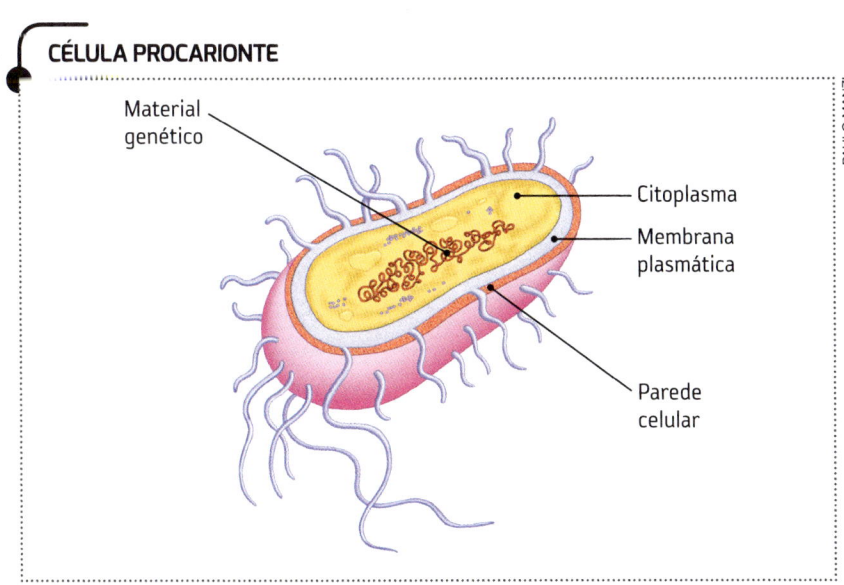

CÉLULA PROCARIONTE

Esquema de uma célula procarionte em corte. A ausência de membranas envolvendo o material genético é característica dessas células. (Imagem sem escala; cores-fantasia.)

Fonte: CAMPBELL, N. A.; MITCHELL; L. G.; REECE, J. B. *Biology*: concepts and connections. 3. ed. Menlo Park: Benjamin Cummings, 2000.

CÉLULA EUCARIONTE ANIMAL

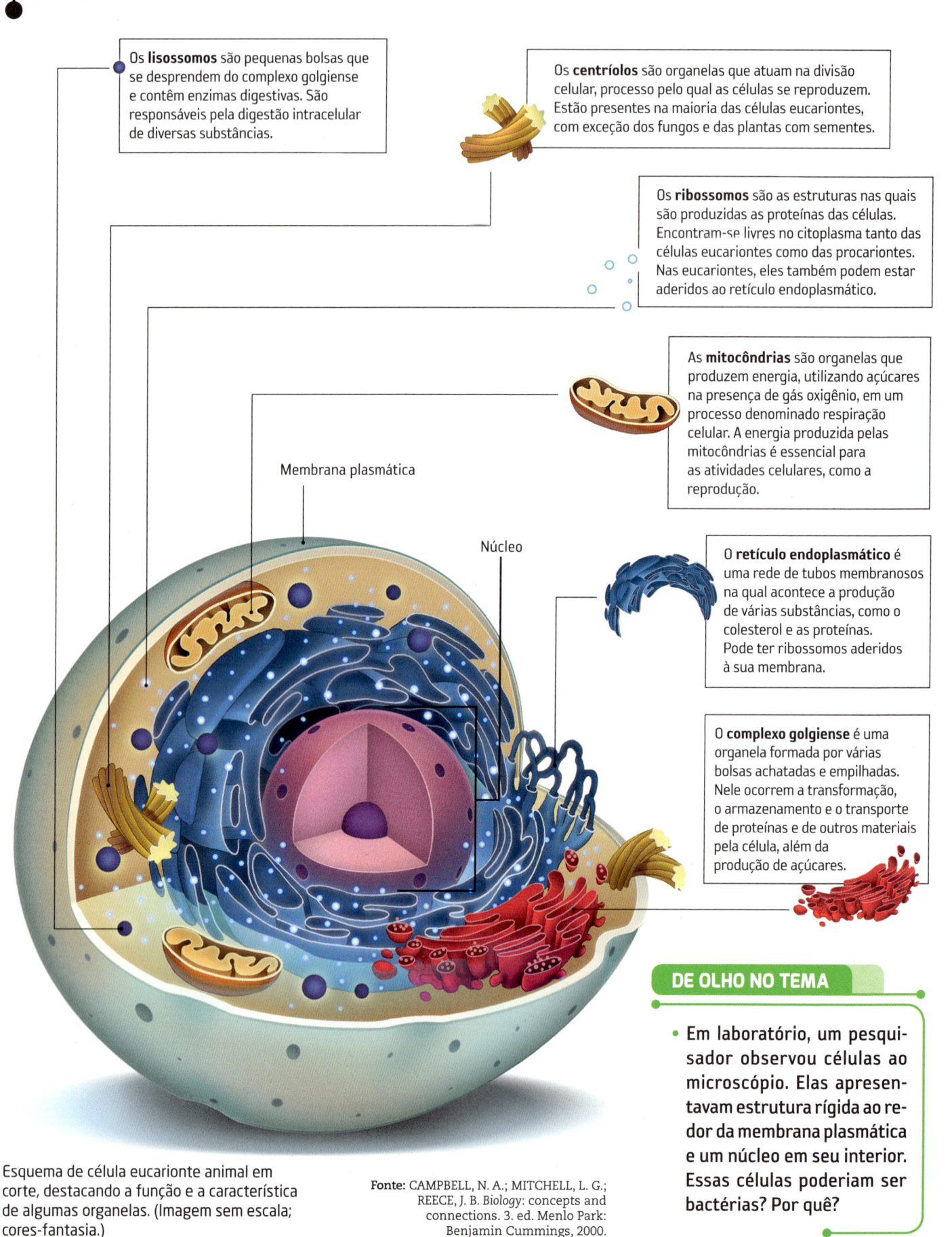

Os **lisossomos** são pequenas bolsas que se desprendem do complexo golgiense e contêm enzimas digestivas. São responsáveis pela digestão intracelular de diversas substâncias.

Os **centríolos** são organelas que atuam na divisão celular, processo pelo qual as células se reproduzem. Estão presentes na maioria das células eucariontes, com exceção dos fungos e das plantas com sementes.

Os **ribossomos** são as estruturas nas quais são produzidas as proteínas das células. Encontram-se livres no citoplasma tanto das células eucariontes como das procariontes. Nas eucariontes, eles também podem estar aderidos ao retículo endoplasmático.

As **mitocôndrias** são organelas que produzem energia, utilizando açúcares na presença de gás oxigênio, em um processo denominado respiração celular. A energia produzida pelas mitocôndrias é essencial para as atividades celulares, como a reprodução.

Membrana plasmática

Núcleo

O **retículo endoplasmático** é uma rede de tubos membranosos na qual acontece a produção de várias substâncias, como o colesterol e as proteínas. Pode ter ribossomos aderidos à sua membrana.

O **complexo golgiense** é uma organela formada por várias bolsas achatadas e empilhadas. Nele ocorrem a transformação, o armazenamento e o transporte de proteínas e de outros materiais pela célula, além da produção de açúcares.

Esquema de célula eucarionte animal em corte, destacando a função e a característica de algumas organelas. (Imagem sem escala; cores-fantasia.)

Fonte: CAMPBELL, N. A.; MITCHELL, L. G.; REECE, J. B. Biology: concepts and connections. 3. ed. Menlo Park: Benjamin Cummings, 2000.

DE OLHO NO TEMA

- Em laboratório, um pesquisador observou células ao microscópio. Elas apresentavam estrutura rígida ao redor da membrana plasmática e um núcleo em seu interior. Essas células poderiam ser bactérias? Por quê?

TEMA 3 — OS PRIMEIROS SERES VIVOS

Os primeiros seres vivos do planeta Terra surgiram em um ambiente muito diferente do atual.

A TERRA PRIMITIVA

Estudos indicam que a Terra tem cerca de 4,6 bilhões de anos e foi formada pela aglomeração de partículas de uma enorme nuvem de poeira estelar. Logo após a formação, a temperatura na Terra era muito elevada e a superfície era, em grande parte, formada por rocha derretida. Além disso, o planeta era intensamente atingido por corpos vindos do espaço, como **asteroides**. Nenhuma forma de vida, como conhecemos hoje, poderia existir nessas condições.

Os asteroides tiveram grande importância na formação da Terra. Estudos indicam que parte da matéria e da água presentes no planeta são originadas desses corpos celestes, que se chocaram por milhões de anos com a Terra.

Durante um período da história da Terra, não havia água líquida no planeta por causa da sua temperatura e de outros fatores. A água evaporava e, ao atingir grandes altitudes, resfriava-se gerando nuvens e chuva, que evaporava quando precipitava. Esse processo se repetiu por milhões de anos.

Com o passar dos anos, a superfície da Terra se resfriou, permitindo que água em estado líquido se acumulasse em regiões mais baixas, que formariam os oceanos. Foi provavelmente nesses oceanos que surgiram os primeiros seres vivos.

OS PRIMEIROS SERES VIVOS

Estima-se que a vida na Terra originou-se, há cerca de 3,5 bilhões de anos, com estruturas que apresentavam características típicas dos seres vivos, como metabolismo e reprodução. Estudos indicam que a vida surgiu de transformações de materiais presentes nos oceanos primitivos. Ao longo do tempo, esses materiais teriam se organizado formando substâncias cada vez mais complexas, dando origem às estruturas que formaram os seres vivos primitivos. Outros estudos indicam que algumas dessas substâncias podem ter chegado à Terra em asteroides.

Representações da Terra primitiva, mostrando (**A**) um momento inicial, com muitas rochas fundidas, e (**B**) após certo resfriamento, com acúmulo de água líquida, há cerca de 4 bilhões de anos. (Imagens sem escala; cores-fantasia.)

OS PRIMEIROS SERES VIVOS

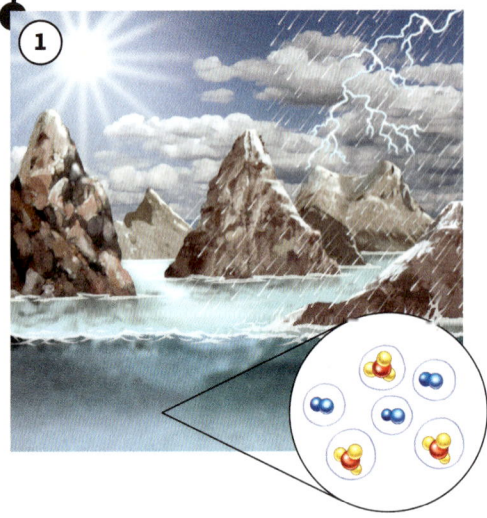

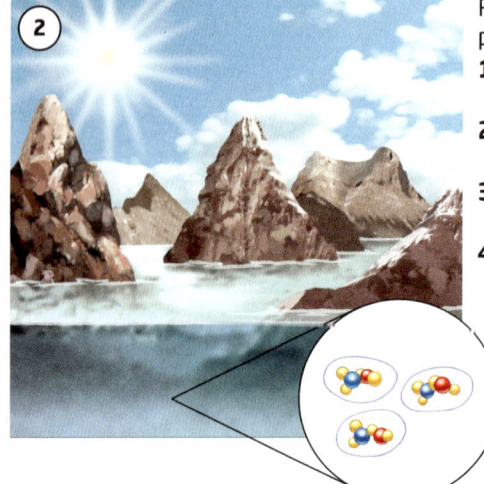

Representação do surgimento dos primeiros seres vivos.

1 Componentes dos oceanos se organizam em estruturas simples.
2 As moléculas simples se reúnem, formando estruturas mais complexas.
3 As estruturas são capazes de se dividir (reproduzir).
4 Primeiros seres vivos.
(Imagens sem escala; cores-fantasia.)

Fonte: EVOLUÇÃO DA VIDA. *Time Life*. Rio de Janeiro: Abril, 1996 (Col. Ciência e Natureza).

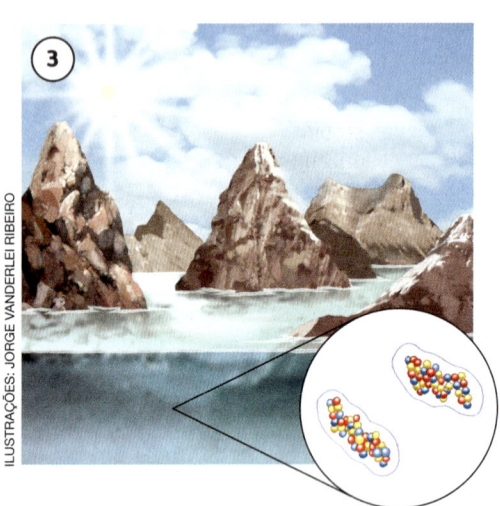

ILUSTRAÇÕES: JORGE VANDERLEI RIBEIRO

DOS PRIMEIROS SERES VIVOS À DIVERSIDADE ATUAL

Cerca de 1 bilhão de anos depois do surgimento da vida na Terra, uma enorme variedade de formas de vida já habitava o planeta. Evidências indicam que toda a diversidade de formas de vida originou-se do primeiro ser vivo, que, ao longo do tempo, gerou diversos outros que lentamente se diferenciaram individualmente.

Ao longo do tempo, novos seres vivos surgiram e outros desapareceram em razão de causas diversas, como modificações nas características dos seres e no ambiente. O surgimento e o desaparecimento de grupos de seres vivos são processos que continuam a ocorrer atualmente.

DE OLHO NO TEMA

- Estudos indicam que os asteroides, ao trazer água e materiais para a Terra, também agregavam massa ao planeta. Como isso ocorreu?

RYAN SOMMA/CC BY 2.0/WIKIMEDIA FOUNDATION, INC.

Representação artística de um ambiente marinho primitivo, milhões de anos depois que a vida surgiu. A vida ficou restrita a ambientes aquáticos por muito tempo. Plantas, fungos e animais só apareceram na superfície terrestre há cerca de 500 milhões de anos.

ATIVIDADES

TEMAS 1 A 3

ORGANIZAR OS CONHECIMENTOS

1. Que características permitem classificar algo como ser vivo?

2. Descreva os tipos de reprodução dos seres vivos.

3. Faça uma tabela que indique a função das seguintes estruturas: ribossomo, mitocôndria, membrana plasmática, lisossomo, retículo endoplasmático e complexo golgiense.

4. Analise a imagem a seguir e responda.

(Imagem obtida com microscópio óptico, colorizada artificialmente e ampliada cerca de 120 vezes).

- O que são as estruturas presentes na imagem dentro do círculo?

ANALISAR

5. Classifique cada organismo descrito a seguir em procarionte ou eucarionte. Justifique as respostas.

    a) Organismo pluricelular, composto de células com organoides membranosos.

    b) Organismo unicelular, com material genético disperso no citoplasma.

6. As células do tecido muscular apresentam grande quantidade de mitocôndrias, comparadas a outros tipos de célula. Explique essa relação, baseando-se na função desse tecido e desse organoide.

COMPARTILHAR

7. A superfície da Terra primitiva era constantemente atingida por asteroides. Até hoje esse tipo de evento ocorre, porém com menos frequência em razão de diversos fatores, como a presença da atmosfera e a idade do planeta. Esses impactos podem provocar profundas mudanças no planeta.

    Pesquise a ocorrência de um impacto de asteroide na Terra e suas consequências. Prepare uma pequena apresentação para explicar aos colegas os resultados de sua pesquisa. Depois, faça o que se pede.

    a) Cite uma consequência de um impacto de asteroide na Terra.

    b) Você acha importante a realização de estudos para prevenir esse tipo de evento?

EXPLORE

A IMPORTÂNCIA DO MICROSCÓPIO

A invenção do microscópio abriu um mundo novo para os cientistas: a observação de estruturas invisíveis a olho nu. O microscópio óptico é o mais comumente utilizado. Pode ser que o laboratório da escola tenha um ou mais desses instrumentos. Formado por lentes de cristal ou vidro, amplia em até 1.000 vezes a imagem dos objetos. Já o microscópio eletrônico é um equipamento muito maior e mais complexo, geralmente utilizado em centros de pesquisa e laboratórios médicos. Com ele, é possível observar estruturas do interior da célula em detalhe, e seu aumento chega a 300 mil vezes.

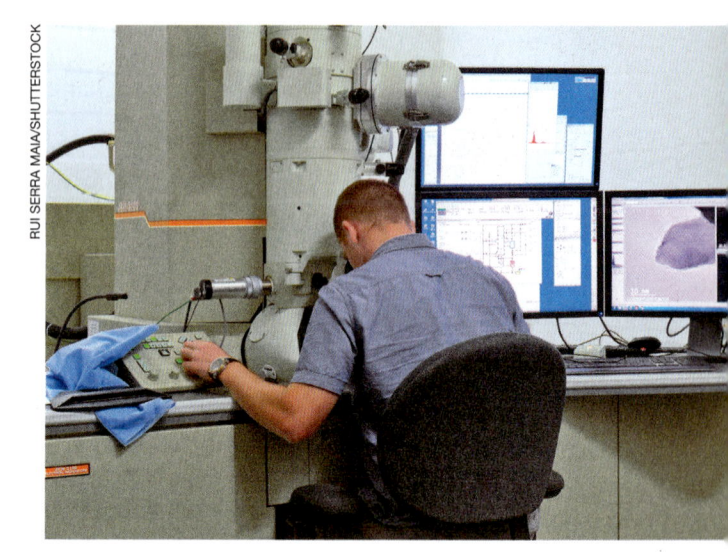

Pesquisador utilizando um microscópio eletrônico.

ATIVIDADES

EXPLICAR

1. As imagens ao lado mostram células sanguíneas. Com base nas informações do texto, responda: qual imagem foi feita com o uso do microscópio eletrônico? Justifique sua resposta.

2. Se você fosse um pesquisador interessado em estudar as mitocôndrias, que tipo de microscópio escolheria para trabalhar: o óptico ou o eletrônico? Por quê?

AMPLIAR

3. Acredita-se que o primeiro microscópio tenha sido construído por dois fabricantes holandeses de óculos, em 1591, que utilizaram lentes combinadas para ampliar imagens. A partir daí, esse equipamento foi sendo aperfeiçoado por diversos pesquisadores. Em sua opinião, qual foi a principal função do microscópio que os pesquisadores buscaram aperfeiçoar ao longo do tempo?

4. Cite outro exemplo de equipamento tecnológico que foi aperfeiçoado com o tempo. Se quiser, converse com uma pessoa mais velha para saber como esse objeto era.

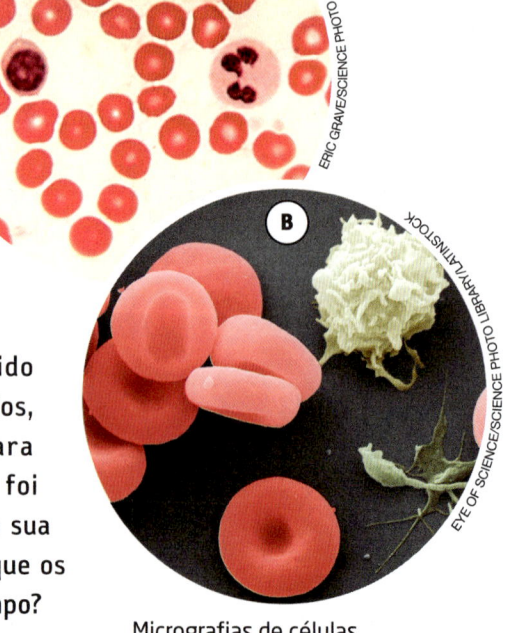

Micrografias de células sanguíneas.
(A) Ampliação de 540 vezes.
(B) Ampliação de 2.300 vezes.

TEMA 4

TEORIAS SOBRE A ORIGEM DA VIDA

Entender como a vida surgiu desafia os pesquisadores até os dias de hoje.

Ao longo da história, diferentes explicações sobre a origem da vida foram concebidas. Muitas delas foram refutadas por pesquisas e por experimentos, enquanto outras foram confirmadas.

GERAÇÃO ESPONTÂNEA E BIOGÊNESE

De acordo com a teoria da **geração espontânea** ou **abiogênese**, algumas formas de vida podem aparecer da matéria sem vida, ou seja, originar-se de outra maneira que não a reprodução de um ser vivo.

Outra teoria sobre a origem da vida é oposta à abiogênese e afirma que os seres vivos só podem ser originados de outros seres vivos: é a teoria da **biogênese**.

Diversos experimentos, testes e debates foram feitos para testar essas teorias. No século XVII, muitas pessoas acreditavam que as larvas nos cadáveres surgiam da transformação da própria carne. O médico italiano Francesco Redi (1626-1697) achava, porém, que as larvas só surgiam porque moscas adultas botavam ovos na carne, dos quais nasciam as larvas.

Para testar sua hipótese, Redi colocou pedaços de carne em frascos, mantendo alguns abertos e outros cobertos com um tecido fino. Ao longo de alguns dias, observou que moscas entravam e saíam dos frascos abertos e que somente neles apareciam larvas.

Refutadas: negadas, rebatidas.

RECEITA PARA PRODUZIR RATOS

De acordo com a teoria da abiogênese, se roupas sujas e grãos de trigo fossem deixados em um local pouco iluminado por 20 dias, ratos surgiriam desses materiais. (Imagem sem escala; cores-fantasia.)

Depois de algum tempo, as larvas se transformavam em moscas idênticas às que haviam pousado sobre a carne. Como não surgiam moscas nos frascos cobertos com tecido, Redi concluiu que as larvas não se originavam espontaneamente da carne, mas nasciam de ovos que moscas adultas depositavam nela.

REPRESENTAÇÃO DO EXPERIMENTO DE REDI

A construção do experimento de Redi permitiu verificar a decomposição dos materiais com e sem o contato com moscas. (Imagens sem escala; cores-fantasia.)

Fonte: BIGGS, A. et al. Biology. Ohio: Glencoe/McGraw-Hill, 2009.

OS EXPERIMENTOS DE NEEDHAM E SPALLANZANI

Mesmo após os experimentos de Redi, alguns estudiosos acreditavam que a teoria da geração espontânea ainda poderia ser aplicada aos seres mais simples, como os microrganismos.

Um desses estudiosos foi o inglês John Needham (1713-1781), que realizou em 1748 alguns experimentos para confirmar suas ideias. Ele ferveu frascos com caldo nutritivo (supostamente matando os microrganismos que existiam lá) e, logo após, fechou-os com rolhas de cortiça, na tentativa de evitar a entrada de microrganismos pelo ar. Depois de alguns dias, esses frascos estavam repletos de microrganismos, o que fez Needham concluir que eles surgiram espontaneamente a partir do caldo.

Em 1776, outro pesquisador, o italiano Lazzaro Spallanzani (1729-1799), contestou os resultados de Needham e repetiu os experimentos, mas ferveu o caldo por mais tempo e vedou os frascos hermeticamente. Com isso, não surgiram microrganismos no caldo. Spallanzani concluiu, assim, que o tempo de fervura e o sistema de vedação utilizados por Needham não foram suficientes para evitar a contaminação do caldo por microrganismos.

Needham, por sua vez, argumentou que a fervura prolongada feita por Spallanzani havia eliminado a "força vital" do caldo, indispensável ao surgimento da vida. Spallanzani, então, quebrou o gargalo de alguns frascos, expondo o conteúdo deles ao ar. Em pouco tempo, surgiram microrganismos. Needham contestou os resultados novamente, sugerindo a hipótese de que a "força vital" havia retornado com a entrada de ar fresco. Spallanzani não conseguiu provar que Needham estava errado, e a teoria da abiogênese para os microrganismos permaneceu.

COLETIVO CIÊNCIAS

Pesquisadores de diferentes áreas trabalham nas questões sobre a origem da vida

Na ciência, existem áreas especializadas em determinados assuntos, como a Biologia, a Matemática e a Astronomia. No entanto, elas contribuem umas com as outras, e suas descobertas, somadas, fazem o conhecimento humano avançar.

Para compreender questões complexas como a origem da vida, são necessários os conhecimentos de biólogos, geólogos, paleontólogos, químicos, físicos, geógrafos, entre outros especialistas. Sabe-se, por exemplo, há mais ou menos quanto tempo surgiram os primeiros mamíferos na Terra. Como os cientistas fizeram esse cálculo? Há diversas técnicas. Uma delas conta com a ajuda da Química: são analisadas, por exemplo, propriedades dos elementos químicos encontrados nos fósseis para calcular a idade deles.

Outra área que fornece importante contribuição é a Geografia. Pesquisadores especializados em solos, por exemplo, podem determinar a idade de um fóssil com base nas características do solo ou da rocha em que ele foi encontrado.

O EXPERIMENTO DE PASTEUR

Em 1862, o químico francês Louis Pasteur (1822-1895) ferveu caldo de carne em frascos de vidro, que, em seguida, tiveram seus gargalos esticados e curvados. O líquido desses frascos permanecia sem contaminação porque os microrganismos presentes no ar ficavam retidos nas curvas do gargalo, não atingindo o caldo de carne. Isso só acontecia quando os frascos eram inclinados ou os gargalos, quebrados.

Pasteur concluiu que os microrganismos estavam no ar e não surgiam espontaneamente no caldo de carne. Esse experimento foi importante para o estabelecimento da biogênese, que foi comprovada para todos os seres vivos.

REPRESENTAÇÃO DO EXPERIMENTO DE PASTEUR

1. O caldo nutritivo é despejado no frasco.
2. O gargalo é curvado.
3. O caldo nutritivo é fervido.
4. O caldo nutritivo manteve-se livre de microrganismos.
5. Quando o gargalo é quebrado, surgem microrganismos no caldo.

O experimento de Pasteur demonstrou que os microrganismos estavam no ar e não surgiam espontaneamente. (Imagens sem escala; cores-fantasia.)

Fonte: BIGGS, A. et al. *Biology*. Ohio: Glencoe/McGraw-Hill, 2009.

OPARIN, HALDANE E AS BASES DA TEORIA DA EVOLUÇÃO MOLECULAR

Com o estabelecimento da teoria da biogênese, restou explicar como poderia ter surgido o primeiro ser vivo. A resposta veio com a teoria da **evolução molecular**. As bases dessa teoria foram formuladas pelos pesquisadores Aleksandr Oparin (1894-1980), russo, e John Haldane (1892-1964), inglês, na década de 1920.

De acordo com essa teoria, a vida teria surgido a partir de compostos inorgânicos que se combinaram, produzindo compostos orgânicos simples; ao longo de muito tempo, esses compostos teriam se unido formando compostos mais complexos. Por fim, estes também teriam se unido formando "estruturas" capazes de controlar suas transformações químicas e de se duplicar. Essas características indicariam o surgimento do metabolismo e da reprodução, atividades fundamentais dos seres vivos.

Compostos inorgânicos: em sua maioria, substâncias de origem mineral.
Compostos orgânicos: substâncias que apresentam carbono em sua composição.

ATITUDES PARA A VIDA

- Persistir

  O debate sobre biogênese e abiogênese durou muitos anos. Apesar de evidências em contrário, os partidários dessas teorias persistiram em busca de respostas.

O EXPERIMENTO DE MILLER E UREY

A teoria de Oparin-Haldane foi testada em laboratório em 1953 pelos estadunidenses Stanley Miller (1930-2007), estudante de Química, e Harold Urey (1893-1981), seu professor. Eles tentaram recriar as condições que, na época, acreditava-se que eram as da Terra primitiva.

Miller e Urey construíram um aparelho de vidro e retiraram todo o ar de seu interior. Depois, colocaram nesse aparelho água e uma mistura de gases para reproduzir o que se acreditava ser a composição da atmosfera da Terra primitiva. Também inseriram instrumentos que produziam faíscas elétricas para simular os raios que teriam servido de fonte de energia para as transformações químicas.

No experimento, a água era aquecida até ferver. O vapor de água circulava pelo aparelho, condensando-se em um local que representava os primeiros oceanos.

O sistema funcionou durante uma semana. Após esse período, o resultado foi analisado. O líquido, que antes era incolor, encontrava-se avermelhado.

Testes constataram a presença de diversos compostos que não existiam na água no início do experimento, como os aminoácidos. Com base nesse resultado, os pesquisadores concluíram que seria possível produzir esses compostos orgânicos em condições abióticas, ou seja, sem ocorrência de vida.

Atualmente, acredita-se que a composição da atmosfera primitiva era diferente da que foi simulada no experimento de Miller e Urey. No entanto, isso não desmerece a importância histórica desse experimento e algumas das conclusões que ele forneceu ainda são importantes.

REPRESENTAÇÃO DO EXPERIMENTO DE MILLER E UREY

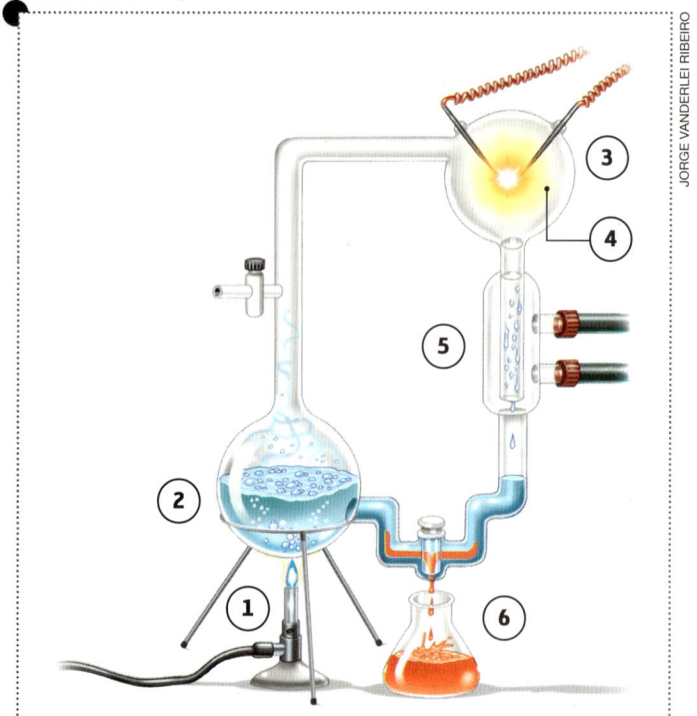

Esquema simplificado do aparelho que Miller e Urey usaram para testar a teoria de Oparin-Haldane.

1 A chama do bico de Bünsen aquece a água.
2 O vapor de água circula no aparelho misturado a outros gases.
3 Faíscas elétricas simulam raios presentes na Terra primitiva e provocam reações químicas.
4 Mistura de gases que estariam na atmosfera primitiva.
5 O vapor de água e os outros gases são resfriados; a água se condensa e traz junto de si alguns compostos.
6 A mistura se acumula e as amostras podem ser analisadas. (Imagem sem escala; cores-fantasia.)

Fonte: BIGGS, A. et al. *Biology*. Ohio: Glencoe/McGraw-Hill, 2009.

A PANSPERMIA CÓSMICA

Para alguns pesquisadores, a vida começou na Terra por meio de substâncias ou mesmo de seres vivos microscópicos provenientes do espaço, que chegaram ao planeta em asteroides e meteoritos. Essa hipótese, chamada de **panspermia cósmica**, voltou a ser bastante comentada nos últimos anos, principalmente depois da descoberta de substâncias orgânicas em meteoritos, asteroides e cometas.

DE OLHO NO TEMA

- Em grupo, observem o esquema do experimento de Pasteur e respondam: a que conclusões sobre a origem dos microrganismos pode-se chegar com base nas observações feitas? Em que o grupo se baseia para chegar a essa conclusão?

TEMA 5

O PLANETA EM TRANSFORMAÇÃO

As atividades vulcânicas e os terremotos são consequências dos movimentos das placas que formam a litosfera.

A LITOSFERA

As transformações pelas quais o planeta passou desde sua formação foram determinantes para o surgimento da vida na Terra. Nos primórdios, esse processo era intenso; e o planeta continua se transformando.

Algumas dessas transformações ocorrem na **litosfera**, a camada de rocha sólida que recobre a superfície terrestre. Ela é formada pela crosta e pela parte do manto superior, que está dividida em placas que flutuam sobre a camada de rocha derretida abaixo delas. Essas placas se "encaixam" umas nas outras, como as peças de um quebra-cabeça, e recebem o nome de **placas litosféricas** ou placas tectônicas.

As placas litosféricas movem-se constantemente modificando continuamente a superfície do planeta. Esse processo está relacionado a fenômenos como a formação de montanhas, o surgimento de ilhas, o alagamento de áreas etc.

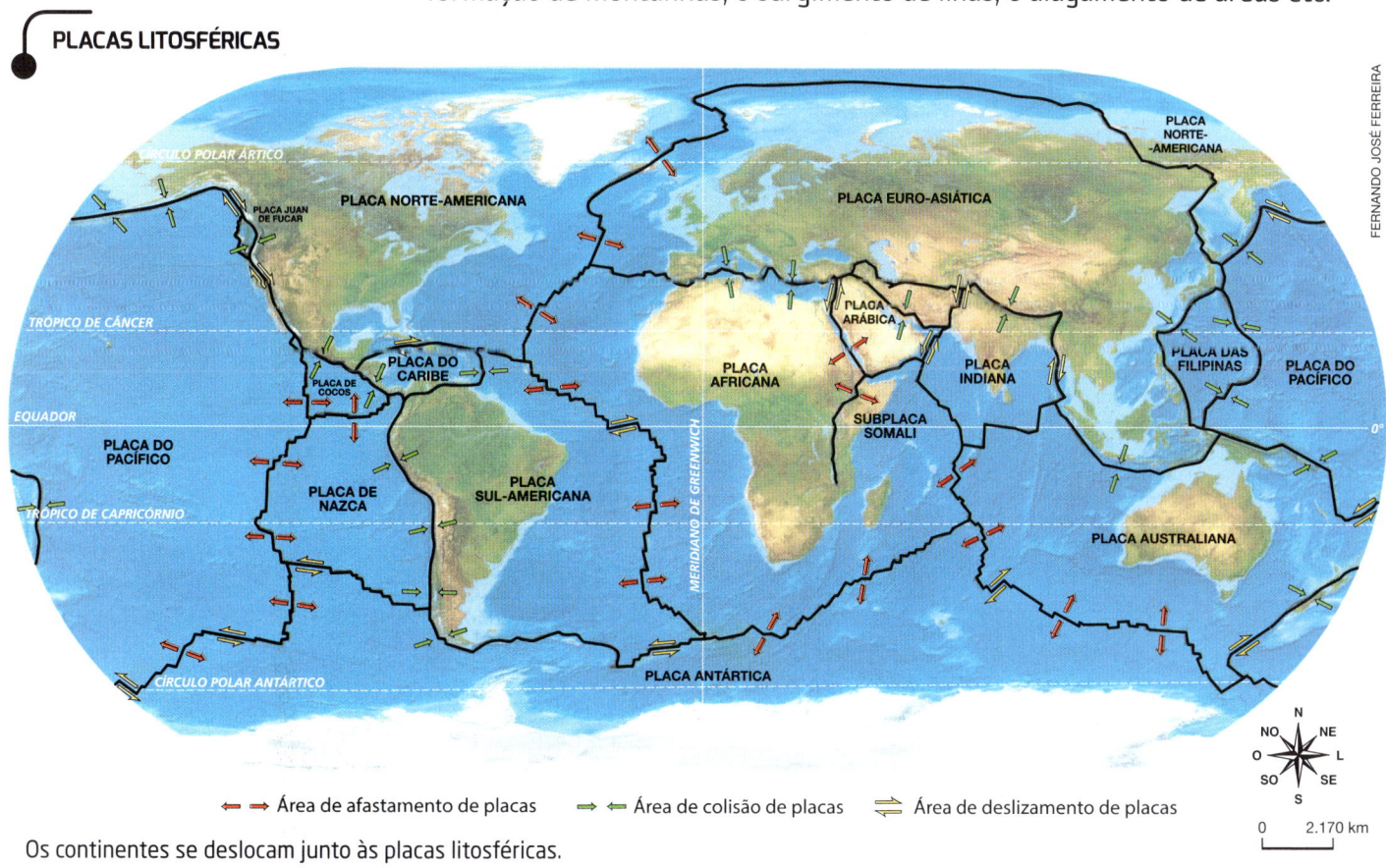

PLACAS LITOSFÉRICAS

Os continentes se deslocam junto às placas litosféricas.

Fonte: FERREIRA, G. M. L. Atlas geográfico: espaço mundial. 4. ed. São Paulo: Moderna, 2013.

Os três tipos de movimento relativo entre as placas litosféricas são os seguintes:

- **Colisão**: as placas podem se chocar, provocando enrugamento e formando as grandes cadeias de montanhas nos continentes (por exemplo, Andes, Alpes e Himalaia).

- **Afastamento**: as placas podem se afastar umas das outras, abrindo espaços. Desse modo, o magma pode ocupar o espaço aberto, solidificando-se e dando origem a novas rochas.

- **Deslizamento lateral**: parte do contorno das placas sofre apenas deslizamento lateral, sem colisão nem afastamento.

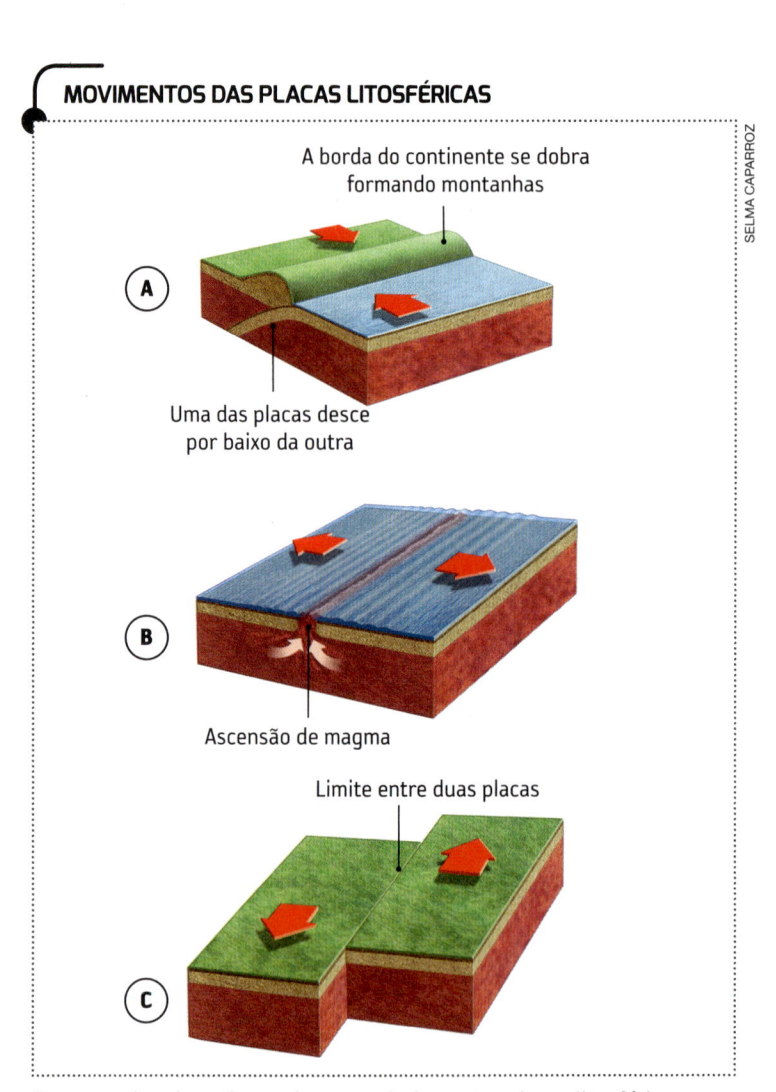

MOVIMENTOS DAS PLACAS LITOSFÉRICAS

A - A borda do continente se dobra formando montanhas / Uma das placas desce por baixo da outra

B - Ascensão de magma

C - Limite entre duas placas

Esquema dos tipos de movimento relativo entre placas litosféricas: **(A)** colisão, **(B)** afastamento e **(C)** deslizamento lateral.
(Imagens sem escala; cores-fantasia.)

Fonte: TEIXEIRA, W. et al. (Orgs.). *Decifrando a Terra*. São Paulo: Companhia Editora Nacional, 2009.

A falha de San Andreas é uma região de encontro de placas litosféricas que fica nos Estados Unidos. Ela pode ser vista da superfície (2016).

ALGUMAS EVIDÊNCIAS DO MOVIMENTO DAS PLACAS LITOSFÉRICAS

Os continentes nem sempre foram como são hoje: eles já estiveram unidos e, ao longo de milhões e milhões de anos, foram se afastando. Atualmente, sabe-se que as placas litosféricas juntaram-se e afastaram-se várias vezes ao longo da história do planeta.

Entre as evidências dos movimentos das placas litosféricas está a forma da costa dos continentes, como a América do Sul e a África, que parecem se "encaixar". Outra evidência são os fósseis de seres vivos encontrados em formações rochosas semelhantes, nos diferentes continentes, indicando que um dia eles já estiveram unidos.

Fóssil: qualquer evidência da existência de um ser vivo, como restos de organismos preservados em rochas, pegadas, excrementos, sementes etc.

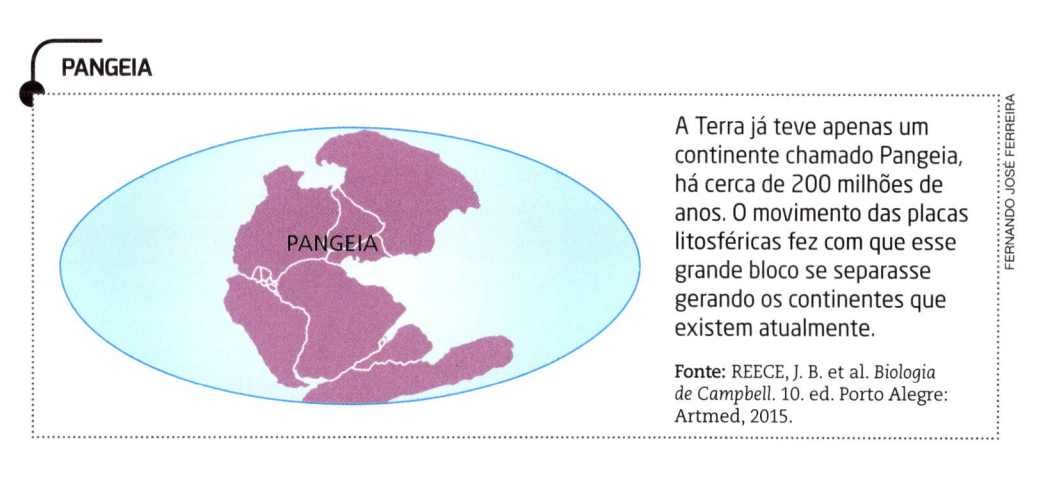

PANGEIA

A Terra já teve apenas um continente chamado Pangeia, há cerca de 200 milhões de anos. O movimento das placas litosféricas fez com que esse grande bloco se separasse gerando os continentes que existem atualmente.

Fonte: REECE, J. B. et al. *Biologia de Campbell*. 10. ed. Porto Alegre: Artmed, 2015.

EVIDÊNCIA DO MOVIMENTO DAS PLACAS LITOSFÉRICAS

O formato da costa de alguns países e continentes se encaixa, evidenciando que eles já estiveram unidos. (Imagem sem escala; cores-fantasia.)

TERREMOTOS

Os movimentos das placas tectônicas podem provocar tremores, também denominados **terremotos** ou **sismos**, que variam muito de intensidade. A maioria dos sismos não é percebida pelas pessoas, mas pode ser detectada por equipamentos como os **sismógrafos**.

Em geral, os terremotos originam-se nas regiões de colisão entre placas litosféricas, mas eles também ocorrem em regiões de deslizamento lateral.

Pode haver terremotos tanto nos continentes quanto nos oceanos. Quando a origem do tremor está abaixo de oceanos, suas águas sofrem uma movimentação anormal, os maremotos, e podem formar-se ondas gigantescas. Essas ondas, chamadas *tsunamis*, podem percorrer grandes distâncias e atingir algumas ilhas e a costa dos continentes, provocando efeitos catastróficos.

PROPAGAÇÃO DE ONDAS SÍSMICAS

Esquema da propagação de ondas sísmicas. As ondas sísmicas geradas por um terremoto propagam-se desde seu local de origem (foco do terremoto) até o local imediatamente acima na superfície (epicentro). (Imagem sem escala; cores-fantasia.)

Fonte: TEIXEIRA, W. et al. (Orgs.). *Decifrando a Terra*. São Paulo: Companhia Editora Nacional, 2009.

SAIBA MAIS!

Os sismógrafos são instrumentos que registram os tremores de terra. Com o uso desse tipo de aparelho, foi desenvolvida, em 1935, a escala Richter, pelos sismólogos Charles Francis Richter (1900-1985) e Beno Gutenberg (1889-1960). Ela representa a energia sísmica liberada durante um terremoto e geralmente varia entre as intensidades 0 e 8.

Essa escala aumenta de forma logarítmica, ou seja, cada ponto de aumento significa um aumento 10 vezes maior. Assim, um terremoto de magnitude 5 é 10 vezes mais intenso que um de magnitude 4. Essa escala é aberta e pode até apresentar números negativos. No entanto, evidências indicam que o maior valor que um terremoto pode atingir é 10.

TERREMOTOS E *TSUNAMIS* NO BRASIL

O território brasileiro está situado no centro da Placa Sul-Americana e, portanto, distante de áreas de contato entre placas. Isso explica por que não temos um histórico de terremotos muito intensos. Isso, no entanto, não quer dizer que não existem terremotos no Brasil; eles ocorrem frequentemente, mas em geral são de baixa intensidade e não são sentidos pelas pessoas.

Alguns terremotos já foram percebidos pelas pessoas no Brasil, como o que atingiu Natal (RN) em 2013 e o que atingiu Tarauacá (AC) em 2015.

Tsunamis são improváveis no Brasil pelo mesmo motivo, ou seja, sua localização no centro de uma placa litosférica e não nas bordas, onde geralmente ocorrem os eventos que dão origem a esse tipo de onda. Isso não significa, porém, que o país esteja livre desse risco: embora improvável, alguns eventos podem fazer um *tsunami* chegar à costa brasileira, como a erupção do vulcão *Cumbre Vieja*, na ilha canária espanhola La Palma, no Oceano Atlântico.

Como se formam os terremotos

Cite duas escalas utilizadas para medir a força de um terremoto e caracterize cada uma. Disponível em <http://mod.lk/ac7u01>

VULCÕES

Os vulcões podem ter diversas origens. Em alguns casos, o choque de placas litosféricas é responsável pela formação de vulcões e pelas erupções, quando uma rocha fundida é extravasada. A maioria dos vulcões está localizada nas bordas das placas litosféricas, nas áreas em que elas se afastam ou colidem.

Ao entrar em atividade, o vulcão passa pelas seguintes fases:

1. Os movimentos das placas litosféricas expõem o magma, material quente e líquido do interior da Terra. O magma fica acumulado na câmara magmática, com vapor de água e outros gases (alguns deles tóxicos), sob forte pressão.

2. Quando a quantidade de magma é grande na câmara, ele extravasa pela chaminé e é liberado pela abertura do vulcão. Damos a isso o nome de **erupção**.

3. O magma que extravasa na erupção recebe o nome de **lava**.

A atividade vulcânica é um processo altamente transformador. Por ocorrer de maneira repentina, nem sempre previsível, pode provocar grandes catástrofes, destruindo o meio ambiente e causando mortes. O vulcanismo modifica drasticamente as paisagens e é responsável pela formação de novas rochas e pela liberação de gases e partículas para a atmosfera. As cinzas vulcânicas liberadas pelos vulcões podem compor solos férteis, pois geralmente são ricas em nutrientes utilizados pelas plantas.

ENTRANDO NA REDE

No *site* do Serviço Geológico do Brasil, **http://mod.lk/s8mkl**, você encontrará várias informações interessantes sobre vulcões e terremotos.

Acesso em: mar. 2018.

Vulcões

A animação exibe um vulcão do tipo estratovulcão e suas estruturas.

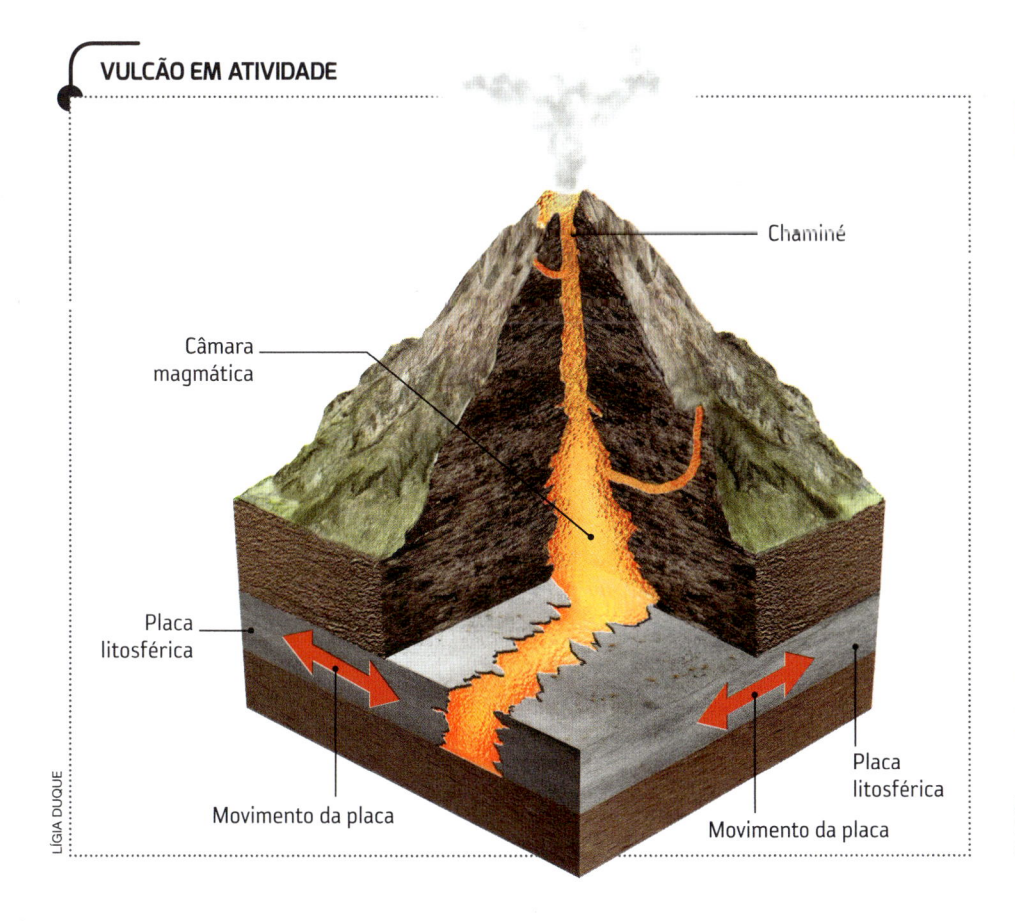

VULCÃO EM ATIVIDADE

- Chaminé
- Câmara magmática
- Placa litosférica
- Movimento da placa
- Movimento da placa
- Placa litosférica

DE OLHO NO TEMA

- É possível que, daqui a milhões de anos, existam novos continentes na Terra?

Esquema de vulcão em atividade. (Imagem sem escala; cores-fantasia.)

Fonte: TEIXEIRA, W. et al. (Orgs.). *Decifrando a Terra*. São Paulo: Companhia Editora Nacional, 2009.

TEMA 6
O SURGIMENTO E A EXTINÇÃO DE ESPÉCIES

A Terra já foi habitada por diversos seres vivos que não existem mais.

Existem milhões de seres vivos diferentes no planeta. Evidências indicam que todos esses indivíduos descendem, de alguma forma, do primeiro ser vivo. Ele teria se reproduzido e gerado descendentes que, ao longo de bilhões de anos, também se reproduziram e se diferenciaram, dando origem a toda diversidade da vida presente no planeta.

A diversificação da vida está relacionada a diversos fatores, entre eles as mudanças no planeta ao longo do tempo. O surgimento dos oceanos provavelmente possibilitou o aparecimento da vida, por exemplo.

Outras mudanças também influenciaram a diversificação da vida. Evidências indicam que, na Terra primitiva, não existia gás oxigênio na atmosfera. Isso revela que os animais e as plantas atuais, que necessitam desse gás para respirar, não poderiam existir nessa época.

GRANDES EXTINÇÕES EM MASSA

Paleontólogos identificaram cinco ocasiões em que mais de três quartos das espécies do planeta foram extintas em um curto intervalo de tempo.

Número de grupos de animais marinhos ao longo do tempo

Nos anos 1980, paleontólogos reuniram informações sobre o grupo e a idade de milhares de fósseis de animais marinhos do mundo todo e criaram um gráfico como esse ao lado.

O gráfico inclui apenas animais que se preservaram como fósseis, muito raros antes de 540 milhões de anos atrás.

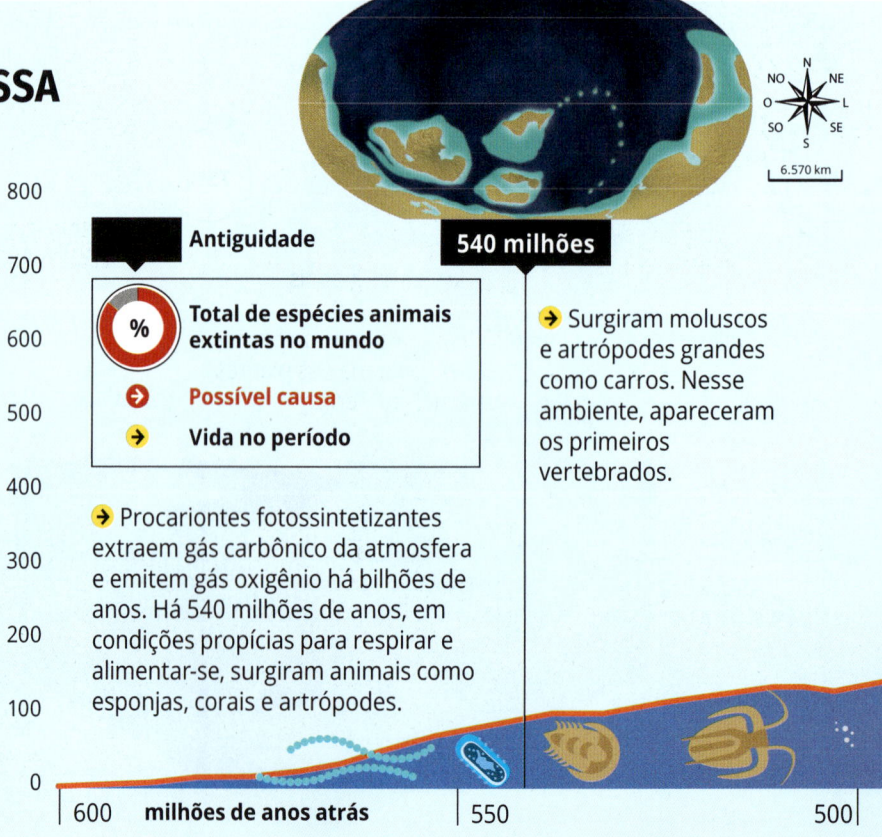

- **Antiguidade**
- % **Total de espécies animais extintas no mundo**
- → **Possível causa**
- → **Vida no período**

540 milhões

→ Surgiram moluscos e artrópodes grandes como carros. Nesse ambiente, apareceram os primeiros vertebrados.

→ Procariontes fotossintetizantes extraem gás carbônico da atmosfera e emitem gás oxigênio há bilhões de anos. Há 540 milhões de anos, em condições propícias para respirar e alimentar-se, surgiram animais como esponjas, corais e artrópodes.

600 — milhões de anos atrás — 550 — 500

Esse gás se acumulou na atmosfera após o surgimento de seres fotossintetizantes, que liberam gás oxigênio e consomem gás carbônico. Com essa disponibilidade, foi possível o surgimento de seres aeróbios, ou seja, que utilizam gás oxigênio na produção de energia.

O surgimento de novas espécies é explicado pela teoria da **evolução por seleção natural**, que será estudada nos próximos anos do Ensino Fundamental. Por ora, podemos afirmar que as alterações no ambiente favorecem algumas espécies ao mesmo tempo que prejudicam outras. As espécies favorecidas têm mais facilidade de deixar descendentes e, ao longo do tempo, podem ter suas populações aumentadas. As espécies prejudicadas, por outro lado, deixam menos descendentes e podem até ser extintas.

Em decorrência disso, a diversidade de seres vivos variou muito durante a história da Terra. Do mesmo modo que as mudanças ambientais foram responsáveis por criar condições para o surgimento de diversas espécies, elas causaram a extinção, ou seja, o desaparecimento de muitas outras. Esse processo é contínuo, embora alguns eventos drásticos possam causar mudanças mais abruptas.

Os estromatólitos são fósseis de microrganismos fotossintetizantes que viveram há bilhões de anos (Austrália, 2016).

Espécie: de maneira simplificada, pertencem a uma espécie indivíduos capazes de se reproduzir e gerar descendentes férteis em condições naturais.

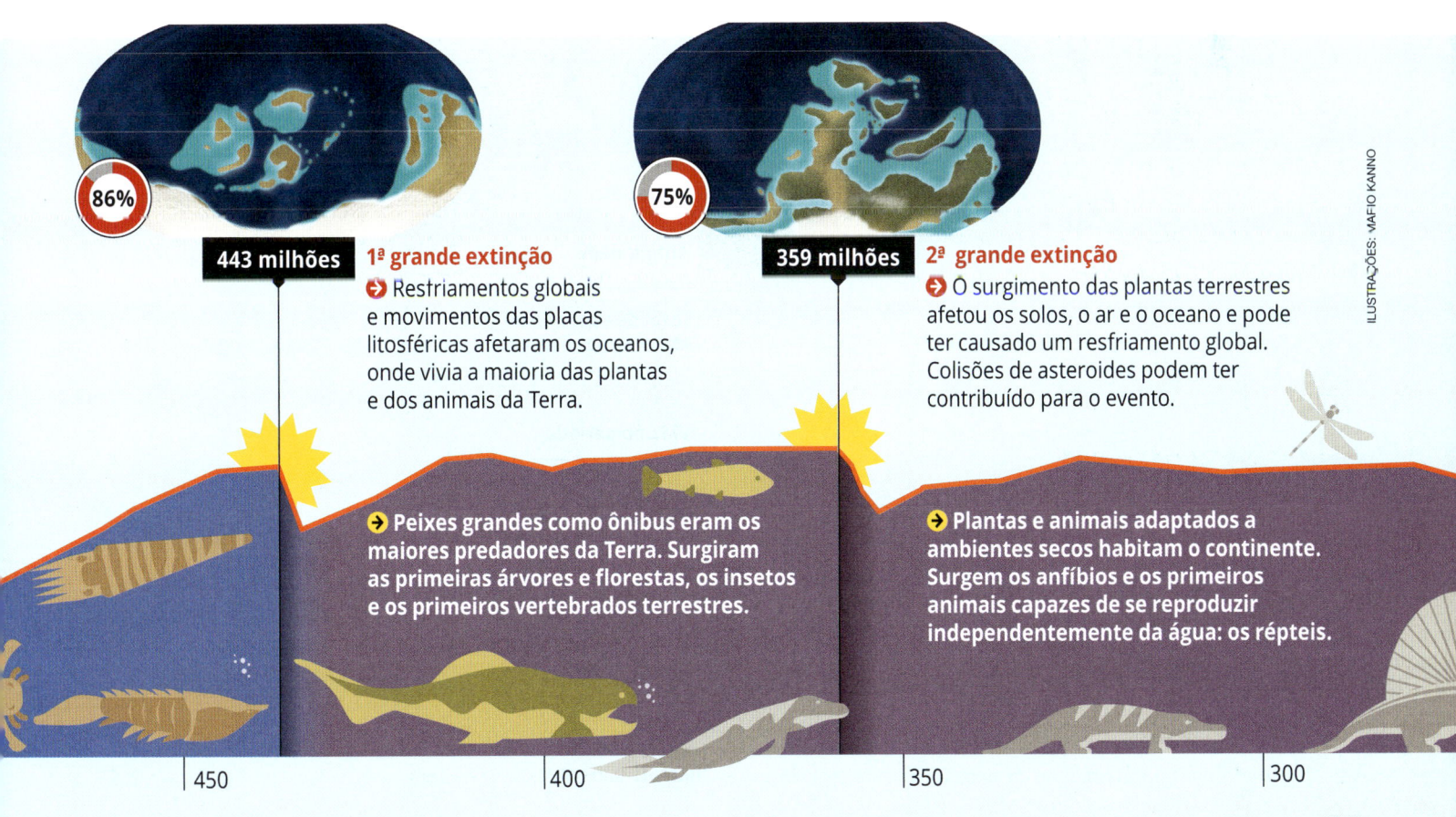

443 milhões — 1ª grande extinção (86%)
➜ Restriamentos globais e movimentos das placas litosféricas afetaram os oceanos, onde vivia a maioria das plantas e dos animais da Terra.

➜ Peixes grandes como ônibus eram os maiores predadores da Terra. Surgiram as primeiras árvores e florestas, os insetos e os primeiros vertebrados terrestres.

359 milhões — 2ª grande extinção (75%)
➜ O surgimento das plantas terrestres afetou os solos, o ar e o oceano e pode ter causado um resfriamento global. Colisões de asteroides podem ter contribuído para o evento.

➜ Plantas e animais adaptados a ambientes secos habitam o continente. Surgem os anfíbios e os primeiros animais capazes de se reproduzir independentemente da água: os répteis.

450   400   350   300

A CAMADA DE OZÔNIO

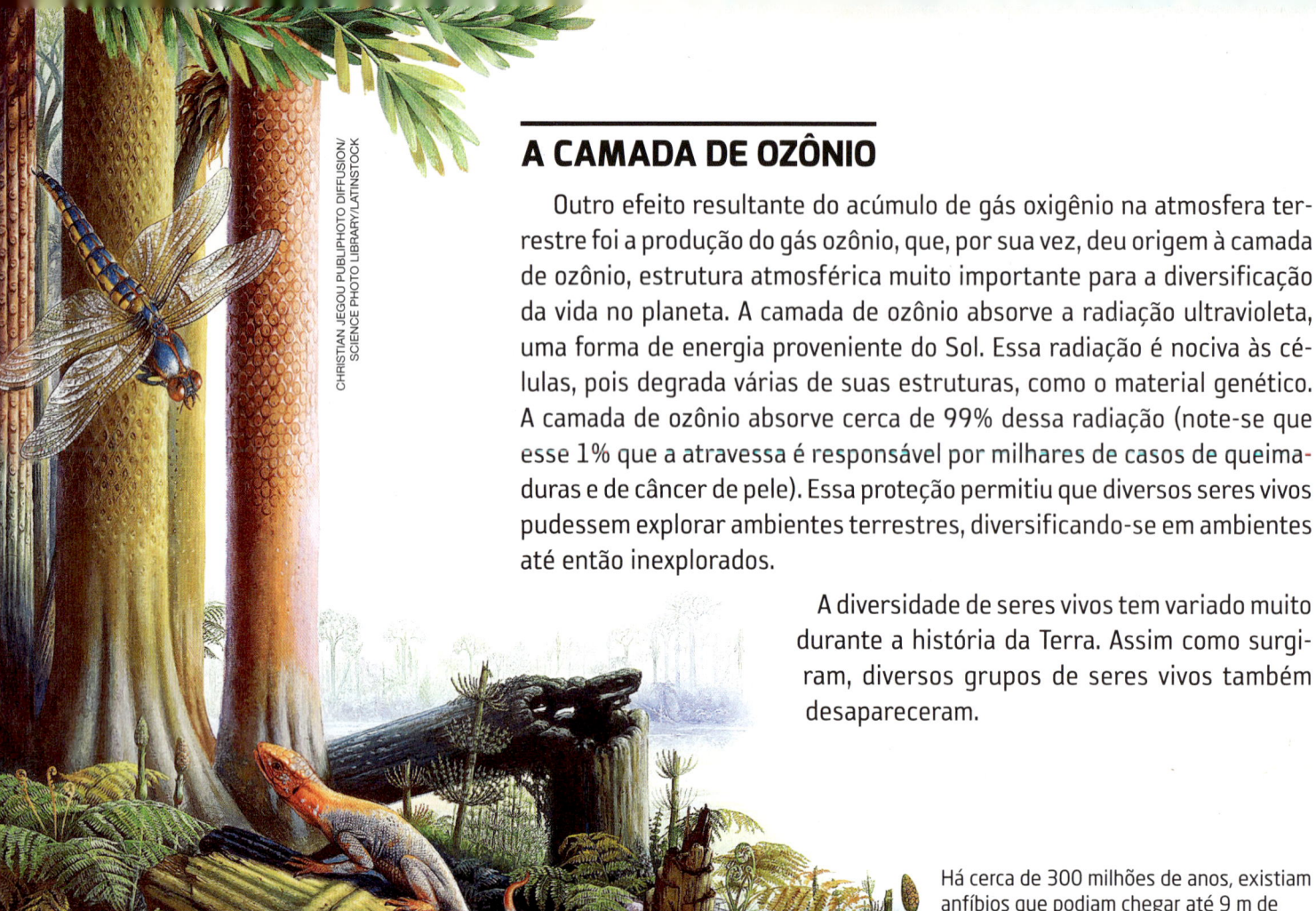

Outro efeito resultante do acúmulo de gás oxigênio na atmosfera terrestre foi a produção do gás ozônio, que, por sua vez, deu origem à camada de ozônio, estrutura atmosférica muito importante para a diversificação da vida no planeta. A camada de ozônio absorve a radiação ultravioleta, uma forma de energia proveniente do Sol. Essa radiação é nociva às células, pois degrada várias de suas estruturas, como o material genético. A camada de ozônio absorve cerca de 99% dessa radiação (note-se que esse 1% que a atravessa é responsável por milhares de casos de queimaduras e de câncer de pele). Essa proteção permitiu que diversos seres vivos pudessem explorar ambientes terrestres, diversificando-se em ambientes até então inexplorados.

A diversidade de seres vivos tem variado muito durante a história da Terra. Assim como surgiram, diversos grupos de seres vivos também desapareceram.

Há cerca de 300 milhões de anos, existiam anfíbios que podiam chegar até 9 m de comprimento. Não há representantes desses anfíbios gigantes nos dias atuais.

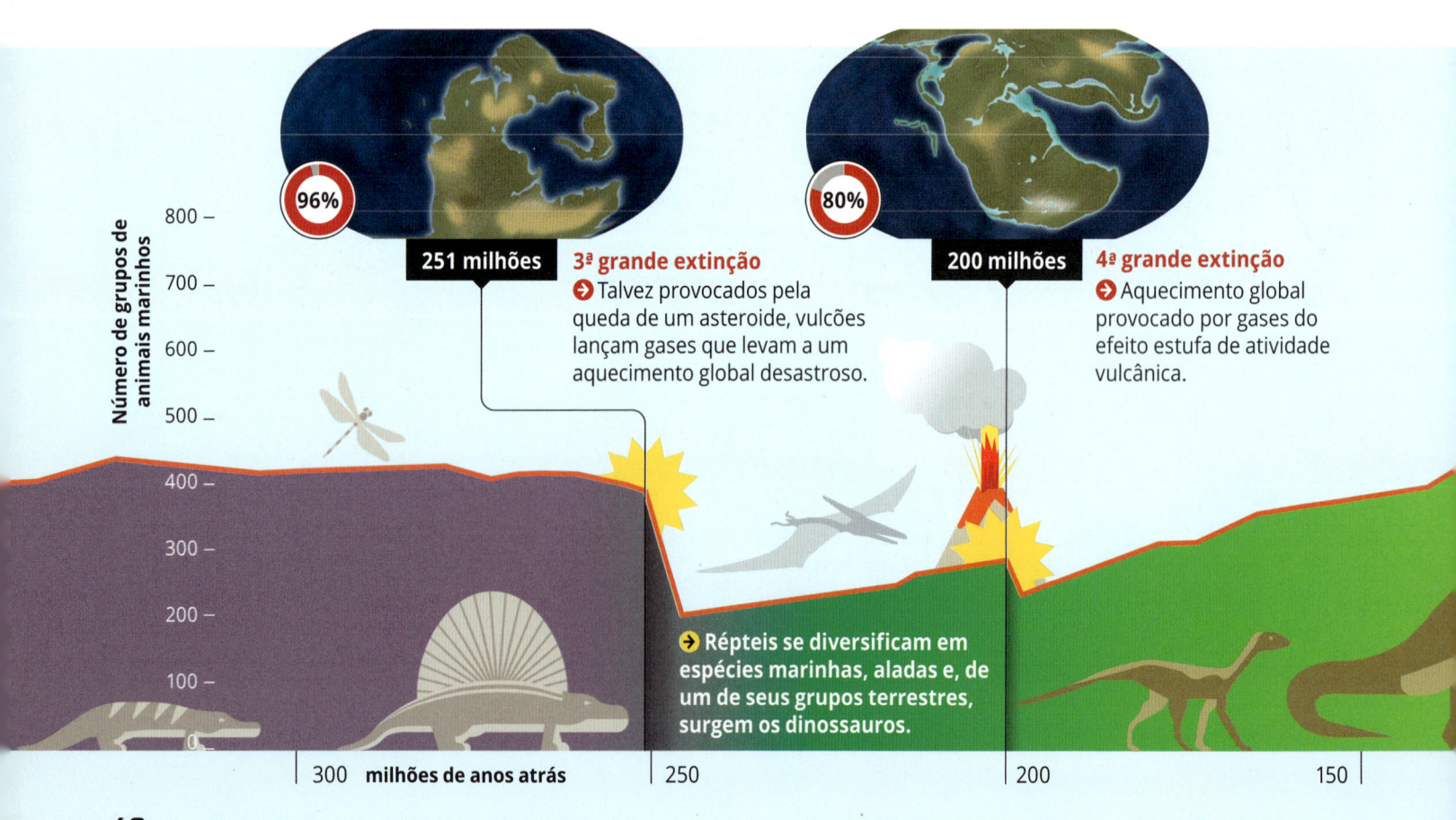

251 milhões — 96%

3ª grande extinção
- Talvez provocados pela queda de um asteroide, vulcões lançam gases que levam a um aquecimento global desastroso.

200 milhões — 80%

4ª grande extinção
- Aquecimento global provocado por gases do efeito estufa de atividade vulcânica.

- Répteis se diversificam em espécies marinhas, aladas e, de um de seus grupos terrestres, surgem os dinossauros.

Número de grupos de animais marinhos (eixo vertical: 0, 100, 200, 300, 400, 500, 600, 700, 800)

milhões de anos atrás: 300 | 250 | 200 | 150

EXTINÇÕES EM MASSA

A extinção de espécies é um processo natural que ocorre constantemente. Certos eventos, porém, podem causar **extinções em massa**, isto é, levar à extinção um grande número de espécies, modificando drasticamente a diversidade de vida.

A alteração da atmosfera provocada pelo acúmulo de gás oxigênio é considerada o primeiro evento de extinção em massa. Outro evento bastante estudado é o que causou a extinção em massa de dinossauros, há aproximadamente 60 milhões de anos.

DE OLHO NO TEMA

- As transformações pelas quais o planeta passa podem afetar a diversidade de vida? Explique sua resposta.

Trilha de estudo
Vai estudar? Nosso assistente virtual no *app* pode ajudar! <http://mod.lk/tr7u01>

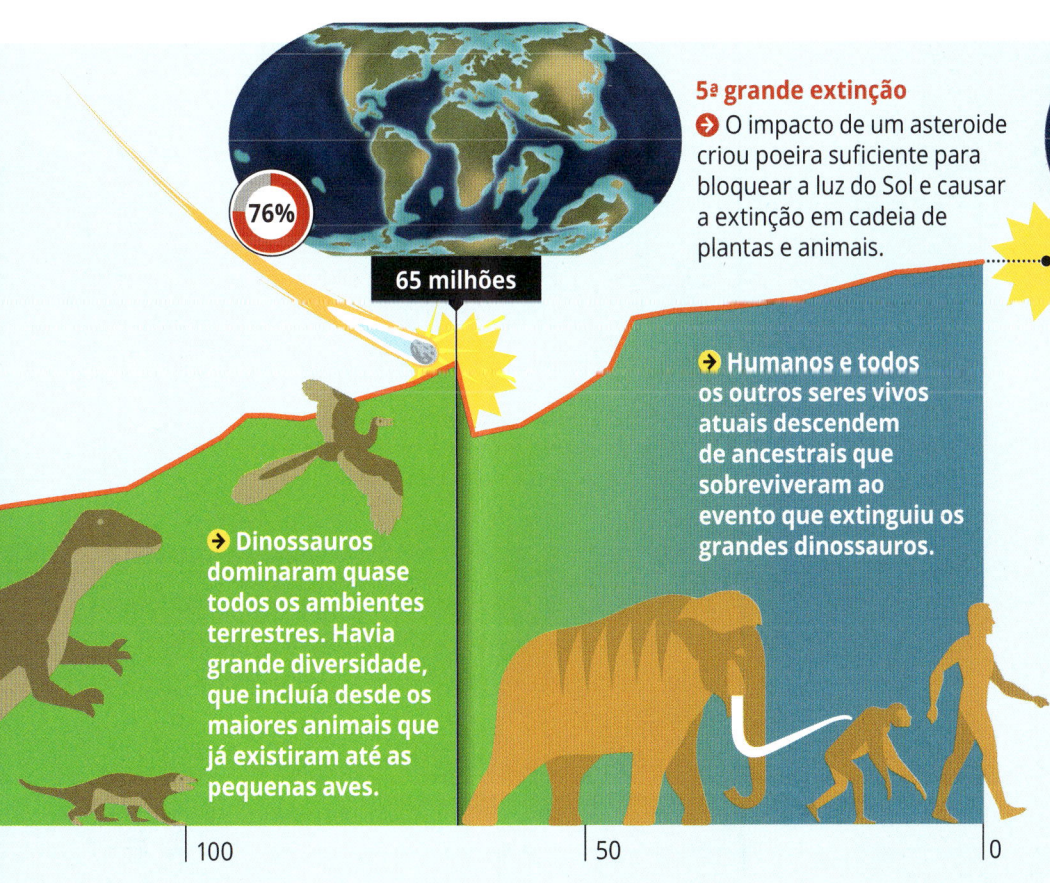

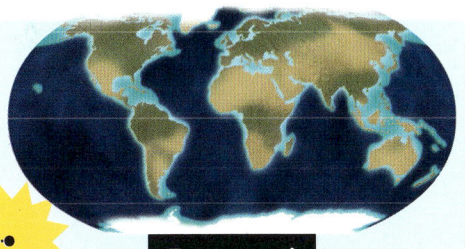

Há aproximadamente 60 milhões de anos, os dinossauros habitavam a Terra.

5ª grande extinção
→ O impacto de um asteroide criou poeira suficiente para bloquear a luz do Sol e causar a extinção em cadeia de plantas e animais.

76%
65 milhões

→ Humanos e todos os outros seres vivos atuais descendem de ancestrais que sobreviveram ao evento que extinguiu os grandes dinossauros.

→ Dinossauros dominaram quase todos os ambientes terrestres. Havia grande diversidade, que incluía desde os maiores animais que já existiram até as pequenas aves.

Terra atual

Uma sexta grande extinção?
Alguns pesquisadores estimam que outra grande extinção em massa está em desenvolvimento, influenciada por atividades humanas que produzem gases do efeito estufa e destroem hábitats naturais e espécies. Eles estimam que, no ritmo atual de extinção, mais de 75% de aves, anfíbios e mamíferos que conhecemos desaparecerão em cerca de 11 mil anos.

Fontes: RAUP, David M.; SEPKOSKI, J. John. Mass extinctions in the marine fossil record. *Science*, v. 215, n. 4539, p. 1501-1503 (19 mar. 1982); BARNOSKY, Anthony D. et al. Has the Earth's sixth mass extinction already arrived? *Nature*, v. 471, p. 51-57 (3 mar. 2011); *PaleoAtlas for GPlates*, disponível em: <http://mod.lk/iyxrd>. Acesso em: jun. 2018.

| 100 | 50 | 0 |

ATIVIDADES

TEMAS 4 A 6

ORGANIZAR O CONHECIMENTO

1. Diferencie biogênese de abiogênese.
2. O que é a escala Richter?
3. Qual é a importância da camada de ozônio para os seres vivos?

ANALISAR

4. Durante a Idade Média, muitas pessoas acreditavam que as salamandras surgiam do fogo. Essa crença teve origem porque esses animais eram frequentemente vistos saindo de madeiras em chamas das fogueiras. Elabore uma explicação para o aparecimento das salamandras nas fogueiras.

5. Os mapas a seguir mostram as regiões onde ocorrem mais terremotos no planeta e as linhas das placas tectônicas. É possível estabelecer alguma relação entre eles? Explique sua resposta.

DISTRIBUIÇÃO DAS PLACAS LITOSFÉRICAS

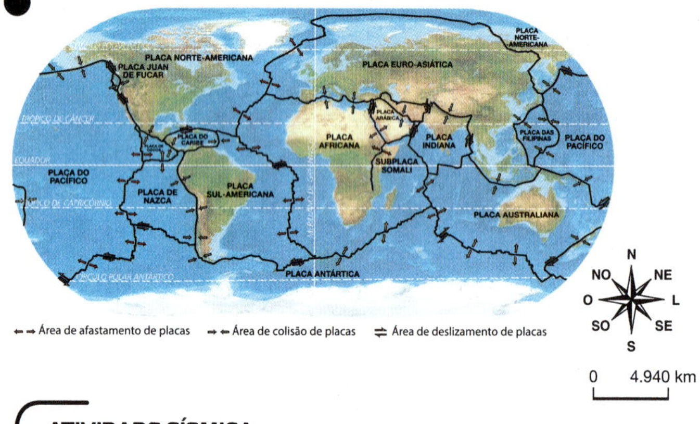

ATIVIDADE SÍSMICA

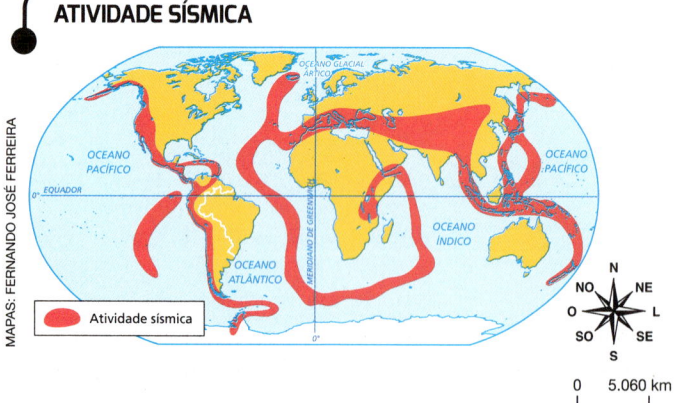

Fonte: Adaptado de IBGE. *Atlas geográfico escolar*. 3. ed. Rio de Janeiro: IBGE, 2006.

6. O gráfico a seguir mostra a quantidade de gás oxigênio disponível na atmosfera ao longo do tempo. Quando os organismos que produzem esse gás surgiram na Terra?

GÁS OXIGÊNIO NA ATMOSFERA

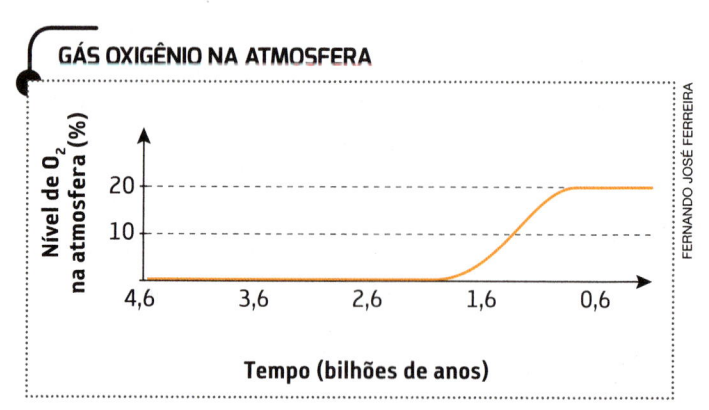

Fonte: ALBERTS, B. et al. *Molecular biology of the cell*. Nova York: Garland Publ. Inc., 2002. p. 825.

COMPARTILHAR

7. A tabela a seguir apresenta informações sobre a escala Richter. Analise-a e faça o que se pede.

Magnitude	Resultado	Número por ano
1,0-1,9	Detectado apenas por sismógrafo	Muitos
2,0-2,9	Sentido por algumas pessoas	800.000
3,0-3,9	Sentido pela maioria das pessoas	20.000
4,0-4,9	Vidros partidos	2.800
5,0-5,9	Quebra de mobiliário	1.000
6,0-6,9	Fendas no chão, queda de edifícios	185
7,0-7,9	Queda de pontes e barragens	14
Maior que 8,0	Desastre em larga escala	0,2

Disponível em: <http://mod.lk/w3p3a>. Acesso em: mar. 2018.

- Pesquise sobre algum terremoto que tenha causado grandes danos, a intensidade e a data de ocorrência dele. Em seguida, escreva um texto para explicar como foi esse terremoto, quais foram os impactos na região em que ele ocorreu e o que foi feito para ajudar as vítimas e compartilhe-o com os colegas.

PENSAR CIÊNCIA

Mapeando o fundo do oceano

[...] Marie Tharp nasceu em 30 de julho de 1920, na cidade de Ypsilanti, em Michigan – EUA.

Com o advento da Segunda Guerra Mundial e a ida para o combate dos homens que representavam (entre muitos outros) a mão de obra especializada, os EUA [Estados Unidos] começaram a desenvolver programas de incentivo às mulheres para frequentarem cursos então considerados "masculinos", como ciência e tecnologia. Marie obteve o Mestrado em Geologia do Petróleo na Universidade de Michigan [...].

Ainda em busca por um trabalho que a estimulasse, Marie mudou-se para Manhattan em 1948. Foi então contratada como assistente no Lamont Geolgial Laboratory – hoje Lamont-Doherty Earth Observatory – na Universidade de Columbia, por Maurice "Doc" Ewing. Marie era encarregada de fazer redações e cálculos para os alunos do laboratório, todos homens.

Entre os alunos estava Bruce Heezen, cuja especialidade era trabalhar com dados sísmicos e topográficos do fundo do mar. Com os investimentos maciços durante a Guerra Fria para estudos que explorassem o fundo do oceano (um local para se instaurar, talvez, batalhas entre submarinos) Bruce e Tharp estabeleceram uma parceria que se estenderia para o resto de suas vidas.

O trabalho a ser realizado pela dupla consistia em uma tentativa de mapeamento do fundo oceânico. Por ser mulher, não era permitido que Marie fosse a campo fazer coleta de dados. Assim, Heezen partia por expedições em navios e mandava as informações de sondagens obtidas para Tharp, que as reunia, organizava e interpretava. Plotando os dados sobre o mapa, Marie surpreendeu-se ao perceber, ao longo de todo o Atlântico Norte, a ocorrência de cadeias de montanhas submarinas cortadas longitudinalmente por um sulco, [...].

A explicação para a existência de tal formação geológica envolvia o conceito de que os continentes se movimentariam sobre a superfície da Terra, uma ideia considerada à época uma "heresia científica". Com o surgimento de mais dados científicos, a descoberta de Tharp e Heezen foi sendo cada vez mais aceita e foi um dos suportes para que mais tarde fosse desenvolvida a teoria da Tectônica de Placas.

Tharp e Heezen concluíram o mapeamento do Atlântico Norte em 1959, do Atlântico Sul em 1961 e do Oceano Índico em 1964. Eles estabeleceram uma parceria com o pintor austríaco Heinrich Berann em 1966, que reuniu o resultado de tantos anos de trabalho em um mapa de todo o assoalho oceânico. O mapa, ainda utilizado atualmente, foi publicado pelo Escritório de Pesquisa Naval dos EUA em 1977. [...]

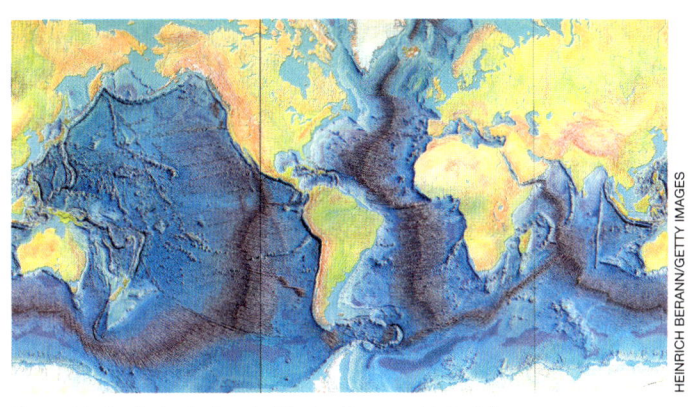

O resultado do trabalho de Marie, Bruce e Heinrich gerou um mapa que ajudou a mostrar que os continentes se deslocavam no planeta, ideia que por muito tempo foi considerada absurda. Mapa feito por Heinrich Berann do assoalho oceânico, em 1977.

Fonte: VERONEZI, G. M. B. Celebrando Marie Tharp: a mulher que mapeou o fundo do oceano. Disponível em: <http://mod.lk/jze6f>. Acesso em: mar. 2018.

ATIVIDADES

1. Na época em que o mapa foi lançado, o acesso a um computador e os recursos disponíveis eram bem diferentes dos atuais, e criar imagens era mais difícil. Assim, qual é a importância de utilizar um artista para produzir o mapa?

2. Diversas mulheres fizeram contribuições importantes para a Ciência, mas pouco se fala delas. Por que você acha que isso ocorre?

ATITUDES PARA A VIDA

A verdade está lá fora

Com essa frase aí em cima os produtores da já clássica série "Arquivo X" atiçavam a curiosidade dos telespectadores em meio a rocambolescas tramas que envolviam conspirações, alienígenas e criaturas bizarras. Sempre curti bastante as aventuras de Mulder e Scully, que acabam de completar duas décadas de existência. Mas as verdadeiras histórias de óvnis são bem mais legais. [...]

Peraí, verdadeiras? Há verdadeiras? Olha só, se seguirmos o que disse a Força Aérea Brasileira [FAB] em um documento recentemente "desclassificado" pela corporação (ou seja, liberado de seu *status* confidencial), os objetos voadores não identificados existem sim e pressupõem ações inteligentes! [...]

O relatório se refere a um episódio que ficou conhecido como a "noite oficial dos discos voadores" no Brasil. Em 19 de maio de 1986, diversos óvnis foram detectados por radar e por contato visual, houve perseguição mútua entre caças da FAB e os objetos misteriosos, capazes de incríveis variações de velocidade, direção e altitude. [...]

"Eu quero acreditar"

Talvez o leitor [...] esteja estranhando a presença de um texto sobre ufologia — o esforço (normalmente tido como pseudocientífico) de estudar os "causos" de objetos voadores não identificados. Considere-o uma provocação. Porque se, de um lado, temos de admitir, como o fazem os cientistas, que ufologia não é ciência, por outro há de se reconhecer que existe uma certa arrogância intelectual em descartar todo e qualquer relato de óvni como alucinação ou fraude.

É verdade que a imensa maioria dos episódios relatados ao longo das décadas é mentira deslavada ou piração de quem conta. Cerca de 99% das ocorrências é facilmente descartada como fenômeno natural ou fraude. [...]

Acontece que, tirando todos esses enganos e fraudes, sobram, ainda, uns poucos casos que desafiam qualquer explicação trivial. [...]

Há duas ordens de argumentos contra a hipótese de que os óvnis sejam espaçonaves extraterrestres. A primeira diz respeito às dificuldades envolvidas no voo interestelar, que é impraticável pelas tecnologias atuais e impõe um desafio tão grande que muitos astrônomos preferem supor que ele seja impossível.

A segunda linha de frente contra as naves ETs é o fato de que, até agora, elas conseguiram impedir que qualquer prova material de sua existência fosse analisada por cientistas imparciais. Os fãs da ufologia querem crer numa conspiração governamental que esconde esses artefatos assim que os localiza [...].

Os dois argumentos, tanto o da improbabilidade das viagens entre as estrelas como o da falta de provas materiais, são bem razoáveis, e não culpo os cientistas por se ancorarem neles para não acreditar na hipótese da visitação alienígena. Mas existe aí também uma pretensão não muito científica ao afirmar que essas justificativas eliminam qualquer possibilidade de que pelo menos alguns dos óvnis não explicados sejam mesmo alienígenas.

Ciência de fora

Essa repulsa científica tem justamente a ver com o fato de que a ufologia não é ciência. Ela carece de alguns elementos essenciais ao método científico, como a capacidade de reproduzir experimentos e formular hipóteses, ou a viabilidade de verificação por pares dos dados obtidos.

Em geral, os relatos ufológicos acabam sendo aceitos pelo valor de face, porque é impossível separar os casos possivelmente verdadeiros dos falsos. Está tudo no mesmo saco. E não se pode fazer ciência misturando relatos verdadeiros e falsos. [...]

E para verificar que a ufologia tem mais a ver com psicologia do que com alienígenas, basta verificar o levantamento de dados publicado pela *Superinteressante* com base nos documentos da FAB. De todos os episódios datados desde os anos 1950, o menor número de casos (14) é justamente nessa década inicial, onde a TV ainda tinha um papel pouco importante na vida dos brasileiros. Já o maior número de casos (249), disparado, ocorre na década de 1990, quando estreava um certo seriado chamado... "Arquivo X". Será que tem a ver? Eu apostaria que sim.

Fonte: NOGUEIRA, S. A verdade está lá fora. Mensageiro Sideral, 10 set. 2013. *Folha de S.Paulo*. Disponível em: <http://mod.lk/ks9n0>. Acesso em: mar. 2018.

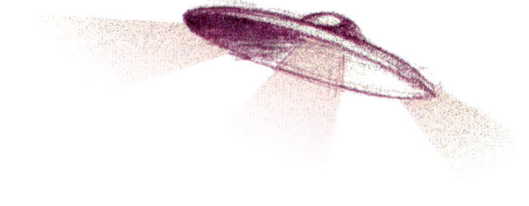

Verificação por pares: processo em que um projeto ou dados de um pesquisador são avaliados por um ou mais membros da comunidade científica (pares).

COMO EU ME SAÍ?

- Li o texto inteiro antes de chegar a uma conclusão sobre o assunto?
- O texto apresentou fatos ou ideias que são contrários a algo em que acredito?
- Considerei aspectos do texto antes de emitir uma opinião?

OBTER INFORMAÇÕES

1. Na opinião do autor, devemos descartar a hipótese da existência de alienígenas? Justifique sua resposta com elementos do texto.

TROCAR IDEIAS SOBRE O TEMA

2. Em determinado trecho, o texto afirma que "há de se reconhecer que existe certa arrogância intelectual em descartar todo e qualquer relato de óvni como alucinação ou fraude". Converse com os colegas: o que seria a "arrogância intelectual" citada pelo autor?

3. Você acredita em vida extraterrestre? Antes de dar a primeira resposta que lhe vem à cabeça, procure **controlar a impulsividade** e pensar em aspectos que talvez não tenha levado em conta. Reflita sobre o que você estudou sobre a origem da vida na Terra e sobre os argumentos que o autor do texto apresenta.

COMPREENDER UM TEXTO

Texto 1

Por que provavelmente nunca encontraremos vida em Marte

Sabe-se que Marte, o "Planeta Vermelho", tem um dos ambientes mais inóspitos do Sistema Solar.

Mas agora cientistas dizem que sua superfície é muito menos acolhedora do que se acreditava.

Análises feitas em laboratórios com compostos presentes em Marte mostraram que a superfície do planeta contém um "coquetel tóxico" de produtos químicos que podem destruir qualquer organismo vivo.

Jennifer Wadsworth e Charles Cockell, pesquisadores da pós-graduação em Astrobiologia da Universidade de Edimburgo, na Escócia, realizaram os experimentos com partículas conhecidas como "percloratos".

Esses compostos, encontrados natural e sinteticamente na Terra, são abundantes no solo de Marte, segundo confirmado por missões da Nasa que detectaram as substâncias em diversas partes do "Planeta Vermelho".

Bactericidas

Os pesquisadores descobriram que os compostos são capazes de matar culturas das bactérias *Bacillus subtilis*, que representam o modo de vida básico.

À temperatura ambiente, os percloratos são compostos estáveis, mas em temperaturas elevadas tornam-se ativos.

Os cientistas queriam estudar qual seria a reação dos percloratos em temperaturas extremamente frias, como as de Marte.

Simulando as condições da superfície do planeta, que é banhado por luz ultravioleta, mas não de calor, descobriram que os compostos também podem ser ativados nessa situação.

Nos experimentos, os percloratos tornaram-se potentes bactericidas capazes de matar esses seres em minutos, esterilizando as superfícies do meio estudado, afirmam os pesquisadores.

Esterilizar: deixar um material livre de seres vivos.

Texto 2

Cientistas anunciaram [...] haver indícios de que Marte não tenha apenas água congelada, mas também água corrente salgada em sua superfície, o que aumenta as especulações sobre a existência de vida no planeta vermelho.

Com base em dados fornecidos pela sonda da *Nasa Mars Reconnaissance Orbiter*, em Marte desde 2006, a equipe de pesquisadores da França e dos EUA afirmou que linhas que correm sobre encostas na superfície do planeta vermelho podem ser de água salgada.

Os cientistas disseram ter encontrado nessas linhas evidência de sais minerais "hidratados", que precisam de água para se formar. Tais resultados sustentariam a hipótese de haver água líquida em Marte, conclui um estudo publicado na revista científica *Nature Geoscience*.

Segundo os pesquisadores, as faixas estreitas de água tendem a aparecer durante

As estruturas celulares das bactérias perderam rapidamente sua viabilidade, acrescentaram. [...]

Mais inóspito

Isto sugere, segundo o estudo, que o planeta "é muito mais sombrio do que se pensava".

Os cientistas dizem que a descoberta tem muitas implicações para a busca por vida no Planeta Vermelho. [...]

"Se queremos encontrar vida em Marte, precisamos levar essa descoberta em conta", disse Wadsworth à agência de notícias AFP.

"É preciso ver se podemos encontrar a vida abaixo da superfície, em lugares que não seriam expostos a essas condições."

Segundo os cientistas, o ambiente onde poderia haver mais chance de vida estaria a dois ou três metros abaixo da superfície, onde qualquer organismo conseguisse proteger-se da intensa radiação.

"Nessas profundezas, é possível que a vida marciana possa sobreviver", disse Wadsworth. [...]

Fonte: BBC BRASIL. Por que provavelmente nunca encontraremos vida em Marte. Disponível em: <http://mod.lk/imoga>. Acesso em: mar. 2018.

os meses mais quentes no planeta vermelho e desaparecer no restante do ano. O sal diminui o ponto de congelamento da água, o que explicaria os riachos sazonais.

Os pesquisadores afirmaram que ainda é preciso explorar mais o planeta para determinar se algum tipo de vida microscópica pode existir em Marte.

Fonte: TERRA. NASA confirma que achou evidências de água líquida em Marte. Disponível em: <http://mod.lk/lupjs>. Acesso em: mar. 2018

ATIVIDADES

OBTER INFORMAÇÕES

1. De acordo com os textos, é possível afirmar que existe água líquida em Marte?
2. É possível descartar a existência de vida em Marte?

INTERPRETAR

3. O que significa dizer que os compostos encontrados na superfície de Marte mataram o modo de vida básico?
4. Se os percloratos estivessem na superfície terrestre, eles seriam tão tóxicos quanto são em Marte?
5. Por que encontrar água líquida em um planeta é um indicativo de que pode existir vida nesse local?

Cratera Garni, em Marte (2013). As linhas avistadas nessa paisagem são evidências que indicam a existência de água líquida.

UNIDADE 2
INTRODUÇÃO À EVOLUÇÃO DOS SERES VIVOS

POR QUE ESTUDAR ESTA UNIDADE?

A diversidade de seres vivos sempre fascinou a humanidade. No entanto, as primeiras explicações científicas para o grande número de organismos existente no planeta começaram a surgir somente entre o final do século XVIII e o início do século XIX. A compreensão do processo evolutivo é importante para entender o surgimento de novas espécies, as similaridades e as diferenças entre os seres vivos e a relação de parentesco entre os organismos, tanto viventes como extintos. Nesta Unidade, você estudará a evolução biológica e a relação evolutiva entre os organismos.

Os dinossauros são répteis terrestres que viveram na Terra entre 230 milhões e 65 milhões de anos atrás e que já foram extintos. Com base em restos e vestígios fósseis deixados por eles, os cientistas podem, por exemplo, deduzir informações a respeito da constituição, do comportamento, da alimentação e do ambiente em que viviam esses animais. Na imagem, reconstituição de alguns dinossauros em seu ambiente. O mais alto é um braquiossauro, que possui cerca de 16 metros de altura e massa de 70 toneladas. Ele viveu há cerca de 150 milhões de anos e provavelmente tinha comportamento grupal.

COMEÇANDO A UNIDADE

1. Existem evidências de que os dinossauros existiram? Justifique sua resposta.
2. Em sua opinião, os seres vivos que habitam a Terra são os mesmos desde o surgimento da vida no planeta? Justifique sua resposta.
3. Explique com suas palavras o que é evolução.
4. Quais são as espécies animais mais similares à espécie humana? Que características compartilhamos com elas?

ATITUDES PARA A VIDA

- Controlar a impulsividade
- Imaginar, criar e inovar

TEMA 1

SELEÇÃO NATURAL

Explicações científicas sobre a origem e a evolução das espécies têm sido propostas desde o século XVIII.

Atualmente, as evidências disponíveis levam os cientistas a explicar a diversidade de seres vivos como resultado da **evolução biológica**.

Já na Antiguidade, alguns pensadores e filósofos haviam levantado a hipótese de que os seres vivos se transformam ao longo do tempo, embora não houvesse evidências científicas de que isso ocorresse. As primeiras tentativas formais de explicar a origem da diversidade dos seres vivos só ocorreram entre o final do século XVIII e o início do século XIX. Entre essas explicações, destacam-se aquelas propostas por alguns naturalistas da época, como a de Jean-Baptiste Pierre Antoine de Monet e a teoria desenvolvida por Charles Robert Darwin e Alfred Russel Wallace.

AS IDEIAS EVOLUCIONISTAS DE LAMARCK

Jean-Baptiste Pierre Antoine de Monet (1744-1829), conhecido como Cavaleiro de Lamarck, propôs que os seres vivos podiam mudar suas características anatômicas e fisiológicas, originando novas espécies no decorrer das gerações.

A teoria criada por Lamarck, conhecida atualmente como **lamarckismo**, baseia-se em alguns princípios, como:

- **lei do uso e desuso:** afirma que determinado órgão se desenvolve ao ser usado; caso contrário, ele regride. O uso ou o desuso de um órgão dependeria das condições impostas pelo ambiente e das necessidades de cada espécie;

- **lei de transmissão dos caracteres adquiridos:** declara que as características adquiridas por um indivíduo, por uso ou desuso, são transmitidas aos seus descendentes. Dessa forma, ao longo de muitas gerações, o acúmulo de pequenas mudanças graduais provocaria modificações significativas nas populações, podendo dar origem a novas espécies.

Atualmente, as ideias de Lamarck não são mais aceitas em sua totalidade, pois sabe-se que as alterações decorrentes do uso ou desuso não são transmitidas às gerações seguintes. Um exemplo são os fisiculturistas, que não transmitem aos filhos sua musculatura desenvolvida durante os treinos.

Naturalista: estudioso do campo da História natural, que englobava as ciências dedicadas ao estudo da natureza e dos fenômenos naturais. Atualmente esse campo encontra-se dividido em várias disciplinas, como a Biologia, a Química e a Física.

Jean-Baptiste Pierre Antoine de Monet, o Cavaleiro de Lamarck, em pintura a óleo feita em 1802 ou 1803 por Charles Thévenin.

AS CONTRIBUIÇÕES DE DARWIN E WALLACE

O naturalista inglês Charles Darwin (1809-1882) coletou dados diversos durante a viagem a bordo do navio Beagle, iniciada em 1831. Darwin visitou vários locais ao redor do mundo, entre eles a América do Sul, incluindo o Brasil. Uma de suas paradas foi no arquipélago de Galápagos, atualmente pertencente ao Equador. Darwin regressou dessa viagem em 1836 com muitas anotações e material coletado para estudo.

Charles Robert Darwin, autor do livro *A origem das espécies*, em 1854.

VIAGEM DE DARWIN, A BORDO DO NAVIO BEAGLE, ENTRE 1831 E 1836

Fonte: THE HMS BEAGLE PROJECT. Disponível em: <http://mod.lk/dumfa>. Acesso em: maio 2018.

De volta à Inglaterra, Darwin dedicou mais de duas décadas a um intenso estudo do material coletado, como aves, lagartos, besouros, plantas e até fósseis. Pesquisando esse material, começou a levantar informações científicas e a elaborar uma teoria que explicasse, entre outros fatos, a origem da diversidade de seres vivos da Terra.

Em 1858, o naturalista inglês Alfred Russel Wallace (1823-1913), que também fizera viagens exploratórias ao redor do mundo, enviou a Darwin um resumo de seus estudos. Nesse resumo, ele afirmava que os seres vivos evoluíam e que novas espécies surgiam por meio de uma seleção realizada pelo ambiente, a **seleção natural**.

Surpreso com a semelhança entre suas ideias e as descobertas de Wallace, Darwin escreveu uma carta a um amigo, o geólogo escocês Charles Lyell (1797--1875), afirmando que os escritos de Wallace eram um excelente resumo do trabalho que ele próprio vinha realizando nos últimos 22 anos.

Em 1º de julho de 1858, Darwin e Wallace apresentaram seus trabalhos sobre evolução na Sociedade Lineana de Londres. Como Darwin apresentou argumentos mais consistentes, no livro *A origem das espécies*, a ideia de evolução por seleção natural foi denominada darwinismo. O trabalho de Wallace, no entanto, foi essencial para ajudar a validar o darwinismo.

Alfred Russel Wallace, em fotografia de 1908.

ENTRANDO NA REDE

Para saber mais a respeito da viagem de Darwin a bordo do navio Beagle, bem como sobre sua passagem pelo Brasil, consulte o *link* **http://mod.lk/camidarw**.
Acesso em: mar. 2018.

A SELEÇÃO NATURAL

De acordo com a teoria proposta por Darwin e Wallace, as modificações das populações e das espécies de seres vivos dependem da seleção natural.

Para compreender melhor como esse processo ocorre temos de conhecer algumas características das populações de seres vivos e do ambiente em que elas vivem.

Os indivíduos de uma mesma população não são idênticos entre si. Eles apresentam variações nas características individuais, o que é conhecido como **variabilidade**. Além disso, eles **competem** entre si por recursos limitados do ambiente, como alimento, abrigo e parceiros reprodutivos.

Dessa forma, dependendo das condições ambientais, indivíduos de uma mesma população que apresentem determinadas características podem ter mais chances de sobreviver que seus companheiros. Em decorrência disso, eles também têm mais chances de se reproduzir e de transmitir a seus descendentes essas características vantajosas.

Ocorre, portanto, um processo natural de seleção das características, uma vez que ele é mediado pelo ambiente.

O pensamento evolucionista

Nas ilhas Española e Pinta, do Arquipélago de Galápagos, Darwin viu que as tartarugas eram diferentes das populações das outras ilhas do arquipélago. Cite uma característica dessas tartarugas e as vantagens que ela proporciona ao animal e à sua espécie. Disponível em <http://mod.lk/ac7u02>

EXEMPLO HIPOTÉTICO DE EVOLUÇÃO POR SELEÇÃO NATURAL

Besouros de uma mesma espécie vivem na folhagem caída sobre o solo de uma floresta. Alguns indivíduos dessa população são vermelho-alaranjados e outros são verdes.

A migração de aves insetívoras para a região é uma ameaça para os besouros. Procurando entre as folhas secas alaranjadas, elas encontram e capturam mais facilmente os besouros verdes, cuja coloração é mais contrastante com a folhagem.

Os besouros vermelho-alaranjados são selecionados positivamente pelo ambiente, pois são menos visíveis que os verdes e, portanto, menos predados pelas aves. Dessa forma, as chances de sobrevivência e de reprodução dos besouros vermelho-alaranjados são maiores e, por isso, eles tendem a gerar mais descendentes que os besouros verdes.

DE OLHO NO TEMA

1. Explique o papel do ambiente na evolução dos organismos segundo o Lamarckismo e segundo o Darwinismo.

2. Com base no exemplo de Darwin e Wallace, é possível afirmar que a ciência e as grandes descobertas dependem do trabalho de um único cientista ou de um grupo de pesquisadores? Justifique.

3. Elabore um exemplo hipotético de seleção natural. Explique de que modo ela ocorreria nesse caso.

TEMA 2 — ADAPTAÇÕES

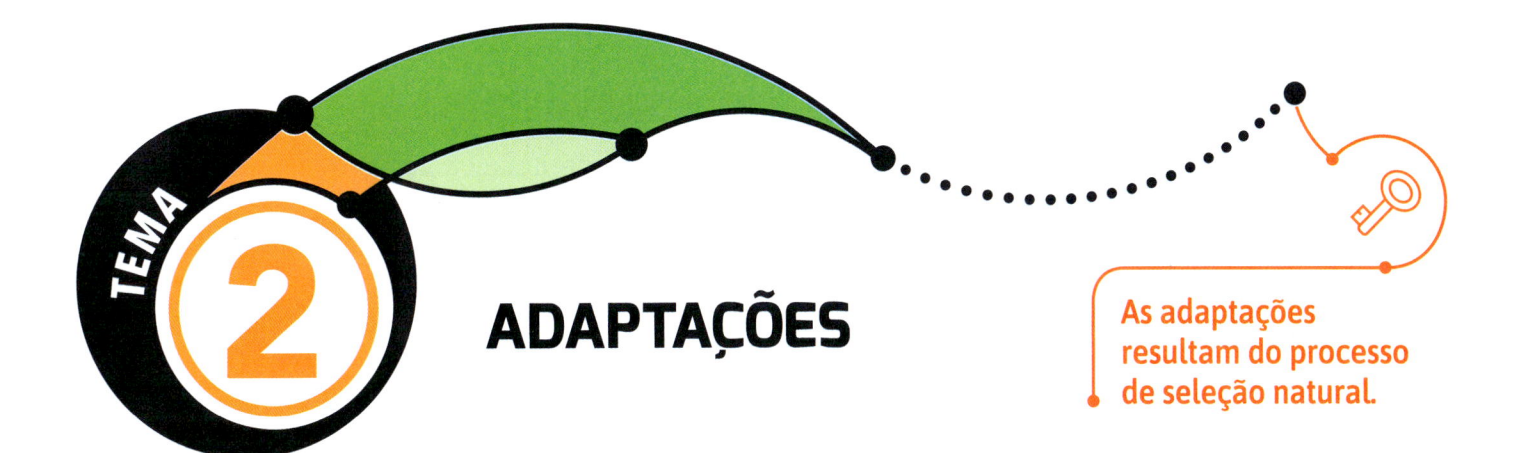

> As adaptações resultam do processo de seleção natural.

ADAPTAÇÃO E EVOLUÇÃO BIOLÓGICA

Ao longo das gerações, o ambiente, por meio do processo de seleção natural, tende a selecionar características que conferem vantagens aos indivíduos. Essas características são chamadas **adaptações**, e são definidas da seguinte maneira:

- exercem uma função específica, por exemplo, defesa contra predadores, obtenção de alimento, proteção contra baixas temperaturas, atração de parceiros sexuais etc.;
- foram selecionadas pelo ambiente por meio do processo de seleção natural;
- determinam maiores chances de sobrevivência e maior sucesso reprodutivo em determinado ambiente.

EXEMPLOS DE ADAPTAÇÃO

O mimetismo e a camuflagem são exemplos típicos de adaptação.

No **mimetismo**, uma espécie exibe uma característica muito similar à de outra espécie, o que lhe confere vantagens no ambiente, como a proteção contra predadores.

Na **camuflagem**, uma espécie é capaz de imitar o aspecto do ambiente, fazendo com que não seja notada por predadores ou presas.

Exemplo de mimetismo: a borboleta monarca (*Danaus plexippus*) (**A**) possui coloração chamativa. Porém, ela produz uma toxina que a torna não palatável aos seus predadores. Já a borboleta vice-rei (*Limenitis archippus*) (**B**) não produz essa toxina, mas os predadores a evitam por confundirem-na com a monarca.

O polvo da espécie *Octopus vulgaris* é capaz de mudar sua coloração e se camuflar no fundo do mar. Com isso, ele pode aproximar-se mais facilmente de suas presas e esconder-se melhor de seus predadores.

Camuflagem e adaptação
Animação interativa que apresenta como a camuflagem pode ser benéfica aos animais.

As maiores populações de feneco (*Vulpes zerda*) vivem no deserto do Saara. É um animal adaptado ao clima seco e às variações de temperatura típicas do deserto, que ultrapassam os 50 °C ao longo do dia e caem abaixo de zero à noite. Vivem em tocas escavadas na areia, têm hábitos noturnos, eliminam pouca água na urina e suas grandes orelhas ajudam a dissipar o calor.

ADAPTAÇÕES DE ANIMAIS ÀS CONDIÇÕES AMBIENTAIS

A temperatura e a disponibilidade de água são exemplos de condições ambientais para as quais os seres vivos apresentam diversas adaptações. Os seres vivos conseguem sobreviver dentro de certos limites de temperatura. Em ambientes muito quentes, como os desertos, alguns animais têm como adaptação o hábito de vida noturna: permanecem nas tocas durante o dia e saem à noite para se alimentar, o que evita o aquecimento excessivo do corpo e a perda de água.

Outro exemplo de adaptação a ambientes quentes é a transpiração realizada por muitos mamíferos. A transpiração é o processo de produção de suor pelas glândulas sudoríferas, que se localizam na pele. Ao ser eliminado sobre a superfície do corpo, o suor evapora absorvendo parte do calor do organismo, o que contribui para a regulação da temperatura corporal.

Em ambientes com baixas temperaturas, diversos mamíferos apresentam adaptações como pelagem espessa e grossa camada de gordura sob a pele. Essas características promovem o isolamento térmico, ajudando a manter a temperatura interna do corpo acima da temperatura do ambiente. A camada de gordura também serve de reserva energética.

Algumas espécies de pequenos roedores, morcegos e anfíbios entram em sono profundo nos meses mais frios do ano, poupando energia. Essa adaptação é conhecida como **hibernação**.

Existem também espécies que realizam **migração** em busca de melhores condições ambientais, como temperaturas amenas ou maior disponibilidade de água ou alimento. Trata-se, portanto, de uma adaptação comportamental.

As baleias jubarte (*Megaptera novaeangliae*) podem ser encontradas nos oceanos Atlântico, Pacífico e Ártico. Apresentam uma grossa camada de gordura sob a pele que auxilia na manutenção da temperatura corporal. Esses animais fazem migrações anuais em busca de ambientes com condições ideais para a sobrevivência. No verão, vão para áreas polares em busca de alimento e, no inverno, migram para áreas tropicais à procura de águas mais quentes para ter os filhotes ou acasalar.

ADAPTAÇÕES DE PLANTAS ÀS CONDIÇÕES AMBIENTAIS

Em áreas desérticas e semiáridas, a baixa disponibilidade de água e a alta incidência solar são fatores ambientais que favorecem plantas com adaptações relacionadas à diminuição da perda de água por transpiração. Na Caatinga, ambiente semiárido brasileiro, por exemplo, algumas plantas possuem folhas modificadas em espinhos e os caules suculentos que armazenam água.

Também há casos de plantas que possuem adaptações como raízes muito profundas que captam água diretamente dos lençóis freáticos.

Ambientes muito frios também podem ter baixa disponibilidade de água líquida. Nesse caso, algumas plantas perdem as folhas, principal órgão que realiza fotossíntese, durante o outono e o inverno, diminuindo assim a perda de água para o ambiente, e armazenam substâncias energéticas nas raízes, compensando a ausência de fotossíntese durante esse período.

Em regiões onde ocorrem nevascas, algumas plantas apresentam folhas muito pequenas e copa em formato cônico, como os pinheiros. As folhas diminutas minimizam a perda de água por transpiração, e o formato cônico das copas diminui o acúmulo da neve, impedindo que as folhas e os galhos congelem e se danifiquem.

A árvore barriguda (*Ceiba glaziovii*) é típica da Caatinga. Essa árvore armazena água no caule e perde as folhas no período das secas, o que reduz a perda de água. (Senhor do Bonfim, BA, 2012).

Alguns pinheiros típicos de regiões frias têm as folhas reduzidas e a copa em forma de cone, o que dificulta o acúmulo de neve sobre os galhos. Existem diversos tipos de pinheiro, que podem ter variações de características (Bélgica, 2013).

O mangue vermelho (*Rizophora mangle*) é uma árvore típica de manguezais, locais onde o solo está sempre encharcado e é pouco estável. Do caule dessas árvores partem projeções que penetram no solo, garantindo a sustentação (Ilha Grande, PI, 2012).

DE OLHO NO TEMA

1. A "falsa-coral" (*Oxyrhopus guibei*) é uma serpente não venenosa que afasta seus possíveis predadores por possuir a coloração do corpo muito parecida com a da coral-verdadeira (*Micrurus altirostris*), serpente conhecida por sua peçonha tóxica.
   - O caso relatado é um exemplo de mimetismo ou de camuflagem? Explique.

2. Durante o inverno europeu, a cegonha-branca (*Ciconia ciconia*) migra para o centro-sul africano ou para o sul asiático em busca de temperaturas mais amenas e alimento, voltando para a Europa apenas no verão.
   - A migração da cegonha-branca pode ser considerada uma adaptação? De que tipo?

ATIVIDADES

TEMAS 1 E 2

ORGANIZAR O CONHECIMENTO

1. Responda às questões a seguir.
   a) O que são adaptações?
   b) Qual é a relação entre adaptação e evolução biológica por seleção natural?

2. A respeito do lamarckismo:
   a) explique dois de seus fundamentos;
   b) explique por que não é aceito atualmente.

3. Descreva resumidamente a teoria evolutiva dos seres vivos proposta por Darwin e Wallace.

4. Copie a tabela a seguir, completando-a com exemplos de adaptações às condições ambientais.

Seres vivos	Adaptações	
	Frio	Calor ou falta de água
Animal		
Planta		

ANALISAR

5. Analise o texto e, depois, responda.
   Muitas espécies de plantas, mesmo as utilizadas para consumo humano, como o feijão e a mandioca, apresentam substâncias tóxicas nas folhas, nos caules e nas sementes. Essas substâncias constituem uma defesa contra animais herbívoros. Duas hipóteses foram levantadas para tentar explicar esse fato.
   I. Para fazer com que os herbívoros deixassem de comer suas folhas, várias espécies de plantas começaram a acumular nesses órgãos toxinas provenientes de seu metabolismo. As plantas que desenvolveram essa tática tiveram vantagem sobre as demais, aumentando sua frequência na população.
   II. Algumas espécies de plantas tinham a característica de acumular em alguns de seus órgãos toxinas produzidas por seu metabolismo. Essas plantas eram menos atacadas pelos herbívoros, sobrevivendo mais naquele ambiente do que as que não acumulavam toxinas, aumentando sua frequência na população.
   • Qual das hipóteses está de acordo com a teoria evolutiva por seleção natural? Explique.

6. O mandacaru (*Cereus jamacaru*) é um cacto típico da Caatinga. Importante para a cultura sertaneja, ele está associado a ambientes secos e quentes.
   a) Quais são as adaptações dessa planta para sobreviver em um ambiente desse tipo?
   b) Que adaptações poderiam ser encontradas nos animais que vivem nesse ambiente?

   Mandacaru em seu ambiente natural.

7. O albinismo é uma condição na qual o animal não produz melanina, pigmento que dá coloração à pele, às penas, aos pelos e aos olhos. Observe as imagens a seguir e faça o que se pede.

   (A) Veado albino da espécie *Capreolus capreolus*;
   (B) animal da mesma espécie com coloração padrão.

   a) Elabore uma explicação para o fato de que os animais albinos raramente sobrevivem na natureza em ambientes tropicais e subtropicais.
   b) Qual é a adaptação do animal da imagem B que lhe confere vantagens de sobrevivência em relação ao animal da imagem A?

COMPARTILHAR

8. Há casos de mimetismo em que animais se assemelham a plantas e em que espécies de plantas são semelhantes a animais. Reúnam-se em pequenos grupos, pesquisem a respeito de um caso de mimetismo entre animais e plantas e elaborem um pequeno texto explicando esse exemplo, incluam imagens e publiquem no *blog* da sala.

PENSAR CIÊNCIA

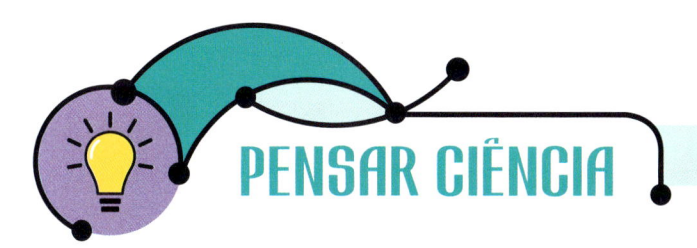

As paixões de Darwin

A educação de Darwin começou sob a orientação de suas irmãs mais velhas depois da morte prematura da mãe. Em 1817, ele passou a frequentar uma escola diurna em Shrewsbury, onde foi considerado lento no aprendizado. Em 1818, foi matriculado na escola de Shrewsbury sob a direção do Dr. Samuel Butler […]. O diretor da escola o repreendeu publicamente por desperdiçar tempo com experiências químicas e o pai o censurou com o comentário: "Você não se importa com nada, a não ser caçar, cuidar de cães e apanhar ratos. Será uma desgraça para você mesmo e toda a família". Ele foi retirado da escola de Shrewsbury em 1825 e enviado à Universidade de Edimburgo para estudar medicina.

Darwin permaneceu em Edimburgo até 1827, frequentando ciclos de palestras, que considerou insuportavelmente insípidas, sobre medicina, farmácia, química e anatomia. Mas o pior de tudo foram suas experiências em assistir a operações, realizadas à força, sem anestésicos. Estas lhe causaram uma repulsa tão grande que o fizeram sair apressadamente e jurar que a medicina não era uma carreira para ele. As principais vantagens que obteve de sua estada em Edimburgo foram sua amizade com o zoólogo Robert Grant, que aceitava os ensinamentos de Lamarck sobre a evolução, as excursões geológicas com Robert Jameson e as expedições ao estuário de Forth para coletar animais marinhos. […]

Fonte: GILLISPIE, C. C. (Org.). *Dicionário de biografias científicas*. Trad. Carlos Almeida Pereira et al. Rio de Janeiro: Contraponto, v. 1, 2007. p. 574.

Desde cedo, Darwin manifestou gosto pela observação dos elementos da natureza e o hábito de colecionar alguns itens, como rochas, conchas e insetos. Na fotografia, corais coletados por Darwin durante a viagem no Beagle.

ATIVIDADES

1. De que maneira os interesses pessoais de Darwin foram importantes para suas pesquisas e suas descobertas?

2. Discuta com os colegas as seguintes questões:
   - Como os interesses e os pontos de vista de um cientista podem influenciar o trabalho que ele realiza?
   - Em quais aspectos essa influência pode ser positiva?
   - E em quais aspectos essa influência pode ser negativa?

TEMA 3 — SELEÇÃO ARTIFICIAL

Os seres humanos determinam condições e interesses específicos no processo de seleção artificial.

Enquanto a seleção natural é determinada pelo ambiente, a chamada **seleção artificial** é exercida pelo ser humano. O exemplo a seguir permite compreender um pouco melhor esse fenômeno.

Baratas são um problema cotidiano em várias residências. Para eliminá-las, muitas pessoas usam inseticidas em *spray* ou pastilhas. Baratas sensíveis ao produto morrem, mas as resistentes sobrevivem. Estas últimas, então, se reproduzem e transmitem a característica "resistência a inseticidas" aos descendentes. Depois de certo tempo, a população de baratas será composta principalmente de indivíduos com essa característica.

Esse caso constitui um exemplo de seleção artificial porque a característica "resistência a inseticidas" presente em certos indivíduos da população de baratas foi selecionada por uma condição determinada pelos seres humanos.

As diferentes raças de cachorro desenvolvidas pelos criadores de animais são outro exemplo de seleção artificial. Para cada raça, foram selecionadas características (tamanho, pelagem) de acordo com o objetivo de sua criação.

SELEÇÃO ARTIFICIAL EM BARATAS

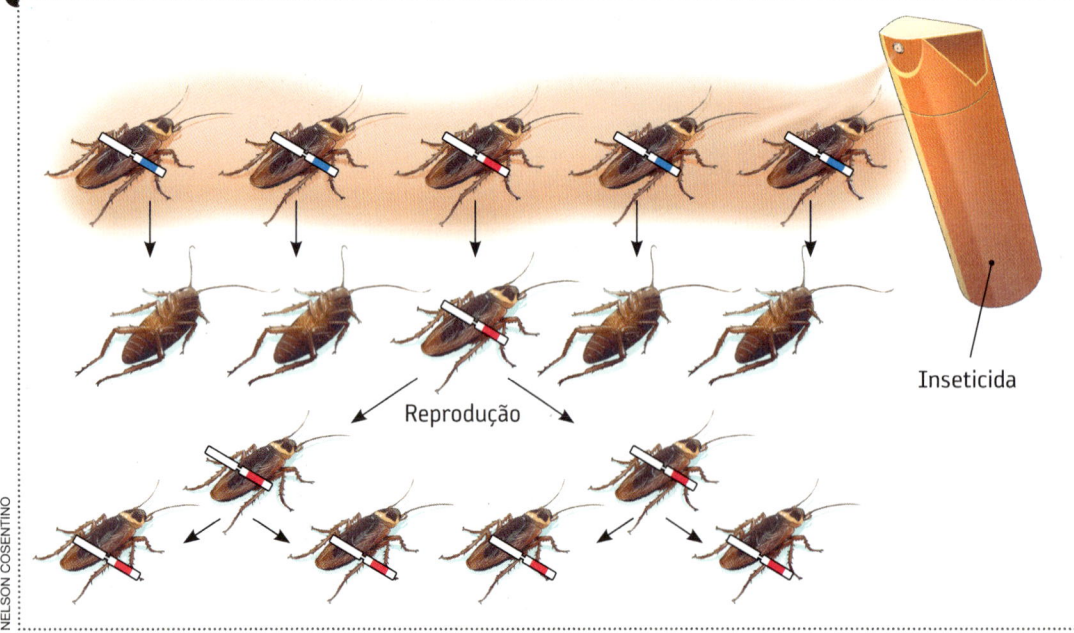

Em uma população hipotética de baratas, aquelas resistentes ao inseticida (com marcação vermelha) sobrevivem, transmitindo a seus descendentes essa característica. Logo, essas baratas são selecionadas artificialmente pelos inseticidas utilizados pelos seres humanos. Isso fará com que, depois de certo tempo, a população de baratas seja composta principalmente de baratas resistentes aos inseticidas. (Imagens sem escala; cores-fantasia.)

Inseticida

Reprodução

Fonte: Biology: concepts and connections, de N. A. Campbell, L. G. Mitchell e J. B. Reece, 2. ed. Menlo Park: Benjamin Cummings, 2000.

SELEÇÃO ARTIFICIAL E MELHORAMENTO GENÉTICO NA AGROPECUÁRIA

Muitas das plantas cultivadas e muitos dos animais domesticados atualmente são resultado da seleção artificial praticada ao longo de milhares de anos. Esse processo, chamado **melhoramento genético**, corresponde ao aumento da frequência de características desejadas em uma população de interesse comercial a fim de aumentar a produtividade. Descrito dessa forma, o melhoramento genético parece implicar o uso de tecnologias bastante avançadas, o que nem sempre acontece.

Desde o surgimento da agricultura e da pecuária, os seres humanos têm empregado intuitivamente técnicas de melhoramento genético. Um exemplo de seleção de características de interesse comercial por melhoramento genético ocorreu com a espécie vegetal *Beta vulgaris*. Ao longo de muitas gerações, o cultivo de *B. vulgaris* gerou vários descendentes com características diferentes: alguns com folhas maiores, outros com raízes dotadas de mais reservas de nutrientes, outros com sabor pouco palatável, outros incapazes de sobreviver em temperaturas baixas etc. Dentro dessa variabilidade, os seres humanos selecionaram espécies de maior interesse econômico, isolando-as de outras variedades e fazendo com que se reproduzissem apenas entre si.

Na pecuária, ocorre um processo semelhante que resulta nas diferentes raças e tipos de gado, por exemplo. O melhoramento genético é promovido pela seleção e pelo acasalamento de indivíduos selecionados de acordo com as características desejadas, como a produção de leite. Repetindo-se isso ao longo das gerações, cria-se uma variedade com alta produtividade leiteira.

DE OLHO NO TEMA

1. Às voltas com uma praga de lagartas em sua plantação de tomates, um fazendeiro resolveu aplicar nela um pesticida. Após a primeira aplicação, 99,8% das lagartas morreram. Na segunda aplicação, morreram 90% delas. Na aplicação seguinte, somente 60% das lagartas morreram.

    - Do ponto de vista evolutivo, o que ocorreu com a população de lagartas na plantação de tomates? Justifique.

2. Leia o texto e responda.
    Em 2010, ocorreram no Brasil vários casos de infecção pela superbactéria KPC (*Klebsiella pneumoniae*). Para conter a incidência dessa infecção, a Agência de Vigilância Sanitária (Anvisa) determinou que a venda de antibióticos passasse a ser feita apenas mediante apresentação de receita médica a fim de diminuir os índices de automedicação.

    a) É correto afirmar que os antibióticos tornam as bactérias resistentes?

    b) De acordo com o texto, qual é o objetivo da determinação da Anvisa com relação à venda de antibióticos?

Tanto a acelga **(A)** quanto a beterraba **(B)** pertencem à mesma espécie, *Beta vulgaris*. As diferenças de aspecto, coloração e sabor entre uma e outra devem-se à seleção artificial, que gerou variedades distintas de uma mesma espécie.

TEMA 4 — EVOLUÇÃO HUMANA

Do ponto de vista da Biologia, o ser humano é um mamífero, do grupo dos primatas.

DOS PRIMEIROS PRIMATAS À LINHAGEM HUMANA

O ser humano (*Homo sapiens*) é um mamífero do grupo dos Primatas. Dentro desse grupo, pertence a uma família denominada *Hominidae*, que inclui também o orangotango, o gorila e o chimpanzé.

Os registros fósseis mais antigos conhecidos de primatas datam de 55 milhões de anos atrás e foram classificados no gênero *Plesiadapis*. Estudos indicam que esses organismos habitavam florestas e viviam principalmente em árvores (hábito arborícola), alimentando-se de insetos, frutas e folhas.

A vida arborícola dos primatas influenciou a evolução do grupo e, portanto, selecionou adaptações. Essas características são compartilhadas por todos os primatas, incluindo o ser humano, e os diferenciam dos demais mamíferos. Entre elas, podem-se destacar o dedo (polegar) oponível aos demais, a visão binocular e a vida familiar, compreendendo o cuidado com a prole.

O **polegar oponível** possibilita movimentos mais precisos da mão para agarrar e manusear objetos, pois permite o movimento de pinça com os demais dedos. A **visão binocular** fornece maior noção de profundidade, o que é importante para realizar saltos nas copas das árvores. A **vida familiar** favorece o desenvolvimento da prole e sugere maior nível de **complexidade social**.

Estudos sugerem que os seres humanos e os chimpanzés compartilham um ancestral comum que viveu na África há cerca de 5 a 8 milhões de anos. Mudanças no clima da Terra foram decisivas na evolução da linhagem humana. Em um período de alguns milhões de anos, o clima da África tornou-se mais seco e as florestas foram substituídas por savanas. As populações que permaneceram restritas às florestas remanescentes deram origem aos chimpanzés, enquanto as populações que conseguiram sobreviver nas savanas, onde a paisagem era formada por árvores esparsas e vegetação baixa, o que não possibilitava o deslocamento entre as copas das árvores, originaram as primeiras espécies de australopitecíneos, que marcam o início da linhagem humana.

SAIBA MAIS!

Gênero e espécie

Gênero é um grupo de seres que tem diversas características em comum, mas não são capazes de se reproduzir e deixar descendentes que possam se reproduzir. Já espécie é um agrupamento que está dentro de gênero, formado por indivíduos que conseguem se reproduzir e gerar descendentes férteis. Assim, todos os indivíduos de uma espécie fazem parte do mesmo gênero, mas nem todos de um gênero fazem parte da mesma espécie. Ainda assim, todos apresentam muitas semelhanças.

Visão binocular: proximidade entre os olhos na região frontal do crânio, o que permite a ambos mirarem determinado objeto ao mesmo tempo, aprimorando a percepção visual.

Representação artística de um indivíduo do gênero *Plesiadapis*, o mais antigo primata do registro fóssil. Esse animal tinha cerca de 30 cm de comprimento, incluindo a cauda.

A EVOLUÇÃO DA LINHAGEM HUMANA

Há aproximadamente 4 milhões de anos, surgiram os prováveis ancestrais dos humanos, os **australopitecos** (*Australopithecus* spp.), capazes de se locomover sobre duas pernas, capacidade denominada bipedia, o que lhes permitiu caminhar pelo terreno aberto da savana.

O ambiente no continente africano continuou a mudar, tornando-se ainda mais seco e árido. Essa condição ambiental levou muitas das espécies de australopitecos à extinção. Contudo, algumas linhagens sobreviventes evoluíram e, há aproximadamente 2,5 milhões de anos, deram origem ao **gênero *Homo***, ao qual pertencemos.

Entre as características adaptativas desse gênero estão:

- a adoção da postura ereta, associada à bipedia;
- os maxilares menos projetados para a frente, indicativos de uma dentição mais simples;
- o aumento da caixa craniana, isto é, a expansão do espaço destinado a acomodar um encéfalo cada vez maior. Esse fato pode estar relacionado ao desenvolvimento da inteligência, à produção de ferramentas complexas e à coordenação de movimentos.

A espécie com parentesco mais próximo da nossa é a *Homo neanderthalensis*, também conhecida como "homem de Neandertal". Surgiu por volta de 500 mil anos atrás e compartilha com o *Homo sapiens* um ancestral comum, o *Homo erectus.*

A espécie *Homo sapiens* surgiu na África entre 200 e 150 mil anos atrás. Mais tarde, populações dessa espécie migraram para outros continentes, começando pela Europa e pela Ásia.

> **Trilha de estudo**
> Vai estudar? Nosso assistente virtual no *app* pode ajudar!
> <http://mod.lk/tr7u02>

Reconstituição do "homem de Neandertal". Os integrantes desse grupo tinham uma constituição corporal mais forte, apesar de serem, em média, mais baixos (cerca de 1,6 m) que os *Homo sapiens*. Evidências indicam que os neandertais tenham convivido com os antigos *Homo sapiens*, mas foram extintos ao competir com eles em um mesmo ambiente.

DE OLHO NO TEMA

1. Cite características compartilhadas pelo ser humano e com outros primatas.
2. Durante a aula de Ciências, um aluno fez a seguinte afirmação: "Os seres humanos evoluíram dos chimpanzés". Você concorda com ela? Justifique.

COLETIVO CIÊNCIAS

A arqueóloga que batalha para preservar os vestígios dos primeiros homens das Américas

Dona de uma história que se confunde com a do Parque Nacional da Serra da Capivara, no Piauí, Niède Guidon batalha há quase 40 anos para manter intactos os mais importantes registros da saga dos primeiros homens a pisarem no atual território nacional, há mais de 20 mil anos.

[...]

Foi por iniciativa dela que, em 1978, o governo brasileiro criou o Parque Nacional da Serra da Capivara. E também foi por meio da paulista que as descobertas no sítio arqueológico do Piauí ganharam destaque internacional, em 1986, ao serem publicadas na prestigiada revista científica britânica *Nature*.

O estudo provocou controvérsia ao sustentar o achado de artefatos humanos de mais de 30 mil anos. Até então, a data mais aceita para o início da presença do homem nas Américas era bem mais recente. [...]

Fonte: JANSEN, R. A arqueóloga que batalha para preservar os vestígios dos primeiros homens das Américas. *BBC Brasil*, Rio de Janeiro, 12 mar. 2016. Disponível em: <http://mod.lk/tfrbc>. Acesso em: mar. 2018.

ATIVIDADES — TEMAS 3 E 4

ORGANIZAR O CONHECIMENTO

1. Em uma tabela, compare seleção natural e seleção artificial, indicando semelhanças e diferenças entre elas.

2. Cite dois exemplos de usos da seleção artificial.

3. Quais são as principais características que distinguem os primatas dos demais mamíferos? Explique como essas características foram importantes para o sucesso evolutivo do grupo.

4. Quais animais fazem parte do grupo *Hominidae*?

ANALISAR

5. Um microbiologista colocou uma população de bactérias em um meio de cultura com determinado antibiótico. A maioria delas morreu. No entanto, algumas sobreviveram e deram origem a descendentes resistentes a esse antibiótico.

   a) Explique por que algumas bactérias sobreviveram e outras não.

   b) Identifique o tipo de seleção ocorrido e relacione-o à evolução dessas bactérias.

   c) Existe relação entre o aumento do número de bactérias resistentes e o uso indiscriminado de antibióticos? Explique.

6. Pesquisas científicas apontam que os seres humanos têm parentesco mais próximo com os chimpanzés do que com os demais primatas: há uma semelhança de cerca de 95% entre os materiais genéticos deles. Em termos evolutivos, o que essa semelhança indica?

7. Os inseticidas são substâncias que matam insetos. Vários deles são fabricados para ser aplicados em plantações. Alguns agricultores acreditam que quanto mais inseticida usarem em suas plantações, menor o risco de elas serem atacadas por insetos. Esse raciocínio está correto? Explique.

8. Leia o texto, observe a imagem e faça o que se pede.

   [...] Recentemente [...] o trabalho de detetive realizado por botânicos, geneticistas e arqueólogos conseguiu identificar um ancestral selvagem do milho, o ponto de partida para sabermos de onde a planta atual se originou, o que também possibilitou determinar quando os povos antigos começaram a cultivar o grão e utilizá-lo em suas dietas.

   [...] alguns cientistas descobriram evidências de que o milho seria "parente" de uma planta pouco provável, uma espécie de grama mexicana chamada de teosinto. [...] Eles descobriram que todos os milhos eram geneticamente mais similares a um tipo de teosinto do vale do rio Balsas, no sul do México, sugerindo que esta região foi o "berço" da evolução do milho. Além disto, ao calcular a distância genética entre o milho moderno e o teosinto de Balsas, eles estimaram que a domesticação do milho ocorreu há cerca de 9 mil anos.

   Fonte: THE NEW YORK TIMES. As origens do milho. *Gazeta do Povo*. Curitiba, 28 maio 2010. Disponível em: <http://mod.lk/nEpGE>. Acesso em: maio 2018.

   De cima para baixo: teosinto, milho-teosinto e milho.

   a) O que você entende por domesticação de uma planta?

   b) Por meio de qual processo ocorreu o desenvolvimento do milho atual a partir do seu ancestral silvestre?

COMPARTILHAR

9. Aprendemos que as espécies *Homo sapiens* e *Homo neanderthalensis* surgiram de um ancestral comum. Quais são as características que diferenciam essas duas espécies? Faça uma pesquisa para levantar informações sobre elas e construa um infográfico que mostre as características exclusivas de cada espécie. Depois, realize com os colegas uma "Mostra de infografia": compare as diferentes formas de apresentar um mesmo dado e verifique como variam os destaques de cada infográfico.

EXPLORE
A SELEÇÃO NATURAL E A DIVERSIDADE DOS BICOS DAS AVES

Você já notou a diversidade de tamanhos e formatos dos bicos das aves? Compare, por exemplo, o bico de um tucano com o de um beija-flor. Você já se perguntou qual é o motivo dessa diversidade?

Para compreender melhor a origem dessas diferenças, vamos recorrer a uma espécie de ave hipotética. Ao longo da evolução, os indivíduos dessa espécie, cujos bicos tinham formato mais apto à captura do alimento disponível, tiveram mais chances de sobreviver e de se reproduzir. Dessa forma, foram selecionados pelo ambiente e, depois de muitas gerações, essa característica foi fixada na população.

Esta atividade visa demonstrar que o alimento pode ser o agente seletivo do formato e do tamanho dos bicos das aves.

Material
- 20 sementes de amendoim
- 20 sementes de feijão cruas
- 20 grãos de milho crus
- Pinças
- Tesouras com pontas arredondadas
- Prendedores de roupas
- Bandejas de plástico
- Relógio ou cronômetro

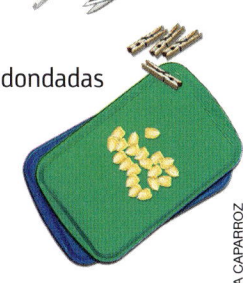

Procedimento
1. Em trios, espalhem os grãos sobre as bandejas.
2. Cada um de vocês deve escolher uma das três ferramentas: pinça, tesoura ou prendedor.
3. Simultaneamente, cada um deve pegar o máximo possível de grãos usando a ferramenta escolhida e separá-los conforme a variedade. Comecem a marcar o tempo.
4. Depois de 2 minutos, contem e registrem o número e a variedade de sementes ou de grãos que cada integrante do grupo conseguiu pegar.

Atividade elaborada com base em: <http://mod.lk/rhu89>. Acesso em: maio 2018.

ATIVIDADES

ORGANIZAR O CONHECIMENTO
1. Elaborem uma tabela com os resultados obtidos pelo grupo. Ela deve relacionar a ferramenta utilizada e o número de tipo de grão que cada um conseguiu pegar.

INTERPRETAR, RELACIONAR E REFLETIR
Para as atividades a seguir, imagine que cada integrante do trio representa uma espécie de ave diferente.

2. Qual das três "aves" é mais bem adaptada para comer grãos de milho? Justifiquem.
3. Qual das três "aves" consegue se alimentar de uma variedade maior de grãos?
4. Se houvesse uma seca no ambiente que limitasse a diversidade de sementes e de grãos, qual das "espécies de ave" teria mais chances de sobreviver? Expliquem.

O colhereiro (*Platalea ajaja*) mergulha e arrasta seu bico comprido e achatado em forma de colher na água à procura de alimento, como pequenos peixes, anfíbios, insetos, crustáceos e moluscos. Ao encontrar comida, fecha o bico em um estalo.

ATITUDES PARA A VIDA

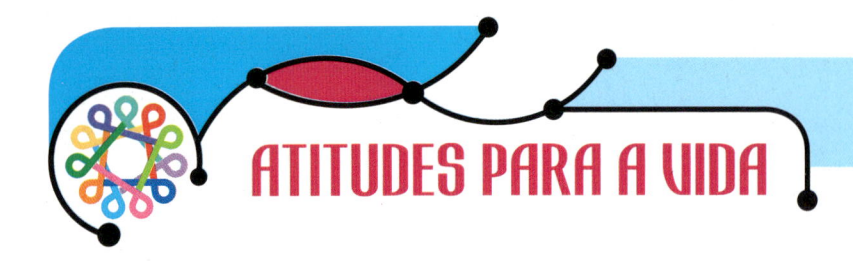

Raças humanas?

Se é inegável concluir que o racismo ainda existe – e tem força –, a ideia de que a espécie humana pode ser dividida em raças está cada vez mais obsoleta.

[...]

A inexistência das raças biológicas ganhou força com as recentes pesquisas genéticas. Os geneticistas descobriram que a constituição genética de todos os indivíduos é semelhante o suficiente para que a pequena porcentagem de genes que se distinguem (que inclui a aparência física, a cor da pele etc.) não justifique a classificação da sociedade em raças. [...]

No Brasil, Sergio Pena, da Universidade Federal de Minas Gerais, em conjunto com uma série de pesquisadores, publicou dezenas de artigos científicos na área. "Nossos estudos revelaram que, em nosso país, a cor avaliada pela aparência das pessoas tem uma correlação fraca com o grau de ancestralidade africana estimada geneticamente. Em outras palavras, no Brasil [...] a cor, como socialmente percebida, tem pouca relevância biológica. [...] cada brasileiro tem uma proporção individual única de ancestralidade ameríndia, europeia e africana", diz Pena.

Para ele, a noção de raças humanas "é tóxica": "Como uma casca de banana, o conceito de raça é vazio e perigoso. Vazio, porque sabemos que 'raças humanas' não existem como entidades biológicas. Perigoso, porque o conceito de 'raça' tem sido usado para justificar discriminação, exploração e atrocidades", diz.

Para os sociólogos, o perigo é entendermos que, se a raça biológica não existe, o racismo também não. "Antônio Sérgio Guimarães afirma que o conceito não faz sentido senão no âmbito de uma ideologia", diz Márcia Lima, do departamento de sociologia da USP. "Não é necessário reivindicar nenhuma realidade biológica das 'raças' para fundamentar a utilização do conceito em estudos sociológicos."

"O problema é descontextualizar esses processos científicos do cenário histórico que os está produzindo. Eu compreendo racismo como um fenômeno social, e não biológico. As raças não existem, mas a mentalidade relativa às raças foi reproduzida socialmente", concorda Gevanilda Santos, autora de *Racismo no Brasil*, entre outros livros sobre o tema.

[...]

Para os geneticistas, a conclusão de que a raça não está nos nossos genes pode ser mais uma ferramenta no combate ao racismo, já que corrige o erro histórico dos cientistas do passado.

Fonte: SPINELLI, K. L. Folhapress. Raças humanas não existem como entidades biológicas, diz geneticista. *Universo Online (UOL)*, 5 fev. 2013. Disponível em: <http://mod.lk/xapft>. Acesso em: mar. 2018.

Pesquisas científicas confirmam a inexistência de raças biológicas nas populações humanas. As poucas diferenças encontradas nos diversos grupos humanos não são suficientes para classificá-los como raças.

TROCAR IDEIAS SOBRE O TEMA

Em grupos, debatam as seguintes questões:

1. De acordo com o texto, a evidência científica de que não existem raças biológicas nos seres humanos é suficiente para promover o fim do racismo? Expliquem.

2. Vocês já presenciaram situações de preconceito racial na escola em que estudam?

COMPARTILHAR

Em junho de 2009, foi publicado o Decreto n. 6.872, que aprovou o *Plano Nacional da Igualdade Racial*. Esse plano propõe ações, metas, prioridades e a implementação de políticas públicas para a redução das desigualdades entre os grupos étnicos, como povos indígenas, de etnia cigana, quilombolas, entre outros.

Em grupo, pesquisem esse decreto e produzam um vídeo, simulando um telejornal, para explicar de maneira simples o que propõe o *Plano Nacional da Igualdade Racial*.

Os vídeos podem ser publicados em plataformas virtuais ou exibidos para a comunidade.

Durante a realização desse trabalho, reflita sobre a importância de **controlar a impulsividade**.

- Estudar juntos e debater o *Plano Nacional de Igualdade Racial* ajudará entendê-lo e, assim, vocês poderão extrair as informações mais importantes e explorá-las de forma simples no vídeo.

- Pensar antes de falar e ouvir com atenção as ideias dos colegas é uma forma de estimular a participação de todos no trabalho.

- Construa um plano de ação, antes de gravar o vídeo, definindo os seguintes itens:
  - ✓ criar um roteiro detalhado com todas as informações que acham importantes e devem constar na gravação;
  - ✓ escolher o público-alvo e, com base nisso, definir a linguagem mais adequada para o telejornal;
  - ✓ definir a data e o local da gravação — lembrando que o local deve ser bem iluminado e silencioso;
  - ✓ escolher o apresentador do jornal, quem vai filmar, qual será o equipamento usado. Certificar-se de que o equipamento está funcionado e o responsável pela filmagem sabe utilizá-lo.

- Falar de forma clara durante a gravação.
- Definir as formas de divulgação do vídeo.

COMO EU ME SAÍ?

- Procurei compreender completamente as indicações e o contexto antes de iniciar o trabalho?
- Ouvi meus colegas com calma e atenção, considerando as ideias e as opiniões deles?
- Considerei as opções possíveis e suas consequências?
- Pensei antes de falar e de agir?
- Procurei desenvolver a melhor estratégia para alcançar meus objetivos?

COMPREENDER UM TEXTO

O rosto que vem da pré-história

No seu livro *Shaping Humanity*, o paleoartista John Gurche descreve o processo que utiliza para criar esculturas que trazem de volta o formato e a expressão anímica de hominídeos que viveram há milhões de anos. Trata-se de um trabalho muito complexo que requer as competências artísticas e científicas de uma selecionada equipe de paleoantropólogos, antropólogos forenses, anatomistas, arqueólogos e artistas de várias áreas.

A intuição de que existia uma relação precisa entre a estrutura óssea do crânio e o aspecto exterior do rosto surgiu ao redor do ano 1880 pelo anatomista alemão Hermann Welcker. Ele mediu e catalogou a espessura dos tecidos moles do rosto em posições preestabelecidas (os assim chamados "pontos craniométricos") de centenas de cadáveres. Todas as medidas foram inscritas em um arquivo, calculadas estatisticamente e classificadas junto a outros dados como a etnia e o sexo.

Com toda essa bagagem de informações e conhecimentos, a partir do crânio de uma pessoa era, e é, possível reconstruir o seu rosto. Com efeito, esse procedimento chegou quase intacto aos nossos dias, embora, desde então, a técnica tenha feito enormes passos à frente.

Nos laboratórios dos reconstrutores se produz o molde em resina do crânio [...], e nele se posiciona uma série de pequenos pinos com a espessura correspondente às medidas médias catalogadas através dos anos, e depois se modela o rosto. [...]

(A) Trabalho de reconstituição de um rosto a partir de um molde dos ossos do crânio de um fóssil. Os pinos colocados em pontos específicos indicam a espessura dos tecidos moles (músculos e pele) que recobrem a região.
(B) Modelo de rosto reconstituído, a partir de esqueleto encontrado em Stonehenge. O esqueleto foi enterrado há cerca de 5.500 anos e pertenceu a um homem que tinha entre 25 e 40 anos de idade.

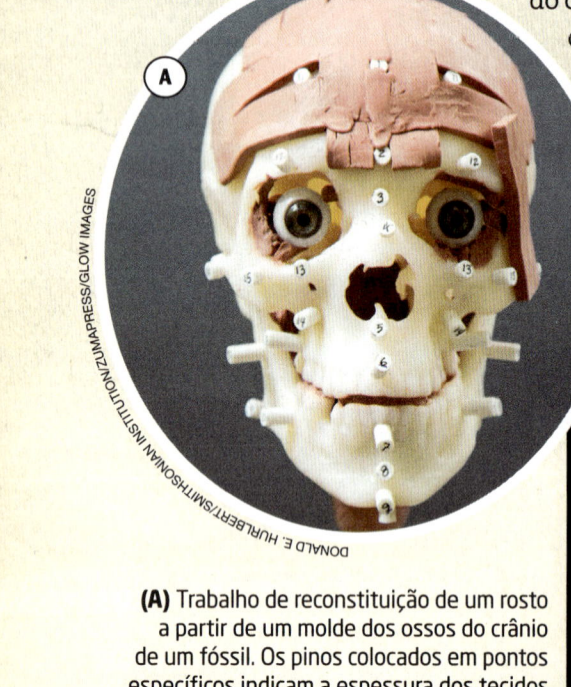

Como trabalha um paleoartista

Para modelar a boca leva-se em conta a disposição dos dentes. A largura, por exemplo, é determinada pela distância entre os caninos. O nariz é uma das partes mais difíceis de reconstruir: a forma é deduzida pela conformação dos ossos nasais. O tamanho dos olhos depende das dimensões das cavidades oculares no interior do crânio, enquanto a idade (e a etnia) contribuem para definir a sua forma.

Para incrementar o realismo das "cabeleiras" dos hominídeos mais antigos, usa-se [...] cabelos humanos e pelos de yak (o boi tibetano) [...].

[...]

A ciência, com certeza, presta aos especialistas uma grande ajuda [...]: a análise dos restos nos revela o grupo humano, a idade no momento da morte, o sexo, as moléstias de que o indivíduo sofria, a presença de eventuais defeitos, a dieta, o clima, as condições de vida. E tudo isso possibilita uma reconstrução mais acurada e precisa.

O aspecto artístico intervém para dar uma "alma" à pessoa reconstruída, mas sempre com grande rigor científico: a ajuda de anatomistas, paleontólogos e arqueólogos é fundamental para decidir a cor da pele ou o aspecto dos cabelos. Inclusive saber em que fauna e flora vivia o sujeito ajuda: se, por exemplo, os animais que conviviam com o hominídeo a ser reconstruído eram similares àqueles que compõem hoje a fauna africana, significa que o clima era tórrido, e a pele e os cabelos inevitavelmente escuros.

Fonte: EQUIPE OÁSIS. O rosto que vem da pré-história: a arte de recriar uma face extinta. Brasil 247. 18 nov. 2015. Disponível em: <http://mod.lk/deetf>. Acesso em: mar. 2018.

ATITUDES PARA A VIDA

- **Imaginar, criar e inovar**

  As encenações artísticas são oportunidades para se comunicar e se expressar de forma lúdica, criativa e inovadora. Ao elaborar a encenação pedida, deixem a imaginação fluir, anotem todas as ideias sem prejulgamentos. Depois, avaliem qual delas seria melhor para passar a mensagem ao público.

ATIVIDADES

OBTER INFORMAÇÕES

1. O trabalho de reconstituição dos rostos a partir de crânios fósseis é feito apenas por um cientista?

2. De acordo com o texto, quando os cientistas notaram que havia relação entre os ossos do crânio e a forma do rosto? Quem foi responsável por essa observação?

3. Que tipo de informação a análise de ossos e restos dos ancestrais humanos pode revelar?

INTERPRETAR

4. Explique como os dados levantados ao longo de vários anos a respeito dos pontos craniométricos contribuem atualmente para a precisão das reconstituições.

5. Como as informações a respeito da fauna e da flora que compartilhavam o ambiente com o ancestral humano podem fornecer informações a respeito da sua aparência?

REFLETIR

6. De acordo com o texto, por meio dos aspectos do ambiente (por exemplo, temperatura, disponibilidade de água e comida) é possível deduzir uma série de características dos seres humanos ancestrais. Com base nessa informação, discutam qual é o papel do ambiente na evolução da espécie humana.

COMPARTILHAR

7. Durante muitos anos de estudo os cientistas acumulam informações sobre a vida dos ancestrais humanos, assim como de outras espécies que já não existem. Uma das fotos do texto mostra uma pessoa que viveu há cerca de 5,5 mil anos. Existem outros exemplos bem estudados como esse, incluindo no Brasil, como é o caso de Luzia. Em grupos, escolham um desses casos e pesquisem como era a vida dessas pessoas, como era o clima da região em que viviam, o que comiam, quais animais e plantas conviviam com elas, como se relacionavam entre si e com o ambiente. Depois de levantarem os dados, usem a criatividade, montem uma encenação e apresentem aos colegas.

UNIDADE 3
A CLASSIFICAÇÃO DOS SERES VIVOS

CIÊNCIA OU ARTE?

Ernst Heinrich Philipp August Haeckel (1834-1919), nascido na Alemanha, foi naturalista, médico e artista. Após abandonar sua carreira como médico, dedicou-se à Zoologia e contribuiu muito para o desenvolvimento da Ciência: auxiliou na divulgação do trabalho de Charles Darwin sobre a evolução biológica, descreveu e nomeou muitas espécies, propôs uma classificação dos seres vivos, entre outros feitos.

Além de colaborar para o desenvolvimento científico de sua época, Ernst Haeckel destacou-se por suas belas ilustrações da diversidade biológica. Com suas pranchas de desenhos da natureza, influenciou gerações de artistas e cientistas.

▶ COMEÇANDO A UNIDADE

1. Você conhece os seres vivos representados nas imagens?
2. Qual é a importância da classificação científica dos seres vivos?
3. Que grupos de seres vivos você conhece? Quais são suas características?

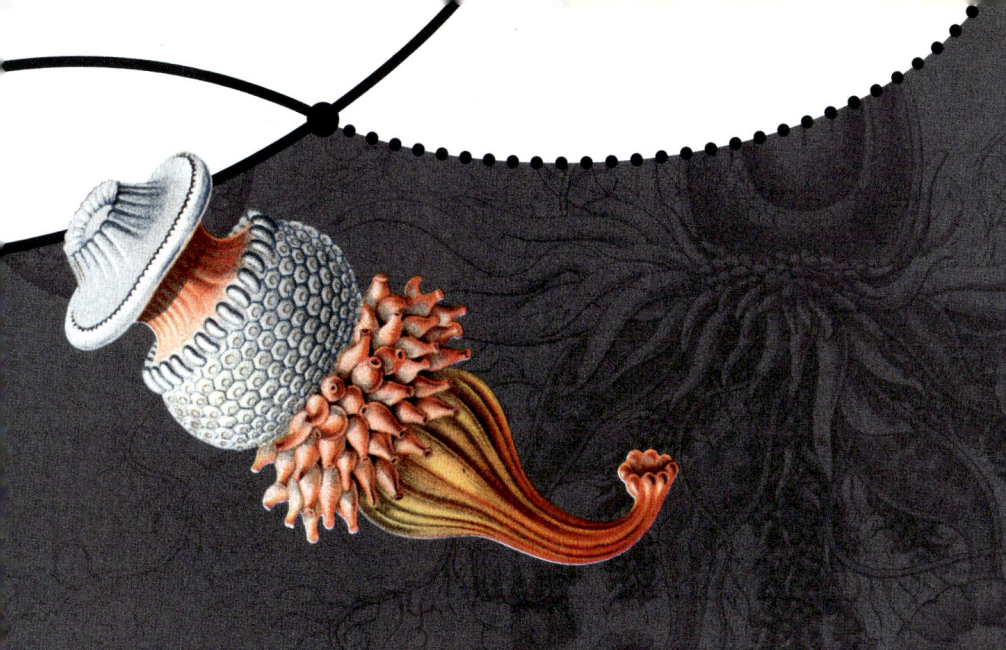

POR QUE ESTUDAR ESTA UNIDADE?

A biodiversidade é representada pelo conjunto de variadas formas de vida existentes nos diversos ambientes do planeta Terra. Para conhecer e entender a biodiversidade, é fundamental classificar os seres vivos e organizar o conhecimento científico sobre eles. Mesmo com tantas pesquisas, ainda existem ambientes pouco conhecidos, e os pesquisadores continuam a descobrir seres vivos e a descrevê-los. Nesta Unidade, você aprenderá como os seres vivos são classificados pela Ciência e conhecerá alguns grupos.

Ilustrações de Ernst Haeckel mostrando diferentes tipos de seres vivos (ou partes deles), na época chamados genericamente de hidrozoários. Atualmente, esses seres vivos são classificados como cnidários, grupo que inclui as águas-vivas. (Litogravuras publicadas na obra *Kunstformen der Natur* - em português, *Formas de arte na natureza* - lançada em 1904.)

ATITUDES PARA A VIDA

- Controlar a impulsividade
- Aplicar conhecimentos prévios a novas situações

TEMA 1

POR QUE CLASSIFICAR?

> A classificação permite a organização, a padronização e o rápido acesso às informações.

UM EXEMPLO DE CLASSIFICAÇÃO

Para compreender melhor a classificação dos seres vivos, iniciaremos com um exemplo cotidiano: uma pessoa pretende organizar o armário e o mancebo de seu quarto e, para isso, retirou todas as roupas e acessórios de seus devidos lugares. Agora ela precisa de ajuda para reorganizá-los. Observe a Figura 1 para saber o que essa pessoa possui e tente organizar suas roupas e acessórios em cada compartimento do armário e no mancebo da Figura 2. No caderno, associe cada compartimento aos objetos que serão guardados nele.

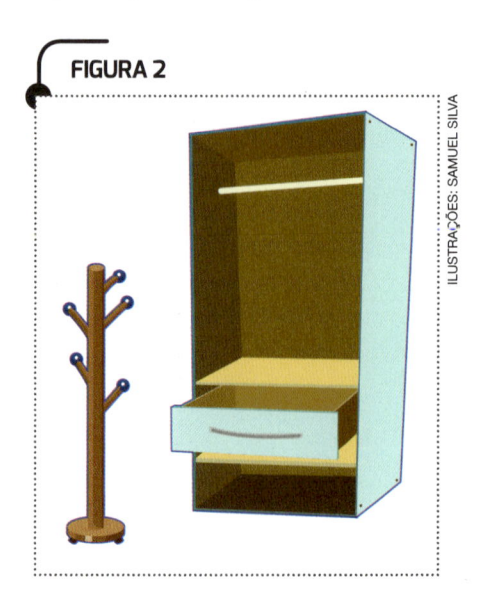

FIGURA 1

FIGURA 2

Você deve ter considerado algumas características dos objetos para organizá-los. As pessoas não costumam guardar camisetas na sapateira e bonés em cabides, concorda? Quais critérios você considerou? Compare-os com os de seus colegas. Houve diferenças?

Propomos agora que você organize esses mesmos objetos de acordo com as categorias: roupas casuais, roupas de inverno, acessórios e calçados.

Mudou alguma coisa? Talvez algum objeto tenha mudado de lugar, mas muitos deles devem ter permanecido onde estavam. Isso ocorre porque a maioria das pessoas organiza suas roupas e acessórios com base em critérios bem parecidos. Objetos pertencentes à categoria "calçados", como sapato e chinelo, estarão na sapateira na maioria das casas que você visitar.

Como você pode perceber, quando classificamos as coisas em categorias de acordo com suas características, tudo fica mais organizado e fácil de encontrar.

A IMPORTÂNCIA DA CLASSIFICAÇÃO DOS SERES VIVOS

A biodiversidade do planeta Terra é muito grande. Estima-se que haja de 7 a 10 milhões de espécies, mas apenas cerca de 1,5 milhão delas já foram descritas, estudadas e classificadas.

A classificação permite a formação de grupos cujos integrantes apresentam características semelhantes. Desse modo, ela facilita o estudo, por exemplo, da história evolutiva dos seres vivos, dos hábitats em que esperamos encontrá-los, da conservação da biodiversidade e dos possíveis usos dos seres vivos pela medicina e pela indústria farmacêutica. Quando os cientistas classificam as espécies, escolhem **critérios** que permitem agrupá-las segundo suas semelhanças.

(**A**) Morcego da espécie *Phyllostomus dicolor*.
(**B**) Gavião da espécie *Buteogallus* sp.
(**C**) Mariposa da espécie *Thysania agrippina*.
Embora apresentem algumas semelhanças, como a presença de asas e a capacidade de voar, esses três animais podem receber classificações diferentes. O morcego compartilha muitas características com outros mamíferos, por isso é classificado nesse grupo. O gavião compartilha com as aves muitas características, por isso é classificado nesse outro grupo. Já a mariposa possui características que a fazem ser classificada como inseto.

CRITÉRIOS PARA A CLASSIFICAÇÃO DOS SERES VIVOS

Atualmente, os critérios de classificação procuram refletir a história evolutiva das espécies, ou seja, a história das modificações que ocorreram nos seres vivos ao longo do tempo, indicando o **grau de parentesco evolutivo** entre elas e a existência de um **ancestral comum**. Dessa forma, quanto maior a quantidade e a relevância de semelhanças entre um grupo de seres vivos, maior é o grau de parentesco evolutivo entre eles e mais recente é o ancestral comum que eles compartilham.

Os principais critérios adotados pelos pesquisadores para classificar e agrupar os seres vivos são morfológicos (forma do corpo), fisiológicos (funcionamento de órgãos e sistemas), comportamentais e genéticos. São feitas diversas análises para verificar esses critérios, que utilizam desde materiais grandes como ossos até análises do material genético.

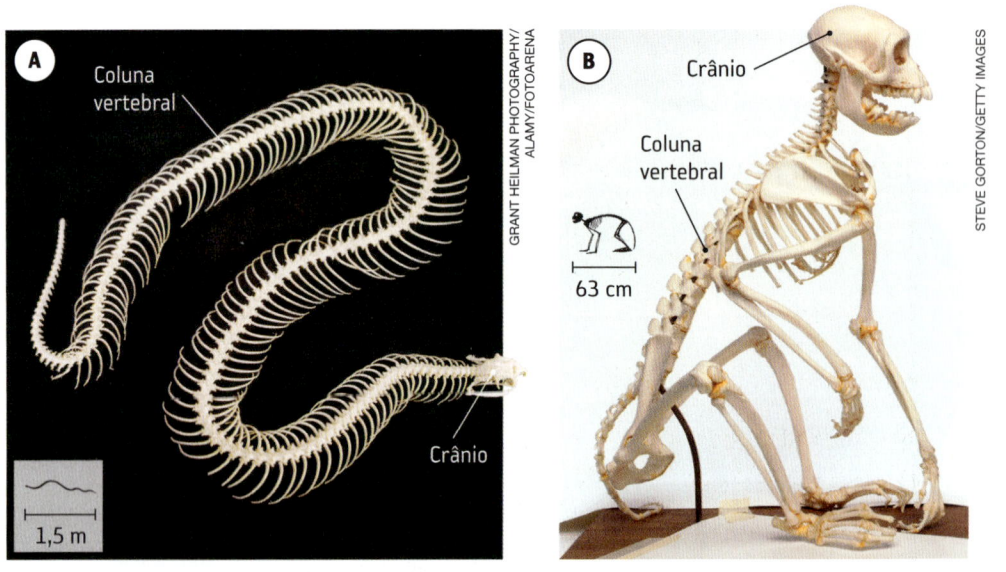

(**A**) Serpente da espécie *Aspideaaps scutatus*. (**B**) Macaco do gênero *Rhesus*. Uma das características morfológicas comuns a esses dois animais é a presença de coluna vertebral e crânio, que os agrupam como vertebrados.

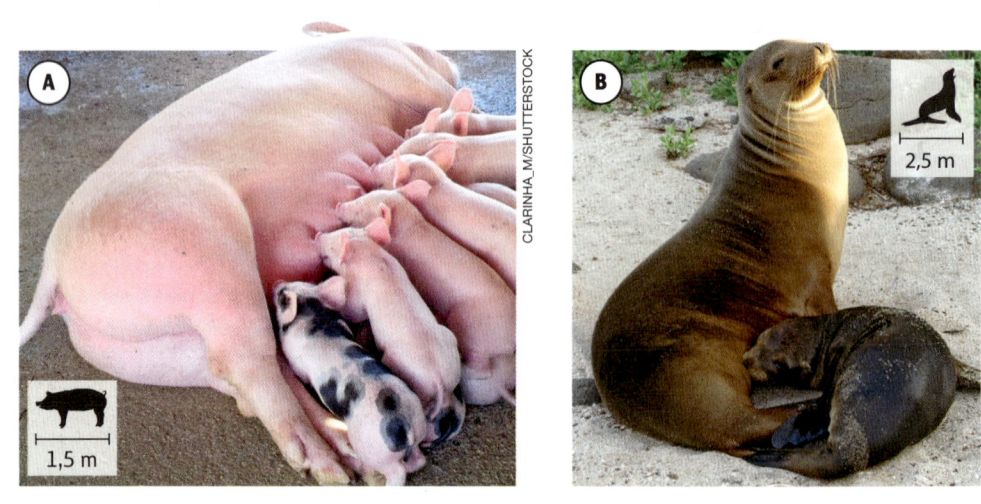

(**A**) Porcos *Sus domesticus*. (**B**) Lobos-marinhos *Zalophus wollebaeki*. Os porcos e os lobos-marinhos compartilham características fisiológicas, como a produção de leite nas fêmeas, e características comportamentais, como o cuidado parental. Por terem essas e outras características em comum, são classificados como mamíferos.

HISTÓRICO DA CLASSIFICAÇÃO DOS SERES VIVOS

A primeira tentativa de classificação de que se tem notícia foi feita pelo filósofo grego Aristóteles (384-322 a.C.), a cerca de 2400 anos. Ele estudou principalmente os animais e classificou-os em dois grandes grupos: os "com sangue" e os "sem sangue". Teofrasto (372-287 a.C.), discípulo de Aristóteles, classificou as plantas utilizando como critério o tamanho; ele as dividia em árvores, arbustos e ervas.

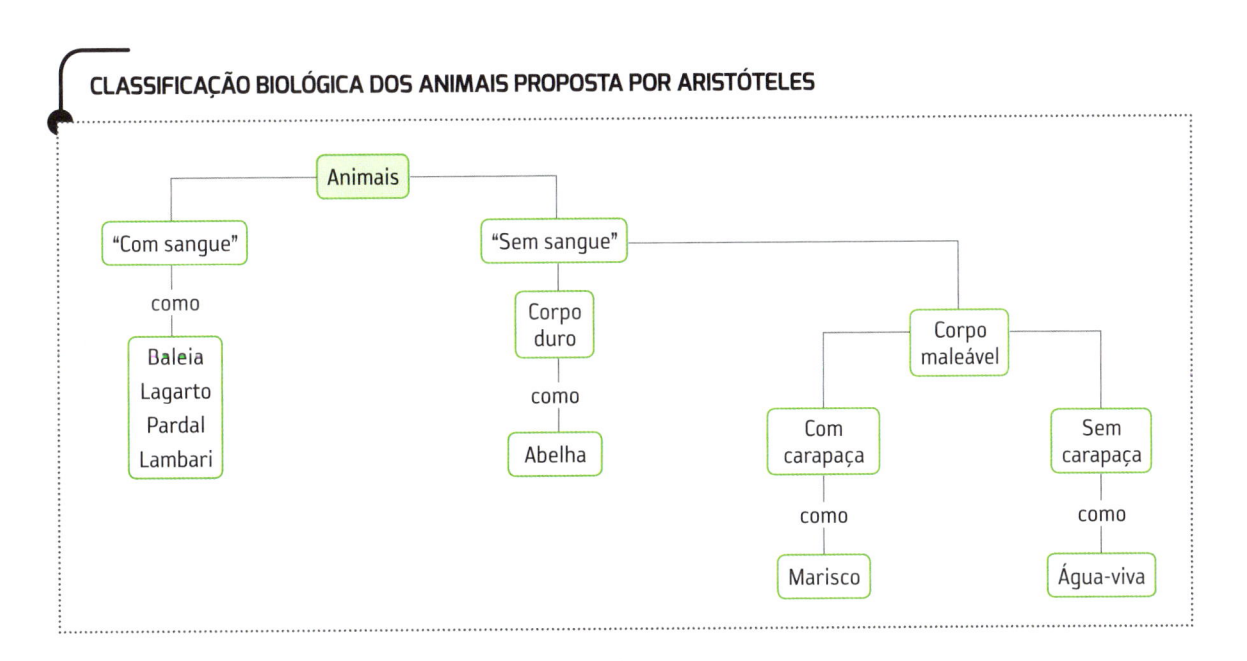

CLASSIFICAÇÃO BIOLÓGICA DOS ANIMAIS PROPOSTA POR ARISTÓTELES

```
                       Animais
                      /        \
              "Com sangue"    "Sem sangue"
                   |           /        \
                  como    Corpo duro   Corpo maleável
                   |        |           /         \
                Baleia    como     Com carapaça   Sem carapaça
                Lagarto    |           |              |
                Pardal   Abelha       como           como
                Lambari                |              |
                                    Marisco       Água-viva
```

Até o começo do século XVIII, esses critérios sofreram poucas modificações. Alguns naturalistas classificavam os animais de acordo com seu modo de locomoção; outros, conforme o ambiente em que viviam. Por exemplo, aves, morcegos e insetos eram classificados como animais aéreos, mas hoje sabemos que eles são muito diferentes entre si. Essas classificações são consideradas **artificiais**.

A classificação utilizada pela Ciência atualmente é **natural**, isto é, agrupa os seres vivos de acordo com as relações de parentesco evolutivo entre eles. De maneira geral, quanto mais semelhanças duas espécies apresentarem entre si, mais próximo é seu grau de parentesco.

A primeira tentativa de classificação com base em características estruturais ou anatômicas foi realizada, em 1735, pelo naturalista e médico sueco Carl von Linné (em português, Carlos Lineu) (1707-1778). O sistema de classificação utilizado hoje é o mesmo desenvolvido por Lineu, porém com algumas modificações. Esse sistema foi publicado em seu livro *Systema Naturae*.

Retrato de Carl von Linné.

O SISTEMA DE CLASSIFICAÇÃO DE LINEU

No sistema proposto por Lineu, a **espécie** é a unidade básica de classificação. A espécie é formada por um grupo de indivíduos semelhantes que, em condições naturais, são capazes de se reproduzir e de dar origem a descendentes férteis.

As diferentes categorias de classificação, chamadas de **categorias taxonômicas** ou **táxons**, foram ampliadas em relação à proposta de Lineu. No atual sistema de classificação, espécies semelhantes são agrupadas em um mesmo **gênero**; os gêneros semelhantes são agrupados em uma mesma **família**; famílias semelhantes são reunidas em uma **ordem**; ordens semelhantes são agrupadas em uma **classe**; classes semelhantes são agrupadas em um **filo**; e filos semelhantes são agrupados em um **reino**. As semelhanças entre os grupos podem indicar evidências do grau de parentesco evolutivo.

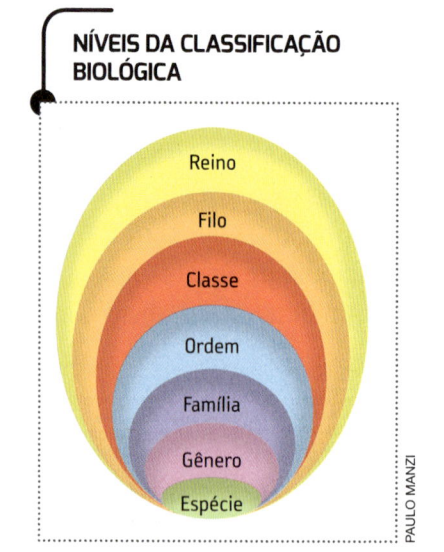

NÍVEIS DA CLASSIFICAÇÃO BIOLÓGICA

Existem similaridades entre os indivíduos que compartilham cada nível de classificação.

AS CATEGORIAS TAXONÔMICAS — CLASSIFICAÇÃO DO LOBO-GUARÁ E DO PEIXE-BOI-DA-AMAZÔNIA

Lobo-guará (*Chrysocyon brachyurus*).

Peixe-boi-da-amazônia (*Trichechus inunguis*).

- Reino: Animalia
- Filo: Chordata
- Classe: Mammalia

Lobo-guará:
- Ordem: Carnivora
- Família: Canidae
- Gênero: *Chrysocyon*
- Espécie: *Chrysocyon brachyurus*

Peixe-boi-da-amazônia:
- Ordem: Sirenia
- Família: Trichechidae
- Gênero: *Trichechus*
- Espécie: *Trichechus inunguis*

A NOMENCLATURA CIENTÍFICA

A classificação de uma espécie inclui sua nomenclatura, de modo que ela possa ser identificada com facilidade, independentemente do local do mundo onde esteja o pesquisador e do idioma que ele fale. Dessa forma, a nomenclatura científica possibilita a comunicação precisa entre os pesquisadores. Por exemplo, mandioca, maniva, aipim e macaxeira são nomes populares e regionais que correspondem à mesma espécie no Brasil, cujo nome científico é *Manihot esculenta*.

Também existem nomes populares que correspondem a mais de uma espécie. O abacaxi, por exemplo, pode ser das espécies *Ananas comosus* ou *Ananas ananassoides*.

O nome científico de uma espécie é binomial, isto é, composto de dois termos, escritos em latim e destacados do texto. Um exemplo é o nome científico do ipê-amarelo, *Tabebuia alba*. O primeiro termo, *Tabebuia*, indica o gênero ao qual a árvore pertence e deve ser escrito sempre com inicial maiúscula. Os dois termos juntos, *Tabebuia alba*, indicam a espécie. O segundo termo é escrito com inicial minúscula e nunca deve ser escrito sozinho.

Abacaxis das espécies (**A**) *Ananas comosus* e (**B**) *Ananas ananassoides*.

OS REINOS

A classificação adotada nesta obra reúne todos os seres vivos em cinco reinos: **Monera** (das bactérias e arqueas), **Protoctista** (das algas e protozoários), **Fungi** (dos fungos), **Animalia** (dos animais) e **Plantae** (das plantas). Os **vírus** não são constituídos por células, e há controvérsia sobre serem ou não seres vivos. Por esse motivo, não foram incluídos em nenhum desses cinco reinos. Veja a seguir algumas características dos seres vivos que compõem cada reino.

- **Monera:** unicelulares, procarióticos e autotróficos ou heterotróficos.
- **Protoctista:** unicelulares ou pluricelulares, eucarióticos, autotróficos ou heterotróficos.
- **Fungi:** unicelulares ou pluricelulares, eucarióticos, heterotróficos.
- **Plantae:** pluricelulares, eucarióticos, autotróficos.
- **Animalia:** pluricelulares, eucarióticos, heterotróficos.

Essa é uma classificação didática. Pesquisas mais recentes sugerem a classificação dos seres vivos em agrupamentos diferentes. Há até uma classificação acima de reino, chamada domínio. Nela os procariontes são divididos em dois domínios, Archaea e Bacteria, e os demais seres vivos são classificados no domínio Eukarya.

Autotróficos: seres vivos capazes de produzir seu próprio alimento, como as plantas, as algas e alguns tipos de bactérias.

Heterotróficos: seres vivos incapazes de produzir seu próprio alimento, tendo de obtê-lo de outros seres vivos; é o caso dos animais.

DE OLHO NO TEMA

- Escolha um animal que esteja ameaçado de extinção e elabore um esquema com sua classificação em categorias taxonômicas. Apresente seu esquema aos colegas. Há coincidência entre as categorias listadas? Indique-as.

ÁRVORES DA VIDA

As relações de parentesco evolutivo podem ser representadas em diagramas denominados **árvores filogenéticas** ou **árvores da vida**, como a que você pode ver abaixo.

A denominação "árvore" refere-se à existência de linhas que se bifurcam sucessivamente, como galhos de uma árvore. A divisão de um ramo em dois significa que um grupo ancestral, naquele período do passado, deu origem a dois novos grupos. Na árvore filogenética a seguir, cada extremidade de um ramo corresponde a um grupo atual. Observe que todos os seres vivos descendem de um ancestral comum. Ao longo do tempo, esses seres vivos passaram por transformações, compondo grupos distintos.

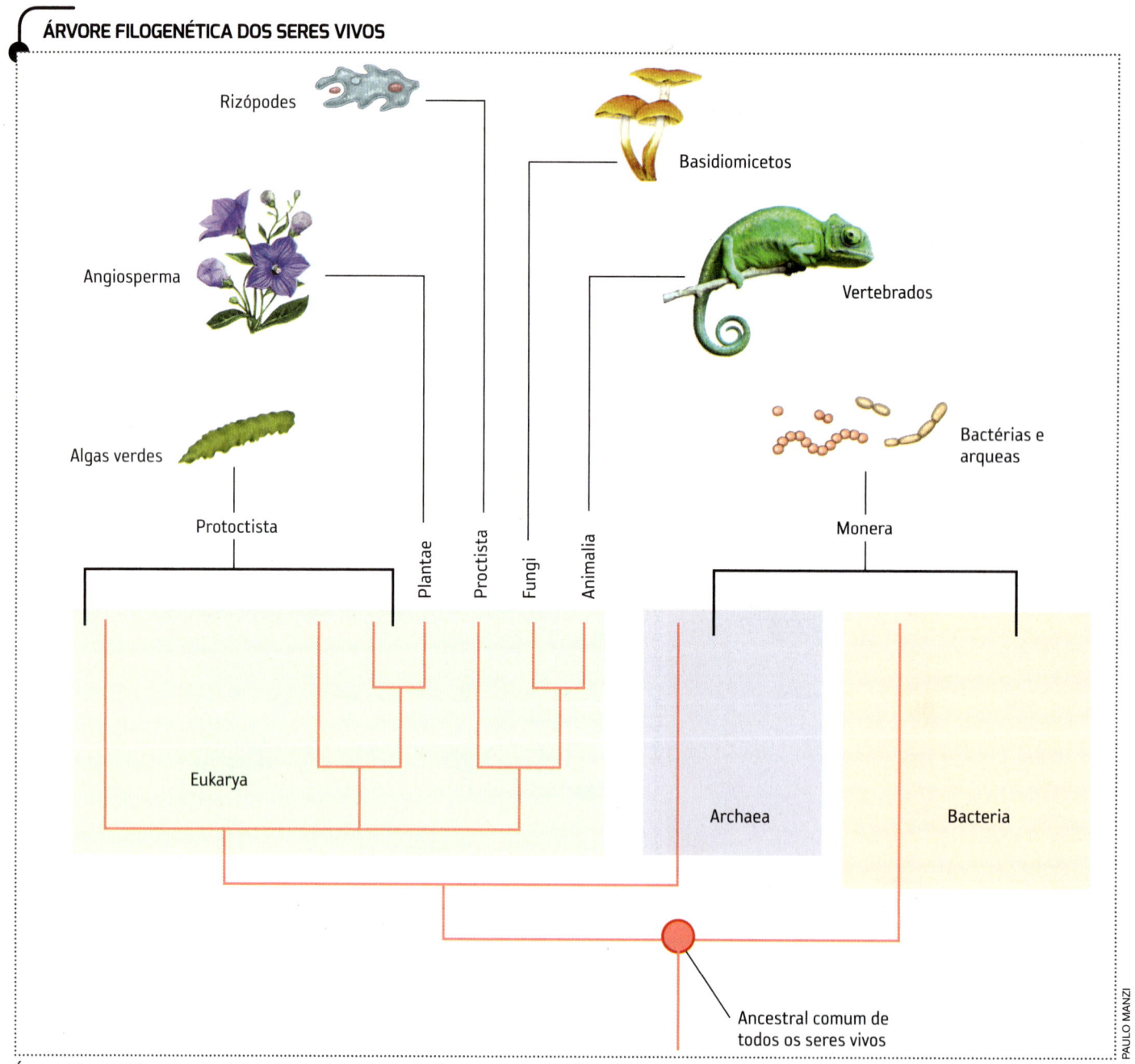

ÁRVORE FILOGENÉTICA DOS SERES VIVOS

Árvore filogenética mostrando os cinco reinos de seres vivos e os três domínios. (Imagens sem escala; cores-fantasia.)
Fonte: REECE, J. B. et al. Campbell *Biology*. 10. ed. Glenview: Pearson, 2014.

TEMA 2

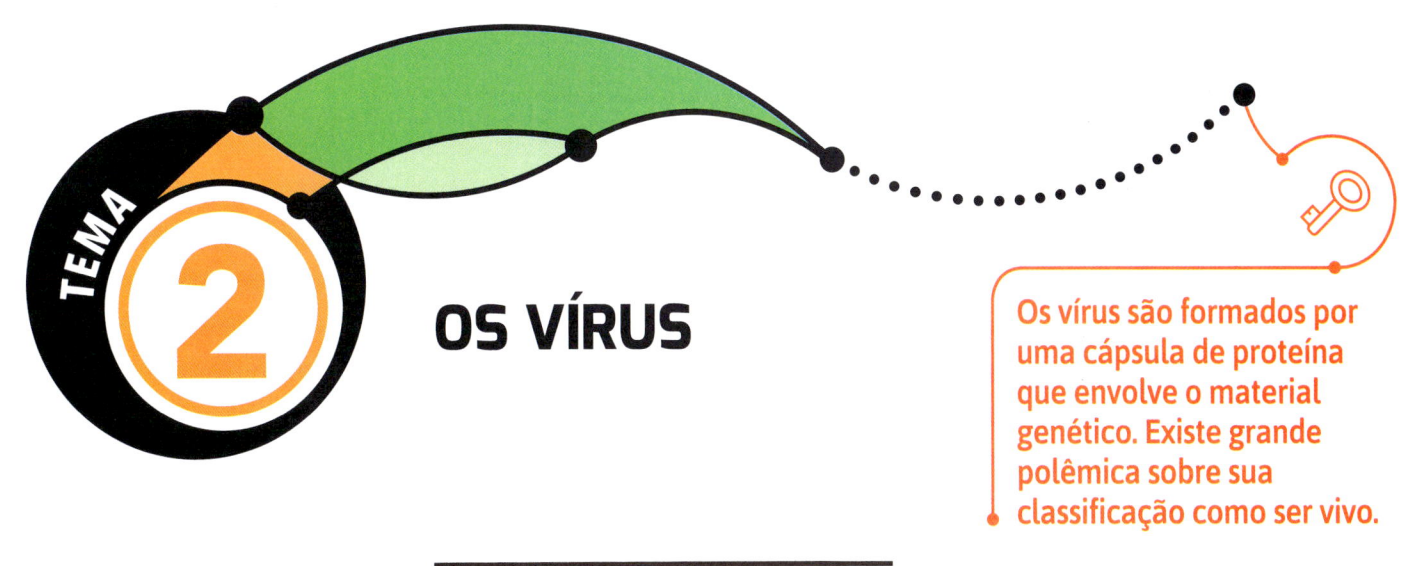

OS VÍRUS

> Os vírus são formados por uma cápsula de proteína que envolve o material genético. Existe grande polêmica sobre sua classificação como ser vivo.

A ESTRUTURA DOS VÍRUS

Os vírus são microscópicos e não apresentam organização celular. Eles são formados apenas pelo material genético, que pode ser DNA ou RNA, dois ácidos nucleicos, envolvido por uma cápsula de proteína, chamada **capsídio**. Alguns vírus têm estruturas para aderir às células, como é o caso do vírus bacteriófago, que tem cauda e fibras da cauda que interagem com estruturas de bactérias.

Os vírus só conseguem se reproduzir no interior de células vivas; por isso são considerados **parasitas obrigatórios**.

Como não são formados por células, os vírus não se encaixam em nenhum reino descrito e discute-se se devem ou não ser considerados seres vivos.

RNA: abreviação para ácido ribonucleico, um material relacionado a diversas atividades nas células e nos vírus.

Ácido nucleico: categoria de materiais que estão relacionados com a coordenação de processos celulares. DNA e RNA são ácidos nucleicos.

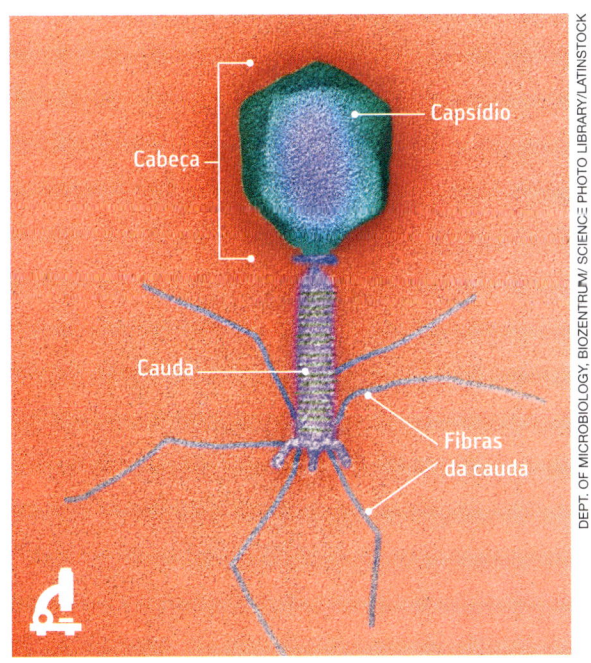

Bacteriófago, vírus que parasita bactérias. (Imagem obtida com microscópio eletrônico, colorizada artificialmente e ampliada cerca de 120.000 vezes.)

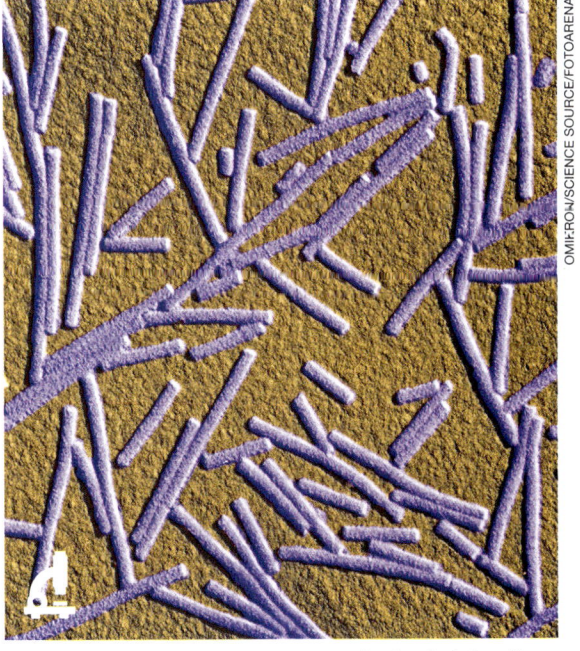

Vírus do mosaico do tabaco, responsável pela infecção de plantas, principalmente de tabaco. (Imagem obtida com microscópio eletrônico, colorizada artificialmente e ampliada cerca de 220.000 vezes.)

A REPRODUÇÃO VIRAL E AS VIROSES

Fora do ambiente intracelular, os vírus não manifestam nenhuma atividade. Entretanto, ao entrar em contato com uma célula hospedeira, um único vírus é capaz de originar milhões de novos indivíduos em algumas horas.

Os vírus causam doenças ou infecções chamadas **viroses**. Podem parasitar animais, plantas e outros organismos. São responsáveis por inúmeras doenças no ser humano, como: caxumba, rubéola, raiva, sarampo, hepatite infecciosa, dengue, gripe, poliomielite, herpes, febre amarela e aids.

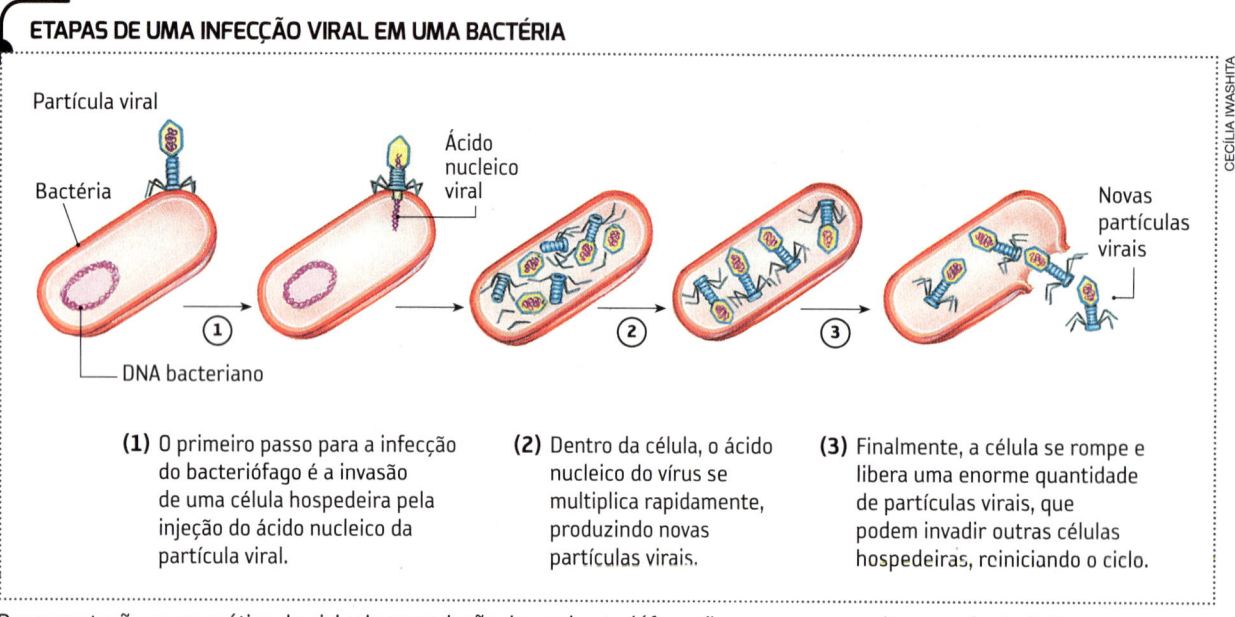

ETAPAS DE UMA INFECÇÃO VIRAL EM UMA BACTÉRIA

- Partícula viral
- Bactéria
- DNA bacteriano
- Ácido nucleico viral
- Novas partículas virais

(1) O primeiro passo para a infecção do bacteriófago é a invasão de uma célula hospedeira pela injeção do ácido nucleico da partícula viral.

(2) Dentro da célula, o ácido nucleico do vírus se multiplica rapidamente, produzindo novas partículas virais.

(3) Finalmente, a célula se rompe e libera uma enorme quantidade de partículas virais, que podem invadir outras células hospedeiras, reiniciando o ciclo.

Representação esquemática do ciclo de reprodução de um bacteriófago. (Imagem sem escala; cores-fantasia.)
Fonte: SADAVA, D. et al. *Vida: a ciência da biologia*. Porto Alegre: Artmed, 2009.

VACINAÇÃO

A busca por meios de prevenir doenças sempre foi um dos pilares da medicina. Foram feitos diversos estudos e tentativas até que se conseguisse uma maneira segura e eficiente de previnir algumas doenças.

A varíola é uma doença muito grave, causada por vírus, que apresentava alta incidência anos atrás. Ela provoca grandes erupções pelo corpo e frequentemente a morte dos pacientes. Os chineses, muito tempo antes da invenção da vacina, trituravam as cascas de feridas de varíola e sopravam o pó através de um cano de bambu nas narinas das crianças. Muitas das crianças que recebiam esse tratamento não eram contaminadas pelo vírus da varíola.

No final do século XVIII, o médico britânico Edward Jenner (1749-1823) observou que algumas vacas possuíam feridas parecidas com a da varíola e que mulheres responsáveis pela ordenha desses animais, se expostas a um doente de varíola, tinham uma versão bem mais branda da doença. Ele então recolheu o líquido das feridas das vacas e aplicou em arranhões de um garoto. Ao expô-lo ao vírus da varíola, o menino não contraiu a doença.

A partir desses e de outros experimentos, surgiram as primeiras vacinas. **Vacinas** são meios de prevenção de algumas doenças, que contêm o microrganismo causador morto ou enfraquecido, ou ainda partes dele. Ao ser aplicada em uma pessoa, a vacina promove uma reação do sistema de defesa do organismo. Com isso, ao entrar em contato com o agente causador da doença vivo o organismo reage mais rapidamente, resultando em uma forma mais branda da doença ou impedindo seu desenvolvimento. O termo vacina vem do latim *vaccinus*, que significa vaca, animal do qual Jenner retirou os vírus da varíola.

Atualmente há vacinas para diversas viroses, como sarampo, rubéola e febre amarela. As vacinas são uma eficiente medida de prevenção contra os vírus, reduzindo o número de casos e até ajudando na erradicação de algumas doenças, como a varíola. No entanto, nem todas as viroses podem ser prevenidas por vacinação: por exemplo, ainda não existe vacina contra a infecção causada pelo vírus da dengue.

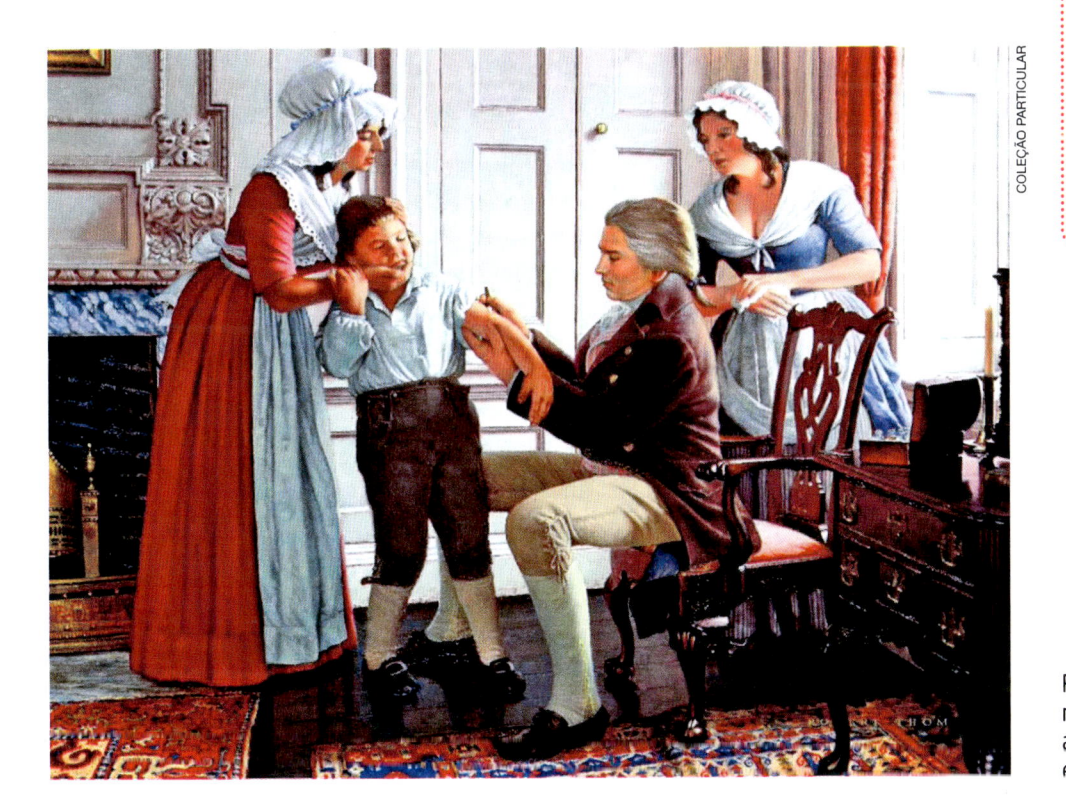

SAIBA MAIS!

Epidemias

Epidemias são surtos de determinada doença. Usamos o termo quando a doença possui um número de ocorrências muito alto, que supera o esperado para a área no mesmo período do ano.

Muitas doenças causadas por vírus já provocaram epidemias na história. Há registros de epidemias de varíola que ocorreram há mais de 3.000 anos no Egito. A epidemia de gripe espanhola causou milhões de mortes no começo do século XX em várias partes do mundo.

Representação artística do momento em que Edward Jenner aplica vacina contra a varíola em uma criança.

DE OLHO NO TEMA

1. Analise a seguinte afirmação: "Os vírus, por serem muito simples, devem ter surgido e evoluído antes das primeiras células". Você concorda? Justifique.

2. Discuta a importância da vacinação para a manutenção da saúde individual e coletiva.

ENTRANDO NA REDE

No endereço **http://mod.lk/yvtbm**, há um material do Centro Cultural do Ministério da Saúde que apresenta a história das vacinas e explica como elas foram capazes de erradicar algumas doenças.

Acesso em: jul. 2018.

Fabricação da vacina contra febre amarela

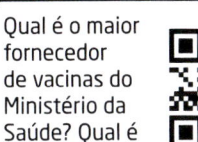

Qual é o maior fornecedor de vacinas do Ministério da Saúde? Qual é o produto mais conhecido do Instituto e desde quando essa vacina é produzida? Disponível em <http://mod.lk/ac7u03>

TEMA 3

O REINO DOS MONERAS

Todos os procariontes são classificados no reino Monera.

O reino dos moneras reúne seres unicelulares e procarióticos. Seus representantes são as bactérias e as arqueas. Há poucas décadas, não se conheciam as diferenças entre arqueas e bactérias. Com o avanço das pesquisas, foi possível diferenciar esses dois tipos de seres procarióticos, que passaram a ser classificados em dois domínios diferentes, categoria taxonômica superior a reino.

AS ARQUEAS

Esses procariontes, em geral, conseguem sobreviver em ambientes com condições extremas, como pântanos (onde há baixa disponibilidade de gás oxigênio), salinas (onde existe grande quantidade de sal) e poças de origem vulcânica (onde a temperatura é muito alta). As arqueas apresentam estrutura semelhante à das bactérias, porém diferem delas significativamente em relação ao material genético, apresentando uma história evolutiva distinta.

Local conhecido como "vulcão de lama", no Parque Nacional de Yellowstone (Estados Unidos, 2016). Pesquisadores já identificaram arqueas vivendo nesse ambiente, onde as temperaturas são muito elevadas para suportar diversas formas de vida.

AS BACTÉRIAS

São encontradas em diversos ambientes. Elas podem ser parasitas ou de vida livre, podem viver no solo, em água doce ou salgada, em suspensão no ar ou em associação com outros seres vivos.

Há muitas bactérias vivendo no corpo humano. Elas se distribuem pelos diferentes tecidos e órgãos e muitas têm funções relevantes. No sistema digestório, por exemplo, há comunidades de bactérias que desempenham um papel fundamental na digestão de certos alimentos e na regulação da função intestinal. As bactérias também se beneficiam dessa relação, pois se alimentam do que ingerimos ou secretamos.

A ESTRUTURA CELULAR DAS BACTÉRIAS

As bactérias são seres microscópicos que geralmente medem entre 0,2 µm e 1,5 µm de comprimento. Elas podem viver isoladamente ou em grupos, constituindo colônias, e suas células podem apresentar diversas formas.

As células bacterianas possuem três partes principais: parede bacteriana, membrana plasmática e citoplasma.

µm: símbolo de micrômetro, unidade de medida de comprimento que equivale à milionésima parte do metro, ou seja, um metro dividido por um milhão.

ESTRUTURA DE UMA BACTÉRIA

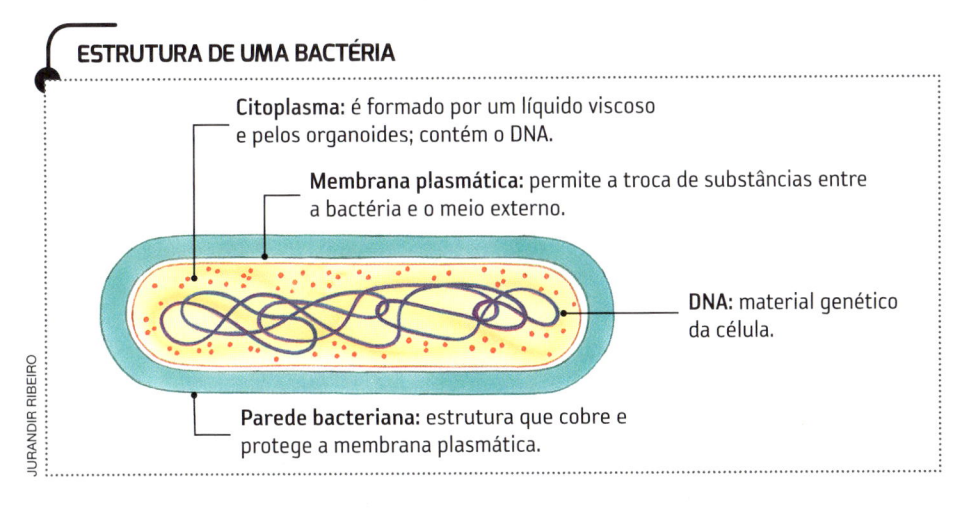

- **Citoplasma:** é formado por um líquido viscoso e pelos organoides; contém o DNA.
- **Membrana plasmática:** permite a troca de substâncias entre a bactéria e o meio externo.
- **DNA:** material genético da célula.
- **Parede bacteriana:** estrutura que cobre e protege a membrana plasmática.

(Imagem sem escala; cores-fantasia.)
Fonte: TORTORA, G. J. et al. *Microbiologia*. 6. ed. Porto Alegre: Artmed, 2000.

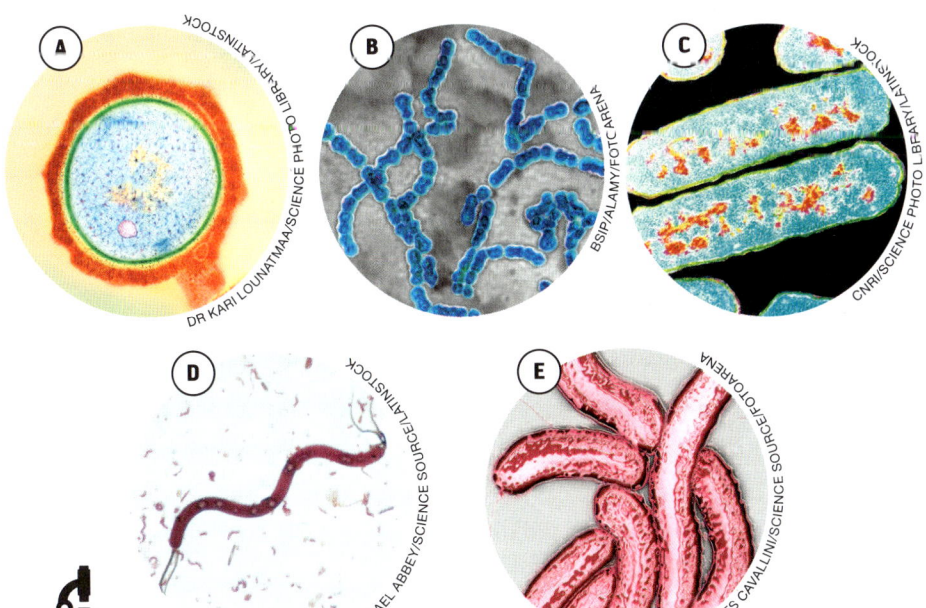

Fotomicrografias de diferentes formas de células bacterianas.
(**A**) Cocos da espécie *Staphylococcus aureus*. (Ampliada cerca de 20.000 vezes.)
(**B**) Estreptococos da espécie *Streptococcus pyogenes*. (Ampliada cerca de 2.000 vezes.)
(**C**) Bacilos da espécie *Haemophilus influenzae*. (Ampliada cerca de 4.500 vezes.)
(**D**) Espirilo da espécie *Spirillum volutans*. (Ampliada cerca de 400 vezes.)
(**E**) Vibriões da espécie *Vibrio cholerae*. (Ampliada cerca de 12.000 vezes.)

(Imagens obtidas com microscópio eletrônico e colorizadas artificialmente.)

DIVISÃO BINÁRIA EM UMA BACTÉRIA

Representação esquemática da divisão binária de uma célula bacteriana, em corte. (**A** e **B**) O DNA da bactéria inicialmente se duplica. (**C**, **D** e **E**) A bactéria mãe se divide em duas bactérias filhas. (Imagem sem escala; cores-fantasia.)

Fonte: TORTORA, G. J. et al. *Microbiologia*. 6. ed. Porto Alegre: Artmed, 2000.

A REPRODUÇÃO DAS BACTÉRIAS

A maioria das bactérias se reproduz pela divisão da bactéria mãe em duas bactérias filhas idênticas. Por meio desse processo, denominado **divisão binária**, as bactérias podem se reproduzir rapidamente, caso não existam limitações de alimento ou de outros recursos necessários para o seu desenvolvimento.

Em condições adequadas, uma única bactéria pode dividir-se a cada 20 minutos. Assim, em menos de 24 horas, uma única bactéria pode originar mais de 7 bilhões de bactérias (número aproximadamente igual ao da população humana).

AS BACTÉRIAS NA CADEIA ALIMENTAR

As bactérias são muito importantes para o funcionamento dos ecossistemas. As **autotróficas**, capazes de produzir seu próprio alimento, são fontes de alimento para outros seres vivos, e as **heterotróficas**, que dependem de outros seres vivos para se alimentar, podem ser, por exemplo, **decompositoras** ou **parasitas**.

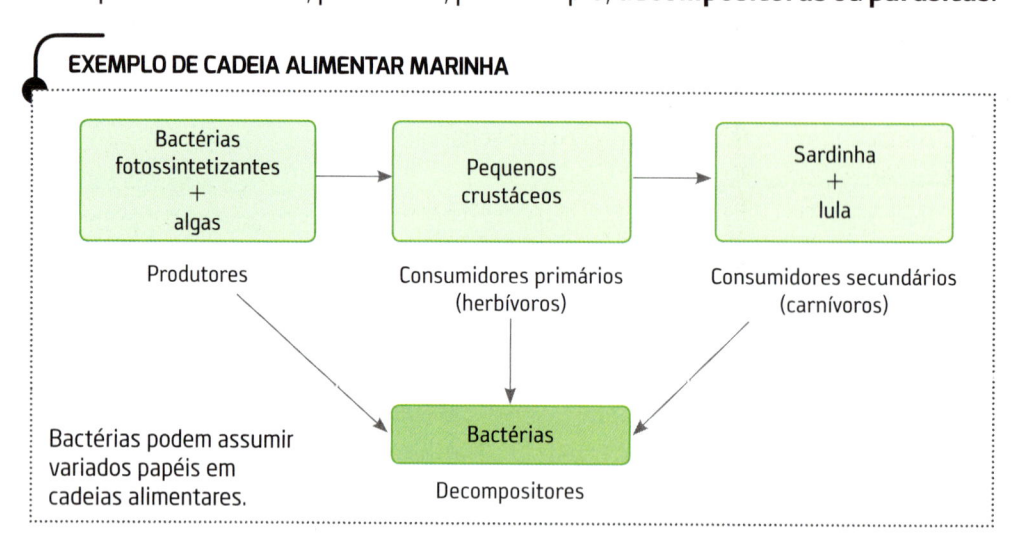

EXEMPLO DE CADEIA ALIMENTAR MARINHA

Bactérias fotossintetizantes + algas (Produtores) → Pequenos crustáceos (Consumidores primários - herbívoros) → Sardinha + lula (Consumidores secundários - carnívoros)

Bactérias podem assumir variados papéis em cadeias alimentares.

Bactérias (Decompositores)

NUTRIÇÃO DAS BACTÉRIAS

As **bactérias autotróficas fotossintetizantes**, juntamente com as algas (reino dos protoctistas), produzem grande parte do gás oxigênio do planeta e habitam principalmente ambientes aquáticos. As cianobactérias são exemplos desse tipo de bactéria. Elas apresentam o pigmento clorofila, fundamental para a realização da fotossíntese.

As **bactérias autotróficas quimiossintetizantes** utilizam substâncias inorgânicas, como compostos de ferro, enxofre ou nitrogênio, para produzir seu próprio alimento, independentemente da luz.

As **bactérias patogênicas** podem causar diversas doenças ao ser humano e a outros seres vivos. Essas doenças podem ser relativamente simples, como a acne e a cárie dentária, ou mais graves, como a hanseníase, a meningite, o tétano, o cólera, a leptospirose e a febre tifoide. Algumas dessas doenças podem ser prevenidas com vacinas, enquanto outras podem ser tratadas com antibióticos, tipo de material que elimina bactérias.

As **bactérias decompositoras** participam do importante processo de decomposição da matéria orgânica (como folhas, organismos mortos e fezes) em substâncias mais simples, que podem ser novamente incorporadas na cadeia alimentar.

> **SAIBA MAIS!**
>
> ### Leptospirose
>
> A leptospirose é uma doença infecciosa febril, aguda, potencialmente grave, causada por uma bactéria, a *Leptospira interrogans*. É uma zoonose (doença de animais) que ocorre no mundo inteiro, exceto nas regiões polares. [...]
>
> [...] Acomete roedores e outros mamíferos silvestres e é um problema veterinário relevante, atingindo animais domésticos (cães, gatos) e outros de importância econômica (bois, cavalos, porcos, cabras, ovelhas). Esses animais, *mesmo quando vacinados*, podem tornar-se portadores assintomáticos e eliminar a *L. interrogans* junto com a urina.
>
> O rato de esgoto (*Rattus novergicus*) é o principal responsável pela infecção humana, em razão de existir em grande número e da proximidade com seres humanos. A *L. interrogans* multiplica-se nos rins desses animais sem causar danos, e é eliminada pela urina, às vezes por toda a vida do animal. A *L. interrogans* eliminada junto com a urina de animais sobrevive no solo úmido ou na água [...]
>
> [...] penetra através da pele e de mucosas (olhos, nariz, boca) ou através da ingestão de água e alimentos contaminados. [...]
>
> No Brasil [...] a maioria das infecções ocorre através do contato com águas de enchentes contaminadas por urina de ratos. [...]
>
> **Fonte:** MARTINS, F. S. V.; CASTIÑEIRAS, T. M. P. P. Leptospirose. Centro de Informação em Saúde para Viajantes. Disponível em: <http://mod.lk/buvl2>. Acesso em: jul. 2018.
>
> É importante evitar o contato com a água de enchentes, pois ela pode transmitir a leptospirose (Porto Alegre, RS, 2014).

AS BACTÉRIAS E A BIOTECNOLOGIA

É importante fazer análises periódicas de amostras retiradas de corpos d'água para saber se há contaminação (Piracicaba, SP, 2018). Nesses casos, bactérias podem ser utilizadas para solucionar a contaminação.

A área que emprega os conhecimentos sobre os seres vivos e os utiliza, geralmente com objetivos produtivos, é denominada **Biotecnologia**. A produção de antibióticos, vitaminas, laticínios, vinagre e metano (combustível), por exemplo, é feita com o uso de bactérias.

As bactérias também podem ser manipuladas geneticamente para que se obtenham produtos de interesse humano. Por exemplo, algumas bactérias podem receber fragmentos de DNA de outros seres vivos e ser induzidas a produzir materiais de interesse, como a insulina humana.

Alguns gêneros de bactérias podem ser utilizados no processo de biorremediação, que emprega seres vivos para a descontaminação de ambientes. Essas bactérias são capazes de descontaminar corpos de água atingidos por derramamentos de óleo ou outros poluentes.

> **DE OLHO NO TEMA**
>
> 1. Todas as bactérias são prejudiciais aos seres humanos? Justifique.
>
> 2. Pesquise a incidência de leptospirose no estado em que você vive. Em grupo, discutam os valores encontrados e relacione-os às condições de saneamento básico da região (se necessário busquem dados em *sites* governamentais). Proponham medidas para erradicar essa doença no Brasil.

ATIVIDADES
TEMAS 1 A 3

ORGANIZAR O CONHECIMENTO

1. Analise a filogenia e responda às questões.

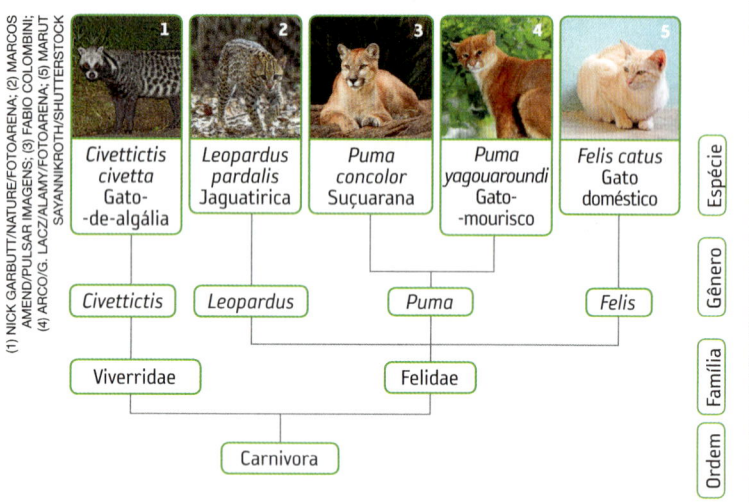

Filogenia:
- 1: *Civettictis civetta* — Gato-de-algália
- 2: *Leopardus pardalis* — Jaguatirica
- 3: *Puma concolor* — Suçuarana
- 4: *Puma yagouaroundi* — Gato-mourisco
- 5: *Felis catus* — Gato doméstico

Espécie → Gênero (Civettictis, Leopardus, Puma, Felis) → Família (Viverridae, Felidae) → Ordem (Carnivora)

a) O gato-mourisco e o gato-de-algália pertencem à mesma família? Explique.

b) A suçuarana e o gato-mourisco pertencem à mesma espécie? Explique.

c) O gato doméstico, a jaguatirica e o gato-de-algália pertencem à mesma ordem? Explique.

d) O gato doméstico, o gato-mourisco e o gato-de-algália, por serem gatos, apresentam o mesmo grau de parentesco? Explique.

2. Leia o texto, analise o quadro e responda à questão.

O Brasil é conhecido por suas exuberantes matas que abrigam flora e fauna ricas. É também em seu território que podem ser encontradas mais de cinquenta espécies de pica-paus, todas pertencentes à família Picidae, por sua vez inserida na ordem Piciformes. O quadro abaixo traz alguns exemplos de pica-paus.

Picumnus aurifrons Pica-pau-anão-dourado	*Melanerpes candidus* Pica-pau-branco	*Piculus leucolaemus* Pica-pau-de-garganta-branca
Picumnus pygmaeus Pica-pau-anão-pintado	*Melanerpes cruentatus* Benedito-de-testa-vermelha	*Piculus aurulentus* Pica-pau-dourado
Picumnus rufiventris Pica-pau-anão-vermelho	*Veniliornis mixtus* Pica-pau-chorão	*Piculus laemostictus* Pica-pau-de-garganta-pintada

- Quantas espécies, gêneros, famílias e ordens constam no quadro e no texto?

3. Por que os vírus são parasitas obrigatórios?

4. Transcreva no caderno as frases falsas, corrigindo-as.
a) O reino dos moneras é representado por seres pluricelulares que não apresentam parede celular.
b) O reino dos protoctistas é representado por organismos procarióticos unicelulares.
c) O reino das plantas é representado por seres eucarióticos, unicelulares e autotróficos.
d) O reino dos fungos é representado por seres eucarióticos heterotróficos.
e) O reino dos animais é representado somente por seres procarióticos pluricelulares.

ANALISAR

5. Um paciente chegou a um hospital com sintomas de febre alta e enjoo. Após alguns exames os médicos receitaram um antibiótico para tratar a doença. Após alguns dias de tratamento, o paciente apresentou melhora considerável.
Pelo texto você diria que o paciente estava com uma infecção por vírus ou bactérias? Por quê?

6. Leia o texto e responda à questão.
A coroa-de-cristo (*Euphorbia milii*, família Euphorbiaceae, ordem Malpighiales) é uma planta ornamental muito comum em jardins, mas é tóxica e pode causar acidentes. Sua seiva (látex) tem uma substância irritante que pode provocar lesões nas mucosas. Essa seiva tóxica está presente em todos os representantes dessa família de plantas.

- Se uma pessoa substituir a coroa-de-cristo de seu jardim pelo bico-de-papagaio (*Euphorbia pulcherrima*), ela ainda estará sob risco de intoxicação? Justifique.

COMPARTILHAR

7. Apenas um médico tem condição de avaliar o que está provocando uma doença e qual é melhor maneira de tratá-la. Devemos evitar ao máximo a automedicação. Reúna-se em um grupo com seus colegas e pesquisem as consequências do uso indevido de antibióticos. Elaborem cartazes com essas informações e com mensagens para que as pessoas evitem a automedicação, ressaltando problemas causados por esse hábito. Fixem os cartazes em locais da sua comunidade onde circulam muitas pessoas.

EXPLORE

OBSERVAÇÃO E CLASSIFICAÇÃO: CHAVES DICOTÔMICAS

Como um cientista identifica uma espécie de planta que encontra ao sair a campo para uma pesquisa? A menos que já conheça bem o grupo ao qual a planta pertence, muito provavelmente ele utilizará uma chave dicotômica.

A chave dicotômica é uma lista na qual cada nível apresenta duas alternativas – por isso se chama dicotômica – mutuamente exclusivas. Cada alternativa traz a descrição de uma característica acompanhada da classificação correspondente ou de uma instrução para passar para outro nível. Nesta atividade, vamos analisar uma chave dicotômica simples que classifica plantas de acordo com as nervuras presentes no limbo das folhas.

Limbo: parte principal da folha, normalmente achatada e verde; é o mesmo que lâmina foliar.

ATIVIDADE

1. Em grupo e sob a orientação do professor, coletem cinco folhas de plantas diferentes. Deem preferência a plantas com muitas folhas e tomem cuidado para não danificá-las. Também podem ser usadas folhas caídas.

2. Escolham uma das folhas e identifiquem suas nervuras. Comecem, então, a leitura da chave dicotômica abaixo pelo item 1a. Caso a descrição desse item ("Uma só nervura não ramificada") corresponda à folha que está sendo analisada, a classificação está concluída: essa folha é uninérvea. Caso contrário, sigam para o item 1b, que orienta a passagem para o nível 2. Continuem a leitura até que a folha seja classificada e repitam esse processo para as outras folhas que vocês coletaram.

CHAVE DICOTÔMICA – CLASSIFICAÇÃO DA FOLHA	
1 a) Uma só nervura não ramificada	**Uninérvea**
1 b) Mais de uma nervura	passar para 2
2 a) Mais de uma nervura, todas paralelas entre si	**Paralelinérvea**
2 b) Nervuras não paralelas	passar para 3
3 a) Uma nervura principal, da qual partem nervuras paralelas	**Peninérvea**
3 b) Várias nervuras principais partindo todas da base do limbo	**Palminérvea**

3. Agora, é a vez de seu grupo criar uma chave dicotômica. Escolham quatro frutos normalmente encontrados no local onde vocês moram e criem uma chave dicotômica para identificá-los. Imaginem que essa chave possa ser utilizada por uma pessoa que nunca tenha visto esses frutos. Comparem a chave de seu grupo com as dos outros grupos e discutam as vantagens e desvantagens de cada proposta.

TIPOS DE FOLHAS

Paralelinérvea   Uninérvea

Peninérvea   Palminérvea

85

TEMA 4

O REINO DOS PROTOCTISTAS

No reino Protoctista, estão reunidos as algas e os protozoários.

O reino Protoctista inclui seres eucarióticos conhecidos popularmente como protozoários e algas. Os protozoários são heterotróficos e unicelulares; já as algas são aquáticas, autotróficas fotossintetizantes e podem ser tanto unicelulares quanto pluricelulares.

AS ALGAS: PROTOCTISTAS AUTOTRÓFICOS

As algas formam um grupo muito numeroso. Existem algas de vários tamanhos, podendo ser microscópicas ou macroscópicas. O corpo das espécies pluricelulares, denominado **talo**, pode formar filamentos, lâminas ou estruturas que lembram os caules e as folhas das plantas. No entanto, ao contrário do que acontece nas plantas, os talos não são constituídos de tecidos nem de órgãos.

Exemplo de alga pluricelular da espécie *Ulva lactuca*.

6 cm

A DIVERSIDADE E A CLASSIFICAÇÃO DAS ALGAS

As algas exibem uma enorme variedade de tonalidades. Além da clorofila, sempre presente, possuem outros pigmentos. Essa variedade de pigmentos é uma das características consideradas no estudo e na classificação desses seres.

Entre as algas unicelulares, destacam-se os dinoflagelados, os euglenoides e as diatomáceas. Entre as pluricelulares, destacam-se as algas pardas, as algas vermelhas e as algas verdes. Neste último grupo também há diversas espécies unicelulares.

Algas pluricelulares apresentam estruturas mais complexas que as unicelulares e podem ter talos bastante especializados; elas vivem fixas no fundo de rios e mares ou em pedras e outros substratos.

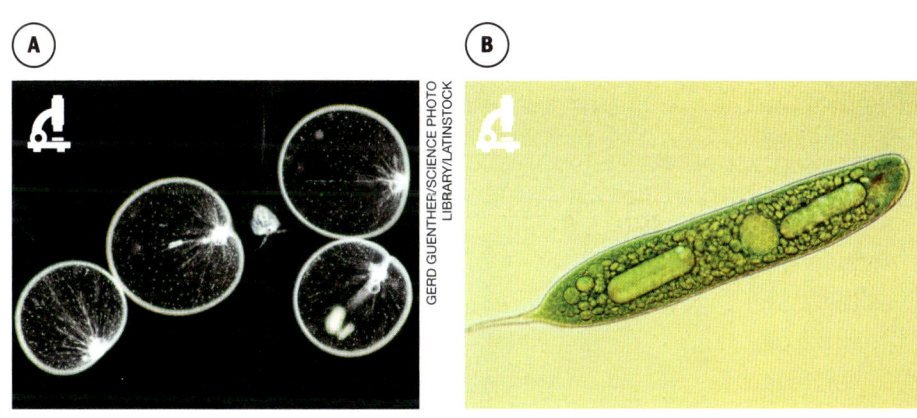

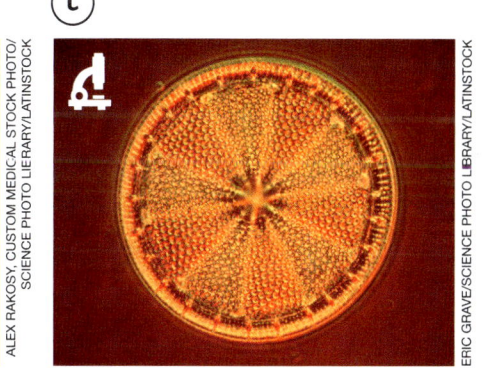

Exemplos de algas unicelulares. (**A**) Dinoflagelado da espécie *Noctiluca scintillans*. (Ampliada cerca de 60 vezes.) (**B**) Euglena (*Euglena* sp.). (Ampliada cerca de 860 vezes.) (**C**) Diatomácea da espécie *Actinoptychus heliopelta*. (Ampliada cerca de 130 vezes.) (Imagens obtidas com microscópio óptico.)

A REPRODUÇÃO DAS ALGAS

As algas podem se reproduzir sexuada ou assexuadamente. A reprodução sexuada ocorre pela fusão de gametas, células responsáveis pela reprodução. A assexuada pode acontecer nas algas macroscópicas pela fragmentação dos talos e nas algas unicelulares por divisão binária.

COLETIVO CIÊNCIAS

Aproximando dois mundos

Na empreitada científica, pesquisadores, profissionais de outras áreas e pessoas da comunidade podem caminhar juntos para produzir conhecimento.

Um exemplo dessa prática é o estudo da distribuição do fitoplâncton no mundo, feito pelo pesquisador Richard Kirby, do Instituto de Pesquisas Marinhas de Plymouth, Inglaterra. Para aumentar a quantidade de informações disponíveis sobre o tema e produzir um mapa realista dessa distribuição, ele alistou marinheiros e pescadores para coletar dados. Essa iniciativa aproxima a sociedade da Ciência, integrando-a aos processos da descoberta científica.

Fitoplâncton: grupo de organismos aquáticos que vive próximo à superfície e é carregado pelo movimento das águas. Algumas algas fazem parte desse grupo.

> **SAIBA MAIS!**
>
> **Florescimento do fitoplâncton**
>
> O fitoplâncton é constituído por cianobactérias e algas microscópicas, como as diatomáceas e os dinoflagelados, que flutuam nas camadas superiores dos ambientes aquáticos.
>
> Apesar de compor a base das cadeias alimentares dos ecossistemas aquáticos e de ser responsável por quase 90% de toda a produção de gás oxigênio no planeta, o fitoplâncton também pode estar relacionado a problemas ecológicos.
>
> Em condições específicas de excesso de nutrientes na água e de temperatura e luminosidade adequadas, pode ocorrer o florescimento: os microrganismos que compõem o fitoplâncton multiplicam-se rapidamente, formando manchas na superfície da água.
>
> Após esgotar os nutrientes, o fitoplâncton começa a morrer, podendo tornar a água pobre em gás oxigênio. Em decorrência disso, ocorre a morte de peixes e de outros seres vivos aquáticos.
>
> O florescimento do fitoplâncton pode ter causa natural, no caso de reprodução intensa dos microrganismos. No entanto, também pode estar relacionado à poluição decorrente da descarga excessiva de nutrientes na água, por meio do esgoto, por exemplo.
>
> Florescimento do fitoplâncton (Japão, 2013). A floração de algumas espécies do fitoplâncton, especialmente dinoflagelados, produz o fenômeno chamado "maré vermelha", no qual manchas vermelhas se formam na superfície da água.

OS PROTOZOÁRIOS: PROTOCTISTAS HETEROTRÓFICOS

Os protozoários podem apresentar hábito de vida livre, ser parasitas ou viver associados a outros organismos. Os de vida livre estão distribuídos por diversos ambientes, como rios, lagos, mares, solos úmidos e substratos lodosos. Além disso, há protozoários que parasitam animais, inclusive o ser humano, e plantas, causando-lhes diversas doenças e problemas de saúde.

A DIVERSIDADE E A CLASSIFICAÇÃO DOS PROTOZOÁRIOS

Os protozoários são unicelulares, e a complexidade de suas células pode variar muito entre as espécies. A presença de estruturas especializadas para a locomoção e os tipos dessas estruturas são as principais características utilizadas para classificá-los em grupos. Descrevemos alguns deles a seguir.

- **Rizópodes:** deslocam-se por pseudópodes, que são expansões do citoplasma. Esse processo também é empregado na captura de alimento, na chamada **fagocitose**. Exemplo: ameba.
- **Flagelados:** deslocam-se por meio de estruturas em forma de chicote, os flagelos. Exemplos: giárdia e tripanossomo.
- **Ciliados:** locomovem-se por meio de numerosos cílios. Exemplo: paramécio.
- **Esporozoários:** não possuem estrutura de locomoção. A grande maioria é parasita. Exemplo: plasmódio.

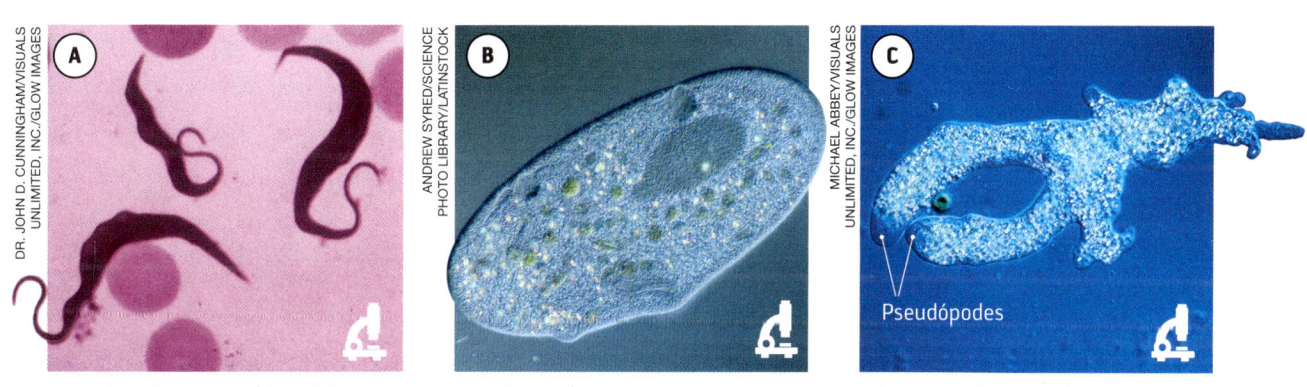

Exemplos de protozoários. (**A**) Tripanossomos da espécie *Trypanosoma cruzi*, flagelados causadores da doença de Chagas. (Ampliada cerca de 3.400 vezes.) (**B**) Paramécio (*Paramecium* sp.), um ciliado. (Ampliada cerca de 860 vezes.) (**C**) Ameba da espécie *Chaos carolinense*, um rizópode, emitindo pseudópodes sobre um corpo estranho. (Ampliada cerca de 240 vezes.) (Imagens obtidas com microscópio óptico.)

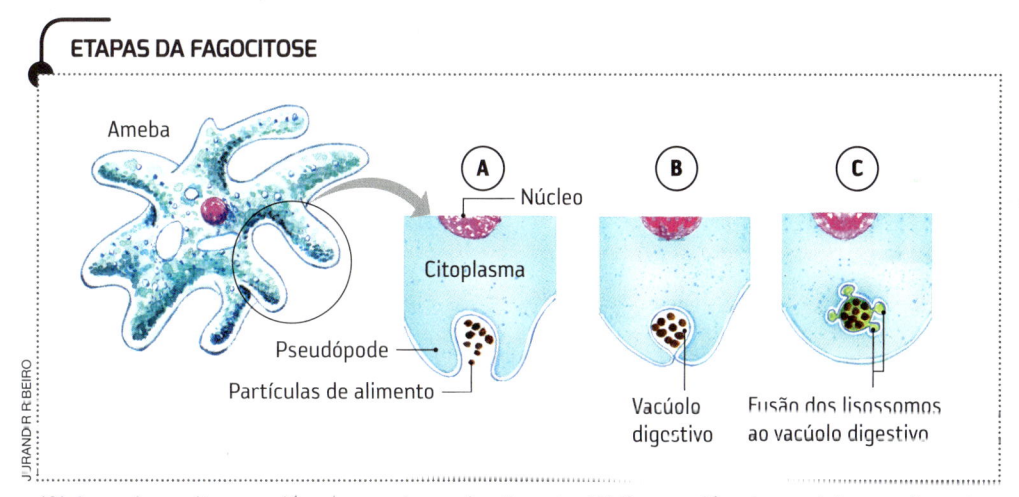

ETAPAS DA FAGOCITOSE

(**A**) A ameba emite pseudópodes em torno do alimento. (**B**) Os pseudópodes englobam o alimento e forma-se um vacúolo digestivo. (**C**) Os lisossomos (organoides relacionados à digestão) se fundem ao vacúolo, liberando materiais que digerem o alimento. (Imagem sem escala; cores-fantasia.)

Fonte: BARNES, R. D.; RUPPERT, E. E. *Zoologia dos invertebrados*. São Paulo: Roca, 1996.

A REPRODUÇÃO DOS PROTOZOÁRIOS

O processo mais comum é o assexuado, por **divisão binária**, que ocorre em rizópodes, flagelados e ciliados. O núcleo de uma célula se duplica e posteriormente a célula se divide, originando dois indivíduos idênticos geneticamente.

Nos ciliados pode haver também outra forma de reprodução, a **conjugação**: os dois indivíduos se aproximam de forma que ocorra transferência de material genético entre eles.

PAPÉIS DAS ALGAS E DOS PROTOZOÁRIOS

NA ECONOMIA

As algas marinhas são utilizadas como alimento e fornecem produtos para o ser humano. Podemos citar, por exemplo, o comércio de algas vermelhas do gênero *Porphyra*, chamada no Japão de "nori" e usada para preparar *sushi* (comida à base de alga e arroz).

O ágar, extraído de algumas algas, é utilizado nas indústrias de alimentos, cosméticos e medicamentos e em atividades de laboratório.

NA MEDICINA

Com o desmatamento e a transformação dos ambientes naturais, decorrentes dos processos de urbanização e industrialização, o contato entre seres humanos e o ciclo natural de diversos parasitas passou a ser muito comum. Essa situação tem sido responsável por uma série de problemas de saúde pública, a exemplo das altas incidências de doenças causadas por protozoários, como a malária, a doença de Chagas e a leishmaniose.

NO AMBIENTE

A maioria das algas microscópicas flutua nas águas e, com as cianobactérias, compõe o fitoplâncton, base da cadeia alimentar dos ecossistemas aquáticos. O fitoplâncton é responsável por cerca de 90% de toda a produção do gás oxigênio do planeta.

Protozoários e diversos outros seres vivos microscópicos heterotróficos constituem o zooplâncton nos ambientes aquáticos. Muitos de seus representantes correspondem aos consumidores primários (herbívoros) das cadeias alimentares aquáticas.

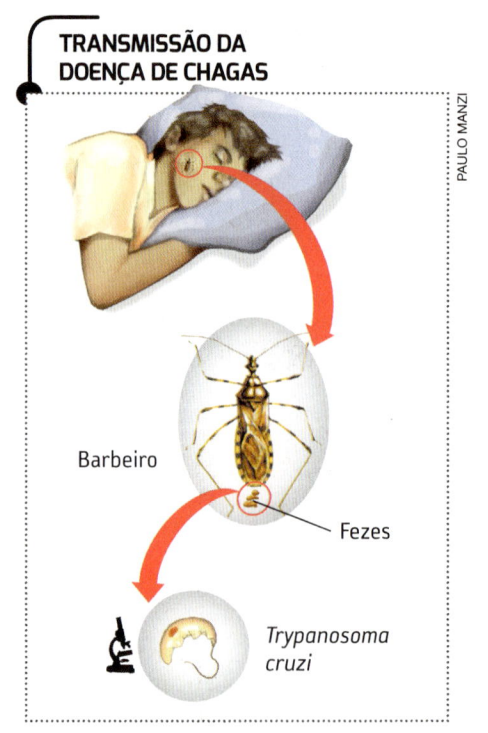

TRANSMISSÃO DA DOENÇA DE CHAGAS

Ao picar o ser humano, o inseto barbeiro pode defecar e suas fezes podem conter o protozoário *Trypanosoma cruzi*, causador da doença de Chagas. Se a pessoa coçar o local da picada, o protozoário pode entrar na corrente sanguínea do indivíduo, contaminando-o. (Imagem sem escala; cores-fantasia.)

QUANTIDADE DE DIATOMÁCEAS – 2012

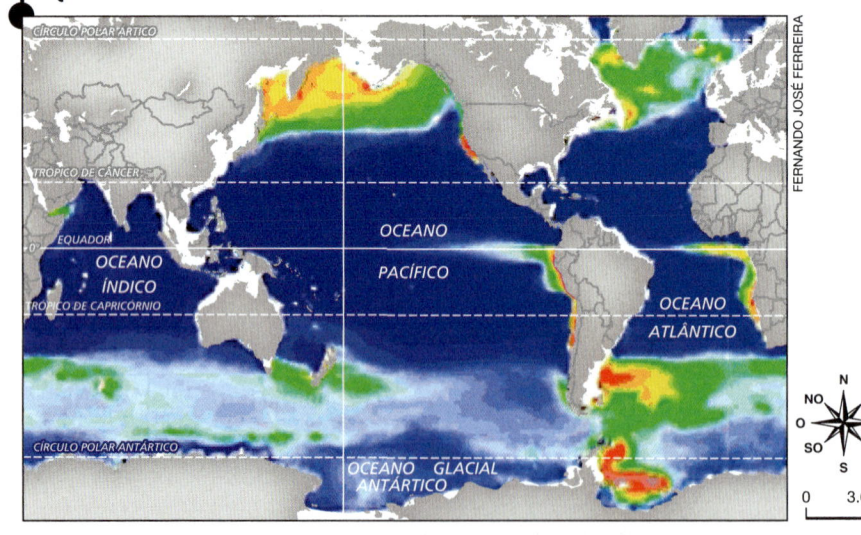

Imagem formada com base em dados obtidos por satélite mostrando a distribuição de diatomáceas, um componente do fitoplâncton, na superfície das águas do planeta. As cores representam a quantidade de fitoplâncton, variando numa escala decrescente, conforme a sequência: vermelha, amarela, verde, azul e violeta.

Fonte: ROUSSEAUX, C. S.; GREGG, W. W. Recent decadal trends in global phytoplankton composition. *Global Biogeochemical. Cycles*, 29, 1674–1688. Disponível em: <http://mod.lk/d9kst>. Acesso em: jul. 2018.

DE OLHO NO TEMA

- Tanto as algas como os protozoários estão classificados no reino Protoctista. Faça uma tabela comparativa com os diferentes grupos de algas e protozoários reunindo semelhanças e diferenças relacionadas a hábitat, organização celular e obtenção de alimento. Reflita sobre em quais aspectos as algas e os protozoários se assemelham a outros grupos conhecidos.

TEMA 5

O REINO DOS FUNGOS

> Os fungos são fundamentais para a manutenção dos ecossistemas do planeta Terra.

Os fungos são seres vivos eucarióticos e podem ser unicelulares ou pluricelulares. Entre os fungos unicelulares, podemos destacar as leveduras, que estão presentes nos fermentos biológicos. Diversos deles são pluricelulares, como os cogumelos, as orelhas-de-pau e os bolores. Todos os fungos apresentam **parede celular** externa à membrana plasmática, o que lhes confere rigidez elevada e maior resistência a algumas condições ambientais.

Nos fungos pluricelulares, as células estão agrupadas em filamentos denominados **hifas**. O conjunto de hifas constitui o **micélio**.

A parte visível dos fungos, como os cogumelos, representa uma porção do corpo desses seres vivos. As hifas microscópicas penetram a matéria orgânica digerindo e absorvendo suas substâncias. Essas hifas podem ter apenas alguns milímetros ou chegar a quilômetros de extensão.

Cogumelo venenoso da espécie *Amanita muscaria*.

A ALIMENTAÇÃO DOS FUNGOS

Os fungos são heterotróficos e desempenham um papel importante na decomposição e na reciclagem de nutrientes no ambiente. O micélio envolve o alimento e libera substâncias para digeri-lo. Depois de digerido, o alimento é absorvido pelas células do micélio. Nos fungos unicelulares, que não formam micélios, todo esse processo é realizado pela única célula do indivíduo.

VAMOS FAZER

OBSERVANDO O PÃO

Em grupo, realizem a atividade a seguir.

Material

- 1 fatia de pão de fôrma próximo da data de validade
- Borrifador de água
- 1 saco plástico transparente
- 1 pedaço de linha ou barbante para vedar o saco plástico

Procedimento

1. Deixem a fatia de pão de fôrma ao ar livre por 30 minutos.
2. Borrifem água no pão para umedecê-lo.
3. Coloquem o pão dentro do saco plástico transparente, fechando-o bem com a linha ou o barbante.
4. Mantenham o conjunto em local seco, arejado e abrigado da luz por cerca de cinco dias.

Registrem no caderno

1. Descrevam, dia a dia, o aspecto do pão: cor, textura e outras modificações observadas, inclusive se são superficiais ou atingem o miolo.
2. Mesmo com o saco plástico lacrado, foi possível observar o crescimento de seres vivos? Em caso afirmativo, de onde vieram? São todos microrganismos do mesmo tipo? Justifique suas respostas.

Características dos fungos

O vídeo exibe exemplares de fungos e algumas de suas características.

A REPRODUÇÃO DOS FUNGOS

Entre os fungos unicelulares, a forma mais comum de reprodução é a assexuada. Nos fungos pluricelulares, a reprodução assexuada pode acontecer por meio da fragmentação do micélio.

A maioria dos grupos de fungos apresenta reprodução sexuada: forma-se uma estrutura especializada chamada **corpo de frutificação**, o cogumelo, na qual ocorre a produção de células reprodutivas, os **esporos**. Os cogumelos geralmente são temporários, porque se desintegram após a liberação dos esporos. Os esporos originam hifas, que podem se fundir produzindo um novo micélio.

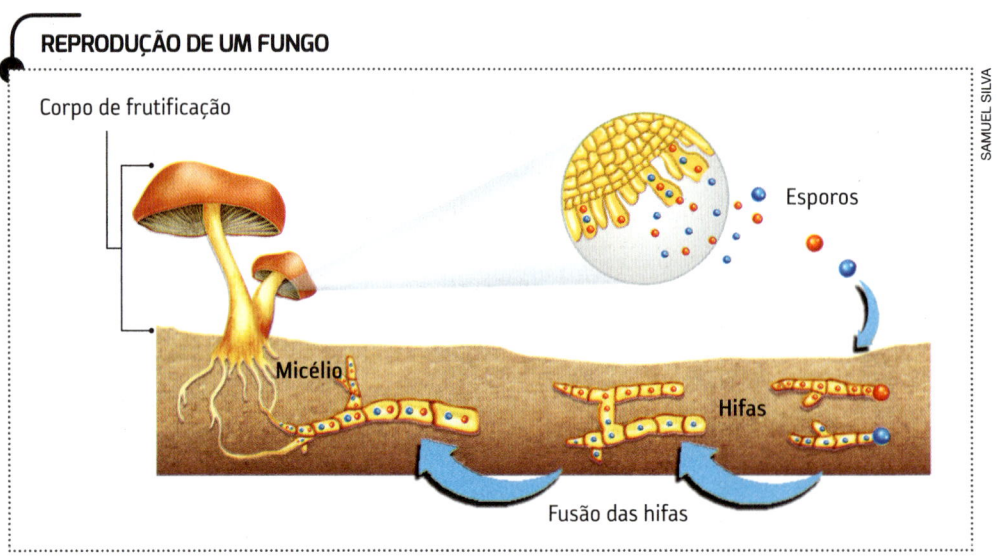

REPRODUÇÃO DE UM FUNGO

O corpo de frutificação do fungo, o cogumelo, libera dois tipos de esporos. No solo, esses esporos germinam, dando origem às hifas. A fusão das hifas originadas de esporos distintos gera o micélio, que, por fim, pode formar um novo corpo de frutificação, capaz de produzir novos esporos. (Imagem sem escala; cores-fantasia.)

Fonte: CAMPBELL, N. A.; MITCHELL, L. G.; REECE, J. B. *Biology*: concepts and connections. 2. ed. Menlo Park: Benjamin Cummings, 1997.

O MODO DE VIDA DOS FUNGOS

Os fungos são heterotróficos e se alimentam de diferentes maneiras, podendo ser classificados como, predadores, parasitas, mutualísticos ou saprófagos.

- **Predadores:** capturam, com suas hifas, pequenos animais para sua alimentação.

- **Parasitas:** obtêm seu alimento de outros seres vivos nos quais se instalam, prejudicando-os. Esses fungos parasitam protozoários, plantas e animais, causando-lhes doenças. Geralmente não matam o hospedeiro, mas limitam seu crescimento e sua reprodução. Certas doenças de plantas, como a ferrugem-do-café, são provocadas por fungos parasitas. Quando se desenvolvem sobre a pele dos animais e do ser humano, provocam doenças chamadas micose.

Folha de nabo parasitada pelo fungo *Pseudocercosporella capsellae*.

- **Mutualísticos:** interagem com outros seres vivos, sendo ambos beneficiados. Entre os fungos que estabelecem associações mutualísticas, existem os que se ligam às raízes de plantas, formando as chamadas **micorrizas**. Nesses casos, o fungo degrada algumas substâncias do solo, que são mais facilmente absorvidas pela raiz da planta. O fungo também se beneficia, pois obtém da planta açúcares e outras substâncias de que necessita. Outro exemplo de mutualismo é o **líquen**, uma associação entre fungos e algas verdes ou entre fungos e cianobactérias. Ambos estão intimamente relacionados, obtendo benefícios. Enquanto as algas ou cianobactérias produzem, por meio da fotossíntese, substâncias utilizadas pelo fungo para se alimentar, os fungos fornecem um ambiente úmido e favorável ao desenvolvimento desses organismos. Alguns liquens são extremamente sensíveis a alterações ambientais, sendo utilizados como bioindicadores de poluição atmosférica.

(**A**) Liquens no tronco de uma árvore. (**B**) Detalhe de um líquen. Note a associação entre as algas unicelulares (esferas verdes) e as hifas dos fungos (estruturas tubulares brancas). (Imagem obtida com microscópio eletrônico, colorizada artificialmente e ampliada cerca de 1.200 vezes.)

- **Saprófagos:** alimentam-se decompondo seres mortos ou restos de seres vivos, realizando o papel de decompositores nas cadeias alimentares. A decomposição nos ecossistemas é fundamental, pois permite a reciclagem dos nutrientes e impede o acúmulo de partes mortas, cadáveres e resíduos orgânicos.

A CLASSIFICAÇÃO DOS FUNGOS

São conhecidas aproximadamente 100 mil espécies de fungos. Entre elas observa-se uma grande variedade de formas, um dos critérios utilizados para classificar os fungos nos grupos descritos a seguir.

- **Quitridiomicetos:** a maioria desses fungos é filamentosa, aquática e apresenta flagelos em algum estágio do ciclo de vida. Uni ou pluricelulares, constituem o grupo mais antigo dos fungos, surgido há cerca de 400 milhões de anos.
- **Zigomicetos:** muitos representantes são conhecidos como mofos. São responsáveis pelo apodrecimento de alguns alimentos, como os frutos. Outros podem causar doenças em plantas e animais, até mesmo nos seres humanos.
- **Basidiomicetos:** são fungos pluricelulares que formam corpos de frutificação em formato de chapéu, os cogumelos. Alguns são comestíveis, como o *champignon*, e outros são extremamente venenosos, como os do gênero *Amanita*.
- **Ascomicetos:** muitos têm importância econômica, como as leveduras, que, por realizarem **fermentação**, são utilizadas na produção de pão, cerveja e vinho. Há espécies parasitas, como a *Candida albicans*, causadora da candidíase ou "sapinho".

Fermentação: processo de obtenção de energia que utiliza açúcares.

Exemplos de fungos. (**A**) *Rhizopus nigricans*, um zigomiceto, bolor negro que cresceu em um pão umedecido por 7 dias. (**B**) *Saccharomyces cerevisiae* (levedura), um ascomiceto utilizado na produção de cerveja, vinho, pães e etanol, entre outras aplicações econômicas. (Imagem obtida com microscópio eletrônico, colorizada artificialmente e ampliada cerca de 4.000 vezes.)

PAPÉIS DOS FUNGOS

Os fungos são extremamente importantes para o equilíbrio dos ecossistemas. Com certas bactérias, eles desempenham o papel de decompositores na cadeia alimentar, reciclando os nutrientes.

Cerca de 200 tipos de cogumelos são utilizados na alimentação humana. Alguns, como o basidiomiceto *Agaricus campestris*, conhecido como *champignon*, são amplamente cultivados.

Os fungos estão presentes em processos diversos de produção de alimentos. Alguns são utilizados na fabricação de queijos, e as leveduras, como as do gênero *Saccharomyces*, são empregadas na produção de pães, bebidas alcoólicas (como cerveja, vinho e cachaça) e etanol combustível.

Os fungos têm sido empregados na indústria farmacêutica para a produção de antibióticos e outros medicamentos.

Os fungos também estão relacionados à decomposição e à contaminação de alimentos com substâncias tóxicas. É o caso das toxinas liberadas por fungos do gênero *Aspergillus* encontrados em amendoins contaminados e em outros tipos de alimentos. Além disso, diversas espécies de fungos são parasitas e causam doenças em plantas e em animais.

As manchas azul-esverdeadas do queijo tipo gorgonzola devem-se ao crescimento de um fungo do gênero *Penicillium*.

SAIBA MAIS!

ALEXANDER FLEMING E A DESCOBERTA DA PENICILINA

No verão de 1928, o biólogo escocês Alexander Fleming (1881-1955) descobriu, de forma acidental, o antibiótico penicilina. Ele estava estudando espécies de bactérias que infectavam as feridas dos soldados da Primeira Guerra Mundial, quando resolveu se dar férias, deixando as placas de cultivo dessas bactérias sem supervisão.

Ao retornar, Fleming notou que suas culturas estavam contaminadas por fungos. Estava prestes a descartá-las, quando percebeu que, ao redor do local onde o fungo se desenvolvera, não havia crescimento de bactérias, indicando que ele poderia produzir uma substância bactericida, ou seja, que destrói bactérias.

Ao estudar as propriedades desse fungo, Fleming o identificou como pertencente ao gênero *Penicillium* e comprovou a ação bactericida da substância que ele produzia, dando-lhe o nome de penicilina. Atualmente, a penicilina é produzida sinteticamente e em larga escala, como medicamento.

ATITUDES PARA A VIDA

- Controlar a Impulsividade

  A descoberta da penicilina poderia ter demorado mais tempo se Fleming não tivesse controlado sua impulsividade frente ao que pareciam ser culturas contaminadas sem utilidade. Quando você fizer algum trabalho que não chegou no resultado esperado, não descarte tudo apressadamente. Você deve analisá-lo para entender o que aconteceu e se parte do que foi feito pode ser reaproveitado.

DE OLHO NO TEMA

Um fazendeiro notou que as árvores da reserva florestal de sua propriedade haviam deixado de apresentar manchas esverdeadas após a instalação de uma indústria no terreno vizinho.

- Explique ao fazendeiro o que podem ser essas manchas e a possível relação entre o sumiço delas e a instalação da indústria na região.

TEMA 6

O AMBIENTE, A SAÚDE E OS SERES MICROSCÓPICOS

A transmissão de várias doenças está ligada a intervenções humanas no ambiente.

DOENÇAS EMERGENTES E REEMERGENTES

Doenças **emergentes** são doenças novas, desconhecidas da população, causadas geralmente por agentes nunca antes descritos, como era a aids até o início da década de 1980.

As doenças **reemergentes** são aquelas já conhecidas, que haviam sido controladas, mas voltaram a ameaçar a saúde humana, como a dengue e a tuberculose. Nas últimas décadas, esses dois tipos de doença têm sido registrados com frequência.

Os agentes causadores de doenças podem ser vírus, bactérias, fungos, protozoários, entre outros microrganismos. Eles são denominados patogênicos, e as doenças que eles causam são chamadas infecciosas.

A poluição atmosférica é a causa de muitas doenças. Além de ocasionar problemas respiratórios, o ar poluído piora nossa qualidade de vida e contribui para que defesas corpóreas contra seres causadores de doenças fiquem comprometidas (São Paulo, 2017).

FATORES DE TRANSMISSÃO DAS DOENÇAS

Vários são os fatores que facilitam as transmissões de doenças, como os demográficos, os socioeconômicos, os políticos, os culturais e os ambientais, além da falta de vigilância sanitária. Vejamos a seguir alguns exemplos.

- A **dengue**, a **chikungunya** e a **zika** são causadas por vírus, transmitidos pela picada do mosquito *Aedes aegypti*. Em 2017, até o mês de setembro, foram registrados no Brasil quase 220 mil casos de dengue, mais de 170 mil de chikungunya e mais de 15 mil de zika. A prevenção dessas doenças é feita principalmente por meio da eliminação dos focos de reprodução do mosquito e necessita da participação de toda a população.

- A **tuberculose**, doença bacteriana que foi a causa da morte de milhões de pessoas no século XIX, ressurgiu na década de 1990 causando diversas mortes. De acordo com o Ministério da Saúde, aproximadamente um terço da população mundial está infectada pelo causador da tuberculose (*Mycobacterium tuberculosis*), com risco de desenvolver a doença. Em 2017, a Organização Mundial da Saúde (OMS) estimou 10,4 milhões de casos novos e 1,6 milhão de mortes em decorrência da doença no mundo. Entre as razões para tal situação estão: a desigualdade social e suas implicações que levam a dificuldade de tratamentos; a aids, que diminui a resistência do organismo às doenças; os movimentos migratórios; o envelhecimento da população; e a má qualidade dos programas públicos de controle da tuberculose.

- A volta do **cólera** na América Latina em 1991 – atingindo mais de 1 milhão de pessoas e causando 11 mil mortes – é um exemplo de doenças bacterianas infecciosas que reaparecem em decorrência da falta de saneamento básico e da deficiência dos programas de saúde pública. No Haiti, por exemplo, o cólera reapareceu em 2010, após um grande terremoto que destruiu boa parte do país. Apesar de o surto estar diminuindo, dados mostram que o cólera matou mais de 10 mil pessoas entre 2010 e 2016 nesse país.

Cartaz da campanha do Ministério da Saúde contra o mosquito *Aedes aegypti*. Campanhas públicas são importantes para ajudar a prevenir doenças.

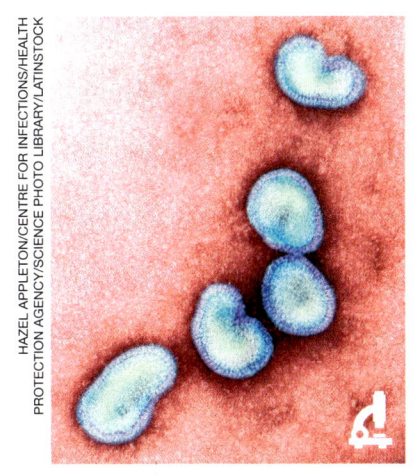

Vírus da gripe *influenza* A H1N1, que causa a gripe A. (Imagem obtida com microscópio eletrônico, colorizada artificialmente e ampliada cerca de 85.000 vezes.)

GRIPE: POR QUE VACINAR?

A gripe é uma doença bastante comum, causada pelo vírus *influenza*. Há muitas variedades desse vírus, que podem provocar tipos diferentes de gripes, algumas com sintomas mais brandos, outras mais graves. Em março de 2009, a OMS (Organização Mundial da Saúde) anunciou a ocorrência de casos da gripe A, um tipo de gripe, inicialmente no México e, algum tempo depois, em vários países, entre eles o Brasil. A grande quantidade de viagens internacionais parece ter acelerado a disseminação da doença.

Você já reparou que todos os anos acontece a campanha de vacinação contra a gripe? Apesar dessa iniciativa, continuamos sendo infectados pelo vírus dessa doença. Então, é válido perguntar: por que vacinar?

O vírus da gripe muda constantemente, criando subtipos, o que torna a vacina do ano anterior ineficaz contra o novo tipo viral. Dessa forma, anualmente a OMS, em conjunto com as autoridades de cada país, identifica as formas mais recentes do vírus e produz uma nova vacina. Mesmo assim, o vírus continua sendo um desafio para a saúde pública.

A vacinação é importante para grupos mais vulneráveis, como gestantes, idosos, crianças de seis meses a dois anos de idade e portadores de doenças crônicas.

Trilha de estudo
Vai estudar? Nosso assistente virtual no *app* pode ajudar! <http://mod.lk/tr7u03>

Cartaz da campanha de vacinação contra a gripe, do Ministério da Saúde.

DE OLHO NO TEMA

1. Pesquise cinco doenças causadas por microrganismos e cite fatores que podem facilitar a transmissão delas em sua cidade.

2. Em grupo, discutam quais atitudes são eficientes na prevenção das doenças listadas na questão anterior. Quais dessas atitudes são individuais? Quais são coletivas?

ATIVIDADES
TEMAS 4 A 6

ORGANIZAR O CONHECIMENTO

1. Indique quais são os seres vivos responsáveis pelo processo de decomposição e qual é a importância desse processo para o meio ambiente.

2. O reino dos protoctistas apresenta seres com características diversificadas.
   a) Quais são os dois principais grupos de protoctistas?
   b) Caracterize cada grupo.
   c) Explique como esses seres vivos interagem com seres humanos.

3. Associe cada elemento da primeira coluna à sua descrição na segunda coluna.

   I) Doenças emergentes.
   II) Doenças infecciosas.
   III) Fatores de transmissão de doenças.
   IV) Pernilongos, ratos, gatos e outros animais.
   V) Bactérias, vírus, protozoários e fungos.

   a) Doenças causadas pela infecção por agentes patogênicos.
   b) Grupos de seres que podem ter representantes causadores de doenças no ser humano.
   c) Características ambientais, demográficas, socioeconômicas, políticas e culturais.
   d) Doenças novas, desconhecidas da população e causadas geralmente por agentes nunca antes descritos.
   e) Seres vivos que podem ser vetores de transmissão de doenças, isto é, capazes de transportar agentes patogênicos e transmiti-los ao ser humano.

4. Cite as características e a importância econômica dos representantes do reino Fungi.

ANALISAR

5. Você provavelmente já se deparou com o crescimento de bolores sobre alimentos diversos, como pães e frutas. Retirar a superfície contaminada pelo fungo garante que o restante do alimento esteja livre da contaminação? Explique.

6. O mapa a seguir indica os municípios prioritários para o programa de melhorias habitacionais para o controle da doença de Chagas. Analise-o e responda às questões.

MUNICÍPIOS PRIORITÁRIOS PARA O CONTROLE DA DOENÇA DE CHAGAS, EM 2017

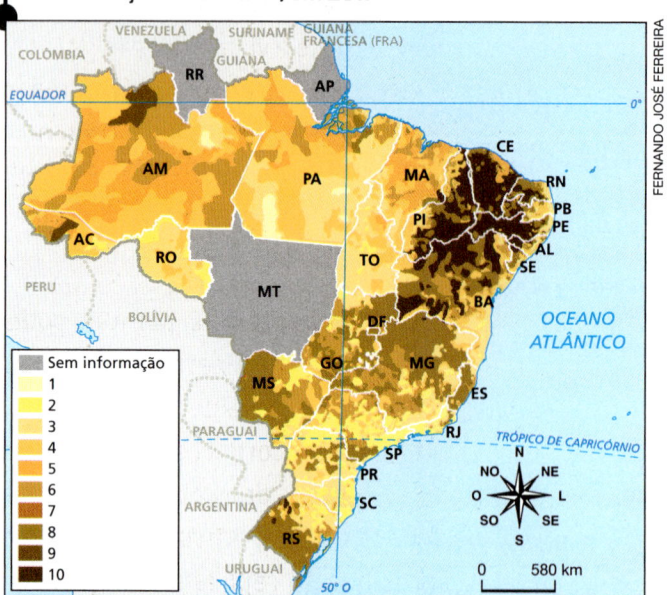

Quanto maior for o número, significa que o município está mais vulnerável e é prioritário o programa de melhorias habitacionais para o controle da doença de Chagas.

Fonte: Áreas prioritárias para o controle da doença de Chagas. Mapa publicado pela Fundação Nacional de Saúde, 2017. Disponível em: <http://mod.lk/snrwn>. Acesso em: mar. 2018.

   a) Qual é o agente causador da doença de Chagas? E o agente transmissor?
   b) Qual região apresenta maior quantidade de municípios com prioridade? Na sua opinião, por que isso ocorre?
   c) Localize no mapa a região aproximada em que fica o município em que você vive. Qual é o nível de prioridade dessa região?
   d) Por que melhorias habitacionais podem auxiliar no controle da doença? Pesquise e explique.

COMPARTILHAR

7. Em 2014, surgiu no Brasil uma epidemia de uma doença emergente denominada febre chikungunya. Por ser recente, poucas pessoas sabem como evitá-la. Produza um áudio explicando o que é a doença e suas formas de transmissão e prevenção, e divulgue-o para seus colegas e para a comunidade. O áudio poderá ser compartilhado também pela internet, no *blog* da turma ou no *site* da escola.

PENSAR CIÊNCIA

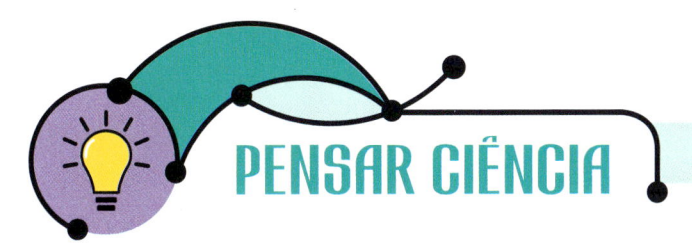

O que é vida?

Quando o termo "biologia" começou a ser discutido e adotado, por volta de 1800, a Ciência se deparou com o desafio de definir o que é vida. Uma das grandes dificuldades para chegar a uma definição é que há várias maneiras de compreender esse conceito. É importante lembrar, no entanto, que a Ciência não considera as concepções religiosas ou não detectáveis, como "alma", "força vital" ou outras.

Identificar se algo é (ou está) vivo é uma tarefa muito difícil. Sementes de plantas podem permanecer por anos no chão da mata sem nenhuma alteração. Elas estão vivas? Ou devemos considerá-las vivas apenas quando começam a brotar? De acordo com alguns cientistas, a capacidade de reprodução e de crescimento é suficiente para caracterizar algo como vivo; outros preferem considerar vivos apenas os seres que se replicam e conseguem transmitir seu material genético para as próximas gerações.

No entanto, nenhuma definição será completa ou conseguirá abarcar toda a diversidade do que podemos compreender como vida. Talvez seja preciso repensar o próprio conceito de "definição" adotado na Ciência atual. A busca por definições exige respostas únicas para um conceito, significados fechados para uma palavra. Conceitos complexos, como o de vida, exigiriam a construção de uma definição aberta o suficiente para abarcar novas possibilidades, sem impedir a compreensão de todos.

Semente de feijão (*Phaseolus vulgaris*) germinando. É instintivo dizer que o broto é um ser vivo, mas e se a semente nunca germinar?

ATIVIDADES

1. Em grupo, pensem em uma definição de vida e redijam o conceito no caderno.

2. Ainda em grupo, escolham um personagem famoso da ficção (de algum filme, livro, história em quadrinhos, série de televisão etc.) que desafie a definição de ser vivo, como um ciborgue, um zumbi ou um vampiro, por exemplo. Para esta atividade, imaginem que esse personagem seja real. Listem as características do personagem escolhido e analisem se ele pode ser considerado vivo segundo a definição do próprio grupo. Registrem as conclusões.

3. Apresentem as discussões do grupo para a classe. Será que, seguindo as definições dos outros grupos, sua análise seria diferente?

ATITUDES PARA A VIDA

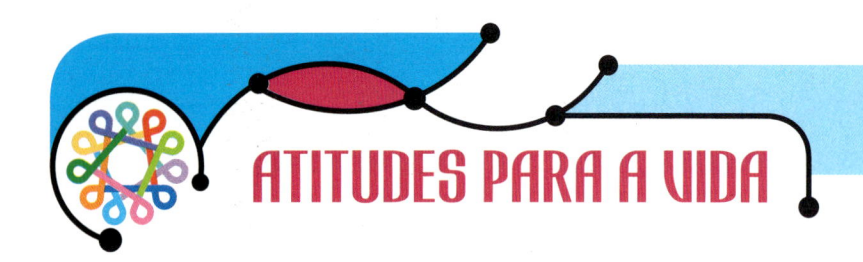

Lixo e saúde

Governo admite não ser possível atingir metas de saneamento até 2033

O secretário Nacional de Saneamento Ambiental […] admitiu que não será possível atingir a meta de levar as redes de abastecimento de água e coleta de esgoto a toda a população das cidades brasileiras até 2033. Esse era o principal compromisso estabelecido pelo Plano Nacional de Saneamento (Plansab), lançado pelo Ministério das Cidades, em 2013. Segundo o secretário, a crise dos últimos anos gerou instabilidades econômicas e políticas que inibiram a realização dos investimentos necessários para a expansão das redes. Agora, o governo está refazendo os cálculos para definir os novos prazos e aportes.

"A meta era de universalizar o serviço até 2033. Essa meta deve ser revista, e o prazo irá aumentar", afirmou, […] após participar de seminário organizado pela Associação Brasileira da Infraestrutura e Indústrias de Base (Abdib). "Ainda não é possível dizer qual será o novo prazo. Vamos saber sobre as metas após concluir o estudo", disse.

[…]

Fonte: Governo admite não ser possível atingir metas de saneamento até 2033. *Época negócios*, 17 mar. 2017. Disponível em: <http://mod.lk/jkg8e>. Acesso em: jul. 2018.

TROCAR IDEIAS SOBRE O TEMA

Em grupo, discutam as seguintes questões:

1. Qual é a relação do texto com a tirinha e a charge?
2. A dengue é causada por vírus e a leptospirose por bactéria, mas ambas são transmitidas por animais. A tirinha mostra o agente transmissor de qual dessas doenças? E a charge?
3. Por que o lixo não recolhido aumenta a incidência dessas duas doenças?
4. De acordo com seus conhecimentos, vocês diriam que as condições sociais alteram a probabilidade de contrair leptospirose? E dengue?
5. Observem o gráfico abaixo. Descrevam o que está ocorrendo com os casos de dengue no Brasil e citem os principais fatores responsáveis por esse cenário.

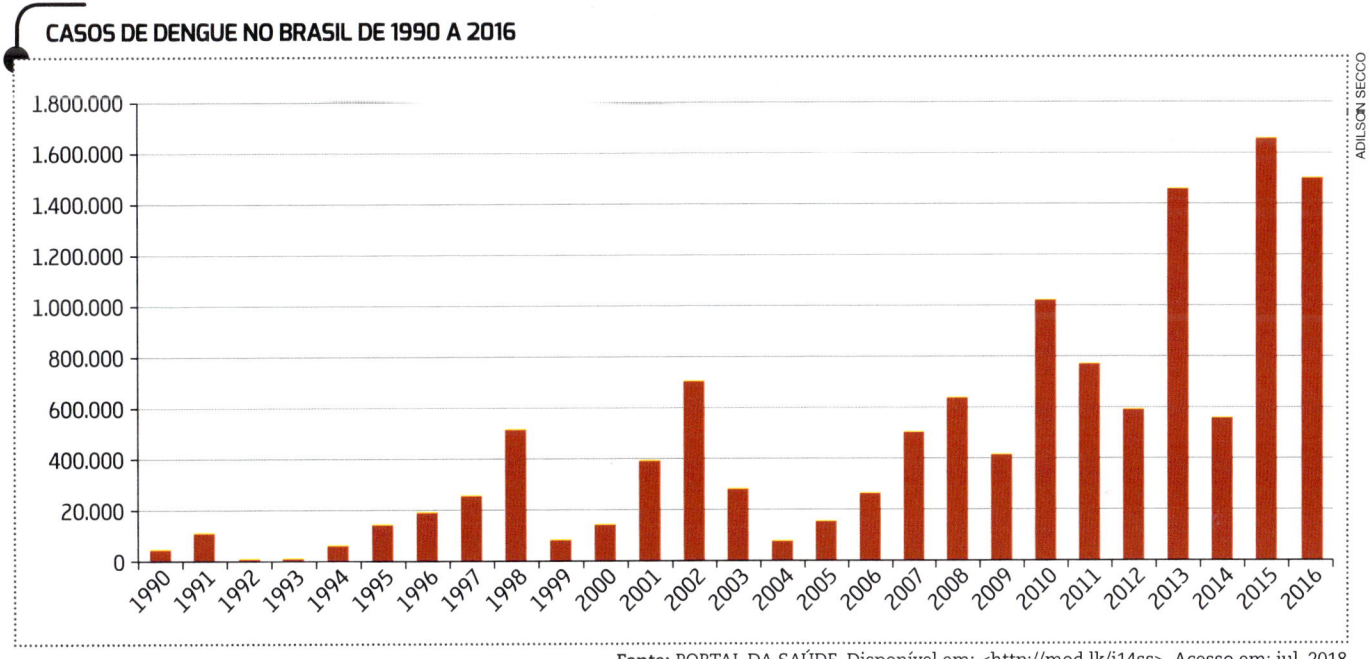

CASOS DE DENGUE NO BRASIL DE 1990 A 2016

Fonte: PORTAL DA SAÚDE. Disponível em: <http://mod.lk/i14ss>. Acesso em: jul. 2018.

COMPARTILHAR

Em grupo, elaborem formas de controlar ou prevenir doenças que comumente atingem sua cidade. Para embasar suas sugestões, pesquisem informações em *sites* confiáveis, como o da Secretaria de Saúde local, e relacionem os dados aos conhecimentos que vocês já possuem sobre transmissão e prevenção de doenças.

COMO EU ME SAÍ?

- Consegui utilizar informações que eu já conhecia para pensar soluções?
- Criei novas aplicações para conhecimentos que eu já tinha?
- Se eu fosse explicar por que é importante aplicar conhecimentos prévios a novas situações, eu diria que...

COMPREENDER UM TEXTO

Movimentos antivacina

[...]

Vacinar é uma das formas mais efetivas e de menor custo para reduzir a mortalidade infantil, conforme a Organização Mundial da Saúde. No entanto, Europa, Estados Unidos e, aos poucos, Brasil, precisam lidar com uma pedra no sapato: pais que se recusam a vacinar as crianças. A escolha, aparentemente individual, afeta todo mundo: a lógica da vacina é que imunizar uma população impede que o vírus se propague. Portanto, quanto mais pessoas vulneráveis, mais chances o agente invasor tem de causar doenças.

[...]

O sapato começou a apertar o pé das autoridades em 1982, com o documentário *DPT: Vaccine Roulette*. O filme causou uma grande polêmica ao associar a vacina tríplice bacteriana, que protege contra difteria, tétano e coqueluche, a danos cerebrais. A partir de então, as desconfianças passaram a entrar de vez em pauta. Um avanço histórico na medicina passou a ser associado a consequências bem mais complicadas do que uma simples dor no braço. Ali, a chama começou. Mas o fogo só foi virar incêndio com o médico britânico Andrew Wakefield.

Em 1998, ele espantou a comunidade científica com um estudo publicado na prestigiadíssima revista científica *The Lancet*. Ele analisou 12 crianças portadoras de autismo, das quais oito manifestaram os primeiros sintomas da síndrome apenas duas semanas após tomarem a tríplice viral, que protege contra caxumba, sarampo e rubéola. Conforme Wakefield, o sistema imunológico delas entrou em "pane" após os estímulos "excessivos" da vacina ao sistema imunológico. Resultados: inflamação do intestino que levaria toxinas ao cérebro. Os resultados apareceram em jornais e tevês do mundo inteiro.

Wakefield, no entanto, pouco a pouco começou a ser desmascarado. Uma série de investigações descobriu que algumas crianças voluntárias do estudo haviam sido indicadas por um escritório de advocacia que queria entrar com ações contra a indústria farmacêutica. Em 2010, a The Lancet retirou o estudo de seu site. No mesmo ano, o Conselho Britânico de Medicina cassou a licença de Wakefield e ele não pôde mais atender pacientes no Reino Unido.

Mas o estrago havia sido feito. Nos Estados Unidos, por exemplo, o sarampo atingiu 189 pessoas em 2013, após estar erradicado há quase 15 anos, segundo o Centro de Controle e Prevenção de Doenças (CDC). Para controlar o estrago, vários estados não permitem a matrícula de alunos sem a apresentação da carteira de vacinação completa. A nova posição da Academia Americana de Pediatria, que autoriza pediatras a não receberem crianças não vacinadas no consultório, com o intuito de conter uma possível infecção de crianças não vacinadas por serem alérgicas

Produção de vacinas na Fundação Oswaldo Cruz (Rio de Janeiro, 2010).

ou imunossuprimidas, é outra tentativa. Apesar disso, quase todos os estados permitem a isenção de vacinas em crianças caso a família alegue motivos religiosos.

[...]

Questionamentos dessa ordem acontecem em um contexto no qual a medicina avança e a população não convive mais com a doença e, é claro, seus efeitos, afirma Lessandra Michelin, coordenadora do comitê de imunizações da Sociedade Brasileira de Infectologia. "As pessoas falam contra a vacina porque não têm mais contato com essas doenças, não viram seus efeitos", afirma.

O medo das autoridades é que comecemos a voltar séculos atrás, quando doenças relativamente simples causavam milhares de mortes. "O desenvolvimento das vacinas, no século 20, foi um dos grandes avanços da medicina, junto com antibióticos. Ela é de extrema importância para todos e traz benefícios não só para a criança vacinada, mas para todos que entram em contato com ela", ressalta Luciana Rodrigues Silva, presidente da Sociedade Brasileira de Pediatria.

Fonte: HARTMANN, M. Conheça a origem do movimento antivacina. *O Estado de S. Paulo*, 6 set. 2016. Disponível em: <http://mod.lk/k59gh>. Acesso em: jul. 2018.

Cartaz da campanha de vacinação infantil, do Ministério da Saúde.

ATIVIDADES

OBTER INFORMAÇÕES

1. Qual é o assunto central do texto?
2. Por que o fato de a população não conviver mais com algumas doenças gera questionamento sobre as vacinas?
3. Além da vacina, que outro avanço da medicina foi importante para a saúde pública?

INTERPRETAR

4. Por que o médico britânico Andrew Wakefield teve importante papel no crescimento do movimento antivacina?
5. Explique a frase: "[A vacina] é de extrema importância para todos e traz benefícios não só para a criança vacinada, mas para todos que entram em contato com ela".

REFLETIR

6. É comum a existência de campanhas de vacinação, e muitas delas são voltadas para crianças. Afinal, é nessa fase da vida que a maioria das vacinas deve ser aplicada. Você considera importante a vacinação infantil? Justifique sua opinião.
7. Pesquise quais são as principais reivindicações do movimento antivacina. Você concorda com elas? Sugira outras atitudes que poderiam ser adotadas pelo grupo.
8. Pesquise sobre quais vacinas você teria que ter tomado em sua faixa etária. Procure sua carteira de vacinação e verifique se todas estão em dia. Há alguma que precisa tomar e não tomou? Por que isso ocorreu?

UNIDADE 4
O REINO DAS PLANTAS

Flor do mandacaru.

POR QUE ESTUDAR ESTA UNIDADE?

A Botânica é a ciência que estuda o reino das plantas (reino Plantae). Os seres desse reino estão presentes nos diferentes biomas e são essenciais para a manutenção da vida na Terra. Conhecer a diversidade das plantas, que apresentam diversas formas e cores, é fundamental para compreender a relação desses seres vivos com o ambiente, inclusive com o ser humano.

ATITUDES PARA A VIDA
- Questionar e levantar problemas
- Escutar os outros atenção e empatia

Mudas de pinheiro.

Estruturas reprodutivas de pinheiro.

COMEÇANDO A UNIDADE

1. Liste ao menos seis plantas que fazem parte do seu dia a dia.
2. Qual é a importância das plantas para o ambiente?
3. Como as plantas obtêm seu alimento?
4. Por que é importante conhecer o ciclo de reprodução das plantas para fazer seu cultivo?

Folha da samambaia.

Broto de samambaia.

Flor de lótus.

Tronco e raízes de sumaúma.

Frutos de cerejeira.

TEMA 1
CARACTERÍSTICAS DAS PLANTAS

> Apesar de existir uma enorme diversidade de plantas, todas compartilham algumas características.

CARACTERÍSTICAS GERAIS DAS PLANTAS

Atualmente, são conhecidas cerca de 250 mil espécies de plantas. Esses organismos possuem grande diversidade de formas e cores, porém compartilham algumas características: são seres **pluricelulares** e **eucarióticos**, ou seja, são constituídos de mais de uma célula e essas células têm núcleo delimitado por membrana e vários tipos de organelas. São também denominados **autotróficos**, pois são capazes de produzir seu próprio alimento por meio da fotossíntese.

Alguns representantes das plantas. (**A**) Musgo da espécie *Tortula muralis*. (**B**) Licopódio da espécie *Lycopodium clavatum*. (**C**) Araucária (*Araucaria angustifolia*). (**D**) Tomateiro (*Solanum lycopersicum*).

AS CÉLULAS DAS PLANTAS

As células eucarióticas são constituídas de membrana plasmática, núcleo com material genético e citoplasma, no qual se encontram diversos organoides (ou organelas) celulares. Além dessas estruturas básicas, as células vegetais apresentam algumas características particulares, como a parede celular, os vacúolos bem desenvolvidos e os plastídios (ou plastos).

A **parede celular** é uma estrutura localizada externamente à membrana celular. É constituída por substâncias como a **celulose** e a **lignina**, que conferem rigidez e suporte à célula e, consequentemente, à planta.

Os **vacúolos** são organoides em forma de bolsa que armazenam substâncias, como água e sais minerais.

Os **plastídios** ou **plastos** são organoides que recebem nomes específicos dependendo do pigmento ou da substância que armazenam, como os cloroplastos, os cromoplastos e os leucoplastos.

Os **cloroplastos**, por exemplo, são plastos que têm clorofila, pigmento verde. São encontrados nas folhas e nos caules verdes. Os **cromoplastos** geralmente contêm pigmento amarelado ou avermelhado e são encontrados nas flores, em folhas velhas, em algumas raízes ou nas cascas e polpas de certos frutos. Já os **leucoplastos** não são pigmentados e armazenam substâncias nutritivas, principalmente amido. Costumam ser encontrados em partes da planta que estocam materiais, como certos tipos de raízes e caules.

Células das raízes da planta aquática *Spirodela oligorrhiza*. Em azul, observamos o núcleo; em verde, os cloroplastos; em amarelo, as mitocôndrias; e, em preto, a parede celular. (Imagem obtida com microscópio eletrônico, colorizada artificialmente e ampliada cerca de 13.500 vezes.)

OS TECIDOS DAS PLANTAS

As células e os tecidos das plantas apresentam características que as diferenciam de outros grupos de seres vivos.

Nos seres vivos pluricelulares, como as plantas, as células desempenham funções definidas e atuam de modo integrado, formando os tecidos. Na maioria das plantas, há diferentes tipos de tecidos: de revestimento, sustentação, condução e crescimento.

As células que compõem o **tecido de revestimento** são achatadas e formam uma ou várias camadas. Esse tipo de tecido protege a superfície da planta, evitando a perda excessiva de água.

As células do **tecido de sustentação** possuem paredes grossas e sua função é dar suporte e proteção aos órgãos das plantas, principalmente às de pequeno porte. A parede celular das plantas de grande porte, como as árvores, geralmente contém uma substância, a lignina, que confere maior sustentação ao organismo.

Os **tecidos condutores** são responsáveis pela condução de substâncias para várias partes da planta. Existem dois tecidos condutores: o **xilema** e o **floema**. Esses tecidos têm diversos tipos de células, muitas das quais são semelhantes a tubos finos. O xilema conduz a **seiva mineral** (rica em água e sais minerais) das raízes para todas as regiões da planta. Já o floema conduz a **seiva orgânica** (rica em açúcares) geralmente das folhas até as outras regiões da planta.

As células que formam o **tecido de crescimento** se dividem continuamente. Também chamado de tecido meristemático, é responsável pelo crescimento da planta e está presente nas pontas dos **caules** e das **raízes**.

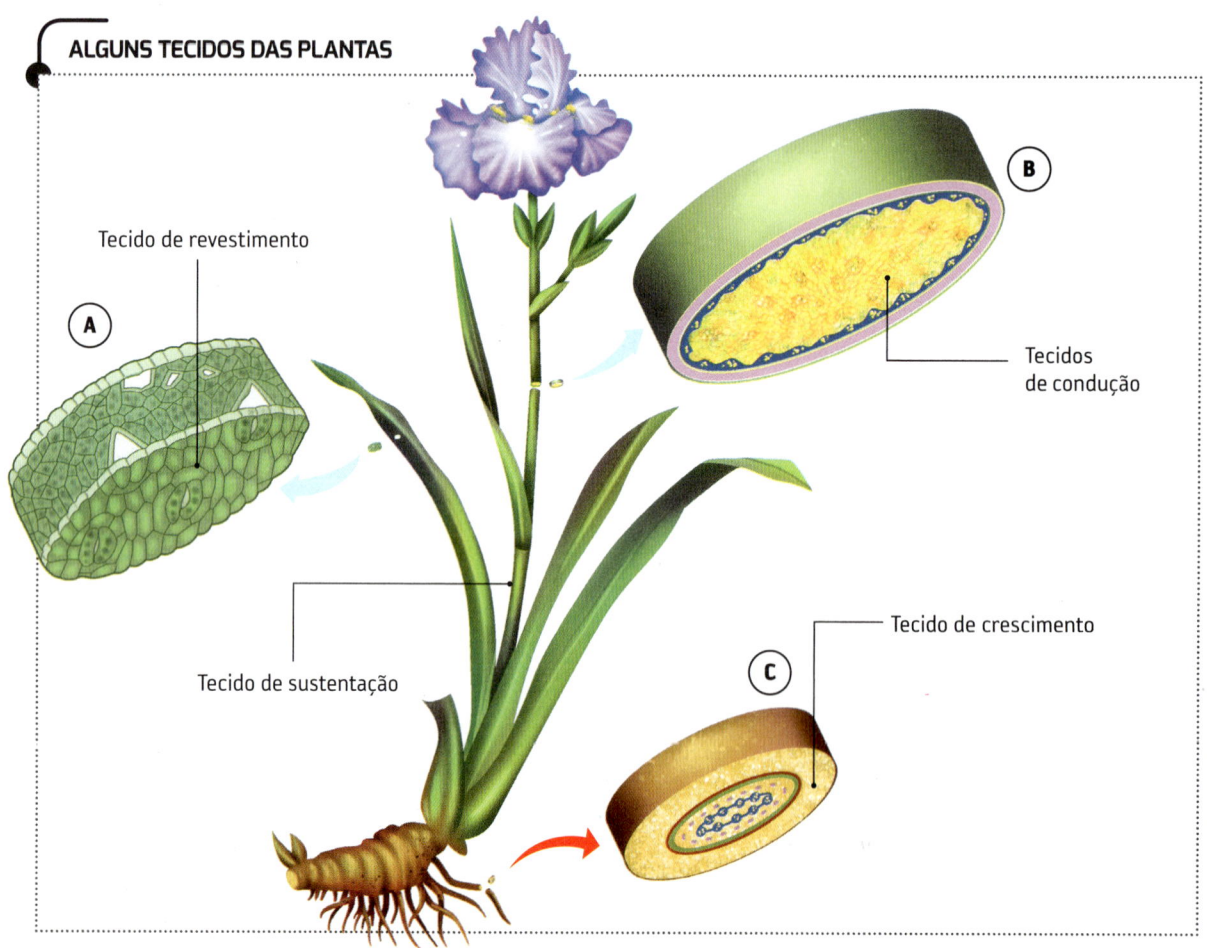

ALGUNS TECIDOS DAS PLANTAS

Representação de uma íris (*Iris* sp.). (**A**)(**B**)(**C**) Representações esquemáticas de cortes transversais de alguns tecidos que compõem a planta. (Imagem sem escala; cores-fantasia.)

Fonte: GIORGI, C. G. *Corso di Scienze per la scuola media.* 2. ed. Bolonha: Zanichelli, 1994. v. 1.

TEMA 2

CLASSIFICAÇÃO DAS PLANTAS

> As plantas podem ser classificadas em quatro grandes grupos, de acordo com suas características.

GRUPOS DE PLANTAS

No planeta Terra, há grande diversidade de plantas, com as mais variadas formas e ocupando os mais diversos ambientes.

Para facilitar a compreensão desse grupo de seres vivos, os botânicos estabeleceram alguns critérios que possibilitam a classificação científica das plantas. Entre os critérios utilizados estão a presença ou a ausência de **tecidos condutores de seiva**, de **sementes** e de **frutos**.

De acordo com esses critérios, as plantas podem ser agrupadas de diferentes formas. Neste livro, adotamos uma classificação que divide as plantas em quatro grandes grupos: **briófitas**, **pteridófitas**, **gimnospermas** e **angiospermas**.

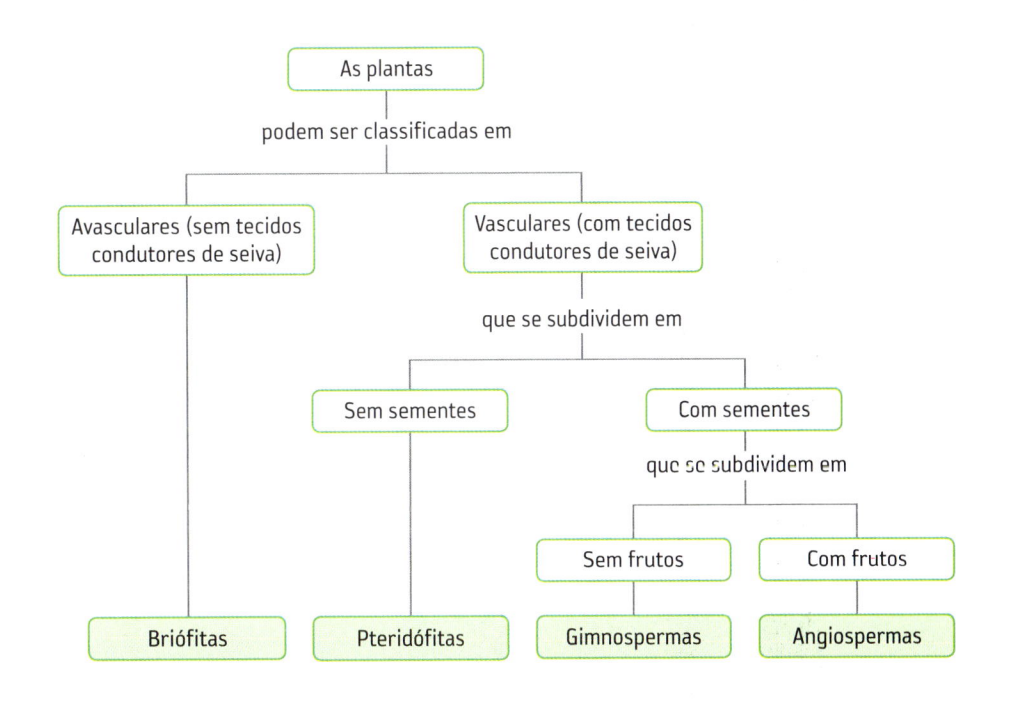

As plantas
podem ser classificadas em
- Avasculares (sem tecidos condutores de seiva) → Briófitas
- Vasculares (com tecidos condutores de seiva)
  que se subdividem em
  - Sem sementes → Pteridófitas
  - Com sementes
    que se subdividem em
    - Sem frutos → Gimnospermas
    - Com frutos → Angiospermas

ENTRANDO NA REDE

No endereço **http://mod.lk/oj8uj** você encontra informações sobre o Jardim Botânico do Rio de Janeiro, uma associação dedicada à educação, pesquisa e conservação da flora brasileira.

Acesso em: jul. 2018.

A EVOLUÇÃO DAS PLANTAS

As pesquisas científicas indicam que as plantas evoluíram a partir de um ancestral semelhante às algas verdes aquáticas. As plantas atuais apresentam diversas adaptações que possibilitaram a sobrevivência do ambiente terrestre.

As plantas terrestres possuem estruturas para diminuir ou impedir a perda de água, como, por exemplo, a **cutícula**, uma camada de revestimento que reduz a evaporação de água, principalmente nas folhas.

No ambiente terrestre, as plantas retiram água principalmente do solo. As briófitas são **avasculares**, ou seja, sem tecidos condutores, e a condução de água e de sais minerais a partir de suas raízes é realizada de uma célula para outra por um processo chamado **difusão**. O transporte de seiva por difusão é lento e só é viável em plantas de pequeno porte. No processo evolutivo dos grupos de plantas, o surgimento dos tecidos condutor permitiu um transporte de água e nutrientes mais eficiente, e as plantas vasculares, que apresentam esses tecidos, puderam atingir tamanhos maiores.

As briófitas e as pteridófitas necessitam de água para a reprodução, o que as torna dependentes de ambientes úmidos, mesmo que sejam plantas terrestres. Já as gimnospermas e as angiospermas apresentam **estruturas reprodutivas** que as tornam independentes da água para a reprodução.

As gimnospermas e as angiospermas têm **sementes** que envolvem o embrião, protegendo-o e evitando a perda de água. Nas angiospermas, a **flor** está relacionada a aspectos reprodutivos e o **fruto** protege a semente, facilitando também sua dispersão.

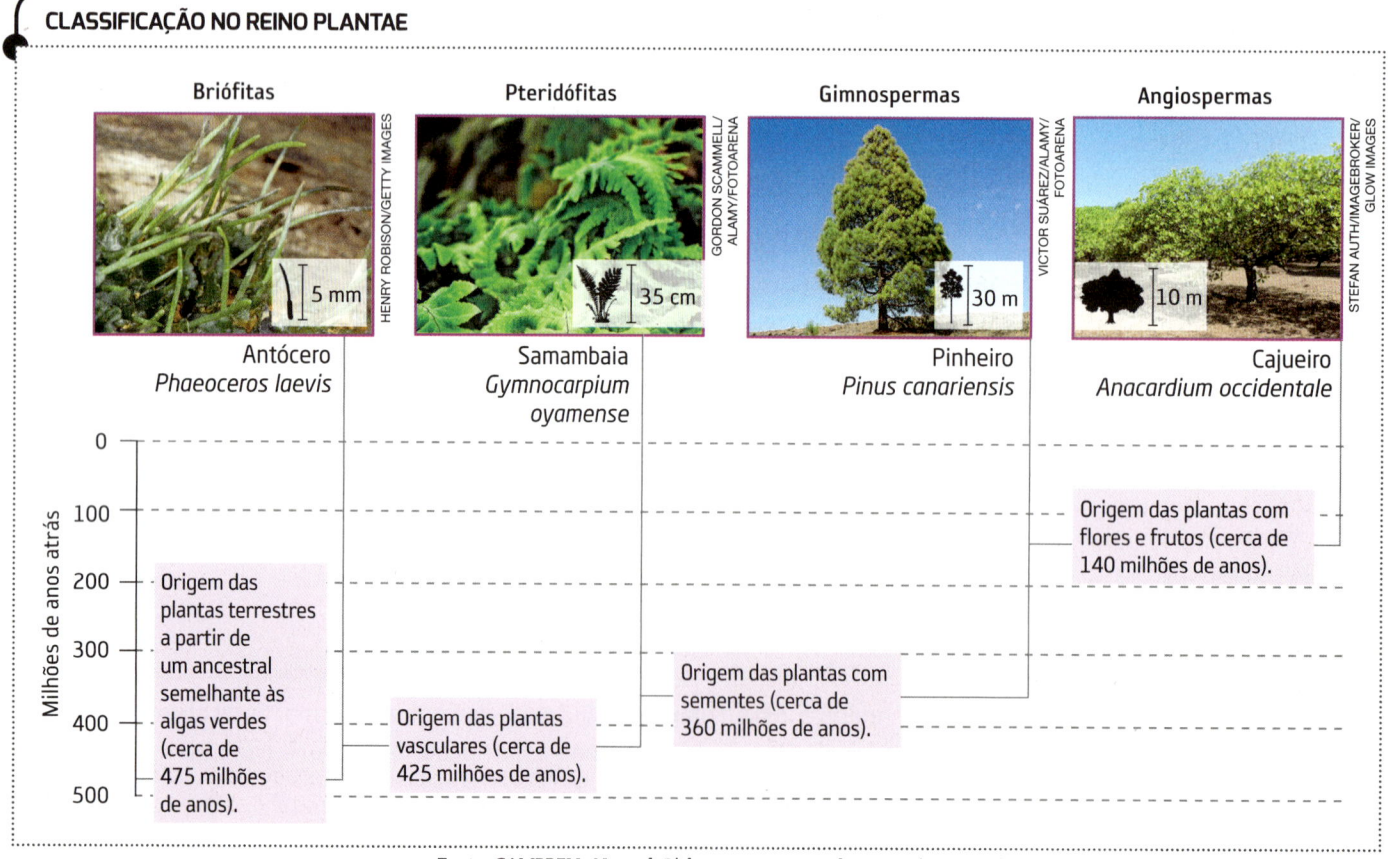

CLASSIFICAÇÃO NO REINO PLANTAE

Briófitas — Antócero *Phaeoceros laevis* (5 cm)
Pteridófitas — Samambaia *Gymnocarpium oyamense* (35 cm)
Gimnospermas — Pinheiro *Pinus canariensis* (30 m)
Angiospermas — Cajueiro *Anacardium occidentale* (10 m)

Milhões de anos atrás:
- Origem das plantas terrestres a partir de um ancestral semelhante às algas verdes (cerca de 475 milhões de anos).
- Origem das plantas vasculares (cerca de 425 milhões de anos).
- Origem das plantas com sementes (cerca de 360 milhões de anos).
- Origem das plantas com flores e frutos (cerca de 140 milhões de anos).

Fonte: CAMPBELL, N. et al. *Biology*: concepts and connections. 6. ed. San Francisco: Benjamin Cummings, 2009.

BRIÓFITAS

As briófitas são plantas de tamanho pequeno, atingindo poucos centímetros de altura. Vivem preferencialmente em locais úmidos e sombreados. Desenvolvem-se diretamente no solo ou ocupam a superfície de troncos de árvores e rochas. Os representantes mais comuns das briófitas são os **musgos**, as **hepáticas** e os **antóceros**.

As briófitas são **avasculares**. Também não possuem sementes, flores ou frutos. Essas plantas são formadas por estruturas simples e não apresentam raiz, caule ou folhas verdadeiros.

O musgo *Polytrichum piliferum* é um representante do grupo das briófitas.

ESTRUTURAS DE UM MUSGO

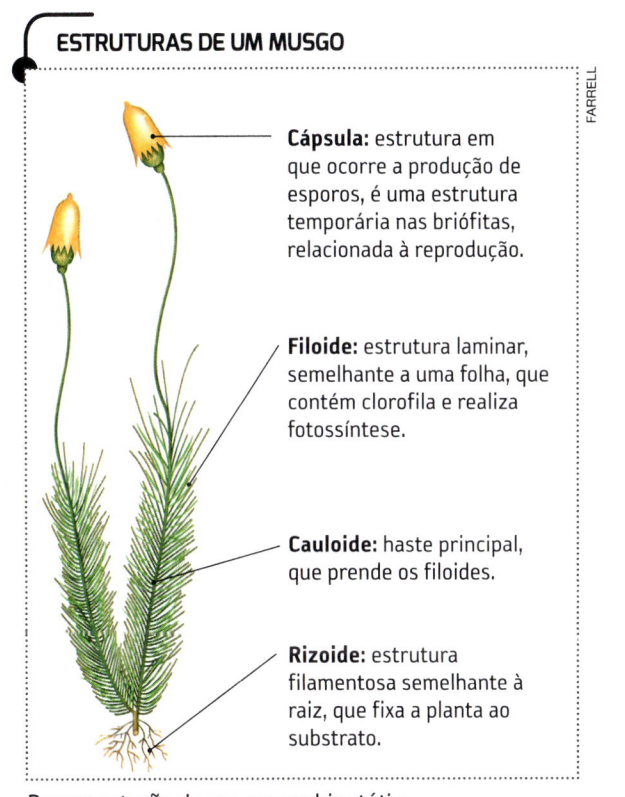

- **Cápsula:** estrutura em que ocorre a produção de esporos, é uma estrutura temporária nas briófitas, relacionada à reprodução.
- **Filoide:** estrutura laminar, semelhante a uma folha, que contém clorofila e realiza fotossíntese.
- **Cauloide:** haste principal, que prende os filoides.
- **Rizoide:** estrutura filamentosa semelhante à raiz, que fixa a planta ao substrato.

Representação de um musgo hipotético. (Imagem sem escala; cores-fantasia.)
Fonte: SADAVA, D. et al. *Vida*: a ciência da biologia. Porto Alegre: Artmed, 2009.

PTERIDÓFITAS

As pteridófitas possuem tecidos condutores de seiva, raiz, caule e folhas verdadeiros; por isso, são consideradas plantas mais complexas que as briófitas. São plantas **vasculares**. A maioria das espécies de pteridófitas é terrestre e vive preferencialmente em ambientes úmidos e sombreados. Não apresentam flores, frutos ou sementes. Os exemplos mais comuns de pteridófitas são as **samambaias**, as **avencas**, os **licopódios** e as **cavalinhas**.

O caule das pteridófitas é geralmente subterrâneo e horizontal, o chamado **rizoma**.

As folhas desse grupo vegetal dividem-se em folíolos. Na época da reprodução, pequenos pontos escuros, chamados **soros**, surgem na superfície inferior dos folíolos. Nos soros são produzidos os esporos, estruturas reprodutivas.

Exemplos de pteridófitas. (**A**) Licopódio da espécie *Lycopodium annotinum*. (**B**) Cavalinha (*Equisetum hyemale*).

ESTRUTURAS DE UMA SAMAMBAIA

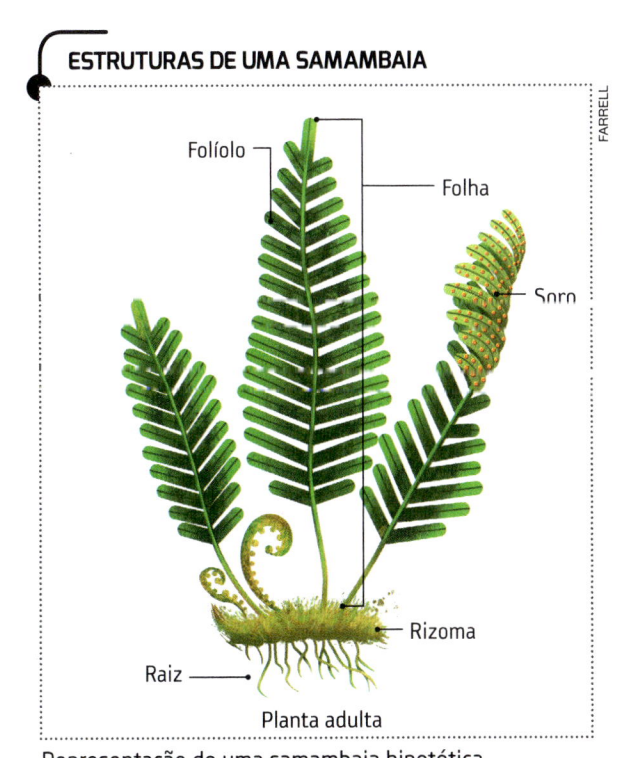

- Folíolo
- Folha
- Soro
- Rizoma
- Raiz
- Planta adulta

Representação de uma samambaia hipotética. (Imagem sem escala; cores-fantasia.)
Fonte: SADAVA, D. et al. *Vida*: a ciência da biologia. Porto Alegre: Artmed, 2009.

GIMNOSPERMAS

As gimnospermas vivem preferencialmente em regiões de clima frio ou temperado. No Brasil, ocorrem naturalmente em locais com altitudes elevadas nas regiões Sul e Sudeste. Há apenas duas espécies de gimnospermas nativas brasileiras, a **araucária**, também conhecida como pinheiro-do-paraná (*Araucaria angustifolia*), e o **pinheiro-bravo** (*Podocarpus lambertii*). A sequoia, gimnosperma nativa da América do Norte, chega a atingir mais de 100 metros de altura.

As gimnospermas, assim como as pteridófitas, são plantas **vasculares** com raiz, caule e folhas verdadeiros. Algumas espécies apresentam folhas em forma de agulha, o que diminui a perda de água por evaporação e, em locais com inverno rigoroso, reduz o acúmulo de neve sobre a superfície foliar, evitando o congelamento.

A denominação gimnosperma vem do grego *gymnos*, "nu", e *sperma*, "semente". As plantas desse grupo apresentam **sementes nuas**, pois não há produção de frutos. Essas sementes abrigam, protegem e nutrem o embrião, garantindo assim o seu desenvolvimento até o surgimento das primeiras folhas.

Exemplos de gimnospermas.
(A) Pinheiro da espécie *Pinus canariensis*.
(B) Araucária (*Araucaria angustifolia*).

ANGIOSPERMAS

As angiospermas são as plantas mais comuns e abundantes, podendo ser encontradas em vários tipos de hábitats, como regiões aquáticas ou de clima desértico. Quanto ao porte, podem ser herbáceas, arbustivas ou arbóreas. São exemplos de angiospermas os **ipês**, as **margaridas** e as **goiabeiras**.

Assim como as pteridófitas e as gimnospermas, as angiospermas são plantas **vasculares**. Essas plantas têm raiz, caule, folhas e sementes. No entanto, diferentemente das gimnospermas, cujas sementes são nuas, as angiospermas possuem **sementes protegidas pelo fruto**. O desenvolvimento de estruturas da **flor** das angiospermas dá origem ao fruto.

Plantas aquáticas

Cite os grupos em que as plantas aquáticas são classificadas.
Em qual deles pode-se encontrar o tecido aerênquima?
Qual a função desse tecido?
Disponível em <http://mod.lk/ac7u04>

Exemplos de angiospermas.
(A) Aguapé (*Eichhornia* sp.), uma angiosperma aquática.
(B) Ipê-roxo (*Tabebuia heptaphylla*), uma angiosperma arbórea.

DE OLHO NO TEMA

1. Liste as principais características de cada um dos seguintes grupos de plantas: briófitas, pteridófitas, gimnospermas e angiospermas.

2. Leia a frase abaixo. Depois, avalie se ela está correta ou não, justificando sua resposta.

    "As briófitas conquistaram definitivamente o ambiente terrestre, não dependendo mais da água para sua sobrevivência."

TEMA 3: RAIZ E CAULE

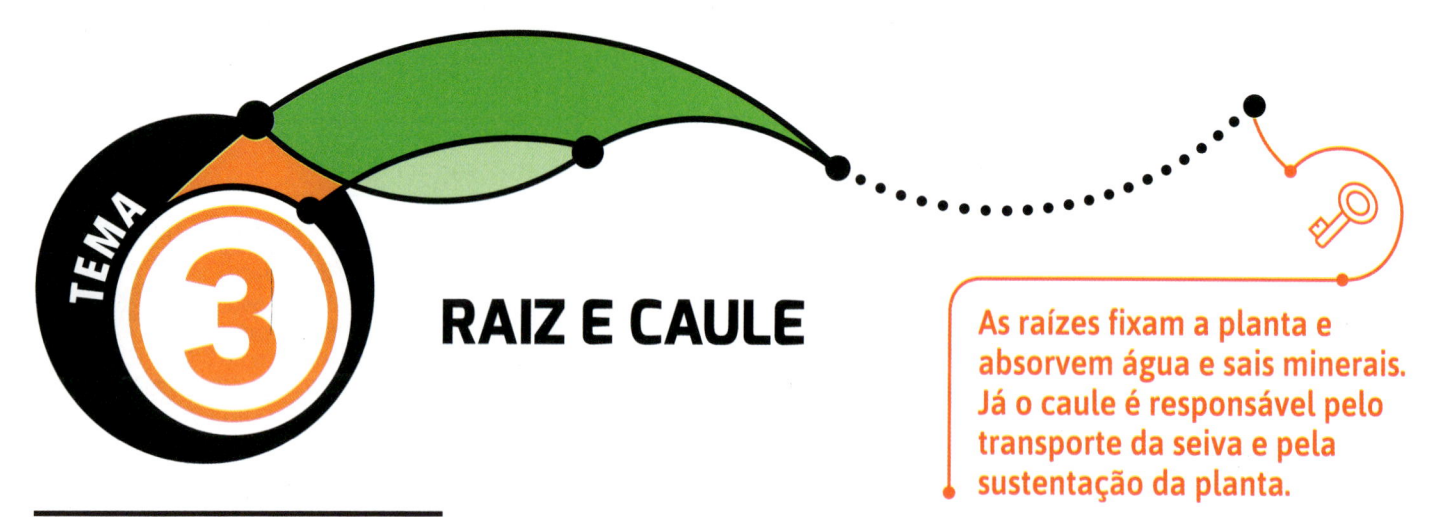

As raízes fixam a planta e absorvem água e sais minerais. Já o caule é responsável pelo transporte da seiva e pela sustentação da planta.

A RAIZ E SUAS PARTES

A raiz é o órgão que fixa a planta ao solo ou a outro substrato e dele absorve água, sais minerais e o gás oxigênio necessário à respiração celular.

Em uma raiz podemos identificar: coifa, zona de multiplicação celular, zona de alongamento, zona pilífera e zona de ramificação.

A **coifa** é um envoltório formado por células mortas. Ela protege a ponta da raiz do atrito com as partículas do solo.

A **zona de multiplicação celular** é a região da ponta da raiz protegida pela coifa. É composta de células que se multiplicam com frequência, ocasionando o crescimento da raiz.

A região acima da coifa é a **zona de alongamento**. Nela, as células se alongam, fazendo com que a raiz aumente em comprimento.

A **zona pilífera**, também chamada de região de absorção, é composta de pelos absorventes que retiram água e sais minerais do solo ou do substrato. Esses materiais compõem a **seiva mineral**.

Da chamada **zona de ramificação**, partem raízes secundárias que auxiliam no suporte da planta e na absorção de água e sais minerais.

Substrato: base, fundamento.

ESTRUTURA DA RAIZ

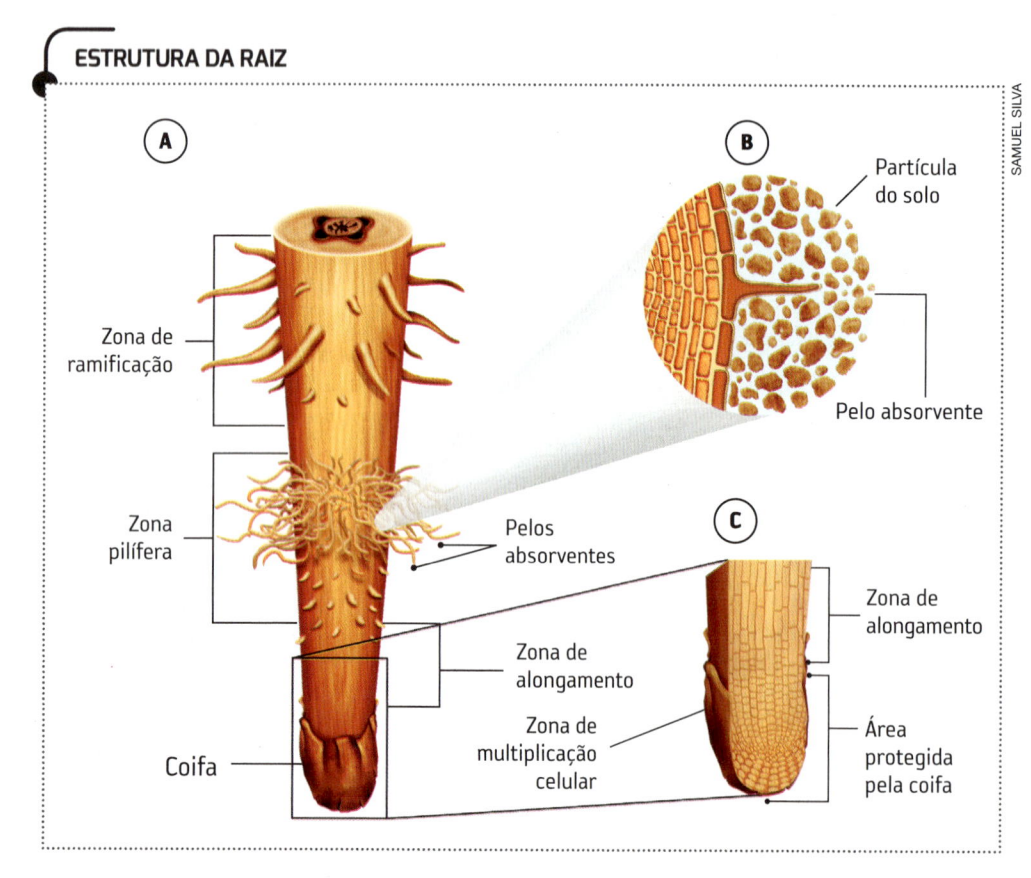

(A) Representação esquemática de uma raiz. (B) Detalhe, em corte, de trecho da zona pilífera, mostrando o pelo absorvente. (C) Detalhe, em corte, da extremidade da raiz mostrando as células das zonas de alongamento, zona de multiplicação celular e coifa. (Imagem sem escala; cores-fantasia.)

Fonte: CAMPBELL, N. et al. *Biology*. 5. ed. Menlo Park: Benjamin Cummings, 1999.

TIPOS DE RAÍZES

É possível classificar as raízes em pivotantes e fasciculadas.

As **raízes pivotantes**, também chamadas de axiais, são constituídas por uma raiz principal desenvolvida, visivelmente diferenciada, da qual partem raízes laterais menores, as raízes secundárias.

As **raízes fasciculadas**, também chamadas de adventícias, são formadas por várias raízes finas que apresentam aproximadamente o mesmo tamanho. Nesse tipo de sistema radicular, não existe uma raiz principal claramente diferenciada.

A maioria das raízes é subterrânea, mas existem também raízes aéreas (que ficam acima da superfície do solo) e aquáticas.

Há raízes modificadas que desempenham funções específicas. Entre elas, incluem-se raízes-escoras, raízes sugadoras, raízes tuberosas, raízes respiratórias e raízes tabulares.

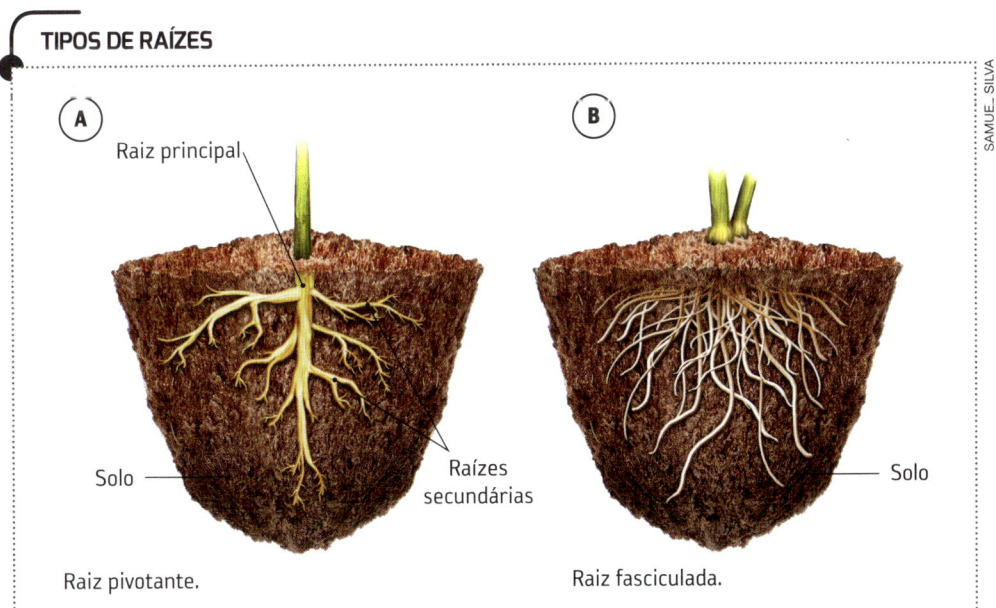

TIPOS DE RAÍZES

Representações de tipos de raízes.
(A) Raiz pivotante.
(B) Raiz fasciculada. (Imagem sem escala; cores-fantasia.)
Fonte: CAMPBELL, N. et al. *Biology*. 5. ed. Menlo Park: Benjamin Cummings, 1999.

As raízes desta orquídea (*Cattleya* sp) são aéreas, ou seja, crescem expostas ao ar.

Cipó (*Salicornia virginica*) crescendo sobre uma planta hospedeira. O cipó não faz fotossíntese. Com suas raízes sugadoras, ele extrai nutrientes de outras plantas.

Raízes respiratórias de plantas da espécie *Avicennia germinans*, conhecidas como mangue-preto ou sereíba, em um manguezal.

O CAULE E SUAS PARTES

O caule das angiospermas e gminospermas dá suporte à planta e transporta a água, os sais minerais e o alimento produzido na fotossíntese. Alguns caules também fazem fotossíntese.

De maneira geral, o caule é composto de gema apical, gemas laterais, nós e entrenós.

A **gema apical**, também conhecida como meristema apical, é um conjunto de células indiferenciadas localizado no ápice das plantas. A multiplicação dessas células promove o crescimento em comprimento do caule.

A **gema lateral** é um conjunto de células indiferenciadas localizado na junção entre as folhas e o caule. A multiplicação dessas células permite o crescimento de ramos laterais.

Nó é a região do caule de onde surgem as folhas. A região entre dois nós consecutivos é denominada **entrenó**.

Células indiferenciadas: células que não possuem estrutura ou função específica.
Ápice: ponto mais alto, topo.

TRANSPORTE DE SEIVA

A condução das seivas mineral e orgânica pode ocorrer por difusão de célula para célula, como acontece nos musgos, ou pelos tecidos de condução (xilema e floema) nas plantas que os apresentam.

O **xilema** é constituído por células que formam tubos muito finos e que conduzem a seiva mineral desde as raízes até as folhas. A **capilaridade** é a propriedade que os líquidos têm de subir por tubos muito finos. Quanto mais estreito o diâmetro do tubo, mais alto é o nível atingido pelo líquido que sobe por ele. Por isso, a capilaridade é um dos fatores que possibilitam a chegada da água absorvida pelas raízes até as folhas do topo das árvores. Também existem outros fatores que ajudam a seiva mineral a subir até as folhas em troncos altos.

Já o **floema** conduz a seiva orgânica entre folhas e raízes. A seiva orgânica é conduzida pelos elementos condutores do floema. Esses elementos são células especializadas na distribuição da seiva orgânica, principalmente das folhas para as diversas partes da planta.

O caule é o elemento integrador entre as partes da maioria das plantas.

PARTES DO CAULE

O detalhe mostra a gema apical de uma *Camellia japonica* (camélia).

- Gema apical
- Gema lateral
- Gema lateral (originando um ramo lateral)
- Entrenó
- Nó

(A) Detalhe de gema apical de camélia (*Camellia japônica*). **(B)** Representação de parte do caule de uma planta. (Imagem sem escala; cores-fantasia.)

Fonte: CAMPBELL, N. et al. *Biology*. 5. ed. Menlo Park: Benjamin Cummings, 1999.

ENTRANDO NA REDE

No endereço **http://mod.lk/flora**, você encontra imagens de diversas plantas brasileiras, digitalizadas a partir da obra *Flora brasiliensis*, produzida entre 1840 e 1906 por Carl F. P. von Martius, August W. Eichler e Ignatz Urban.

Acesso em: jul. 2018.

TIPOS DE CAULES

Os caules podem ser subterrâneos, aquáticos ou aéreos.

Os **caules subterrâneos** são aqueles que se desenvolvem sob o solo e podem ser classificados em rizoma, tubérculo e bulbo.

Rizoma é o caule que cresce na direção horizontal, sob a superfície do substrato. Os caules da bananeira, da espada-de-são-jorge e do gengibre são exemplos de rizomas.

O caule que acumula material nutritivo de reserva para a planta é denominado **tubérculo**. Alguns, como a batata-inglesa, são usados na alimentação humana.

O **bulbo** é formado por um caule reduzido e recoberto por folhas modificadas, que protegem a gema apical. Dele partem raízes, que fixam a planta ao solo. Alguns bulbos, como a cebola e o alho, são comestíveis.

Os **caules aquáticos** podem ser flutuantes ou servir para fixar a planta ao substrato. Geralmente são clorofilados e pouco desenvolvidos.

A maioria dos caules é aérea, ou seja, cresce acima do solo. Os **caules aéreos** podem ser classificados como eretos, trepadores ou rastejantes.

Os **caules eretos** crescem perpendicularmente ao solo como o tronco de árvores, os bambus e as palmeiras.

Os **caules trepadores** são típicos de plantas que crescem sobre ou se enroscam em um suporte. Plantas como chuchu, uva e maracujá têm caules trepadores.

Os **caules rastejantes** crescem rente ao solo, fixando-se nele em diversos pontos pelas raízes. A grama, o morango, a melancia e a abóbora têm caules rastejantes.

ESTRUTURAS DE UM BULBO

A cebola (*Allium cepa*) é um bulbo. O caule é reduzido, fica na base da planta e tem formato de disco. A parte comestível é composta de folhas modificadas. (Imagens sem escala; cores-fantasia.)

Fonte: FERRI, M. G. *Botânica*: morfologia externa das plantas. São Paulo: Nobel, 1983.

Caule rastejante da melancia, espécie *Citrullus lanatus*.

DE OLHO NO TEMA

O cará (*Dioscorea alata L*) é um alimento muito utilizado na culinária de algumas regiões brasileiras. A parte comestível dessa planta se desenvolve sob o solo e contém diversas substâncias nutritivas. Dela saem pequenas raízes.

- A parte comestível do cará corresponde a qual estrutura da planta? Justifique sua resposta.

ATIVIDADES — TEMAS 1 A 3

ORGANIZAR O CONHECIMENTO

1. Qual é a importância dos seres fotossintetizantes, como as plantas, as algas e algumas bactérias, para a vida no planeta?

2. Quais são as principais características identificadas em um ser vivo para classificá-lo como planta?

3. Como as plantas conseguem transportar a seiva mineral da raiz até as folhas?

4. Substitua os números pelos termos adequados.
   As plantas podem ser classificadas em **(I)** e vasculares. As plantas vasculares são divididas em plantas sem sementes e plantas com sementes. As **(II)** formam o grupo de plantas sem sementes. As **(III)** têm sementes nuas; já as **(IV)** têm sementes protegidas por **(V)**.

5. Relacione cada item a um grupo de plantas e dê um exemplo de seus integrantes.
   a) Tem o tamanho limitado pela ausência de tecidos condutores.
   b) A fecundação é dependente da água, meio no qual gameta masculino se locomove para alcançar o feminino. Apresentam soros nas folhas no período reprodutivo.
   c) Evolutivamente, foi o primeiro grupo de plantas a apresentar tecidos condutores.
   d) Apresenta folhas, caule, raízes e sementes. As sementes não são protegidas por frutos.
   e) Possui flores que se modificam e dão origem a frutos, estruturas que protegem e ajudam a dispersão da semente.

6. Leia as frases a seguir e analise-as. Transcreva as que julgar incorretas, corrigindo-as.
   a) A raiz transporta água e sais minerais para toda a planta.
   b) Uma das funções da raiz é fixar a planta ao substrato.
   c) Todas as raízes são subterrâneas.
   d) Em uma raiz fasciculada não se distingue a raiz principal.
   e) Todos os caules crescem acima do solo.
   f) Os caules auxiliam na sustentação e transporte de materiais nas plantas.
   g) O caule que acumula material nutritivo para a planta é denominado bulbo.
   h) Alguns caules, denominados trepadores, podem se enrolar em um suporte.

ANALISAR

7. Entrevero é um prato típico da culinária do Sul do Brasil. É preparado comumente no inverno, pois um de seus ingredientes é o pinhão.
   a) Qual é o nome popular da árvore que produz os pinhões? A que grupo de plantas pertence?
   b) Um aluno afirmou que os pinhões são frutos da planta. Ele está correto? Justifique.

8. A juçara (Euterpe edulis) ocorre na Mata Atlântica e é dessa palmeira que se retira o conhecido palmito juçara. As partes do palmito utilizadas na alimentação humana são: gema apical (até o lugar em que ficam as flores na planta), bainhas e botões florais (que servem de enfeites ou temperos em saladas e pratos diversos). Geralmente, a árvore é cortada para a retirada do palmito e, devido ao seu método de extração, essa planta encontra-se hoje ameaçada de extinção.
   a) Que órgãos da juçara são utilizados na alimentação humana?
   b) Se a palmeira não é derrubada para a retirada do palmito, ela cresce normalmente? Explique.

COMPARTILHAR

9. Leia o texto e faça o que se pede.
   Muitos povos indígenas explicam a origem de diversas plantas, animais ou fenômenos da natureza por meio de lendas. De acordo com a lenda tupi, Mani era uma indiazinha de pele branca, muito feliz e amada por todos de sua tribo. Numa bela manhã, a garota adoeceu, e, apesar de todos os esforços do pajé, não se recuperou da doença e morreu. Seus pais, muito tristes, enterraram o corpo da menina em sua oca, como ditava a tradição do povo. Eles a regaram diariamente com água e também com muitas lágrimas. Alguns dias após a morte da garota, brotou dentro da oca uma planta cuja raiz era marrom por fora, mas branca, como a pele da menina, por dentro. Em homenagem à filha, a mãe deu à planta o nome de Mani-oca, que significa "casa de Mani".

   - Pesquise a importância da mandioca na alimentação dos povos indígenas do Brasil. Inclua em sua pesquisa a influência indígena no consumo dessa raiz na nossa alimentação. Faça uma pequena apresentação para seus colegas de sala explicando o que você aprendeu.

PENSAR CIÊNCIA

A imagem do cientista

Leia o trecho abaixo e escolha a imagem que, em sua opinião, corresponde à pessoa descrita. Depois, compare sua escolha com as dos colegas e confira a resposta com o professor.

> Grande cientista da história americana. Nasceu em 1864, nos Estados Unidos. Formou-se em Botânica na Universidade Estadual de Iowa. Auxiliou agricultores pesquisando técnicas de cultivo de plantas como amendoim e batata-doce. Descobriu um corante vegetal chamado índigo que foi fundamental para a indústria têxtil norte-americana, por ser utilizado para tingir o *jeans* em uma época de escassez de corantes.

ATIVIDADES

1. Qual fotografia você escolheu? E qual foi a fotografia escolhida pela maioria da turma?

2. Considerando que ninguém da turma conhecia as pessoas retratadas nas fotografias, quais foram os critérios utilizados para realizar a escolha?

3. Converse com os colegas: existe uma imagem preconcebida da figura do cientista? Como ele é? Qual é o seu gênero? Em quais países trabalha?

TEMA 4

FOLHA

> As folhas são os principais órgãos responsáveis pela produção de alimento nas plantas, por meio da fotossíntese.

A FOLHA E SUAS PARTES

A folha é um órgão envolvido na realização de três processos vitais para as plantas: a fotossíntese, a respiração e a transpiração. A maioria das folhas apresenta cor verde, em razão da presença do pigmento clorofila.

A folha pode apresentar limbo, bainha e pecíolo.

O **limbo** é a parte achatada da folha, onde estão localizados os **estômatos**. Essas estruturas são responsáveis por parte da transpiração e pelas trocas gasosas entre a planta e o meio externo. No limbo também há **nervuras**, que conduzem água, sais minerais e alimento produzido na fotossíntese.

Em relação ao aspecto do limbo, as folhas podem ser classificadas em **folha simples**, quando o limbo é único, ou **folha composta**, quando o limbo é dividido em diversas partes, conhecidas como folíolos.

A **bainha** é a base expandida da folha, que envolve o caule de algumas plantas como o milho e o arroz.

O **pecíolo** é a haste que une o limbo à bainha ou diretamente ao caule. Folhas que não apresentam pecíolo são denominadas **folhas sésseis**.

FOLHAS SIMPLES E COMPOSTAS

(A) Representação de folha de hibisco (*Hibiscus* sp.), uma folha simples. **(B)** Representação de folha de pau-brasil (*Caesalpinia echinata*), uma folha composta, dividida em folíolos. (Imagens sem escala; cores-fantasia.)

Folha simples

Folha / Folíolos / Folha composta

Fonte: RAVEN, P. et al. *Biologia vegetal*. Rio de Janeiro: Guanabara Koogan, 2001.

(A) Representação de folha com limbo e pecíolo, mas sem bainha.
(B) Folhas com limbo e bainha, mas sem pecíolo. (Imagens sem escala; cores-fantasia.)

PARTES DAS FOLHAS

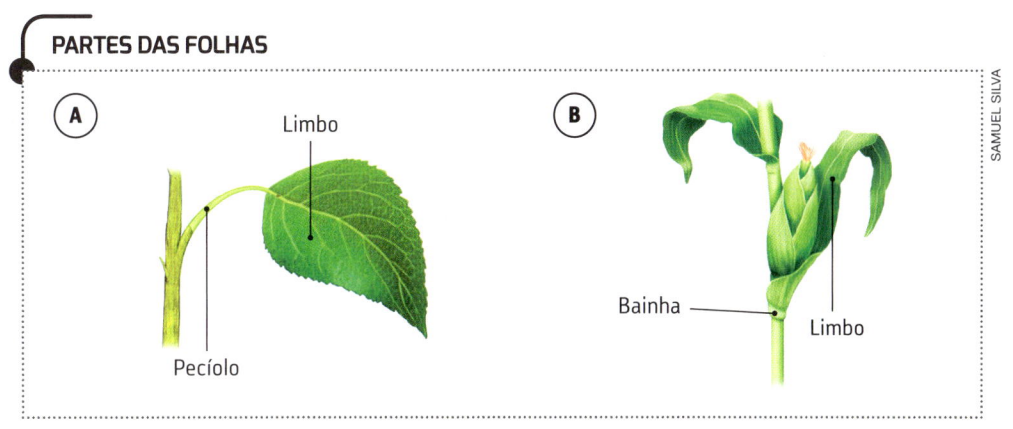

A — Limbo, Pecíolo
B — Bainha, Limbo

Fonte: RAVEN, P. et al. *Biologia vegetal*. Rio de Janeiro: Guanabara Koogan, 2001.

Representações de tipos de folhas de acordo com a disposição das nervuras. (A) Folhas paralelinérveas da cana-de-açúcar (*Saccharum* sp.). (B) Folha peninérvea da goiabeira (*Psidium guajava*). A folha da cana-de-açúcar tem limbo e bainha. A folha da goiabeira tem limbo e pecíolo. (Imagens sem escala; cores-fantasia.)

NERVURAS DAS FOLHAS

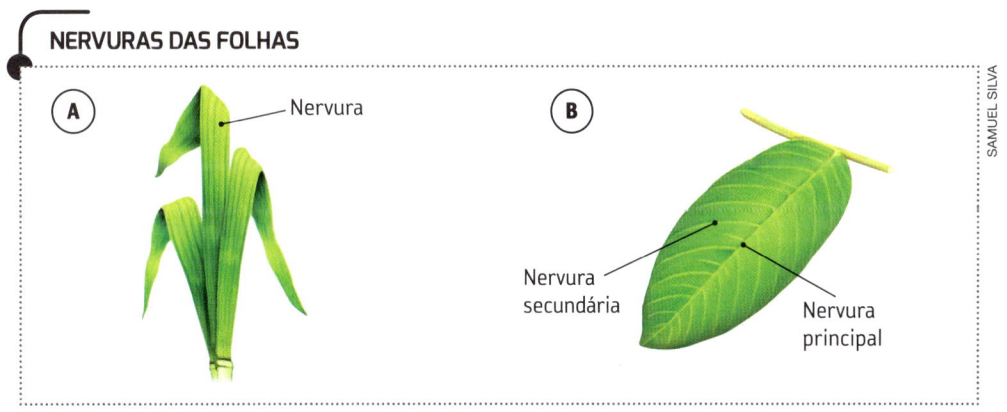

A — Nervura
B — Nervura secundária, Nervura principal

Fonte: RAVEN, P. et al. *Biologia vegetal*. Rio de Janeiro: Guanabara Koogan, 2001.

Os espinhos do cacto xiquexique (*Pilosocereus gounellei*) são folhas modificadas. O caule tem clorofila e realiza fotossíntese.

Planta carnívora *Drosera capensis*. As folhas e os caules das plantas desse gênero liberam gotículas de uma substância pegajosa na qual a presa fica aderida.

FOLHAS MODIFICADAS

As modificações na estrutura da folha permitem que ela desempenhe funções específicas. São exemplos de folhas modificadas as brácteas, os espinhos e as folhas das plantas carnívoras.

As **brácteas** são folhas coloridas e vistosas que atraem polinizadores, seres envolvidos com a reprodução dessas plantas.

Muitas espécies de plantas, como os cactos, possuem folhas modificadas em **espinhos**, que reduzem a perda de água da planta e atuam na defesa contra certos herbívoros. Os espinhos não são capazes de realizar as funções de uma folha comum.

Algumas plantas, como a dioneia e a drósera, que vivem em solos pobres em sais minerais, são denominadas **carnívoras**. Suas folhas são adaptadas para a captura de pequenos animais, como insetos, que são digeridos e usados como fonte de nutrientes para a planta.

ENTRANDO NA REDE

No endereço **http://mod.lk/0sadq** é possível realizar uma visita virtual ao Jardim Botânico de São Paulo.
Acesso em: jul. 2018.

A FOTOSSÍNTESE

A maioria das plantas é capaz de produzir seu próprio alimento por meio da **fotossíntese**. Esse processo produz um material que pode ser transformado e usado por todas as células como fonte de energia.

Para realizar a fotossíntese, as plantas necessitam de água, gás carbônico e energia luminosa. A água é absorvida pelas raízes e o gás carbônico, presente no ar, entra na planta pelos estômatos, estruturas presentes nas folhas.

O processo de fotossíntese ocorre no interior dos cloroplastos presentes nas células das folhas e dos caules verdes. A **clorofila**, pigmento presente nos cloroplastos, capta a energia luminosa do Sol. Essa energia é utilizada em transformações químicas, que permitem a combinação da água com o gás carbônico, levando à produção de açúcar e à liberação de gás oxigênio e de água.

Materiais que usam o produto da fotossíntese juntamente com a água compõem a **seiva orgânica**. Ao utilizar esse produto, a planta pode formar amido, óleos e diversas outras substâncias que fornecem energia e ajudam a construir os tecidos das plantas.

SAIBA MAIS!

PLANTAS PARASITAS E CARNÍVORAS

Assim como os outros grupos de plantas, a maioria das espécies de angiospermas é autotrófica, produzindo seu alimento por meio da fotossíntese. Algumas espécies, porém, utilizam outros meios para obter alimento ou complementar a nutrição. O cipó-chumbo (*Cuscuta* sp.), por exemplo, quase não tem clorofila e não realiza fotossíntese. Esse vegetal parasita outras plantas, das quais absorve o alimento de que necessita, muitas vezes levando-as à morte.

A maior flor do mundo, conhecida como flor-monstro (*Rafflesia arnoldii*) é nativa das ilhas de Sumatra, na Indonésia, e também é uma planta parasita. Não realiza fotossíntese e absorve nutrientes das raízes de algumas árvores.

Há ainda algumas plantas, conhecidas genericamente como carnívoras, que têm clorofila e realizam a fotossíntese, mas complementam sua nutrição alimentando-se de pequenos animais, como insetos, aranhas e sapos, aprisionados e digeridos em folhas modificadas.

(A) Cipó-chumbo da espécie *Cuscuta racemosa* parasitando outra planta, da qual retira o alimento de que necessita. **(B)** Raflésia da espécie *Rafflesia* sp. **(C)** Dioneia (*Dionaea muscipula*), planta carnívora, com um inseto preso em suas folhas modificadas.

A RESPIRAÇÃO

A fotossíntese dá origem a materiais utilizados como fonte de energia para a planta durante o processo de respiração celular. Esse processo ocorre em organelas denominadas **mitocôndrias**.

São necessárias algumas transformações químicas para que a energia do alimento seja liberada. Nessas transformações, o alimento é convertido em substâncias mais simples, liberando energia. Esse processo precisa de gás oxigênio para acontecer. Esse gás é obtido pela respiração das plantas, um processo de troca de gases com o ambiente: a planta capta gás oxigênio e libera gás carbônico.

De forma resumida, na respiração celular, a planta consome matéria orgânica (açúcar) e gás oxigênio, liberando energia e produzindo água e gás carbônico. A energia é utilizada na realização de todas as funções vitais da planta, incluindo seu crescimento e reprodução. Já a água e o gás carbônico são liberados pelos estômatos e voltam ao ambiente.

Diferentemente da fotossíntese, a respiração das plantas acontece sem a dependência da luz. É um processo constante, que ocorre em todas as células vivas da planta.

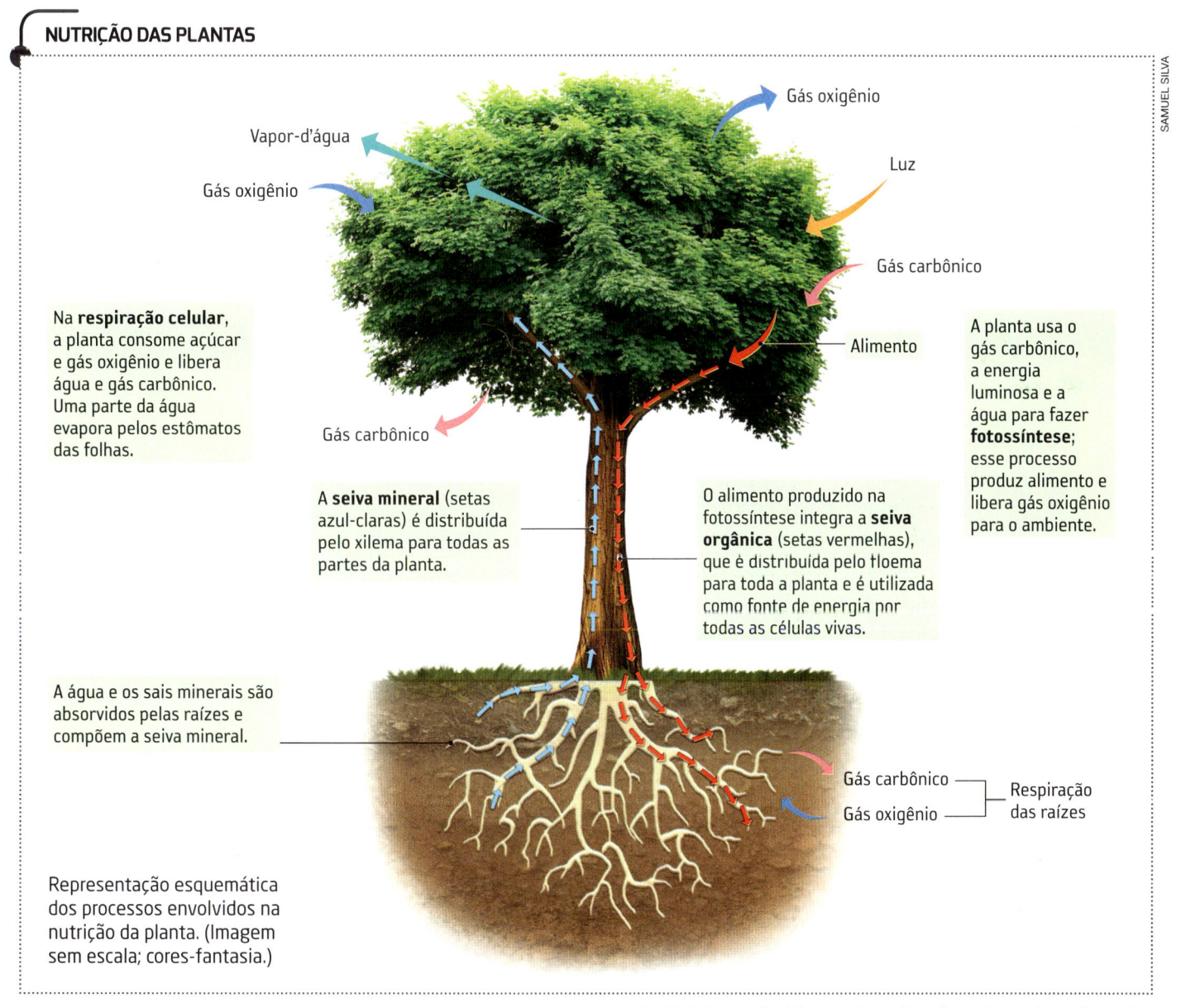

NUTRIÇÃO DAS PLANTAS

Gás oxigênio

Vapor-d'água

Gás oxigênio

Luz

Gás carbônico

Alimento

Na **respiração celular**, a planta consome açúcar e gás oxigênio e libera água e gás carbônico. Uma parte da água evapora pelos estômatos das folhas.

Gás carbônico

A planta usa o gás carbônico, a energia luminosa e a água para fazer **fotossíntese**; esse processo produz alimento e libera gás oxigênio para o ambiente.

A **seiva mineral** (setas azul-claras) é distribuída pelo xilema para todas as partes da planta.

O alimento produzido na fotossíntese integra a **seiva orgânica** (setas vermelhas), que é distribuída pelo floema para toda a planta e é utilizada como fonte de energia por todas as células vivas.

A água e os sais minerais são absorvidos pelas raízes e compõem a seiva mineral.

Gás carbônico — Respiração
Gás oxigênio — das raízes

Representação esquemática dos processos envolvidos na nutrição da planta. (Imagem sem escala; cores-fantasia.)

Fonte: CAMPBELL, N. et al. *Biology*. 5. ed. Menlo Park: Benjamin Cummings, 1999.

A TRANSPIRAÇÃO

A **transpiração** consiste na eliminação de água na forma de vapor através de estruturas presentes nas folhas, os **estômatos**. Essa eliminação de água faz com que as raízes absorvam mais água do substrato e o líquido presente no xilema suba, mantendo a continuidade da coluna de seiva mineral no interior dos tecidos condutores.

Estômato aberto em uma folha. Nessa condição, a transpiração e a troca de gases da planta são favorecidas. (Imagem obtida com microscópio eletrônico, colorizada artificialmente e ampliada cerca de 900 vezes.)

Estômato fechado em uma folha. Nessa condição, a transpiração da planta é diminuída. (Imagem obtida com microscópio eletrônico, colorizada artificialmente e ampliada cerca de 900 vezes.)

Os estômatos contêm um par de células especializadas que controla a abertura e o fechamento dessas estruturas, o que afeta a taxa de transpiração: quando eles estão abertos, a transpiração é mais intensa. Além disso, os estômatos estão relacionados com trocas gasosas, influenciando o processo de fotossíntese. Algumas características ambientais, como luz, e o grau de hidratação da planta estão relacionados com a abertura e o fechamento dos estômatos.

Mesmo com todos os estômatos fechados, ainda ocorre transpiração pela superfície da folha. Assim, quanto maior a superfície de uma folha, maior a taxa de transpiração e a quantidade de água perdida para o ambiente.

A transpiração das plantas é um componente importante da **evapotranspiração**, fenômeno que envolve a perda de água do solo por evaporação e a perda de água dos seres vivos por transpiração. A evapotranspiração tem grande influência no ciclo da água e afeta fatores climáticos, como as chuvas de um local.

DE OLHO NO TEMA

1. Quais são as principais funções das folhas nas plantas?
2. Muitas pessoas acreditam que não podemos dormir em quartos com plantas, pois elas liberariam um gás à noite que nos faria mal.
   a) Qual processo as plantas realizam na ausência de luz?
   b) Que gás é liberado nessa situação?
   c) Esse gás pode ser prejudicial para uma pessoa que dorme em ambiente fechado?

TEMA 5

CICLOS REPRODUTIVOS DAS PLANTAS

As diferentes estratégias reprodutivas das plantas estão relacionadas à ocupação de diferentes ambientes.

A REPRODUÇÃO DAS PLANTAS

Cada grupo de plantas tem diferentes estratégias de reprodução. Todas as plantas produzem gametas, células reprodutivas que se unem para formar um embrião, que dá origem a um ser vivo com material genético dos dois genitores. A união dos gametas é denominada fecundação.

REPRODUÇÃO DAS BRIÓFITAS

No ciclo reprodutivo das briófitas, ocorrem duas fases distintas: a **fase sexuada**, na qual são produzidos os gametas, e a **fase assexuada**, caracterizada pela produção de esporos. Na fase sexuada, são gerados seres vivos com material genético dos dois genitores, enquanto na fase assexuada são geradas estruturas com o material genético de apenas um genitor.

De forma geral, as espécies de briófitas apresentam plantas de **sexos separados**. As plantas masculinas produzem gametas chamados **anterozoides**, enquanto as femininas produzem as **oosferas**.

As briófitas são **dependentes da água para a reprodução**. É por meio dela que os anterozoides se deslocam e alcançam a oosfera. A união dos gametas origina o embrião, dando início à fase assexuada do ciclo de vida. O embrião irá se desenvolver e formar um indivíduo adulto. Nessa fase, cresce sobre a planta feminina uma estrutura formadora de **esporos**, que amadurecem e são liberados no ambiente. Ao cair no solo e encontrar condições favoráveis, o esporo pode originar uma nova planta.

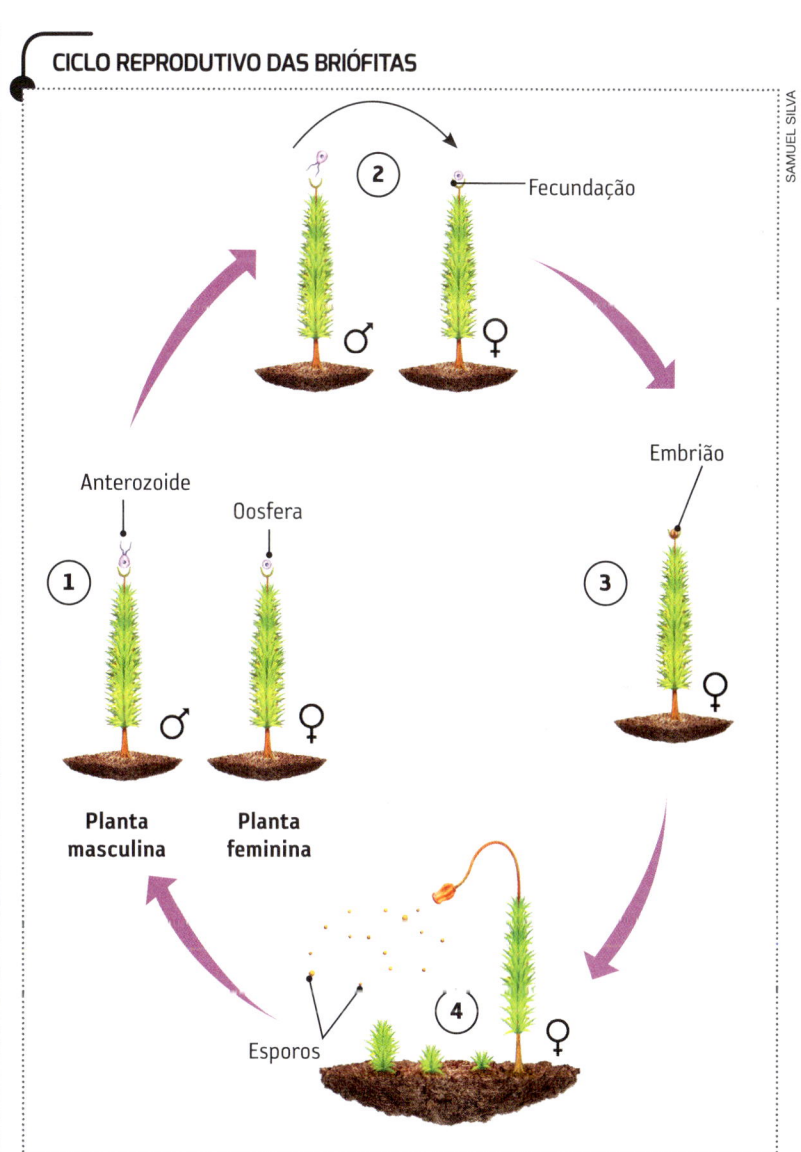

CICLO REPRODUTIVO DAS BRIÓFITAS

1 As plantas femininas e masculinas produzem gametas.
2 Na presença de água, o anterozoide pode chegar até a planta feminina, onde ocorre o encontro com a oosfera, evento que recebe o nome de **fecundação**.
3 Sobre a planta feminina, forma-se o embrião e desenvolve-se uma estrutura que dá origem à cápsula. Esta produz esporos.
4 Os esporos, ao caírem no solo, podem germinar e originar novas plantas masculinas ou femininas.
(Imagem sem escala; cores-fantasia.)

Fonte: RAVEN, P. H. et al. *Biologia vegetal*. Rio de Janeiro: Guanabara Koogan, 2001.

REPRODUÇÃO DAS PTERIDÓFITAS

As pteridófitas, assim como as briófitas, apresentam ciclo reprodutivo com duas fases distintas: a **fase sexuada**, na qual se formam os gametas, e a **fase assexuada**, na qual são produzidos os esporos. Nas pteridófitas, a fase mais duradoura e mais visível é a assexuada.

Nas samambaias adultas em fase de reprodução, **soros** são produzidos na parte inferior dos folíolos. No interior de cada soro existem inúmeros **esporos**. Ao amadurecer, esses esporos podem cair em solo úmido e germinar, formando o **prótalo**. Inicia-se assim a fase sexuada do ciclo reprodutivo.

O prótalo produz gametas masculinos e femininos. Para que os gametas se encontrem, o gameta masculino deve deslocar-se na água até o gameta feminino. Pode-se afirmar, portanto, que a reprodução das pteridófitas também é dependente da água.

Após a união do gameta feminino com o gameta masculino, ocorre a formação do embrião, que se desenvolve e origina uma nova samambaia.

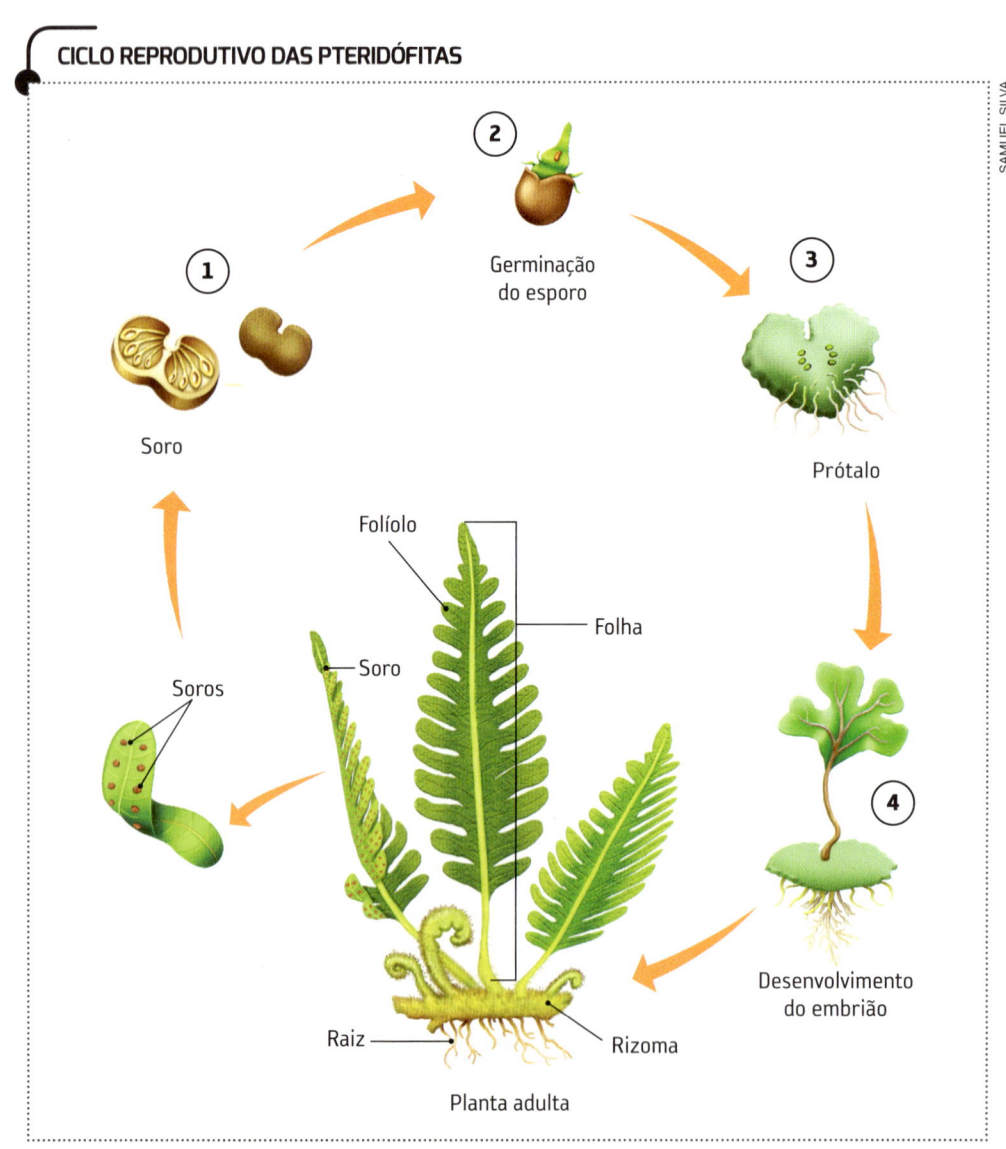

CICLO REPRODUTIVO DAS PTERIDÓFITAS

1 Abertura dos soros e liberação dos esporos.
2 Se caírem em um substrato adequado, os esporos germinam, dando origem ao prótalo.
3 No prótalo ocorre a produção de gametas masculinos e femininos. A união desses gametas origina o embrião.
4 O desenvolvimento do embrião dá origem a uma nova planta. (Imagem sem escala; cores-fantasia.)

Fonte: RAVEN, P. H. et al. *Biologia vegetal*. Rio de Janeiro: Guanabara Koogan, 2001.

REPRODUÇÃO DAS GIMNOSPERMAS

Nas diferentes espécies de gimnospermas, os indivíduos podem ter **sexos separados** ou ser **hermafroditas**, ou seja, apresentar estruturas produtoras de gametas masculinos e femininos na mesma planta. No caso do pinheiro-do-paraná ou araucária, as plantas apresentam sexos separados.

As gimnospermas possuem estruturas reprodutivas chamadas **estróbilos**. Os estróbilos masculinos produzem os **grãos de pólen**, que formam os gametas masculinos. Os estróbilos femininos produzem os gametas femininos.

Os grãos de pólen são transportados dos estróbilos masculinos até o estróbilo feminino, geralmente pelo vento. O conjunto de processos que transportam grãos de pólen é chamado **polinização**. Ao entrar em contato com o estróbilo feminino, o grão de pólen se transforma, produzindo o **tubo polínico**. Durante a formação do tubo polínico, uma das células do grão de pólen origina o gameta masculino, que encontra o gameta feminino. Nesse encontro ocorre a fecundação e a origem do embrião.

A fecundação nas gimnospermas ocorre de maneira independente da água. A semente formada é constituída externamente por uma casca protetora e internamente por uma camada de tecido nutritivo ao redor do embrião.

(A) Estróbilo feminino da Araucária (*Araucaria augustifolia*), conhecido popularmente como pinha. **(B)** Estróbilo masculino da Araucária (*Araucaria augustifolia*). **(C)** Pinha aberta, mostrando as sementes, chamadas de pinhões.

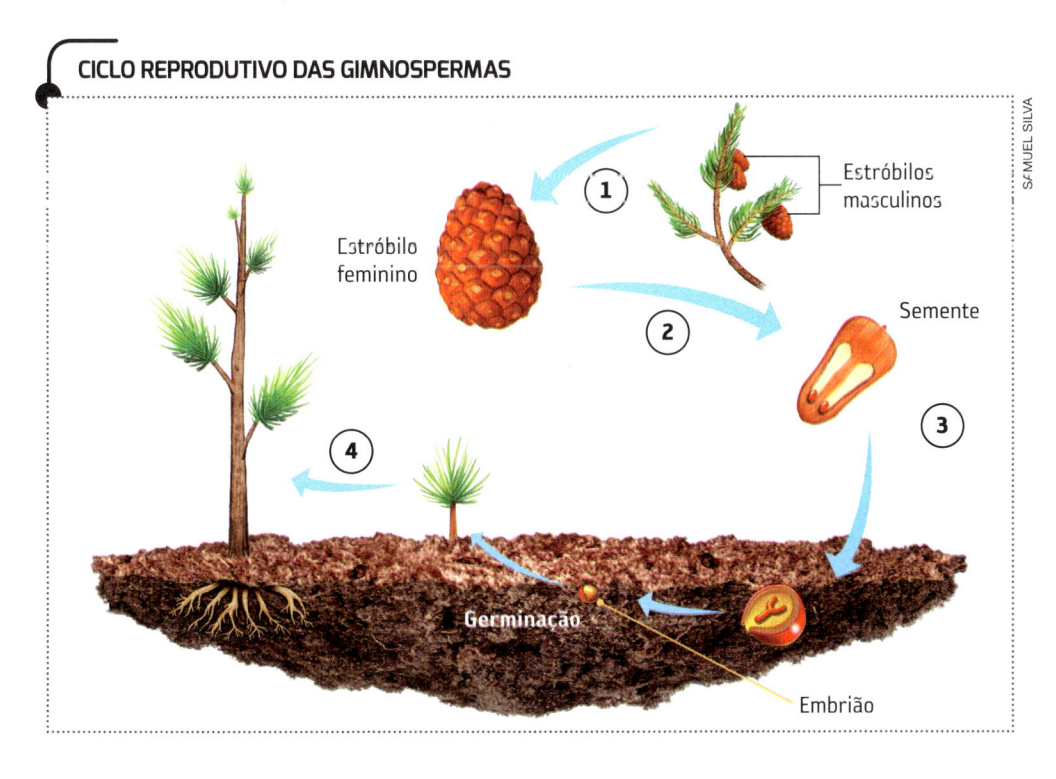

CICLO REPRODUTIVO DAS GIMNOSPERMAS

1 Os grãos de pólen produzidos pelos estróbilos masculinos são transportados pelo vento e chegam até o estróbilo feminino.
2 Com a fecundação, ocorre a formação do embrião no interior das sementes.
3 A semente pode germinar ao cair no solo.
4 Com a germinação, forma-se uma nova planta. (Imagem sem escala; cores-fantasia.)

Fonte: RAVEN, P. H. et al. *Biologia vegetal*. Rio de Janeiro: Guanabara Koogan, 2001.

REPRODUÇÃO DAS ANGIOSPERMAS

O processo de reprodução das angiospermas pode ser dividido em seis etapas principais: **polinização**, **formação do tubo polínico**, **fecundação**, **desenvolvimento dos frutos**, **dispersão das sementes** e **germinação**.

As angiospermas podem ser hermafroditas ou ter sexos separados. As flores das angiospermas abrigam as estruturas reprodutivas. A parte masculina da flor produz os grãos de pólen que darão origem aos gametas masculinos. Já o gameta feminino fica abrigado dentro da parte feminina da flor. A reprodução dessas plantas também é independente de água.

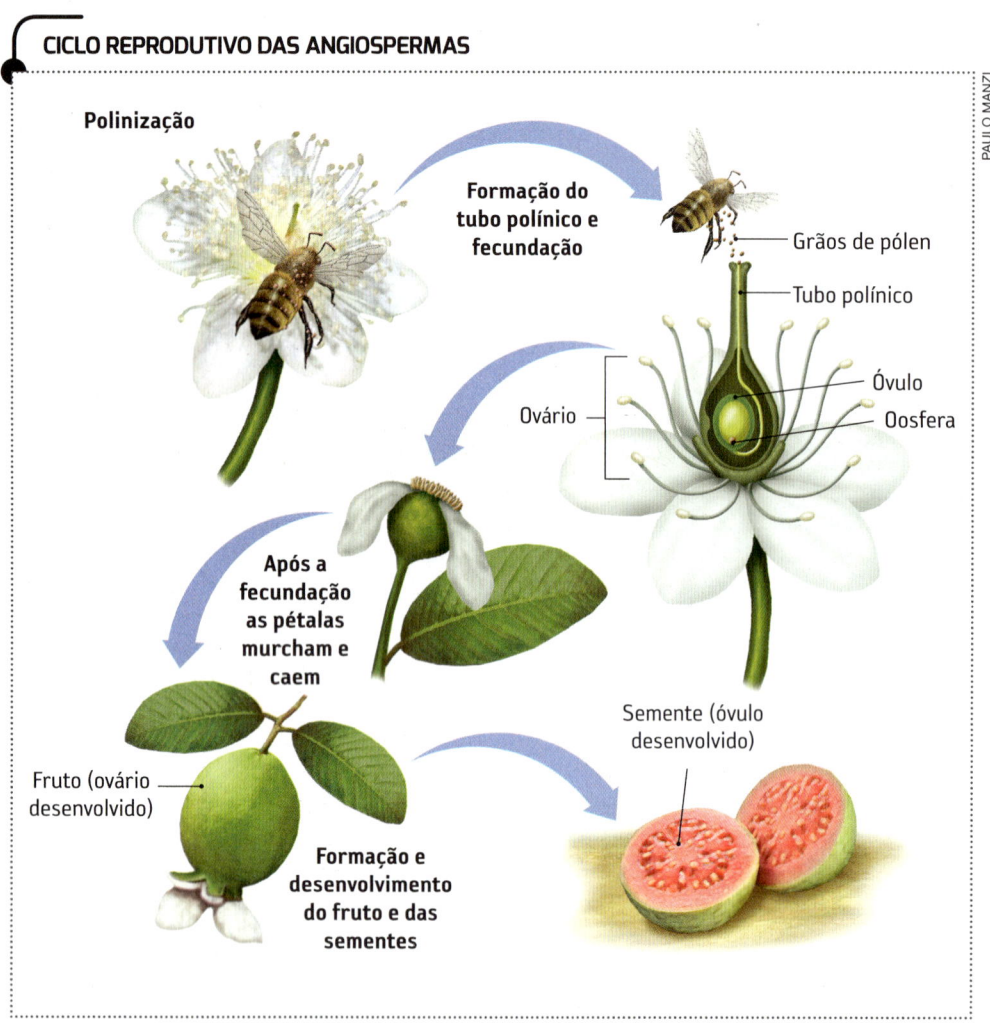

CICLO REPRODUTIVO DAS ANGIOSPERMAS

Representação esquemática da polinização da flor da goiabeira por uma abelha. (Imagem sem escala; cores-fantasia.)

Fonte: CAMPBELL, N. et al. *Biology*. 5. ed. Menlo Park: Benjamin Cummings, 1999.

> **SAIBA MAIS!**
>
> ### A POLINIZAÇÃO
>
> **Polinização** é o processo de transferência de grãos de pólen, no caso das angiospermas, dos estames para o estigma. Essa transferência pode ocorrer por meio de diversos agentes polinizadores, como os animais e o vento.
>
> Insetos, aves ou morcegos são atraídos pelas flores, seja em virtude da corola vistosa, seja pelo néctar ou pelo odor característico. Alguns exemplos de plantas polinizadas por animais são o maracujá, a jabuticabeira e a dama-da-noite.
>
> As flores polinizadas pelo vento são, geralmente, pequenas, pouco vistosas e sem néctar, como as flores do capim, do milho e do trigo.

DE OLHO NO TEMA

1. Cite duas semelhanças entre os processos reprodutivos de briófitas e pteridófitas.

2. O que permite que gimnospermas e angiospermas não sejam dependentes da água para a reprodução?

TEMA 6

FLOR, FRUTO E SEMENTE

Flores e frutos são estruturas exclusivas de angiospermas.

A FLOR E SUAS PARTES

A flor é indispensável na reprodução sexuada das angiospermas.

As principais partes de uma flor são: o cálice, a corola, o androceu e o gineceu. O pedúnculo e o receptáculo floral também fazem parte da flor.

O **cálice** é formado por folhas modificadas, geralmente verdes, chamadas **sépalas**. Ele protege as partes internas da flor.

A **corola** é formada por folhas modificadas, geralmente coloridas, chamadas **pétalas**. Pode atrair animais polinizadores para a flor.

O **androceu** é o órgão reprodutor masculino, composto de um ou mais **estames**. Cada estame é formado pela **antera**, estrutura que produz os grãos de pólen, e pelo **filete**, haste que sustenta a antera.

O **gineceu** é o órgão reprodutor feminino, composto de um ou vários **carpelos**. Cada carpelo é formado por estigma, estilete e ovário. O **estigma** é a extremidade superior do carpelo e produz um líquido que contribui para a fixação dos grãos de pólen. O **estilete** é um tubo que liga o estigma ao ovário. O **ovário** é uma dilatação na base do carpelo onde são produzidos os gametas femininos (oosferas).

A haste que prende a flor ao ramo é o **pedúnculo** e a extremidade na qual cálice, corola, androceu e gineceu se prendem é o **receptáculo floral**.

Das flores aos frutos

A animação apresenta algumas características de flores e frutos, que fazem parte do processo de crescimento e reprodução das angiospermas.

PARTES DA FLOR

Representações esquemáticas das partes de uma flor hermafrodita, ou seja, que apresenta androceu e gineceu. Flores que possuem apenas androceu são masculinas; flores apenas com gineceu são femininas. **(A)** Visão geral da flor. **(B)** Visão da flor em corte. (Imagens sem escala; cores-fantasia.)

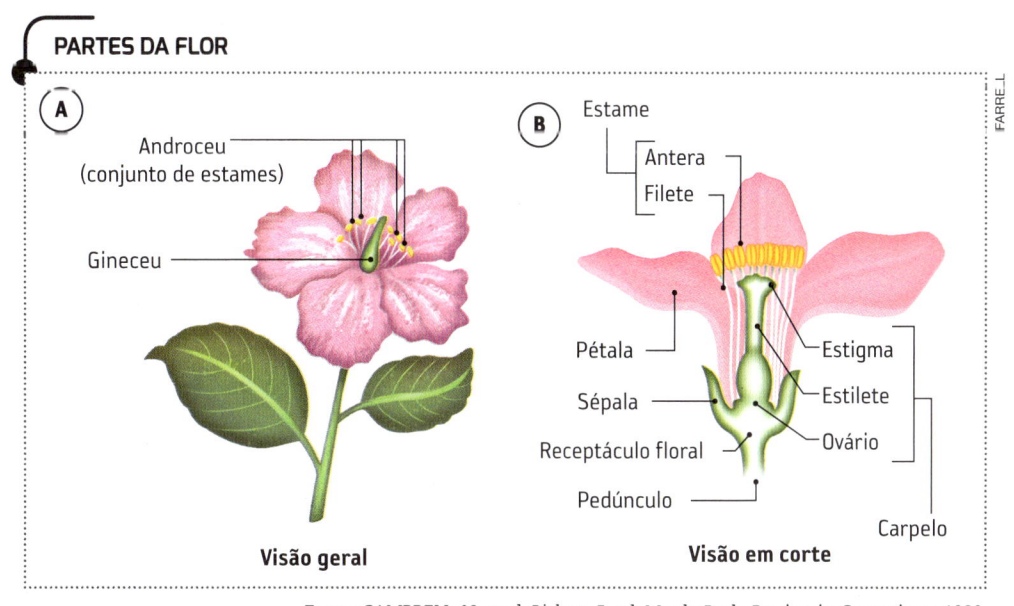

(A) Visão geral — Androceu (conjunto de estames); Gineceu.

(B) Visão em corte — Estame (Antera, Filete); Pétala; Sépala; Receptáculo floral; Pedúnculo; Estigma; Estilete; Ovário; Carpelo.

Fonte: CAMPBELL, N. et al. *Biology*. 5. ed. Menlo Park: Benjamin Cummings, 1999.

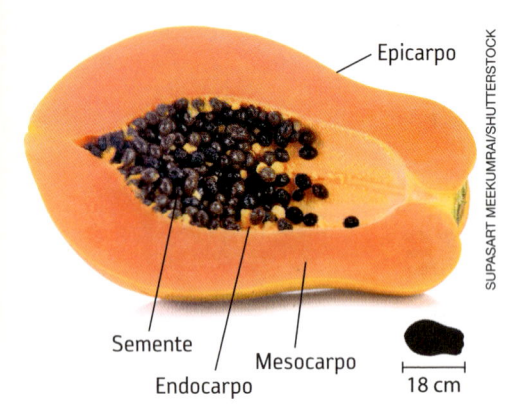

No mamão (*Carica papaya*), o mesocarpo e o endocarpo são as partes comestíveis.

O FRUTO E SUAS PARTES

O **fruto** é um órgão exclusivo das angiospermas, geralmente formado a partir do desenvolvimento do ovário após a fecundação. Ele protege as sementes e pode auxiliar sua dispersão.

Geralmente, os frutos são compostos de pericarpo e sementes.

O **pericarpo** é a parte do fruto que se origina do ovário e que envolve as sementes. Ele pode ser dividido em três camadas: o **epicarpo** ou casca, o **mesocarpo**, a camada intermediária, e o **endocarpo**, que envolve e protege a semente. Em alguns frutos, o endocarpo é rígido e forma um caroço, como na manga e no pêssego.

A **semente** forma-se pelo desenvolvimento do óvulo fecundado e abriga o embrião.

FRUTOS ACESSÓRIOS

Os **frutos acessórios** são formados pelo desenvolvimento de outras partes da flor que não o ovário. São exemplos o caju, a maçã, a pera e o morango.

A parte carnosa do caju é resultado do desenvolvimento do pedúnculo floral. O fruto verdadeiro é a castanha, que fica situada do lado externo da parte carnosa.

A parte suculenta e comestível da maçã, da pera e do morango é resultado do desenvolvimento do receptáculo floral. O fruto verdadeiro da maçã e da pera é a região que reveste suas sementes. No caso do morango, os frutos verdadeiros se formam na superfície da parte suculenta.

FLORES E FRUTOS NA ECONOMIA

Algumas flores, como a alcachofra e a couve-flor, são cultivadas por serem comestíveis; outras, como os lírios, as orquídeas e as rosas, são utilizadas para decoração.

Uma variedade de frutos é usada na alimentação. São consumidos ao natural ou na forma de sucos, sopas, conservas, geleias e doces, entre outros usos.

VAMOS FAZER

Banana tem semente?

Material

- Uma banana cortada ao meio, no sentido do comprimento (o professor deverá partir a fruta antes de iniciar a atividade).
- Lupa (opcional).

Procedimento

1. Observe a fatia de banana que foi previamente cortada pelo professor.
2. Caso seja possível, observe o fruto com o auxílio da lupa.

Registre em seu caderno

1. Há no fruto uma ou mais estruturas que, em sua opinião, podem ser consideradas sementes? Em caso positivo, qual(is)?
2. Pesquise sobre a bananeira e sua forma de reprodução. As bananas comercializadas têm sementes? O que são os pontinhos escuros dentro do fruto?

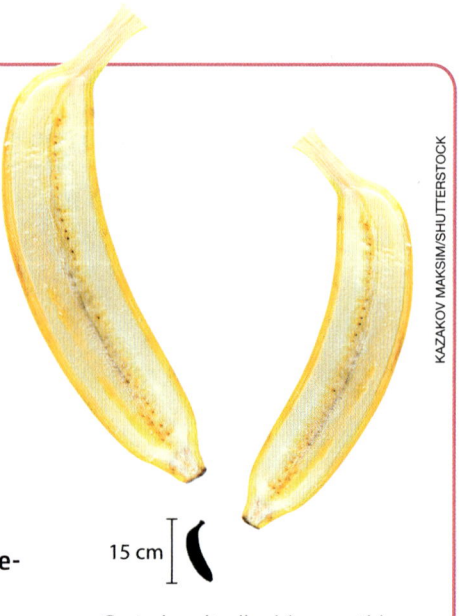

Corte longitudinal (no sentido do comprimento) de uma banana (*Musa* sp.).

A SEMENTE E SUAS PARTES

A **semente** é composta de três estruturas: casca (ou tegumento), endosperma (ou albume) e embrião.

A **casca** é um envoltório rígido que protege o embrião.

O **endosperma** contém açúcares, óleos e proteínas que vão nutrir o embrião.

O **embrião** dará origem a uma nova planta. Nele encontramos uma raiz embrionária (radícula) e um ou dois cotilédones, que são as folhas embrionárias. A função dos cotilédones é fornecer nutrientes à planta jovem no início do seu desenvolvimento. Algumas plantas, como o arroz, o trigo e o milho, têm apenas um cotilédone na semente. Outras, como o feijão, o café e o amendoim, têm dois cotilédones.

ESTRUTURAS DA SEMENTE

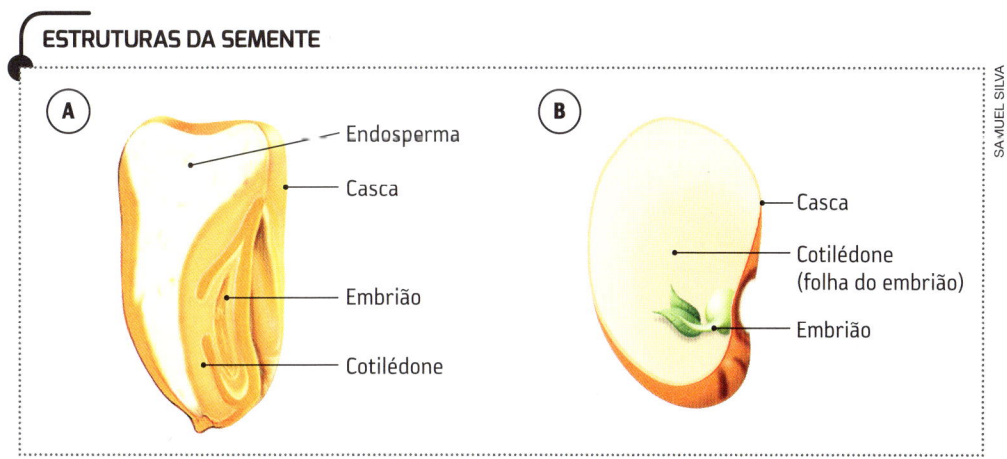

(A) Representação esquemática de um grão de milho em corte. Cada grão de milho (*Zea mays*) é um fruto que contém uma semente ocupando seu espaço interno. Em geral, sementes como as do milho têm o endosperma bem desenvolvido e um único cotilédone fino. **(B)** Representação esquemática de uma semente de feijão em corte. Sementes de plantas como o feijão (*Phaseolus vulgaris*) são pobres em endosperma. As substâncias nutritivas ficam armazenadas nos dois cotilédones, que são bem desenvolvidos. (Imagens sem escala; cores-fantasia.)

Fonte: RAVEN, P. et al. *Biologia vegetal*. Rio de Janeiro: Guanabara Koogan, 2001.

DISPERSÃO DAS SEMENTES

Dispersão é o transporte da semente para longe da planta que a originou, chamada planta mãe. As sementes que germinam longe da planta mãe não competem com ela por luz, água e nutrientes e se propagam por novas áreas.

Os agentes de dispersão são diversos, como vento, água e animais. Algumas vezes as sementes são dispersas pelo próprio fruto que as contém.

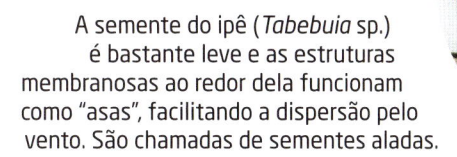

A semente do ipê (*Tabebuia* sp.) é bastante leve e as estruturas membranosas ao redor dela funcionam como "asas", facilitando a dispersão pelo vento. São chamadas de sementes aladas.

GERMINAÇÃO DAS SEMENTES

Depois de formadas, algumas sementes atravessam um período de dormência, durante o qual não se desenvolvem.

Quando a semente encontra condições adequadas de luminosidade, umidade e temperatura, a dormência termina e ocorre a **germinação**.

Esse processo acontece em etapas. Primeiro a semente absorve água do ambiente e incha até a casca se romper. Então, o embrião desenvolve a radícula, que logo se diferencia em raiz, estrutura responsável pela fixação da planta e absorção de água e sais minerais.

As reservas nutritivas, presentes nos cotilédones, são usadas para o crescimento inicial da planta até que as folhas surjam e possam realizar fotossíntese.

GERMINAÇÃO E DESENVOLVIMENTO DE UM PÉ DE FEIJÃO

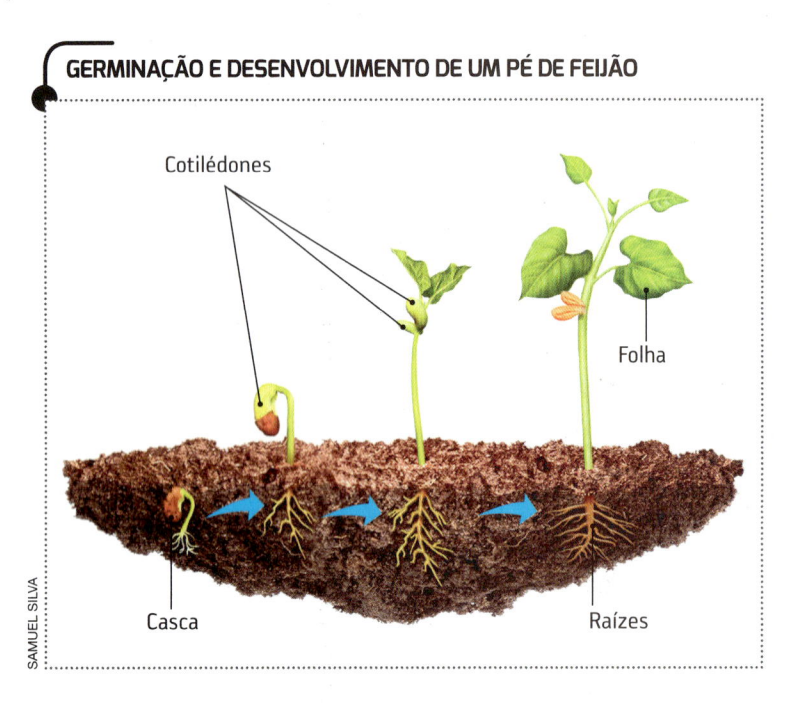

Representação esquemática da germinação e desenvolvimento de uma semente de feijão. (Imagem sem escala; cores-fantasia.)

Fonte: CAMPBELL, N. et al. *Biology*. 5. ed. Menlo Park: Benjamin Cummings, 1999.

AS SEMENTES NA ECONOMIA

Atualmente, cerca de 65% dos alimentos produzidos no mundo provêm diretamente de sementes de cereais, como o milho, o trigo e o arroz.

As sementes das leguminosas, como o feijão, a ervilha, o amendoim e a soja, são muito utilizadas como alimento ou para a produção de óleos.

Outros alimentos também são produzidos com sementes. O café que bebemos é obtido de sementes do cafeeiro e o chocolate é feito com sementes de cacau. As sementes comercializadas para plantio geralmente sofrem tratamento para garantir a germinação. Elas costumam ser impróprias para o consumo humano e de outros animais.

DE OLHO NO TEMA

1. Qual a diferença entre frutos e frutos acessórios?

2. Os frutos do dente-de-leão (*Taraxacum officinale*) ficam agrupados numa estrutura em forma de pluma e são dispersados pelo vento.
   - Observe a imagem e descreva as características destes frutos que auxiliam na sua dispersão pelo vento.

Trilha de estudo

Vai estudar? Nosso assistente virtual no *app* pode ajudar!
<http://mod.lk/tr7u04>

ATIVIDADES
TEMAS 4 A 6

ORGANIZAR O CONHECIMENTO

1. Reescreva as frases abaixo, substituindo os números entre parênteses pelos termos adequados.
   a) A (I) de água e sais minerais ocorre, na maioria das plantas, através das raízes.
   b) O xilema é o tecido que faz a condução da (II) das raízes até as folhas das plantas.
   c) O (III) conduz a seiva orgânica das folhas para as diversas partes do corpo das plantas.
   d) Nas plantas, o processo de (IV) ocorre apenas na presença de luz, ao passo que o processo de (V) acontece o tempo todo, em todas as suas células vivas.

2. O que é a fotossíntese? Quais estruturas da planta estão envolvidas nesse processo?

3. Observe a pintura ao lado, feita pelo artista japonês Ohara Koson (1877-1945).
   a) A que grupo pertence a planta retratada? Justifique sua resposta.
   b) Que estruturas reprodutivas você consegue observar na imagem?
   c) A borboleta busca por néctar para se alimentar. Que vantagem pode haver para a planta a presença de néctar nas flores?

   KOSON, Ohara. *Borboleta e lírio*. 1912.

4. Indique o tipo de dispersão de sementes ou de polinização descrito em cada caso. Em seguida, responda à questão proposta.
   I. As sementes de orquídea flutuam no ar e são carregadas pelo vento.
   II. A formação dos frutos de maracujá depende da presença de insetos como as mamangavas.
   III. As aves comem o fruto da goiabeira, mas, como não são digeridas, as sementes da goiaba saem nas fezes desses animais.
   IV. O carrapicho se prende aos pelos dos animais.
   V. Os morcegos visitam flores que se abrem à noite.
   - Que vantagem cada um desses mecanismos traz para as plantas?

5. Escreva um pequeno texto relacionando os termos do quadro com o processo de fecundação nas angiospermas.

   | oosfera estigma tubo polínico |
   | ovário pólen zigoto |

6. Como ocorre a germinação das sementes?

ANALISAR

7. Observando um corte de um órgão vegetal ao microscópio, um biólogo listou os seguintes tecidos e estruturas: células com cloroplastos, xilema e floema, epiderme com estômatos e cutícula.
   a) Que órgão geralmente apresenta esses tecidos e estruturas?
   b) Quais dos processos ocorrem nesse órgão: transpiração, respiração ou fotossíntese?

8. Após uma aula de Ciências, uma aluna comentou com sua mãe o que havia entendido sobre os assuntos tratados: "Mãe, as plantas realizam apenas fotossíntese e os animais apenas respiram. É assim que eles vivem, cada um do seu jeito".
   - As observações da aluna estão corretas? Justifique.

9. Analise as fotos dos frutos abaixo e classifique-os quanto ao tipo de dispersão de sementes. Indique as características dos frutos que contribuíram para essa classificação.

   (A) Frutos e sementes de jacarandá-mimoso (*Jacaranda mimosaefolia*). **(B)** Frutos de carrapicho (*Acanthospermum* sp.).

10. As flores de algumas orquídeas do gênero *Ophrys* têm a forma e o odor muito semelhantes aos das fêmeas de certa espécie de vespa. Assim, os machos dessas vespas são atraídos e, ao confundir a flor com a fêmea, tentam acasalar com ela. Elabore uma explicação sobre como essas características da flor ajudam na reprodução da planta.

133

EXPLORE

TAXA DE GERMINAÇÃO DE SEMENTES

Para o desenvolvimento de uma nova planta, a semente deve germinar. Isso só ocorre quando a semente encontra um ambiente com condições adequadas ao processo de germinação.

Uma forma interessante de compreender esse processo e verificar a influência de fatores externos é observar sementes em ambientes controlados. Esta atividade possibilita o acompanhamento da germinação de sementes de diferentes espécies e o cálculo da taxa de germinação.

Sementes de ervilha (*Pisum sativum*) germinadas.

Material
- Duas placas de Petri ou pratos de plástico transparentes
- Papel-filtro ou coador de papel
- Filme plástico
- Água
- Sementes comerciais de hortaliças, flores, frutas etc.
- Etiquetas adesivas
- Tesoura com pontas arredondadas

Procedimento

1. Em grupos, escolham dois tipos de sementes entre as disponíveis para a execução da atividade: espécie 1 e espécie 2.

2. Com o auxílio do professor, recortem dois círculos de papel-filtro do tamanho das placas de Petri. Em seguida, posicionem um papel-filtro circular dentro de cada placa.

3. Distribuam 20 sementes da espécie 1 numa das placas de Petri preparadas. Repitam o procedimento com a espécie 2 na outra placa de Petri.

4. Umedeçam o papel-filtro de ambas as placas com água em quantidade suficiente para formar uma lâmina, sem cobrir as sementes. Fechem as placas, lacrando-as com o filme plástico. Em seguida, colem em cada uma delas uma etiqueta com a data, o nome científico da espécie e o nome do grupo responsável.

5. Cuidadosamente, coloquem as placas em um local bem iluminado, mas sem incidência direta de luz solar. Durante toda a execução da atividade, mantenham as placas umedecidas.

6. Durante quatro dias, acompanhem a germinação das sementes de cada placa. Registrem diariamente o número de sementes germinadas e outros acontecimentos que julgarem interessantes.

ATIVIDADES

1. Reúna-se novamente com seu grupo e, com a ajuda do professor, elaborem uma tabela com o número de sementes germinadas de cada espécie por dia de observação.

2. Calculem a taxa de germinação de cada espécie e façam o que se pede.

    a) Para avaliar a taxa de germinação de sementes, é necessário calcular a porcentagem de sementes germinadas. Para isso, dividam o total de sementes germinadas de cada espécie pelo total de sementes que vocês colocaram para germinar (20) e multipliquem o resultado por 100. Qual foi a porcentagem obtida?

    b) Qual das espécies apresentou maior taxa de germinação de sementes?

    c) Comparem os resultados obtidos por seu grupo com os dos demais grupos. Alguma das espécies apresentou uma taxa de germinação muito baixa? Por que vocês acham que isso aconteceu? Que fatores interferem na germinação das diferentes espécies? Pesquisem essas informações em livros ou na internet e proponham uma hipótese para explicar a baixa taxa de germinação dessas sementes.

ATITUDES PARA A VIDA

- **Questionar e levantar problemas**

    Embora os experimentos sejam mecanismos para buscar respostas, seus resultados muitas vezes servem de ponto de partida para novos questionamentos. Neste caso, o experimento permite determinar qual espécie tem maior taxa de germinação. Mas, por que essa taxa varia de uma espécie para outra? Será que, alterando algum parâmetro desta atividade, o resultado teria sido diferente? Ao questionar e propor problemas, conseguimos investigar um assunto mais a fundo.

ATITUDES PARA A VIDA

Mulheres na Ciência

• Minoria na Sociedade de Botânica

[...] A Botanical Society de Londres foi fundada em 1836 com cerca de 10% de mulheres nos quadros de membros, mas a proporção foi caindo, permanecendo em torno de 5% durante os vinte anos de vida da sociedade. Uma única mulher contribuiu com uma monografia para reuniões da sociedade – e, mesmo assim, não foi ela quem apresentou, e sim um membro convocado para substituí-la na ocasião. [...]

Fonte: GOULD, S. J. A mulher invisível. In: *Dinossauro no palheiro*: reflexões sobre História Natural. São Paulo: Companhia das Letras, 1997.

• Barbara McClintock: geneticista ganhadora do prêmio Nobel de Medicina e Fisiologia em 1983

[...] A Universidade de Missouri era "horrível, horrível, horrível!", reclamou Barbara anos mais tarde. "A situação das mulheres era inacreditável, era péssima!"

Ela foi ao gabinete do reitor e perguntou, diretamente, se um dia faria parte da equipe permanente da universidade. Ele acenou negativamente com a cabeça. Na verdade, confidenciou, quando seu orientador saísse, provavelmente seria demitida.

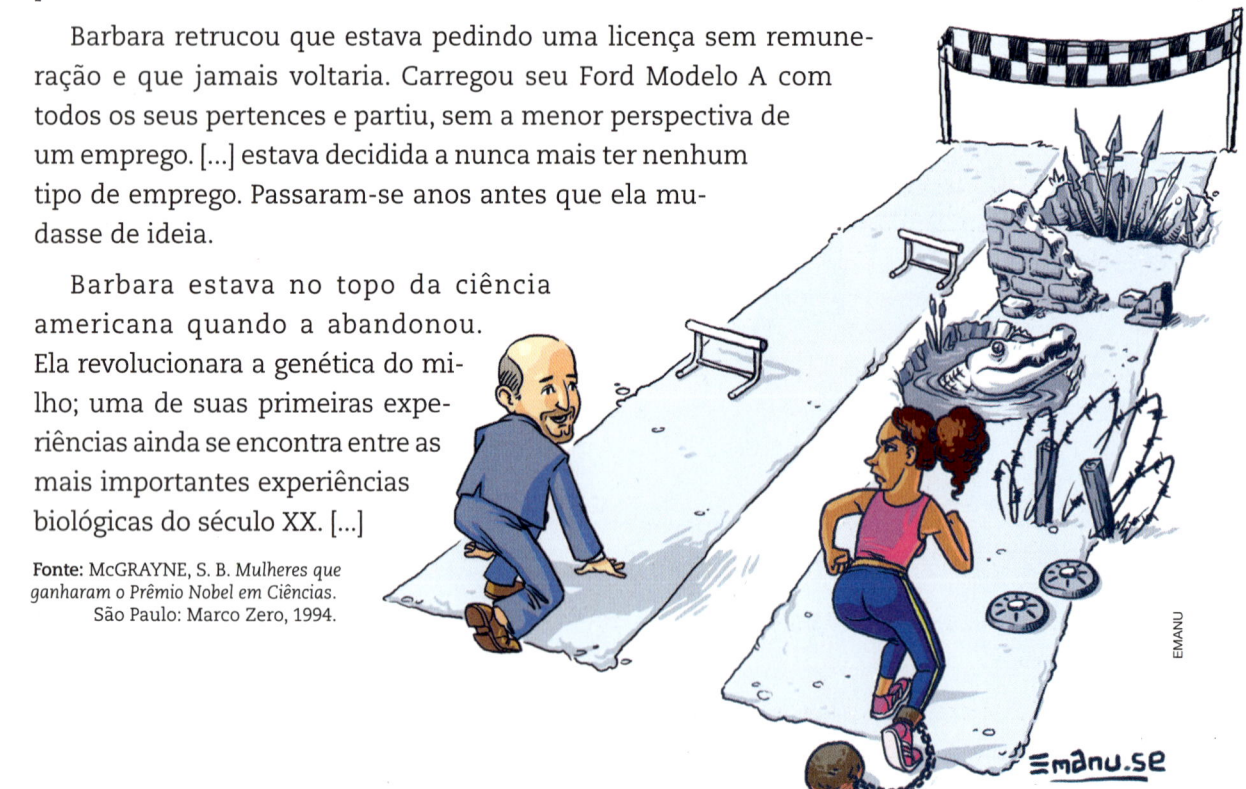

Barbara retrucou que estava pedindo uma licença sem remuneração e que jamais voltaria. Carregou seu Ford Modelo A com todos os seus pertences e partiu, sem a menor perspectiva de um emprego. [...] estava decidida a nunca mais ter nenhum tipo de emprego. Passaram-se anos antes que ela mudasse de ideia.

Barbara estava no topo da ciência americana quando a abandonou. Ela revolucionara a genética do milho; uma de suas primeiras experiências ainda se encontra entre as mais importantes experiências biológicas do século XX. [...]

Fonte: McGRAYNE, S. B. *Mulheres que ganharam o Prêmio Nobel em Ciências*. São Paulo: Marco Zero, 1994.

[Quadrinhos de Sarah Andersen]

— Eu sou uma neuro-oncologista. Atualmente, estou pesquisando meios pelos quais certos vírus podem tratar tumores cerebrais.

— Eu gostaria de abrir espaço para perguntas.

— Sim!

— Como é ser uma mulher na sua área?

© Sarah Andersen

COMO EU ME SAÍ?

- Ouvi a opinião do outro de forma atenta?
- Se discordei de alguma opinião, soube por que discordava?
- Se eu fosse explicar por que é importante ouvir com compreensão e empatia, como o faria?

TROCAR IDEIAS SOBRE O TEMA

Em grupo, discutam as seguintes questões:

1. Qual é a relação entre os textos e as imagens?
2. Vocês acham que, atualmente, as mulheres que querem seguir carreira científica continuam enfrentando mais dificuldades do que os pesquisadores homens?
3. Que ações deveriam ser promovidas para eliminar situações de preconceito e desigualdade em relação ao gênero?
4. Reduzir a desigualdade entre homens e mulheres no meio científico pode beneficiar o desenvolvimento da ciência? Explique sua resposta.
5. Vocês já ouviram alguma vez que certas áreas do conhecimento são mais fáceis para homens do que para mulheres? O que pensam sobre isso?

COMPARTILHAR

- Em grupo, elaborem perguntas para uma entrevista com alguma mulher cientista. Procurem perguntar sobre a trajetória, a formação, as conquistas e as dificuldades na carreira.

- Com auxílio do professor, entrem em contato com uma cientista e enviem a entrevista por *e-mail*. Depois de receber as respostas, leiam-nas com atenção. Vocês se surpreenderam com algum relato? Vocês discordam de algum posicionamento? Compartilhem com os demais grupos as partes da entrevista que julgarem mais interessantes.

- Para este trabalho, foquem em **escutar os outros com atenção e empatia**:
Essa é uma habilidade complexa, que requer monitorar os seus próprios pensamentos enquanto, ao mesmo tempo, presta atenção às palavras do outro. Isso não significa que não podemos discordar de alguém. Um bom ouvinte tenta entender o que a outra pessoa está dizendo. No final, pode discordar completamente dela, mas, justamente por ter ouvido com atenção, sabe perfeitamente com o quê e por que discorda.

COMPREENDER UM TEXTO

SISTEMAS AGROFLORESTAIS

Sistemas agroflorestais são formas de uso ou manejo da terra, nos quais se combinam espécies arbóreas [...] com cultivos agrícolas e/ou criação de animais, de forma simultânea ou em sequência temporal e que promovem benefícios econômicos e ecológicos. Os sistemas agroflorestais ou agroflorestas apresentam como principais vantagens, frente à agricultura convencional, a fácil recuperação da fertilidade dos solos, o fornecimento de adubos verdes, o controle de ervas daninhas, entre outras coisas.

A integração da floresta com as culturas agrícolas e com a pecuária oferece uma alternativa para enfrentar os problemas crônicos de degradação ambiental generalizada e ainda reduz o risco de perda de produção. Outro ponto vantajoso dos sistemas agroflorestais é que, na maioria das vezes, as árvores podem servir como fonte de renda, uma vez que [...] os frutos das mesmas podem ser explorados e vendidos. A combinação desses fatores encaixa as agroflorestas no modelo de agricultura sustentável. [...]

Os sistemas trazem uma série de vantagens econômicas e ambientais, tais como:

1. Custos de implantação e manutenção reduzidos;
2. Diversificação na produção aumentando a renda familiar, assim como a melhoria na alimentação;
3. Melhoria na estrutura e fertilidade do solo devido à presença de árvores que atuam na ciclagem de nutrientes;
4. Redução da erosão [...];
5. Aumento da diversidade de espécies;
6. Recuperação de áreas degradadas.

O modelo agroflorestal visa compatibilizar o desenvolvimento econômico da população rural com a conservação do meio ambiente. [...]

O sistema agroflorestal com grande mistura de espécies (ocupando estratos/camadas diferentes do ecossistema, tais como arbustos, árvores de pequeno e grande porte) [...] funciona de forma bem parecida com a floresta natural, em termos de ciclos de nutrientes, regulamentação do ciclo hídrico, interação com a atmosfera etc.

[...] é importante ressaltar que o modelo agroflorestal não é uma solução integral para a proteção da biodiversidade. Certamente, ele reduz os impactos das queimadas e dos agrotóxicos e visa reduzir os impactos do desmatamento. [...]

Fonte: Centro de Inteligência em Florestas (CIFLORESTAS). Disponível em: <http://mod.lk/ppi1f>. Acesso em: jul. 2018.

Adubos verdes: plantas utilizadas para melhoria das condições do solo.
Biodiversidade: diversidade de seres vivos de um local.

Representação de sistema agroflorestal. Nele apenas algumas plantas da floresta são retiradas para o plantio ou para a criação de animais. A maior parte da floresta é preservada. (Imagens sem escala; cores-fantasia.)

Fonte: OLIVEIRA, N. L. et al. Desenvolvimento sustentável e sistemas agroflorestais na Amazônia mato-grossense. *Confins Revista Franco-Brasileira de Geografia*, n. 10, 2010. Disponível em: <http://mod.lk/yji6d>. Acesso em: jul. 2018.

Dois tipos de sistema agroflorestal. (**A**) Cultivo de banana, pitanga e cúrcuma em meio à mata nativa preservada. (São Paulo, SP, 2017). (**B**) Criação de gado em meio à floresta preservada. (Santa Rita do Pardo, MS, 2017).

ATIVIDADES

OBTER INFORMAÇÕES

1. O que são sistemas agroflorestais?

2. Quais são as vantagens do sistema agroflorestal de cultivo em relação à agricultura tradicional?

INTERPRETAR

3. Releia o último parágrafo do texto. Por que o modelo de sistema agroflorestal não é considerado uma solução integral para a perda da biodiversidade?

4. Por que as agroflorestas se encaixam no modelo de agricultura sustentável?

DISCUTIR

5. Além do sistema agroflorestal, há outras formas de cultivo que têm a preocupação de preservar o ambiente, como a agricultura orgânica, por exemplo. O que você conhece ou já ouviu falar sobre esse tipo de cultivo? O que você pensa sobre alimentos orgânicos? Compartilhe suas ideias com os colegas e ouça o que eles têm a dizer.

UNIDADE

5

O REINO DOS ANIMAIS

POR QUE ESTUDAR ESTA UNIDADE?

O reino dos animais (reino Animalia) inclui milhares de seres vivos diferentes, como os insetos, as estrelas-do-mar, as águas-vivas, os peixes, as tartarugas e os seres humanos. Nesta Unidade, estudaremos a diversidade dos animais, suas características comuns e algumas de suas interações com o ambiente e com a sociedade.

2,6 m

Existem diversas espécies de animais no Brasil, algumas nativas do país e outras trazidas de outros países, como a *Bubalus bubalis*, o búfalo-asiático que foi trazido para o país por volta de 1900 e se espalhou por algumas regiões (Santarém, PA, 2017).

COMEÇANDO A UNIDADE

1. Em que ambientes podem ser encontrados animais?
2. Quais são as características comuns a todos os animais?
3. Os búfalos não são nativos do Brasil; eles foram trazidos de outros locais. Que motivos podem justificar a inserção de uma espécie animal em um novo país?
4. Que condições um animal precisa encontrar para sobreviver em um lugar diferente daquele em que ele é natural?
5. Você acha que é necessário existir um controle sobre a entrada de animais e outros seres vivos em um país? Justifique.

ATITUDES PARA A VIDA

- Esforçar-se por exatidão e precisão
- Assumir riscos com responsabilidade

TEMA 1

OS ANIMAIS

Todos os animais apresentam características comuns e são originários de um ancestral comum.

O grupo dos animais é composto de milhares de espécies que apresentam indivíduos muito diferentes, como uma água-viva, um grilo e uma onça. Apesar da grande diversidade de formas, todos os animais são organismos eucariontes, pluricelulares e heterótrofos. Tradicionalmente, são divididos em invertebrados e vertebrados, de acordo com a ausência ou a presença de coluna vertebral.

Os invertebrados representam a maioria dos animais. Os principais filos de invertebrados são: Porifera, Cnidaria, Platyhelminthes, Nematoda, Mollusca, Annelida, Arthropoda e Echinodermata.

Os vertebrados pertencem ao filo Chordata. Apresentam esqueleto interno constituído de cartilagem ou de ossos e cartilagens e coluna vertebral. Essas estruturas estão relacionadas com a sustentação do corpo, os movimentos corpóreos e a proteção de órgãos internos.

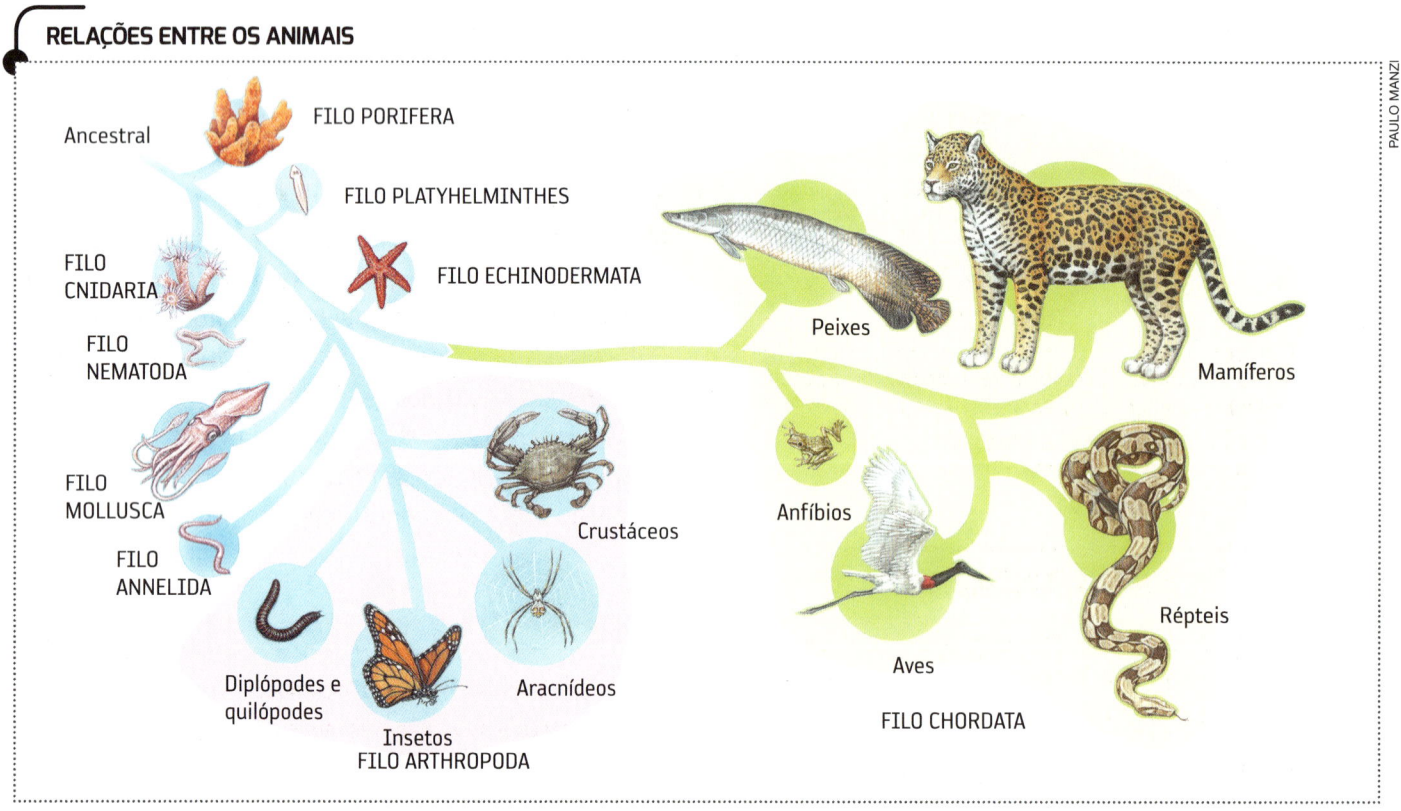

RELAÇÕES ENTRE OS ANIMAIS

Representação esquemática da história evolutiva dos animais. Os principais filos de invertebrados estão representados em azul e, em verde, os principais grupos do filo Chordata. (Imagens sem escala; cores-fantasia.)

Fonte: BIGGS, A. e cols. *Biology*. Columbus: McGraw-Hill, 2009.

SIMETRIA

A simetria é a semelhança encontrada entre partes equivalentes de objetos ou seres vivos quando divididos por um plano imaginário que passa pelo eixo central do corpo.

Os animais adultos apresentam dois tipos principais de simetria: a bilateral e a radial.

Na **simetria bilateral**, apenas um plano imaginário divide o corpo do animal em duas metades equivalentes: a esquerda e a direita. Esse tipo de simetria é encontrado na maioria dos grupos de animais, inclusive no ser humano.

Na **simetria radial**, mais de um plano imaginário divide o corpo do animal em partes iguais. Esse tipo de simetria pode ocorrer em cnidários, como as águas-vivas, e nos equinodermos adultos, como as estrelas-do-mar.

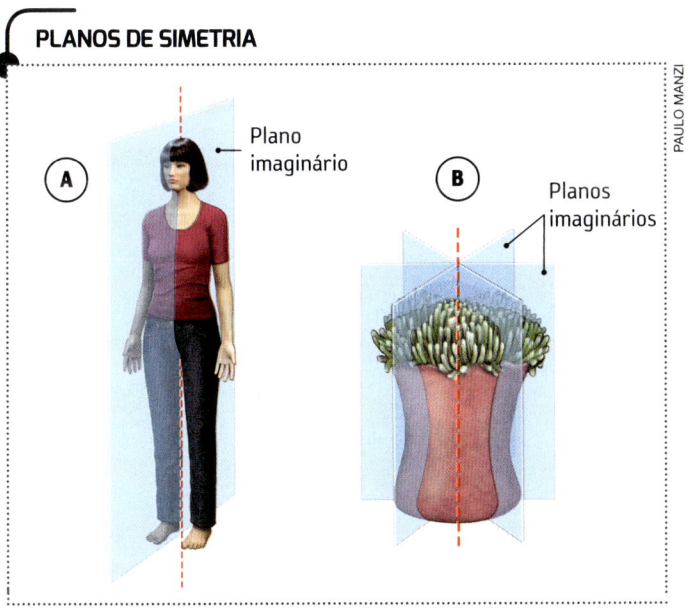

PLANOS DE SIMETRIA

A simetria pode ser bilateral, como no ser humano (**A**), ou radial, como na anêmona-do-mar (**B**). (Imagens sem escala; cores-fantasia.)

Fonte: FRANSOZO, A.; NEGREIROS-FRANSOZO, M. L. *Zoologia dos invertebrados*. São Paulo: Roca, 2017.

ATIVIDADES DOS ANIMAIS

Os animais apresentam algumas atividades típicas, que podem ser feitas de diferentes formas. Entre elas, pode-se destacar:

Digestão: esse processo age sobre os alimentos, transformando-os em nutrientes, materiais menores que podem ser absorvidos pelas células e são utilizados para a produção de energia, a construção do corpo, a formação de reservas etc. A digestão pode ser extracelular, ocorrendo fora das células, ou intracelular, quando acontece dentro de uma célula.

Respiração: esse termo costuma ser utilizado com dois significados. Um deles é o de troca gasosa, quando os animais captam gás oxigênio do ambiente e liberam gás carbônico. Isso pode ser feito por estruturas especializadas, como pulmões e brânquias, ou pela superfície corpórea. Outro significado para esse termo está relacionado à produção de energia, em um processo que ocorre dentro das células, consumindo gás oxigênio e produzindo gás carbônico. Esse processo é denominado respiração celular.

Excreção: o metabolismo dos animais produz excretas, materiais que são tóxicos se ficarem acumulados nas células ou no corpo. As excretas podem ser eliminadas diretamente pela superfície do corpo ou através de um sistema excretório.

Circulação e transporte: os materiais que os animais produzem e utilizam precisam ser transportados pelo corpo. Em animais formados por poucas células, esses materiais podem ser transportados de célula para célula. Já em animais maiores, é necessário um fluido para transportá-los, como o sangue, que é impulsionado pelo sistema circulatório.

Reprodução: todos os animais se reproduzem, e essa reprodução pode ser sexuada ou assexuada. Na reprodução sexuada, os animais podem ser machos, fêmeas ou hermafroditas, que apresentam aparelhos reprodutores masculino, feminino ou ambos. As células reprodutivas, denominadas gametas, unem-se para formar um novo indivíduo; esse processo é denominado **fecundação**. O desenvolvimento pode ser direto, quando o descendente nasce com todas as estruturas do adulto, ou indireto, quando ele passa por um estágio intermediário. Já a fecundação pode ser interna, quando ocorre dentro do corpo, ou externa, quando acontece no ambiente.

DE OLHO NO TEMA

1. Cite três características compartilhadas por animais invertebrados e vertebrados.

2. Em duplas, classifiquem alguns dos objetos que vocês usam no dia a dia de acordo com o tipo de simetria que apresentam: bilateral ou radial.

TEMA 2
PORÍFEROS E CNIDÁRIOS

Poríferos e cnidários são animais exclusivamente aquáticos, e sua organização corporal é relativamente simples.

PORÍFEROS

Os poríferos pertencem ao filo Porifera e são popularmente chamados de esponjas. São animais aquáticos; a maioria vive em ambientes marinhos, embora também existam espécies de água doce. Os indivíduos adultos são sésseis, ou seja, vivem fixados em substratos, como rochas e conchas.

Esponja tubular da espécie *Aplysina archeri*. Muitas espécies de esponjas tubulares abrigam em seu interior diversos organismos, como peixes, camarões e alguns equinodermos. Esses organismos aproveitam a proteção oferecida pelo corpo da esponja e o fluxo de água para se alimentar.

1,5 m

144

Os poríferos são heterótrofos e **filtradores**. Ao filtrar a água, capturam seres microscópicos para se alimentar e realizam trocas gasosas e excreção com a água pela superfície corpórea.

Os poríferos possuem organização corporal muito simples: não apresentam nenhum tipo de órgão nem de tecido. Algumas espécies de esponjas são assimétricas, ou seja, não existe um plano de corte imaginário que divida o corpo desses animais em metades iguais.

Esses animais já foram utilizados como esponjas de banho e, atualmente, também são pesquisados por materiais que podem curar doenças.

Podem se reproduzir assexuada ou sexuadamente. Na reprodução sexuada, os gametas masculinos, denominados **espermatozoides**, são liberados na água, enquanto o gameta feminino, chamado **óvulo**, fica retido no corpo, onde é fecundado, ou seja, a fecundação é interna e gera uma larva, que se locomove até encontrar um local onde possa se desenvolver em uma esponja adulta séssil. Assim, o desenvolvimento é indireto.

Séssil: que vive fixo ao chão ou a algum outro substrato.

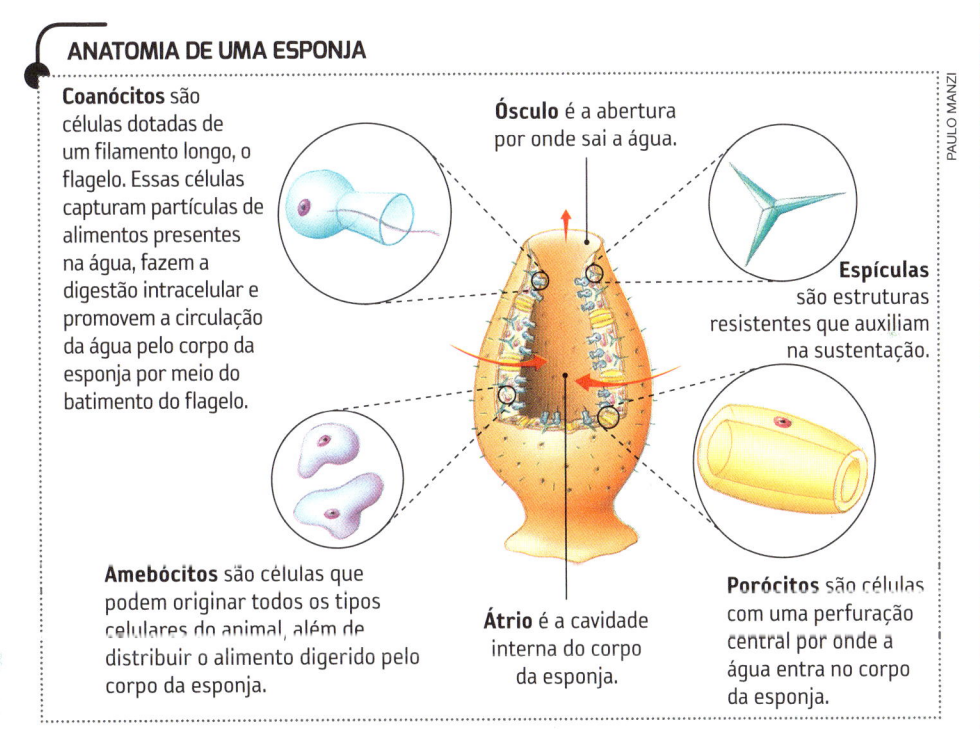

ANATOMIA DE UMA ESPONJA

Coanócitos são células dotadas de um filamento longo, o flagelo. Essas células capturam partículas de alimentos presentes na água, fazem a digestão intracelular e promovem a circulação da água pelo corpo da esponja por meio do batimento do flagelo.

Ósculo é a abertura por onde sai a água.

Espículas são estruturas resistentes que auxiliam na sustentação.

Amebócitos são células que podem originar todos os tipos celulares do animal, além de distribuir o alimento digerido pelo corpo da esponja.

Átrio é a cavidade interna do corpo da esponja.

Porócitos são células com uma perfuração central por onde a água entra no corpo da esponja.

Corte longitudinal de uma esponja. As setas vermelhas indicam o caminho da água, que entra pelos porócitos, passa pelo átrio e sai pelo ósculo. O batimento dos flagelos dos coanócitos promove a circulação da água, possibilitando a alimentação, a respiração e a excreção do animal. (Imagem sem escala; cores-fantasia.)

Fonte: BRUSCA, R. C. et al. *Invertebrados*. 2. ed. Rio de Janeiro: Guanabara Koogan, 2007.

ENTRANDO NA REDE

No endereço **http://mod.lk/ah0md** há imagens e informações sobre diversos seres vivos marinhos. Acesso em: jul. 2018.

CNIDÁRIOS

Os cnidários pertencem ao filo Cnidaria, que inclui animais como as águas-vivas, as anêmonas-do-mar e os corais. Apresentam simetria radial e vivem apenas em ambientes aquáticos, principalmente marinhos, mas também há espécies de água doce.

O corpo dos cnidários pode se organizar de duas formas diferentes ao longo de seu ciclo de vida: pólipo e medusa. Algumas espécies apresentam apenas uma dessas formas. Os pólipos geralmente têm formato cilíndrico, com a boca localizada na parte superior do corpo. São sésseis, vivendo fixados a muitos tipos de superfície, como a das rochas.

As medusas são de vida livre e muitas são capazes de nadar. Seu corpo geralmente tem formato semelhante ao de um guarda-chuva, com a boca localizada na parte inferior.

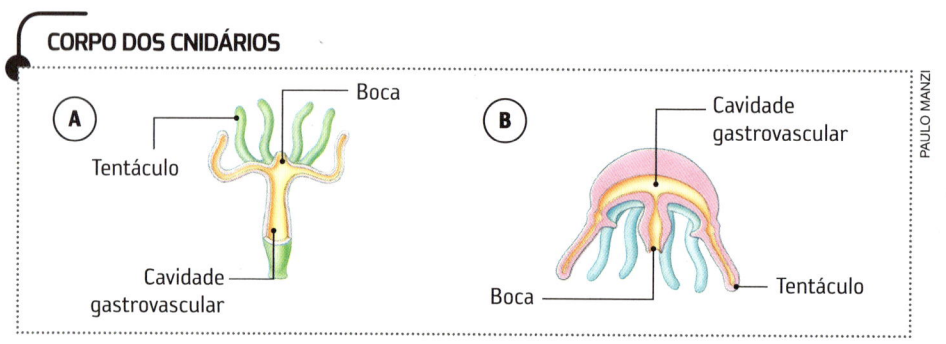

CORPO DOS CNIDÁRIOS

Representação das formas de organização do corpo dos cnidários (em corte): (**A**) pólipo; (**B**) medusa. (Imagens sem escala; cores-fantasia.)

Fonte: BARNES, R. D. et al. *Zoologia dos invertebrados*. 7. ed. São Paulo: Roca, 2005.

Os cnidários são predadores e capturam pequenos animais com o auxílio de **tentáculos**, que geralmente se localizam ao redor da boca. Os tentáculos têm células urticantes, os **cnidoblastos**, que, ao serem tocados, disparam filamentos que liberam substâncias tóxicas na presa, paralisando-a. Os cnidoblastos são utilizados também para defesa.

Após ser capturado, o alimento é levado pelos tentáculos até a boca do cnidário e passa para a cavidade gastrovascular, onde ocorre parte da digestão, que se completa no interior das células. Os materiais não digeridos são expelidos pela boca.

Nos cnidários pode ocorrer tanto a reprodução assexuada (geralmente realizada pelos pólipos) quanto a reprodução sexuada (geralmente realizada pelas medusas). Na reprodução sexuada, os gametas são produzidos pelas medusas, a fecundação geralmente é externa, e o zigoto dá origem a uma larva, que nada até encontrar um local para se fixar e formar um novo pólipo.

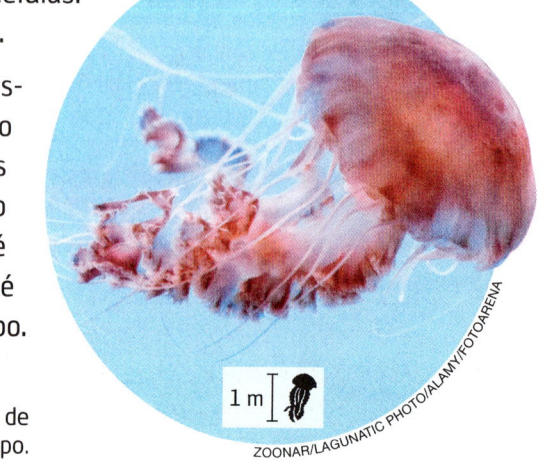

Medusa da espécie *Chrysaora achlyos*, cujo ciclo de vida inclui a forma de medusa e a de pólipo.

No ciclo de vida de diversas espécies de cnidários ocorre alternância de gerações. Gerações de pólipos (fase assexuada do ciclo) se alternam com gerações de medusas (fase sexuada do ciclo). Medusas-machos liberam espermatozoides e medusas-fêmeas produzem os óvulos. Após a fecundação, forma-se o zigoto, que dá origem a uma larva. A larva fixa-se ao substrato, transformando-se em pólipo, o qual se desenvolve e dá origem, de forma assexuada, a novas medusas.

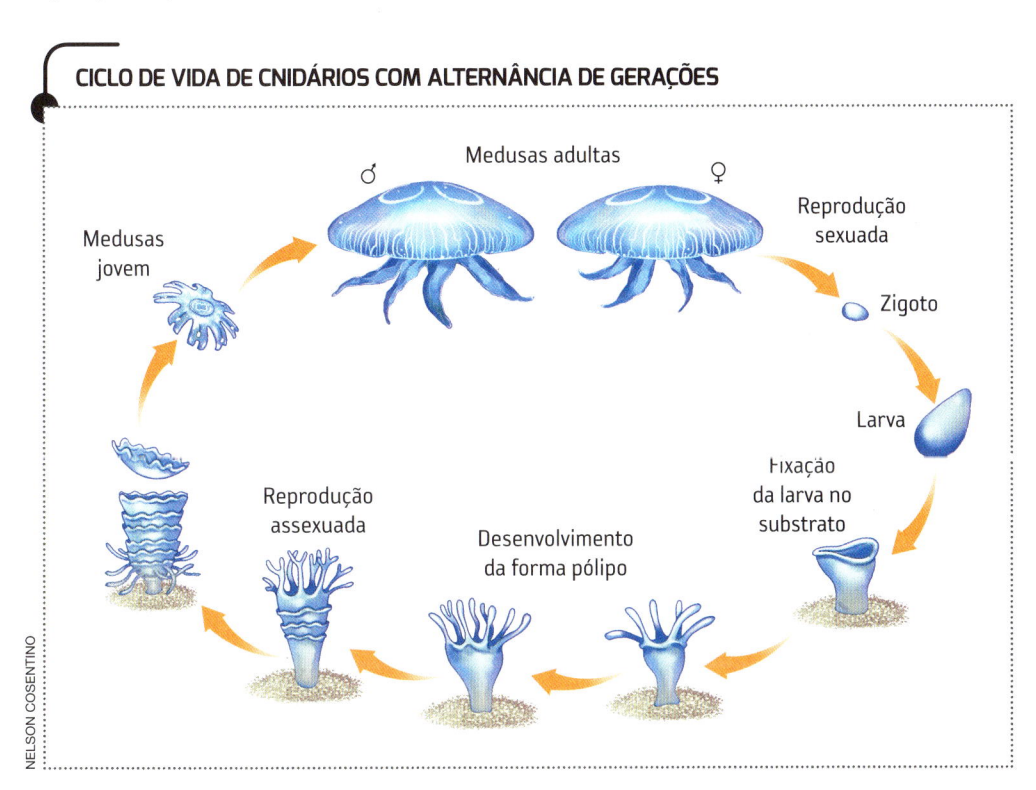

CICLO DE VIDA DE CNIDÁRIOS COM ALTERNÂNCIA DE GERAÇÕES

Várias espécies de cnidários apresentam ciclo de vida com alternância de gerações. (Imagens sem escala; cores-fantasia.)

Fonte: BARNES, R. D. et al. *Zoologia dos invertebrados*. 7. ed. São Paulo: Roca, 2005.

ACIDENTES COM CNIDÁRIOS

Durante o verão aumenta a incidência de acidentes envolvendo seres humanos e animais marinhos, entre eles os cnidários, como as águas-vivas e as caravelas-portuguesas.

O contato de banhistas com os tentáculos desses animais estimula a liberação dos filamentos dos cnidoblastos, que liberam toxinas que podem causar ardência, bolhas e lesões semelhantes a queimaduras.

Em caso de acidente, não é recomendado esfregar o local afetado nem lavar com água doce, o que pode aumentar a liberação da toxina. Deve-se procurar um médico para avaliação.

DE OLHO NO TEMA

1. Que semelhanças existem entre poríferos e cnidários?
2. Alguns animais, como as tartarugas marinhas, possuem dieta alimentar baseada em águas-vivas. A parte interna da boca das tartarugas é coberta por uma grossa camada de queratina. Qual é a importância dessa característica das tartarugas para sua alimentação?

TEMA 3

PLATELMINTOS, NEMATELMINTOS E ANELÍDEOS

Platelmintos, nematelmintos e anelídeos têm corpo com aspecto similar.

Ventral: relativo à parte anterior ou inferior do corpo dos animais.

PLATELMINTOS

Os platelmintos pertencem ao filo Platyhelminthes. Apresentam **corpo alongado** e **achatado**. Algumas espécies são de vida livre e vivem no mar, em água doce ou, como as planárias, em solos úmidos. Há também espécies que causam doenças, inclusive no ser humano, como as tênias e o esquistossomo.

Platelmintos de vida livre alimentam-se de pequenos animais ou de restos de animais em decomposição. Sua boca está localizada na extremidade de um tubo alongado, a faringe, na face ventral do corpo. O intestino ramifica-se por todo o corpo, auxiliando na distribuição dos nutrientes. A digestão é extra e intracelular. Os platelmintos não possuem ânus; por isso os restos não aproveitados dos alimentos são eliminados pela boca. Não possuem sistema circulatório ou respiratório, trocam gases diretamente com o ambiente pela superfície corpórea.

Algumas espécies são **parasitas**, ou seja, vivem no interior de outro organismo e se alimentam dele, denominado hospedeiro. Alguns, como as tênias, não têm boca nem sistema digestório e absorvem os nutrientes pela superfície corpórea. Podem existir dois tipos de hospedeiros: o **hospedeiro intermediário**, onde ocorre a reprodução assexuada do parasita, e o **hospedeiro definitivo**, onde ocorre a reprodução sexuada. As doenças causadas por platelmintos e nematelmintos são conhecidas como verminoses.

Os platelmintos podem se reproduzir assexuada ou sexuadamente. Algumas espécies são hermafroditas, enquanto outras apresentam indivíduos macho e fêmea. A reprodução assexuada ocorre por meio da divisão do corpo das planárias, seguida pela regeneração das partes em novos organismos completos.

Dugesia gonocephala, uma espécie de platelminto de vida livre.

DOENÇAS CAUSADAS POR PLATELMINTOS

ESQUISTOSSOMOSE

É causada pelo esquistossomo, platelminto da espécie *Schistosoma mansoni*. Machos e fêmeas adultos instalam-se nos vasos sanguíneos do intestino, do fígado e do baço do ser humano, onde se reproduzem.

A esquistossomose traz complicações que podem levar à morte. Entre os sintomas estão a diarreia e o aumento do tamanho do fígado e do baço, decorrente do acúmulo de plasma (parte líquida do sangue) na região abdominal, que dilata. Em virtude disso, a doença é conhecida popularmente como **barriga-d'água**.

O tratamento da doença é feito com o uso de medicamentos específicos. A prevenção da esquistossomose inclui o tratamento adequado dos esgotos domésticos, o tratamento dos doentes e a eliminação do caramujo (hospedeiro intermediário). Deve-se também evitar o contato com águas contaminadas.

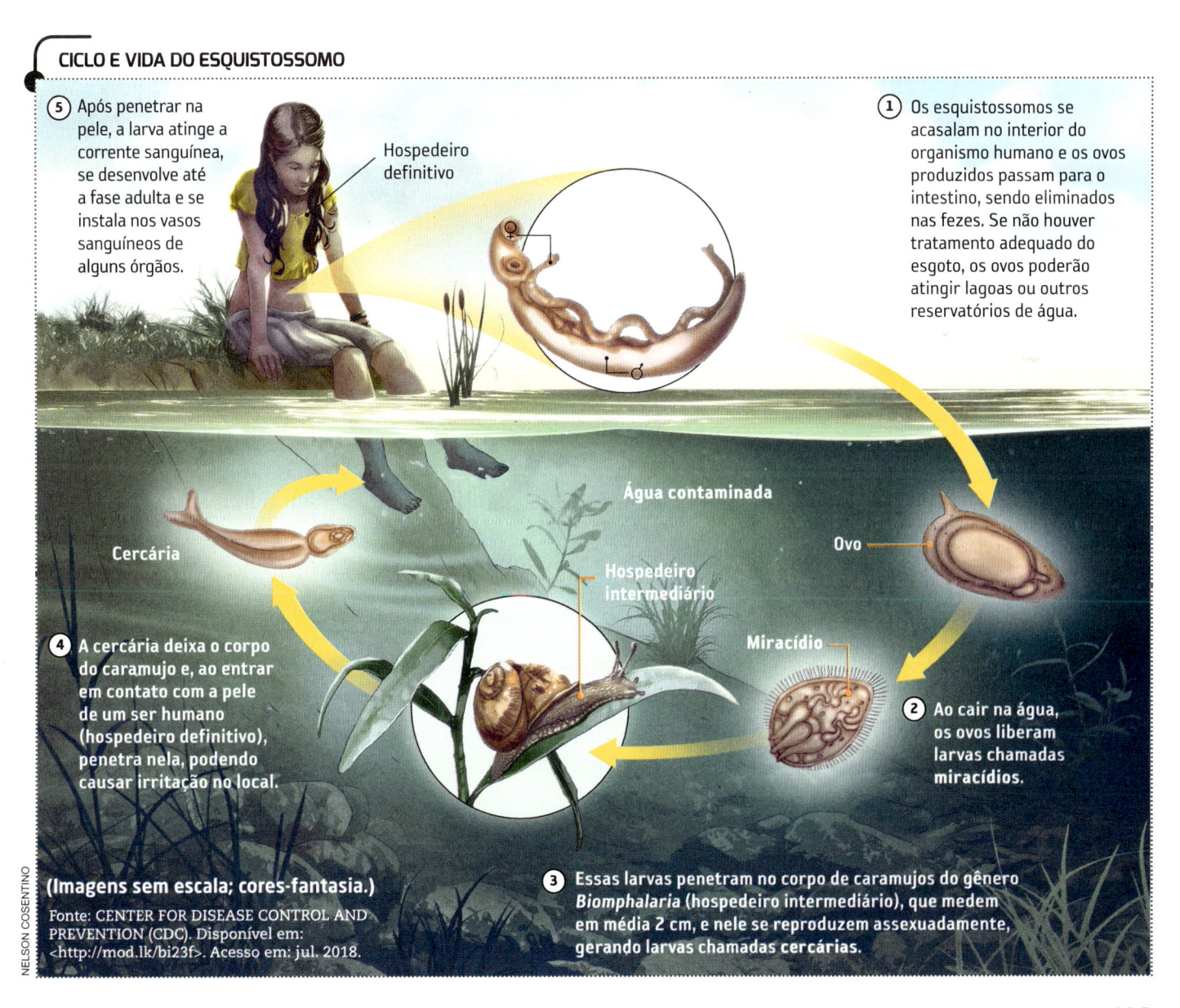

CICLO E VIDA DO ESQUISTOSSOMO

① Os esquistossomos se acasalam no interior do organismo humano e os ovos produzidos passam para o intestino, sendo eliminados nas fezes. Se não houver tratamento adequado do esgoto, os ovos poderão atingir lagoas ou outros reservatórios de água.

② Ao cair na água, os ovos liberam larvas chamadas miracídios.

③ Essas larvas penetram no corpo de caramujos do gênero *Biomphalaria* (hospedeiro intermediário), que medem em média 2 cm, e nele se reproduzem assexuadamente, gerando larvas chamadas **cercárias**.

④ A cercária deixa o corpo do caramujo e, ao entrar em contato com a pele de um ser humano (hospedeiro definitivo), penetra nela, podendo causar irritação no local.

⑤ Após penetrar na pele, a larva atinge a corrente sanguínea, se desenvolve até a fase adulta e se instala nos vasos sanguíneos de alguns órgãos.

(Imagens sem escala; cores-fantasia.)

Fonte: CENTER FOR DISEASE CONTROL AND PREVENTION (CDC). Disponível em: <http://mod.lk/bi23f>. Acesso em: jul. 2018.

TENÍASE

A doença é causada por platelmintos do gênero *Taenia*, também chamados de solitária. Adquire-se teníase pela ingestão de carne de boi ou de porco malcozida e contaminada por larvas, os **cisticercos**. Duas espécies de tênia são parasitas dos seres humanos: a *Taenia solium*, que é contraída ao se ingerir carne de porco contaminada com cisticercos, e a *Taenia saginata*, que pode ser contraída pela ingestão de carne bovina nessas mesmas condições.

O verme adulto vive preso ao intestino do hospedeiro por ganchos e ventosas localizados na cabeça. As tênias são hermafroditas, e seu corpo é dividido em partes chamadas **proglótides**. A reprodução sexuada ocorre por autofecundação, quando um indivíduo hermafrodita fecunda a si mesmo, formando muitos ovos que são eliminados com as proglótides nas fezes. No ambiente, os ovos podem contaminar água e alimentos.

Diarreia, cansaço, alterações no apetite, perda de massa corpórea e dores abdominais são sintomas de teníase. A prevenção consiste em tratar esgotos domésticos, evitar a ingestão de carne de porco ou de boi malcozida e cuidar dos doentes.

CICLO DE VIDA DA *TAENIA SOLIUM*

(**1**) Cada proglótide produz gametas masculinos e femininos que se fecundam, formando muitos ovos.
(**2**) As proglótides grávidas, cheias de ovos, se destacam do corpo da tênia e são eliminadas com as fezes da pessoa infectada.
(**3**) Os ovos podem contaminar o ambiente e, se forem ingeridos por suínos, se alojam na carne desses animais, formando larvas denominadas cisticercos. Caso os ovos da tênia sejam ingeridos por uma pessoa, as larvas que deles eclodem podem se instalar em alguns órgãos, como os músculos e o cérebro. Diz-se então que esse indivíduo contraiu cisticercose.
(**4**) Ao comer carne de porco malcozida contendo cisticercos, a pessoa ingere essas formas do parasita, que em seu intestino darão origem a tênias adultas. Nesse caso, esse indivíduo terá teníase.

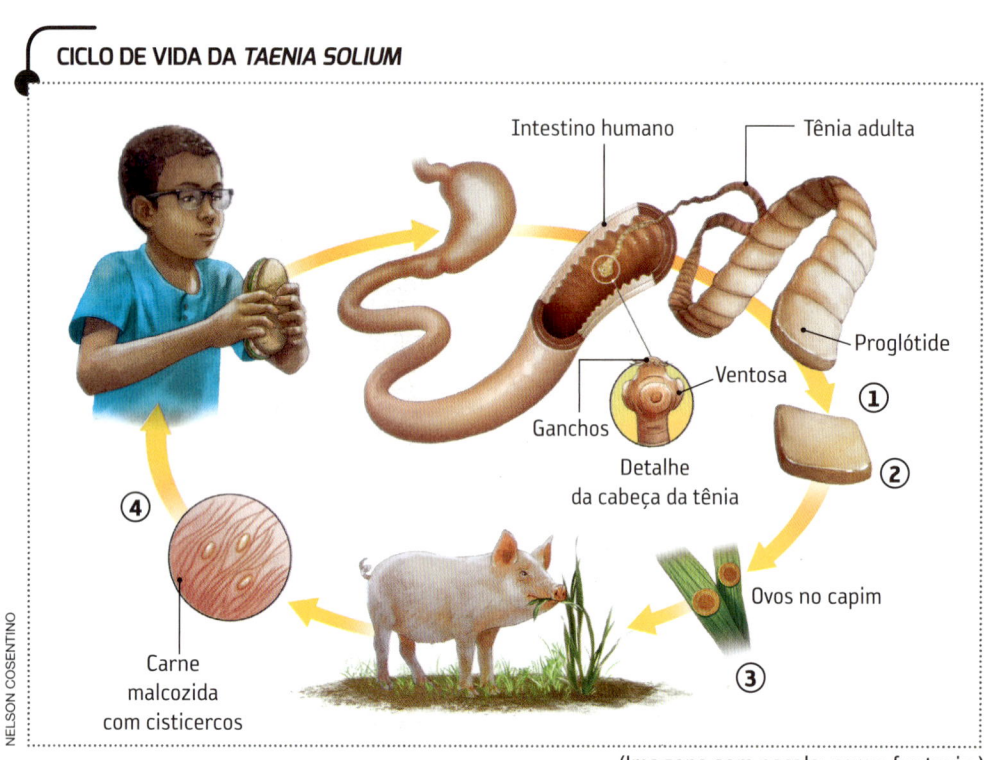

(Imagens sem escala; cores-fantasia.)

Fonte: CENTER FOR DISEASE CONTROL AND PREVENTION (CDC). Disponível em: <http://mod.lk/yn5xn>. Acesso em: jul. 2018.

CISTICERCOSE

Os causadores da cisticercose também são as tênias. Nessa doença, o contágio ocorre pela ingestão dos ovos das tênias, e não as larvas, que contaminam a água e os alimentos, como frutas e verduras. Dentro do corpo humano, os ovos dão origem a larvas que podem se alojar em diversos órgãos, como os olhos, os músculos, os pulmões e o cérebro. Os sintomas variam dependendo da localização dos cisticercos.

A prevenção da cisticercose consiste na utilização de instalações sanitárias adequadas, no tratamento dos esgotos domésticos, no tratamento dos doentes e na higienização adequada de frutas e hortaliças que serão ingeridas cruas.

NEMATELMINTOS

Os nematódeos pertencem ao filo Nematoda. Uma de suas características é o **corpo cilíndrico**, alongado e com extremidades afiladas. Podem viver no mar, na água doce ou em solo úmido, em diferentes tipos de clima.

Algumas espécies têm vida livre e alimentam-se de pequenos animais e plantas, enquanto outras são parasitas. Os parasitas geralmente têm o corpo revestido por camadas resistentes, que os protegem em ambientes hostis.

O alimento é ingerido pela boca e os restos são eliminados pelo ânus. A digestão começa no intestino e completa-se no interior das células; é, portanto, extra e intracelular. Os sistemas respiratório e circulatório são ausentes nesses animais.

Geralmente os nematódeos apresentam sexos separados, sendo a fêmea maior que o macho. A reprodução é sexuada e a fecundação é interna.

Nematódeo *Ditylenchus* sp., um parasita de plantas.

A lombriga (*Ascaris lumbricoides*) é um exemplo de nematelminto.

DOENÇAS CAUSADAS POR NEMATÓDEOS

ANCILOSTOMÍASE

Pode ser causada pelos vermes *Ancylostoma duodenale* ou *Necator americanus*. Os vermes adultos vivem aderidos à parede do intestino por ganchos e placas cortantes presentes na boca. Como eles se alimentam do sangue da pessoa parasitada, os doentes costumam apresentar, entre outros sintomas, fraqueza, sangue nas fezes, anemia e pele amarelada. Por esse motivo, a ancilostomíase também é conhecida como **amarelão**.

Os vermes se reproduzem no intestino, liberando ovos que são eliminados com as fezes. No ambiente, os ovos podem contaminar o solo e liberar larvas que podem penetrar a pele de seres humanos. Através da pele, entram na circulação sanguínea e passam por diversos órgãos, até finalmente se instalarem no intestino, onde se tornam vermes adultos.

Entre as medidas de prevenção da doença incluem-se a coleta e o tratamento adequado do esgoto doméstico, a utilização de calçados para evitar o contato com as larvas que vivem no solo e o tratamento dos doentes.

ASCARIDÍASE

É provocada pelo *Ascaris lumbricoides*, popularmente conhecido como **lombriga**. A ingestão de água e de alimentos contaminados com ovos desse nematódeo causa a doença. Os ovos ingeridos liberam larvas que perfuram o intestino e entram na corrente sanguínea do hospedeiro. As larvas chegam aos pulmões, perfuram-nos e sobem em direção à boca, provocando tosse, o que possibilita que sejam engolidas. De volta ao intestino, as larvas se desenvolvem até se tornar lombrigas adultas. Nesse órgão, machos e fêmeas se reproduzem e formam ovos que são liberados com as fezes.

Essa verminose provoca cansaço, dores abdominais e perda de peso. Em casos mais graves, em que há grande quantidade de vermes, podem ocorrer obstruções intestinais que requerem intervenções cirúrgicas.

Entre as medidas de prevenção da doença destacam-se a construção de instalações sanitárias adequadas que impeçam a contaminação de água potável e de alimentos, a fervura da água antes do consumo, a correta higienização dos alimentos consumidos crus, como frutas e verduras, e o tratamento dos doentes.

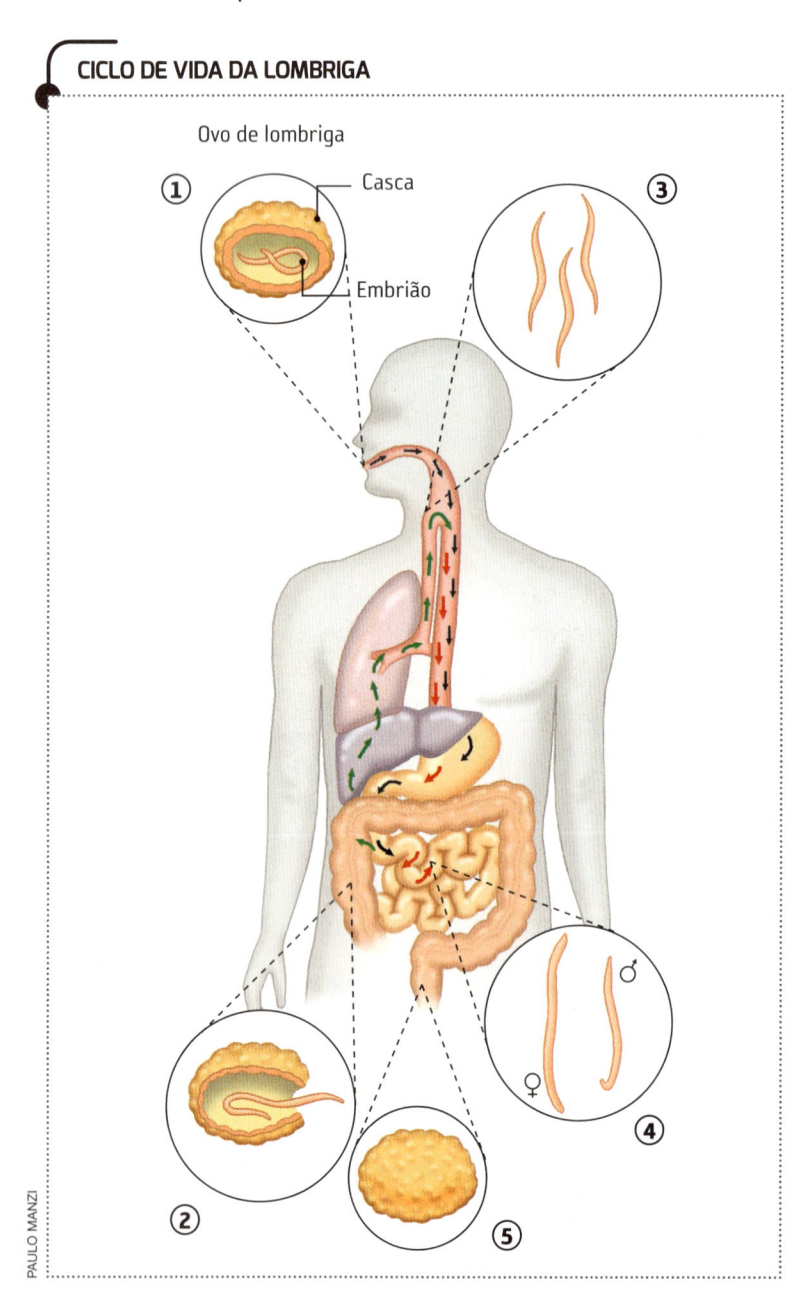

CICLO DE VIDA DA LOMBRIGA

Ovo de lombriga
- Casca
- Embrião

Verminoses

O objeto interativo traz informações de algumas doenças provocadas por platelmintos e nematelmintos.

(**1**) Ingestão de água ou de alimentos contaminados por ovos de lombriga.

(**2**) Eclosão dos ovos e liberação das larvas no intestino. Elas perfuram esse órgão e, transportadas pela circulação sanguínea, atingem os pulmões. (Comprimento ≈ 0,2 mm.)

(**3**) Larvas de lombriga migram do pulmão para a traqueia e são engolidas. (Comprimento ≈ 3 mm.)

(**4**) Os vermes adultos se reproduzem sexuadamente no intestino, formando ovos. (Comprimento ≈ 20 cm a 30 cm.)

(**5**) Eliminação dos ovos pelas fezes.

→ Chegada dos ovos ao intestino.

→ Caminho das larvas do intestino aos pulmões pela corrente sanguínea, subindo pela traqueia, até serem engolidas.

→ Chegada das larvas engolidas ao intestino (local definitivo).

(Imagens sem escala; cores-fantasia.)

Fonte: CENTER FOR DISEASE CONTROL AND PREVENTION (CDC). Disponível em: <http://mod.lk/roe7x>. Acesso em: jul. 2018.

ANELÍDEOS

Os anelídeos, como as minhocas, as sanguessugas e os poliquetas, pertencem ao filo Annelida. Esses animais apresentam corpo cilíndrico dividido em vários **segmentos** ou **anéis** e ocupam diversos ambientes: marinhos, de água doce e terrestres úmidos.

Todos os anelídeos possuem sistema digestório com boca e ânus e digestão extracelular. A maioria respira pela pele, que é fina e úmida.

Sanguessuga *Haemadipsa picta*, anelídeo parasita que se alimenta de sangue e de secreções corporais de vertebrados.

Outra característica de muitos anelídeos é a presença de cerdas na superfície externa do corpo. Trata-se de pequenos filamentos rígidos que auxiliam na locomoção. Eles podem ser classificados em grupos com base no número de cerdas do corpo. Alguns anelídeos não apresentam essas cerdas.

Geralmente não possuem sistema respiratório, fazendo as trocas gasosas pela superfície corpórea. Seu sistema circulatório é fechado, ou seja, o sangue é transportado em vasos sanguíneos.

A maioria dos anelídeos apresenta reprodução sexuada e fecundação cruzada, ou seja, entre dois indivíduos diferentes. Ela pode ser interna ou externa.

As minhocas têm grande importância na agricultura. Quando se deslocam no solo, criam túneis por onde o ar e a água penetram e chegam facilmente às plantas. As fezes desses animais ajudam a compor o húmus, material rico em matéria orgânica que auxilia na nutrição das plantas. Já as sanguessugas são utilizadas em alguns tratamentos médicos, sendo úteis em pacientes que precisam reconstruir vasos sanguíneos, como os que tiveram membros reimplantados.

O poliqueto séssil da espécie *Serpula vermicularis* apresenta filamentos ao redor da boca relacionados à respiração e à alimentação.

DE OLHO NO TEMA

1. Todos os nematelmintos são parasitas? Explique sua resposta.
2. A teníase e a cisticercose são doenças provocadas pelos mesmos agentes, a *Taenia solium* ou a *Taenia saginata*. Em relação à forma de contágio do ser humano, qual é a diferença entre essas doenças?
3. Liste algumas características das minhocas que as tornam importantes agentes ambientais.

TEMA 4 — MOLUSCOS, ARTRÓPODES E EQUINODERMOS

> Moluscos, artrópodes e equinodermos têm organização corporal mais complexa que outros invertebrados.

MOLUSCOS

Os moluscos pertencem ao filo Mollusca. Podem ser encontrados em ambientes aquáticos, principalmente marinhos, ou terrestres. São exemplos desse filo o caramujo, a ostra, o marisco, a lesma, a lula e o polvo.

O corpo dos moluscos apresenta simetria bilateral. É recoberto por um tecido, o **manto**. Em muitas espécies, esse tecido é responsável pela produção de uma concha de proteção calcária que os envolve parcial ou totalmente.

Os moluscos apresentam grande variedade de formas, mas todos possuem corpo mole. O corpo desses animais pode ser dividido em **cabeça**, **saco visceral** e **pé**. Na cabeça estão a boca e os órgãos, como olhos e tentáculos, relacionados à percepção de estímulos. O saco visceral contém os órgãos internos relacionados à digestão, respiração, excreção, circulação e reprodução. O pé é uma estrutura musculosa responsável pela movimentação e fixação do animal.

A digestão desses animais pode ser intra ou extracelular, e os restos não aproveitados são eliminados pelo ânus. A respiração em alguns moluscos é realizada por brânquias, estruturas de paredes finas por onde circula o sangue, enquanto outros respiram por meio de estruturas similares a pulmões, que são cavidades internas revestidas pelo manto e ricamente vascularizadas pelo sistema circulatório.

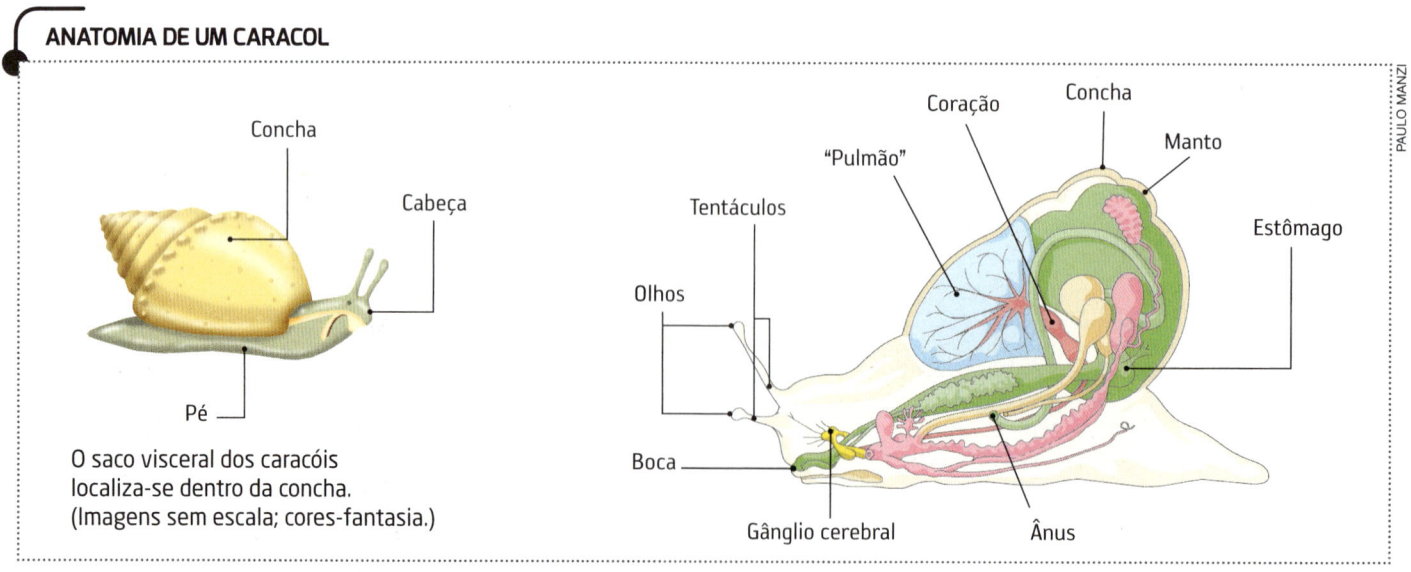

ANATOMIA DE UM CARACOL

O saco visceral dos caracóis localiza-se dentro da concha.
(Imagens sem escala; cores-fantasia.)

Fonte: BRUSCA, R. C.; BRUSCA, G. J. *Invertebrados*. 2. ed. Rio de Janeiro: Guanabara Koogan, 2007.

Nos moluscos, a reprodução é sexuada, a fecundação é cruzada e, dependendo da espécie, pode ser externa ou interna. Há espécies hermafroditas, como a maioria dos caramujos, e espécies em que os sexos são separados, como as lulas e os polvos. Muitas espécies aquáticas apresentam estágio de larva.

CLASSIFICAÇÃO DOS MOLUSCOS

Os moluscos podem ser divididos em alguns grupos. Os gastrópodes têm como representantes os caramujos e as lesmas; os bivalves são representados por ostras, mariscos e mexilhões; e os cefalópodes podem ser exemplificados pelas lulas, pelos náutilos e pelos polvos.

Gastrópodes, como o caramujo *Helix aspersa*, podem ter concha e apresentam uma língua raspadora, a **rádula**.

Os bivalves, como o marisco *Anodonta cygnea*, habitam exclusivamente ambientes aquáticos e têm o corpo protegido por uma concha constituída de duas partes, chamadas valvas.

Os náutilos, como o *Nautilus pompilius* são cefalópodes que possuem concha.

Os cefalópodes, como o polvo *Octopus vulgaris*, são moluscos exclusivamente marinhos e apresentam tentáculos que partem da cabeça, daí o nome "cefalópodes" (*cephalo* = cabeça; *podos* = pés). Os tentáculos são usados para locomoção e apreensão de presas.

ARTRÓPODES

Os artrópodes, representantes do filo Arthropoda, correspondem a cerca de 80% de todos os animais já descritos. Eles apresentam **apêndices articulados**, especializados em diferentes funções, e um esqueleto externo, o **exoesqueleto**, rígido e impermeável, que minimiza a perda de água por evaporação e fornece proteção e suporte para os músculos dos apêndices articulados. Em algumas regiões do corpo, como nas pernas, o esqueleto tem articulações que possibilitam a movimentação.

Besouro *Podabrus tomentosus*. Repare nos apêndices articulados desse animal.

De tempos em tempos, os artrópodes precisam trocar o exoesqueleto, pois ele é rígido e não permite o crescimento do animal. Esse processo se chama **muda** ou ecdise e, durante ele, o corpo do animal se expande, pois o novo exoesqueleto se mantém flexível durante um período. Passado esse tempo, ele se torna rígido novamente.

O corpo dos artrópodes é segmentado e dividido em cabeça, tórax e abdome. Em alguns artrópodes, como os camarões, os caranguejos e as aranhas, a cabeça e o tórax formam uma estrutura única, o cefalotórax. Vários representantes dos artrópodes têm a capacidade de voar.

O tubo digestório dos artrópodes tem boca e ânus, e a digestão é extracelular. A maioria das espécies apresenta reprodução sexuada, e a fecundação pode ser externa ou interna, com desenvolvimento direto ou indireto. Os artrópodes são divididos em alguns grupos.

Libélula da espécie *Pyrrhosoma nymphula* em processo de muda.

CRUSTÁCEOS

O grupo dos crustáceos inclui animais como o camarão, o siri e os tatuzinhos-de-jardim. Seu corpo se divide em **cefalotórax** e **abdome** e apresenta cinco ou mais pares de apêndices, além de dois pares de antenas. A respiração dos crustáceos aquáticos é feita por brânquias. A maioria apresenta sexos separados. A reprodução é sexuada, com fecundação interna ou externa dependendo da espécie. Algumas espécies incubam os ovos, de onde eclodem animais jovens semelhantes aos adultos. Na maioria das vezes, porém, dos ovos eclodem larvas, que se desenvolverão em adultos.

O caranguejo *Ocypode quadrata*, conhecido como maria-farinha, vaza-maré, guruçá e outros nomes, é comum nas praias brasileiras.

ARACNÍDEOS

O grupo dos aracnídeos é formado por artrópodes terrestres, como as aranhas, os escorpiões, os ácaros e os carrapatos. O corpo dos aracnídeos geralmente é dividido em **cefalotórax** e **abdome**. No cefalotórax, há quatro pares de pernas, um par de quelíceras (apêndices relacionados à manipulação de alimento) e um par de pedipalpos (apêndices que têm funções diversas nos diferentes grupos de aracnídeos). Alguns aracnídeos, como aranhas e escorpiões, apresentam uma secreção tóxica denominada **peçonha**. Acidentes envolvendo esses animais podem causar problemas de saúde e até ser fatais, especialmente para crianças.

No final do abdome, as aranhas possuem glândulas que produzem seda. Associadas a elas, existem pequenos apêndices que se movem e tecem a seda. Entre outras funções, a seda é empregada na construção de **teias**, utilizadas como armadilhas para as presas e na construção de ninhos e de abrigo para os ovos. Geralmente, os aracnídeos têm sexos separados, fecundação interna e desenvolvimento direto.

ENTRANDO NA REDE

Para informações sobre acidentes com animais peçonhentos, primeiros socorros e produção de soros, consulte a página do Instituto Butantã: **http://mod.lk/yvagd**.
Acesso em: jul. 2018.

A tarântula-negra (*Grammostola pulchra*) é nativa do Brasil e do norte do Uruguai.

INSETOS

Os insetos constituem o grupo de artrópodes com maior número de espécies. Seu corpo divide-se em **cabeça**, **tórax** e **abdome**. A cabeça possui um par de antenas, um par de olhos e apêndices relacionados à alimentação, chamados **peças bucais**.

Nos insetos, os sexos são separados. A reprodução é sexuada com fecundação interna, e a fêmea põe ovos que se desenvolvem em novos indivíduos. O desenvolvimento pode ser direto ou indireto. O conjunto de transformações pelas quais um inseto passa até adquirir a forma adulta no desenvolvimento indireto é denominado **metamorfose**, que pode ser completa ou incompleta.

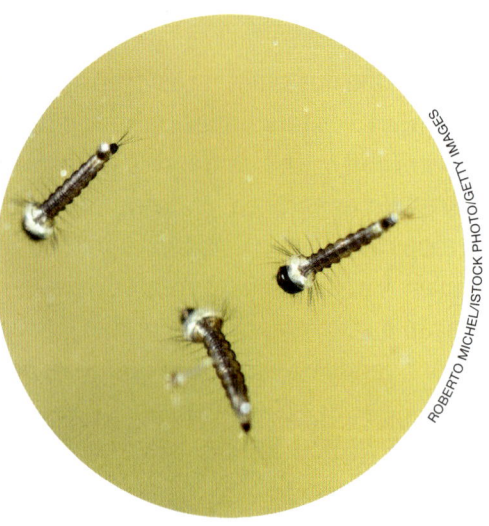

Larvas de mosquito da espécie *Aedes aegypti* se desenvolvendo sob a superfície da água. Elas dificilmente podem ser vistas sem o auxílio de aparelhos como uma lupa.

METAMORFOSE COMPLETA

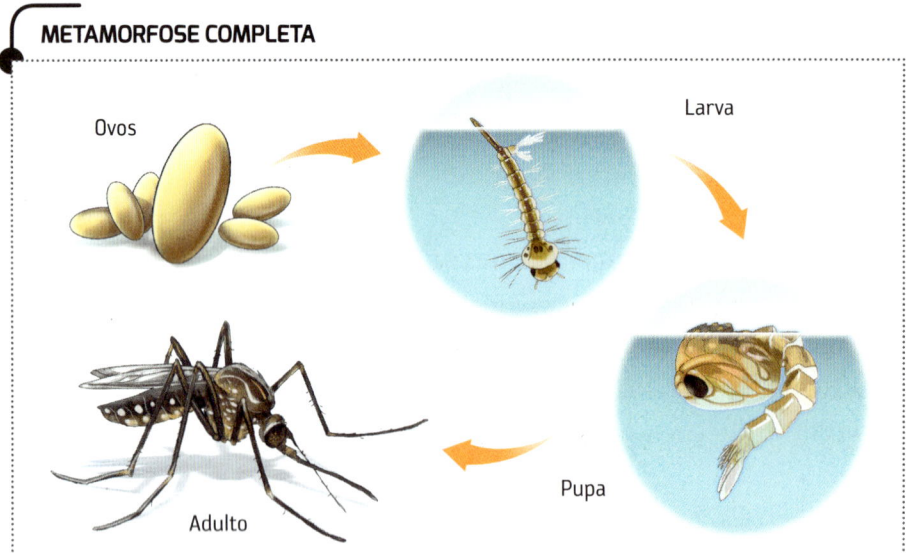

Metamorfose completa de um mosquito. Nesse processo, do ovo nasce uma larva bem diferente do adulto. A larva transforma-se em pupa e, depois de passar por profundas modificações, origina o adulto. (Imagens sem escala; cores-fantasia.)

METAMORFOSE INCOMPLETA

Metamorfose incompleta de um gafanhoto. Nesse caso, do ovo nasce a **ninfa**, indivíduo semelhante ao adulto, porém sem asas. A ninfa passa por sucessivas mudas até originar um adulto alado. (Imagens sem escala; cores-fantasia.)

Fonte das ilustrações: FRANSOZO, A.; NEGREIROS-FRANSOZO, M. L. *Zoologia dos invertebrados*. São Paulo: Roca, 2017.

QUILÓPODES E DIPLÓPODES

Os quilópodes e os diplópodes são artrópodes terrestres que vivem no solo e preferem locais úmidos e sombreados, como embaixo de pedras, troncos ou folhas caídas.

Esses animais apresentam o **corpo alongado** e dividido em **cabeça** e **tronco**. Na cabeça há um par de antenas e ocelos (olhos simples). O tronco é formado por muitos segmentos, cada um deles com um ou dois pares de pernas.

Os representantes dos quilópodes são as lacraias e as centopeias. Os indivíduos desse grupo têm um par de pernas por segmento do corpo. Já os diplópodes são popularmente conhecidos como piolhos-de-cobra, gongolos ou embuás. Têm dois pares de pernas por segmento do corpo.

Lacraia do gênero *Scolopendra* sp. As lacraias são predadores ágeis e inoculam veneno nas presas.

EQUINODERMOS

O filo Echinodermata é composto de animais exclusivamente marinhos, como o ouriço-do-mar e a estrela-do-mar. Todos os equinodermos possuem um **endoesqueleto** (esqueleto interno) calcário. Com poucas exceções, os equinodermos adultos têm simetria radial. Sua digestão é exclusivamente extracelular, e o tubo digestório tem boca e ânus.

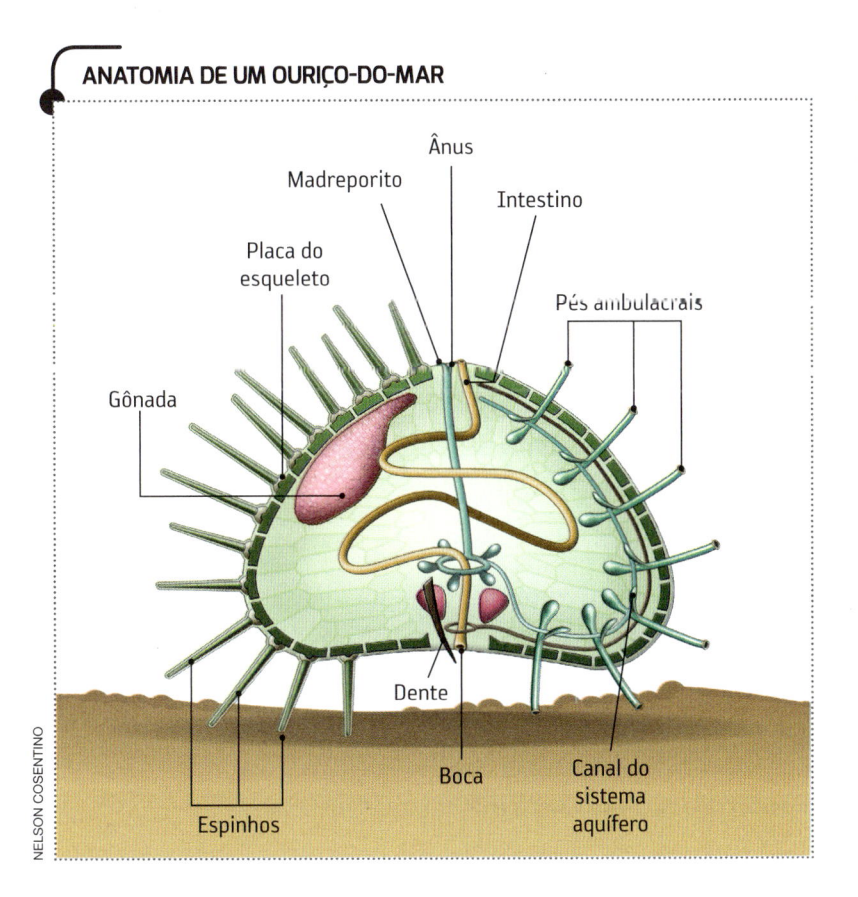

ANATOMIA DE UM OURIÇO-DO-MAR

(Ânus, Madreporito, Intestino, Placa do esqueleto, Pés ambulacrais, Gônada, Dente, Boca, Canal do sistema aquífero, Espinhos)

Corte longitudinal de um ouriço-do-mar. Nos equinodermos, a água do mar entra pelo madreporito, circula por diversos canais e chega aos pés ambulacrais. (Imagem sem escala; cores-fantasia.)

Fonte: BRUSCA, R. C.; BRUSCA, G. J. *Invertebrados*. 2. ed. Rio de Janeiro: Guanabara Koogan, 2007.

Uma característica exclusiva desse grupo é a presença de um **sistema aquífero** no interior do corpo. Esse sistema é formado por um conjunto de canais preenchidos por um líquido composto basicamente de água do mar. Esses canais se comunicam com apêndices chamados **pés ambulacrais**, que podem ser usados na locomoção, na alimentação e na fixação do animal. A água do mar entra no sistema por uma placa perfurada do esqueleto, o madreporito.

Grande parte dos representantes desse filo possui sexos separados. A reprodução pode ser assexuada ou sexuada. A fecundação é externa, e o desenvolvimento é indireto.

Algumas estrelas-do-mar podem se reproduzir assexuadamente quando o corpo é dividido em dois ou mais pedaços que contenham uma parte do disco central. Cada pedaço é capaz de regenerar o resto do organismo e originar uma nova estrela-do-mar.

Estrela-do-mar da espécie *Linckia multifora* em processo de regeneração. Ela pode regenerar braços danificados e até mesmo originar um novo animal a partir de um único braço que contenha parte do disco central.

DE OLHO NO TEMA

1. Cite características compartilhadas por polvos, caracóis de jardim e ostras.

2. Cite uma característica comum a todos os artrópodes que contribui para sua ocupação em quase todos os ambientes da Terra. Justifique sua escolha.

3. Sabe-se que as estrelas-do-mar se alimentam de ostras. Como estratégia para eliminar estrelas-do-mar de um tanque de cultivo de ostras, um criador decidiu cortá-las ao meio com o intuito de matá-las, mas, inadvertidamente, devolveu-as ao tanque. A longo prazo, o que deve acontecer com o tamanho da população de estrelas-do-mar dentro do tanque? Justifique.

ATIVIDADES
TEMAS 1 A 4

ORGANIZAR O CONHECIMENTO

1. Transcreva o quadro a seguir em seu caderno, completando-o com as informações solicitadas.

	Teníase	Cisticercose	Esquistossomose
Parasita causador			
Hospedeiros			
Forma de contágio			

2. Observe as fases de desenvolvimento do inseto abaixo e responda às questões.

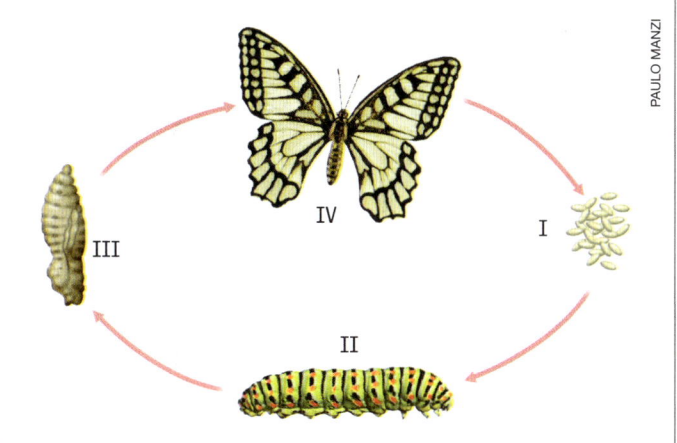

(Imagem sem escala; cores-fantasia.)

a) Qual é o tipo de desenvolvimento: direto ou indireto?
b) Ocorre metamorfose? Em caso positivo, de qual tipo: completa ou incompleta? Justifique.
c) Qual é o nome de cada uma das etapas?

ANALISAR

3. Os biólogos de um aquário perceberam que o tubarão que estava em exposição apresentava alguns ferimentos, semelhantes a queimaduras, na região ventral do corpo. Notaram, então, a presença de poríferos, planárias, algas e vários pólipos de cnidários no fundo do tanque onde o tubarão descansava.

   • Com base nessas informações, qual é a possível causa dos ferimentos no tubarão? Justifique sua resposta.

4. Uma das possíveis árvores filogenéticas que explicam a evolução de alguns grupos de animais está mostrada a seguir.

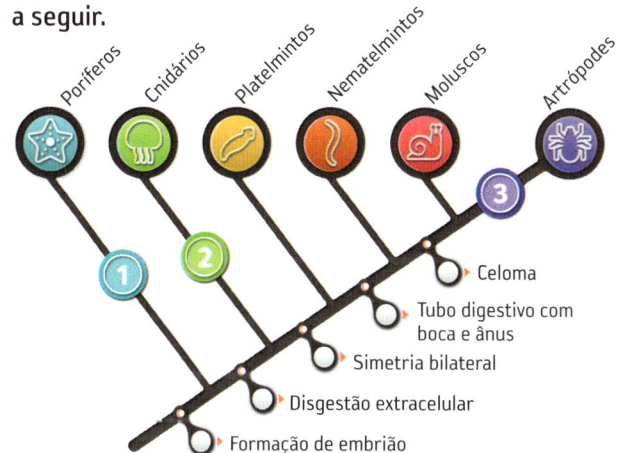

Os números indicam características que aparecem nos respectivos grupos. Quais seriam elas?

5. Leia o texto e faça o que se pede.
   No final da década de 1990, criadores, donos de estufas e agricultores da Inglaterra estavam alarmados com o sumiço repentino das minhocas. Esse desaparecimento coincidia com o surgimento de organismos amarelados semelhantes a lesmas. Pouco tempo depois, descobriu-se que essas "lesmas", que estavam se alimentando das minhocas, eram na verdade planárias terrestres que tinham vindo com a terra trazida em vasos de plantas exóticas da Oceania.

   a) Aponte pelo menos duas diferenças entre as lesmas e as planárias.
   b) Que consequências ambientais o desaparecimento das populações de minhocas pode provocar?

COMPARTILHAR

6. Quando se estuda biodiversidade, aprende-se sobre diversos animais que nunca vimos. Vários deles, inclusive, parecem "inúteis" e "supérfluos", sem relação com o mundo em que vivemos. Será que é assim mesmo?
   Com um colega, faça uma pesquisa sobre algum animal ou grupo para responder às seguintes questões:
   • Esse animal ou grupo tem papel ambiental?
   • Esse animal ou grupo tem papel econômico?
   • Esse animal ou grupo tem alguma relação com a sociedade?
   Após a pesquisa, façam uma rápida apresentação para a classe, explicando as relações do animal ou grupo.

EXPLORE

Larvas de moscas em cadáveres podem ajudar peritos a esclarecer casos de morte

[...] O estudo das larvas de moscas encontradas em cadáveres fornece informações que podem ajudar os peritos e médicos legistas a esclarecerem as circunstâncias da morte, aponta pesquisa da Faculdade de Medicina da USP (FMUSP), em conjunto com o Instituto Adolfo Lutz. O trabalho de doutorado da bióloga Maria Luiza Cavallari demonstra que os insetos podem servir como marcadores do local em que a morte ocorreu. Resultados preliminares de experimentos com animais indicam que substâncias como cocaína e chumbinho (veneno para ratos) têm efeitos diferentes no desenvolvimento das larvas, o que também pode auxiliar no trabalho de perícia.

O estudo é [...] coorientado por Daniel Romero Muñoz, professor da FMUSP. Muñoz conta que a linha de pesquisa [...] com os insetos surgiu devido a um caso de perícia que terminou em dúvida. "O corpo de um homem foi encontrado num apartamento em adiantado estado de decomposição, o que impediu que a necrópsia e o exame toxicológico apontassem as causas da morte", afirma.

"O exame das larvas no cadáver mostrou que elas eram de mosca-de-estábulo, inseto que não é endêmico em áreas urbanas. Se houvesse um estudo indicando a região de origem, seria possível investigar se o corpo foi trazido de outro local e averiguar a possibilidade de homicídio." Segundo o professor, as larvas também podem trazer indícios de mortes associadas ao consumo de substâncias tóxicas, como casos de *overdose*, suicídios e até mesmo homicídios.

"Na medida em que elas alimentam-se do cadáver, elas serão afetadas pelas substâncias existentes no corpo. Assim, as larvas podem ser submetidas a uma análise toxicológica para verificar a presença de drogas", observa o professor. "Em um experimento do laboratório, larvas alimentadas com cocaína apresentaram um crescimento excepcional, atingindo o dobro do tamanho normal."

BERNARDES, J. *Jornal da USP*, 2 set. 2016. Disponível em: <http://mod.lk/ankpg>. Acesso em: jul. 2018.

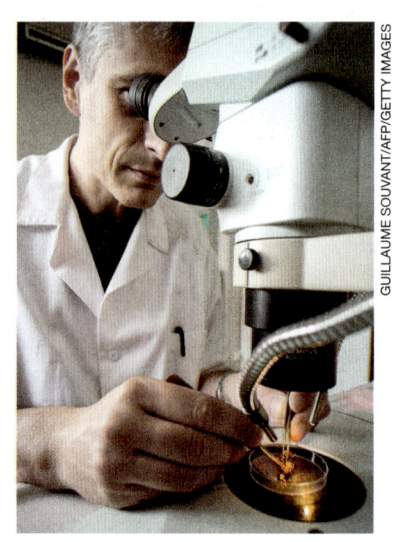

Estudar a forma, a reprodução e como se alimentam insetos pode ajudar a solucionar crimes.

Endêmico: restrito a determinada região.

ATIVIDADES

1. Como o estudo da região de origem de um inseto pode ajudar a solucionar um crime?

2. Suponha que sejam encontradas larvas e algumas pupas de mosca-varejeira (*Calliphora vomitoria*) em um cadáver recém-localizado. Leia as informações a seguir e estime há quanto tempo essa pessoa morreu.

   Ciclo de vida da varejeira: a eclosão dos ovos se dá de 0 a 18 horas (pode ocorrer desenvolvimento parcial dentro da fêmea). As larvas levam de 7 a 12 dias para atingir a maturidade. O período de pupa dura entre 14 e 20 dias.

ATITUDES PARA A VIDA

- **Esforçar-se por exatidão e precisão**

  Nos exames forenses, é essencial que observações, medidas e avaliações sejam feitas com bastante precisão, para que os resultados sejam aceitos por preitos, juízes e advogados. Em muitos casos, a resposta para a investigação está no detalhe.

TEMA 5

PEIXES E ANFÍBIOS

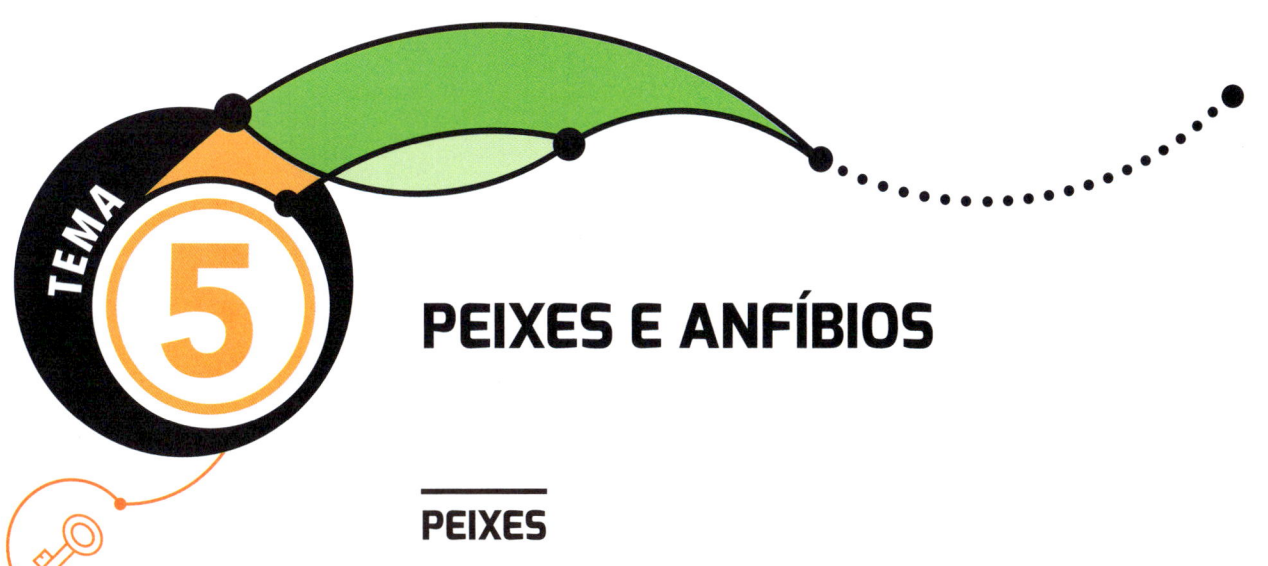

A dependência do ambiente aquático caracteriza peixes e anfíbios.

PEIXES

Os peixes apresentam uma grande variedade de formas e tamanhos. Existem espécies que vivem em água doce e outras que vivem em água salgada. As seguintes características são compartilhadas pela maioria das espécies:

- A pele dos peixes secreta um **muco**, que lubrifica a superfície do corpo e ajuda no deslocamento do animal na água.
- Apresentam **nadadeiras**, órgãos responsáveis pela locomoção no meio aquático.
- A respiração da maioria dos peixes ocorre por meio de **brânquias**, estruturas ricas em vasos sanguíneos e especializadas na realização de trocas gasosas com a água.
- Os peixes apresentam nas laterais do corpo uma estrutura sensorial, a **linha lateral**, com a qual captam as vibrações aquáticas, que lhes possibilitam a percepção do movimento e da direção das correntes de água em torno do corpo.
- A maioria das espécies é **ectotérmica**, ou seja, depende de fontes externas de calor para regular a temperatura do corpo, que, em geral, varia de acordo com a temperatura do ambiente.

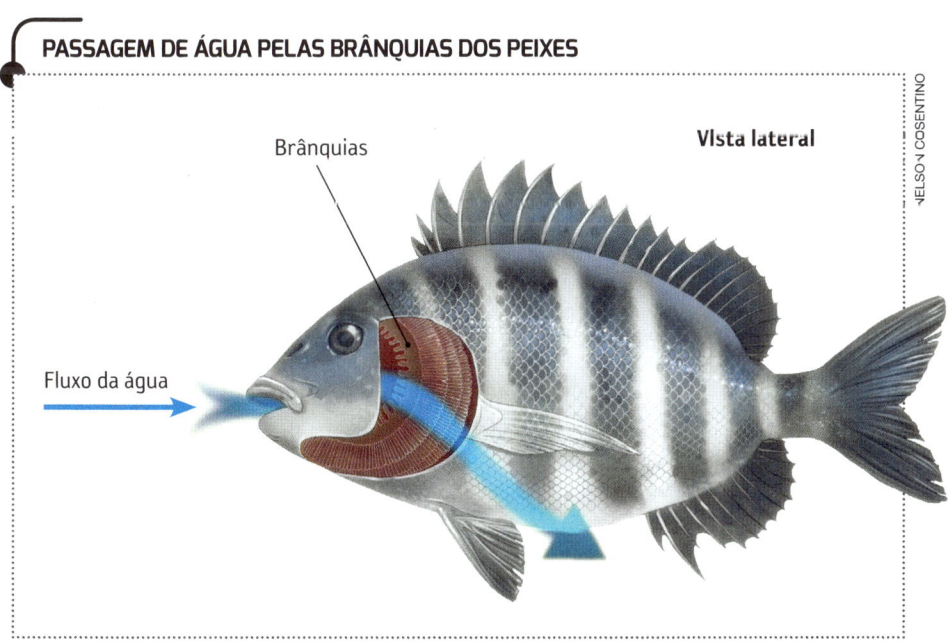

PASSAGEM DE ÁGUA PELAS BRÂNQUIAS DOS PEIXES

Na respiração branquial, a água entra pela boca, é direcionada para as brânquias e sai pela abertura branquial. A troca de gases ocorre quando a água atravessa as brânquias: o gás oxigênio dissolvido na água passa para o sangue nos vasos sanguíneos, e o gás carbônico trazido pelos vasos sanguíneos é liberado na água que sai pela abertura branquial. (Imagem sem escala; cores-fantasia.)

Fonte: POUGH, F. H. et al. *A vida dos vertebrados*. 4. ed. São Paulo: Atheneu, 2008.

Nem todos os tubarões alimentam-se de peixes. O tubarão-baleia (*Rhincodon typus*) se alimenta de plâncton, grupo de seres microscópicos que fica próximo à superfície.

12 m

PEIXES ÓSSEOS E CARTILAGINOSOS

Existem cerca de 27 mil espécies de peixes. A maior parte delas é classificada em dois grandes grupos: **peixes cartilaginosos**, caracterizados pela presença de esqueleto cartilaginoso, sem tecido ósseo; e **peixes ósseos**, que apresentam esqueleto ósseo com cartilagens.

Tubarões e raias são exemplos de peixes cartilaginosos. Eles apresentam um **esqueleto de cartilagens** resistentes e a pele revestida por escamas muito pequenas chamadas **dentículos**. O fígado desses animais acumula óleo, que os auxilia na flutuação.

Em peixes ósseos, as brânquias são recobertas por uma estrutura óssea em forma de lâmina denominada opérculo. Há um grupo de peixes que, além de brânquias, apresenta pulmões rudimentares. São os peixes pulmonados, também chamados dipnoicos.

A fecundação é interna. Os machos apresentam uma modificação em uma de suas nadadeiras, a nadadeira pélvica, chamada **clásper**, que é utilizada na cópula.

Podem ser ovíparos, ovovivíparos ou vivíparos, e as fêmeas geralmente têm poucos filhotes.

Existe uma grande diversidade de peixes ósseos (mais de 20 mil espécies) que vivem em praticamente todos os ambientes aquáticos. Eles apresentam um esqueleto com ossos calcificados e cartilagens, **pele mucosa** revestida por **escamas** e **bexiga natatória**, um órgão que ajuda a regular a flutuação do peixe de acordo com a quantidade de gás que fica em seu interior.

A maioria dos peixes ósseos tem sexos separados, apresenta fecundação externa e é ovípara, podendo depositar no ambiente desde algumas dezenas até milhares de ovos.

35 cm

Criaturas das profundezas do oceano

Dos seres marinhos encontrados na animação, quais são peixes? Que característica, presente na maioria das espécies desse grupo, é visivelmente comum entre os peixes que avistou? Disponível em <http://mod.lk/ac7u05>

Ovíparos: animais que se reproduzem por ovos postos e incubados no ambiente externo.

Ovovivíparos: animais que se reproduzem por ovos incubados no interior do organismo materno.

Vivíparos: animais que se reproduzem sem ovos, dando à luz filhotes formados dentro do corpo materno.

Cavalo-marinho (*Hippocampus abdominalis*). O macho carrega os ovos, que são incubados em uma bolsa ventral.

ANFÍBIOS

Os anfíbios são representados por sapos, rãs, pererecas, salamandras e cobras-cegas. O nome anfíbio (do grego *amphi* = dupla; *bios* = vida) deve-se ao fato de a maioria das espécies passar uma parte da vida na água e a outra em terra firme. Os animais dessa classe foram os primeiros vertebrados a colonizar o meio terrestre, embora parte de sua vida ainda dependa do meio aquático. Algumas das principais características dos anfíbios são mencionadas a seguir.

- São ectotérmicos.

- Dependem do meio aquático, visto que precisam viver em ambientes úmidos para evitar a dessecação da pele e necessitam da água para a fecundação e a postura de seus ovos.

- Na maioria das espécies, a respiração dos indivíduos adultos é pulmonar e cutânea. Na pulmonar, as trocas gasosas ocorrem nos pulmões, enquanto na respiração cutânea as trocas são feitas diretamente através da pele, que é dotada de glândulas mucosas. Nas fases larvais e nos adultos de algumas espécies, a respiração é branquial.

- A maioria é ovípara e apresenta fecundação externa. Na maioria das espécies dos anfíbios, os ovos são colocados na água e originam larvas aquáticas chamadas de girinos, que sofrem metamorfose e se desenvolvem em indivíduos adultos.

GLÂNDULAS DE VENENO

As **glândulas paratoides** dos sapos liberam substâncias tóxicas ao serem pressionadas. Essas glândulas servem de defesa contra predadores. Quando um sapo é abocanhado por um predador, suas paratoides, ao serem pressionadas, liberam o veneno, fazendo com que o predador solte o sapo.

GLÂNDULAS PARATOIDES

Glândulas paratoides em sapo. (Imagens sem escala; cores-fantasia.)

Fonte: MUSEU DE ZOOLOGIA VIRTUAL – UNIVERSIDADE FEDERAL DA BAHIA. Anfíbios. Disponível em: <http://mod.lk/njl8n>. Acesso em: jul. 2018.

Os sapos apresentam pele enrugada e membros posteriores curtos e preferem viver em solos úmidos. Na foto, indivíduo do gênero *Leptodactylus*.

ENTRANDO NA REDE

No endereço **http://mod.lk/t9bm4** há informações sobre anfíbios brasileiros e outros animais.
Acesso em: jul. 2018.

DE OLHO NO TEMA

1. **Que característica compartilhada por todos os peixes os auxilia a perceber o ambiente mesmo na ausência de luz?**

2. **Os anfíbios dependem do ambiente aquático? Explique.**

TEMA 6

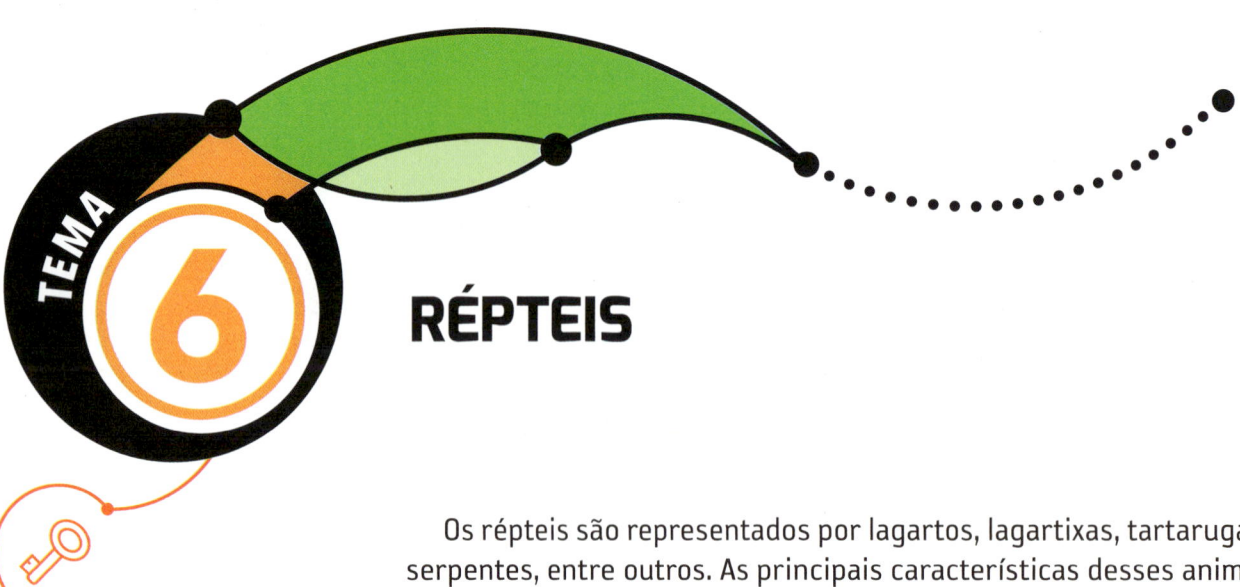

RÉPTEIS

Os répteis são representados por lagartos, lagartixas, tartarugas, jacarés, serpentes, entre outros. As principais características desses animais são:

- ovo com casca rígida, que protege o embrião contra a dessecação e choques mecânicos. Esse tipo de ovo contém reservas de água e nutrientes, utilizadas pelo embrião durante seu desenvolvimento e apresneta estruturas que dificultam a perda de água para o ambiente;

- a pele da maioria dos répteis é revestida por escamas ou placas córneas, que evitam a perda de água;

- são ectotérmicos;

- geralmente são ovíparos com fecundação interna;

- os répteis conseguem sobreviver em ambientes secos porque perdem pouca água pela superfície corpórea (em razão das placas córneas); assim como seus embriões (devido ao tipo de ovo). A fecundação interna também é importante, já que torna a reprodução independente de água para carregar os gametas.

Algumas características dos répteis permitem que eles sobrevivam em ambientes secos.

2,5 m

Jacarés, crocodilos e gaviais apresentam focinho alongado, dentes afiados e corpo recoberto de placas córneas, formando uma couraça resistente. Na imagem, jacaré (*Caiman yacare*).

Lagartos (como lagartixas, iguanas e camaleões) e serpentes, como a jiboia (*Boa constrictor*) da imagem, têm corpo revestido por escamas. Eles realizam mudas de pele ao longo da vida.

Tartarugas, cágados e jabutis apresentam uma carapaça dura, constituída por placas ósseas, em volta do tronco. Essa carapaça funciona como proteção contra predadores. Na imagem, tartaruga-verde (*Chelonia mydas*).

ANIMAIS VENENOSOS E PEÇONHENTOS

Animais venenosos são aqueles que produzem toxinas (veneno), mas não apresentam estruturas para inoculá-las em suas vítimas, ou seja, dependem do contato físico para que essas toxinas sejam liberadas. Esse é o caso de alguns sapos, rãs e peixes. Já animais peçonhentos são aqueles capazes de inocular as toxinas em outros animais. Esses animais possuem estruturas especializadas na introdução da peçonha no organismo da vítima. Esse é o caso de algumas serpentes, que têm dentes ligados às glândulas de peçonha.

DE OLHO NO TEMA

- Quais são as principais características compartilhadas por todos os répteis que favoreceram a conquista do meio terrestre por esse grupo? Justifique sua resposta.

Animais peçonhentos. **(A)** Serpentes, como a *Crotalus viridis*, possuem um par de dentes modificados que utilizam para inocular peçonha. **(B)** Acidentes com escorpiões ocorrem com frequência e são potencialmente graves, especialmente para crianças e idosos. Os do gênero *Tityus*, como o escorpião-amarelo (*T. serrulatus*), são os principais envolvidos nesses acidentes.

TEMA 7

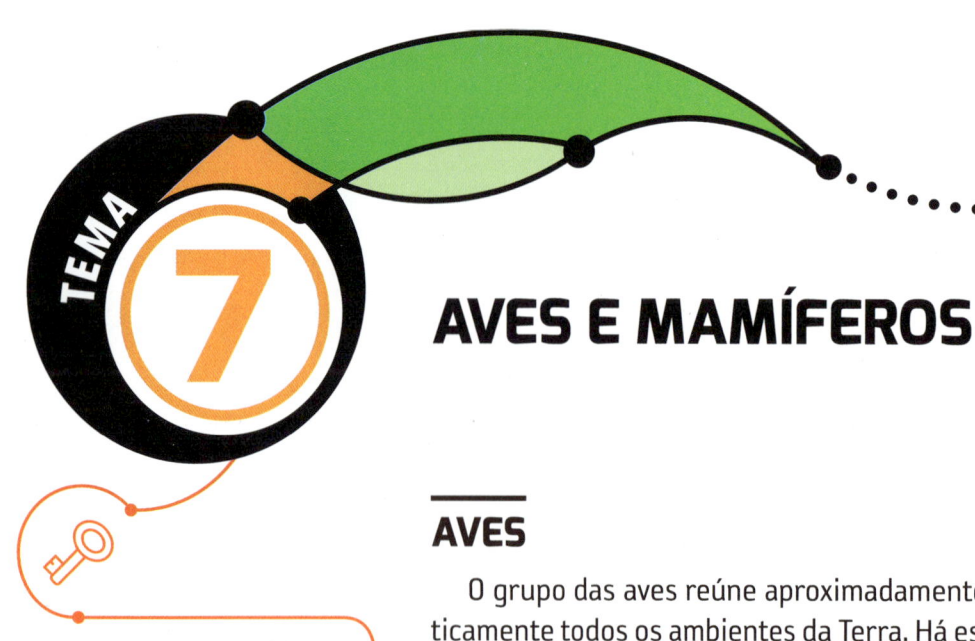

AVES E MAMÍFEROS

A capacidade de manter a temperatura corporal fez as aves e os mamíferos conquistarem diversos locais.

AVES

O grupo das aves reúne aproximadamente 9 mil espécies, que ocupam praticamente todos os ambientes da Terra. Há espécies exclusivamente terrestres, que não voam, como a ema e o avestruz; outras que são voadoras, como os beija-flores e os gaviões; e existem ainda aquelas que podem nadar e se alimentar no meio aquático, como os patos e os pinguins.

Algumas das principais características das aves são:

- são animais **endotérmicos**, ou seja, regulam sua temperatura pelo controle da produção de calor interno. Assim, sua temperatura corporal é mantida praticamente constante, não dependendo da variação da temperatura do ambiente;

- o corpo é recoberto por penas, que auxiliam no voo e na manutenção da temperatura corporal, pois retêm uma camada de ar sob elas, exercendo a função de isolante térmico. Elas também têm função no voo;

- possuem bico e não têm dentes. O formato e o tamanho do bico estão relacionados ao tipo de alimentação;

- espécies aquáticas apresentam na pele glândulas uropigianas, que secretam uma substância oleosa, ajudando na impermeabilização das penas;

- respiram por pulmões, que estão ligados a expansões chamadas sacos aéreos;

- são animais ovíparos com fecundação interna. Os ovos protegem o embrião da desidratação e apresentam substâncias de reserva.

CAPACIDADE DE VOO

A capacidade de voo é uma característica marcante das aves. Ao facilitar o rápido deslocamento, o voo deu a esses animais a possibilidade de chegar a lugares dificilmente alcançados por outros animais e de ocupar diversos territórios.

Inúmeras características possibilitam o voo. Os membros anteriores são **asas** recobertas por estruturas leves, as **penas**; apresentam **quilha** ou **carena**, estrutura na qual se prendem os músculos peitorais, responsáveis pelos batimentos das asas durante o voo; possuem **ossos pneumáticos**, que são ossos ocos, preenchidos de ar. O esqueleto das aves é muito mais leve que o de outros vertebrados, e os sacos aéreos, expansões do pulmão, maximizam a capacidade respiratória e influenciam a massa e densidade corpórea.

A ema *Rhea americana* é uma ave que não voa, mas é excelente corredora. Ela se alimenta de sementes, folhas, frutos, insetos, roedores, moluscos terrestres e outros pequenos animais. (1,3 m)

SISTEMA ESQUELÉTICO E RESPIRATÓRIO DAS AVES

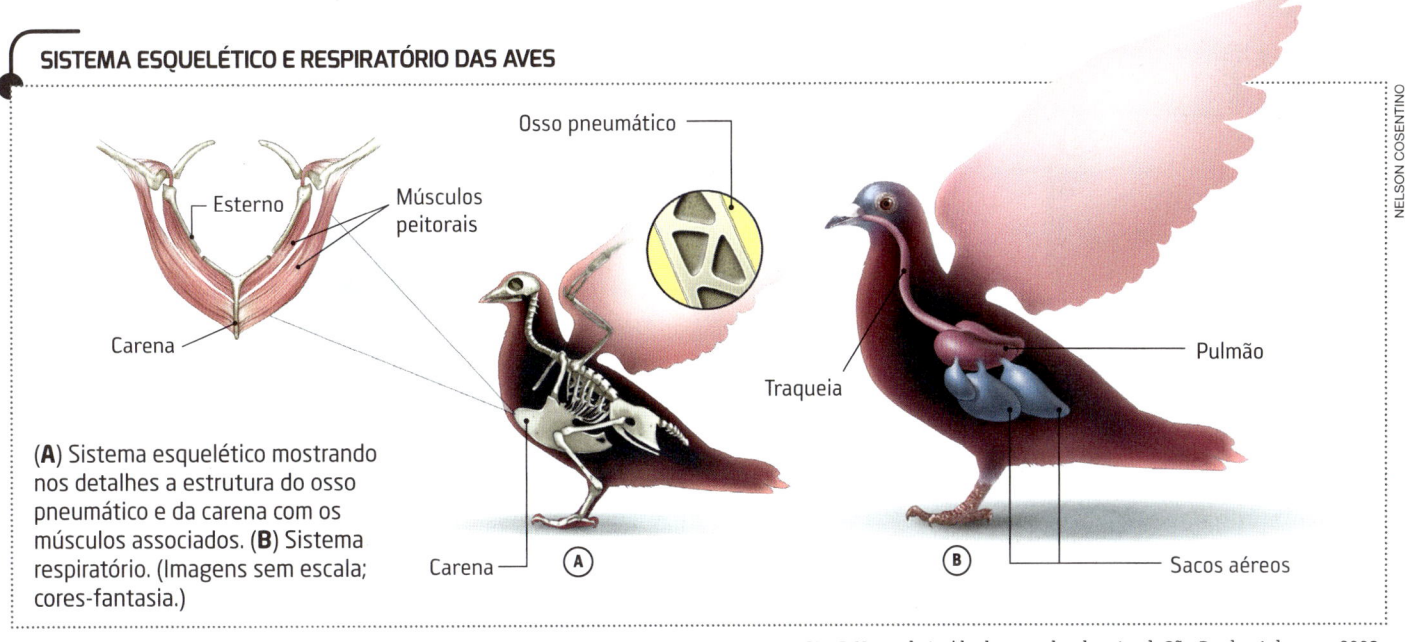

(**A**) Sistema esquelético mostrando nos detalhes a estrutura do osso pneumático e da carena com os músculos associados. (**B**) Sistema respiratório. (Imagens sem escala; cores-fantasia.)

Fonte: POUGH, F. H. et al. A vida dos vertebrados. 4. ed. São Paulo: Atheneu, 2008.

MAMÍFEROS

Os mamíferos estão amplamente distribuídos pelo planeta, habitando os polos, os topos das montanhas e os oceanos. Baleias, morcegos, cães, ratos e seres humanos são exemplos de mamíferos. Algumas das principais características desses animais são citadas a seguir.

- São animais endotérmicos.
- Apresentam **glândulas mamárias**. Nas fêmeas, essas glândulas são desenvolvidas e funcionais, produzindo o leite com o qual alimentam seus filhotes recém-nascidos.
- Sua pele é recoberta por **pelos**, que auxiliam na manutenção da temperatura do corpo.
- Apresentam acúmulo de gordura sob a pele e entre os órgãos internos, que funciona como reserva energética e auxilia na manutenção da temperatura corporal.
- Os movimentos respiratórios são executados por músculos torácicos e pelo **diafragma**, um músculo que só está presente nos mamíferos.
- Apresentam **dentes** de diversos formatos e tamanhos. A arcada dentária é adaptada à dieta e ao modo de alimentação de cada espécie.
- A maioria dos mamíferos é vivípara e apresenta fecundação interna. Os filhotes geralmente se desenvolvem dentro do corpo da mãe ou no marsúpio, uma estrutura externa do corpo. Após o nascimento, continuam dependentes da mãe durante o período de amamentação.

Trilha de estudo

Vai estudar? Nosso assistente virtual no *app* pode ajudar!
<http://mod.lk/tr7u05>

Leoa (*Panthera leo*) com filhote. A amamentação é uma atividade exclusiva dos mamíferos.

DE OLHO NO TEMA

1. As penas das aves são características que servem exclusivamente para o voo?
2. Cite uma característica que permite reconhecer se um animal é ou não um mamífero.

ATIVIDADES
TEMAS 5 A 7

ORGANIZAR O CONHECIMENTO

1. Faça um quadro para comparar peixes ósseos e peixes cartilaginosos quanto às seguintes características:
   - composição do esqueleto;
   - cobertura da pele;
   - mecanismo de flutuação.

2. Por que se pode dizer que os anfíbios não conquistaram definitivamente o ambiente terrestre, mas que os répteis conseguiram?

3. As características abaixo estão relacionadas à capacidade de voo das aves. Explique cada uma delas.
   a) Músculos peitorais fortes.
   b) Sacos aéreos.
   c) Ossos pneumáticos.

4. **Identifique as afirmações incorretas e corrija-as em seu caderno.**
   a) Na maioria dos anfíbios, os adultos respiram por brânquias.
   b) Tubarões e raias são peixes cartilaginosos.
   c) As aves e os répteis são endotérmicos

ANALISAR

5. Em diversas espécies de répteis, a determinação do sexo dos filhotes está relacionada com a temperatura de incubação dos ovos. O gráfico a seguir mostra a porcentagem de nascimentos de machos e de fêmeas de certa espécie incubados em diferentes temperaturas. Analise-o e responda às questões.

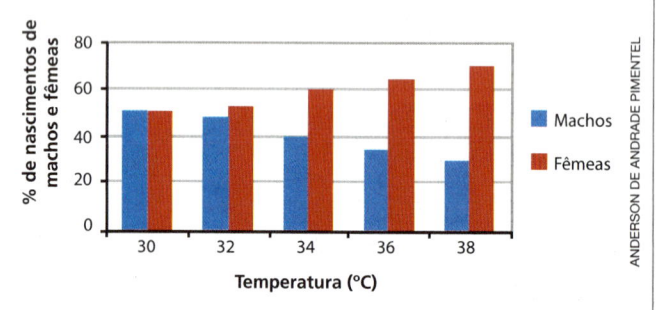

   Dados fictícios para fins didáticos.

   a) De acordo com o gráfico, um maior número de machos por ninhada nasce em temperaturas maiores ou menores?
   b) Considerando os efeitos do aquecimento global, espera-se que nasçam mais machos ou mais fêmeas dessa espécie?

6. **Leia e faça o que se pede.**
   O ornitorrinco vive perto da água e nela se locomove, utilizando as membranas existentes entre seus dedos. Seus filhotes se desenvolvem em ovos, que são chocados fora do corpo materno, e se alimentam lambendo uma secreção láctea que escorre dos pelos no ventre da mãe. A boca do ornitorrinco é dotada de um bico achatado com o qual ele pega o alimento no lodo do fundo do rio.

   a) Apesar das características peculiares, o ornitorrinco é classificado como mamífero. Cite duas características mencionadas no texto que justifiquem essa classificação.
   b) Quando esse animal foi descrito pela primeira vez, muitos pesquisadores se recusaram a acreditar que fosse real; julgavam o descritor uma farsa e duvidavam de sua classificação como mamífero. Cite pelo menos duas características desse animal que justificavam essa suspeita.

COMPARTILHAR

7. Há pessoas que criam anfíbios ou répteis como animais de estimação. É comum esses animais serem abandonados em terrenos baldios ou em matas, onde podem morrer ou causar desequilíbrios ambientais. O abandono se dá, muitas vezes, pela dificuldade de cuidar deles: muitos desses animais precisam, por exemplo, alimentar-se de animais vivos, como larvas e insetos.

   - Com dois colegas, escolham um anfíbio ou réptil que costuma ser criado como animal de estimação, pesquisem sobre os cuidados que devem ser tomados em sua criação e divulguem uma cartilha com orientações e possíveis dificuldades para criar esse animal. Se considerarem interessante, publiquem a cartilha em um *blog* ou em redes sociais.

PENSAR CIÊNCIA

O pulmão dos celacantos

[...] Como a maioria dos peixes, o celacanto (esse animal simpático aí na foto) respira pelas brânquias, captando o oxigênio presente na água do mar. Apesar disso, ele carrega em seu corpo um pulmão. Que coisa sem pé nem cabeça! Mas a presença desse órgão pode dizer muito sobre os antepassados dos celacantos atuais. Eles, sim, provavelmente precisavam do pulmão para respirar, pois viviam em ambientes onde havia pouco oxigênio disponível na água e era necessário complementar a respiração pelo ar.

A presença do pulmão nos celacantos atuais foi confirmada por cientistas brasileiros e franceses que tinham uma pulga atrás da orelha sobre este assunto. Eles analisaram, para isso, exemplares de peixes da espécie *Latimeria chalumnae* conservados em coleções científicas, incluindo adultos e também embriões encontrados ainda no corpo de suas mães – os celacantos são ovovivíparos, isto é, desenvolvem-se em ovos dentro do corpo das fêmeas antes de sair para explorar o mundo exterior.

Para não danificar os embriões, os pesquisadores utilizaram uma técnica chamada tomografia de raio X, que permite investigar o interior do animal sem precisar abri-lo para ver o que há lá dentro. A partir desse exame, criaram modelos em 3-D do aparelho pulmonar dos celacantos em diferentes estágios do desenvolvimento – embriões muito novos, embriões maiores, jovens peixes e adultos.

Assim, os cientistas perceberam que, no início da vida, os embriões apresentam um pulmão relativamente bem desenvolvido e potencialmente funcional – como se fossem utilizá-lo no futuro. Porém, ao longo de seu crescimento, o desenvolvimento desse órgão é desacelerado. Em embriões maiores, filhotes e adultos, o pulmão perde a função e torna-se apenas um órgão vestigial, isto é, que não tem função para o organismo – mais ou menos como o nosso apêndice.

Embora não tenha utilidade para os celacantos vivos hoje, os especialistas acreditam que o pulmão era importante para as espécies pré-históricas do grupo. "Os celacantos pré-históricos possuíam um pulmão maior e muito provavelmente funcional", destaca o paleoictiólogo (especialista em peixes pré-históricos) Paulo Brito, da Universidade do Estado do Rio de Janeiro. Ele contou [...] que os celacantos do passado viviam em águas mais superficiais e, portanto, poderiam respirar também pelo ar. Hoje, os celacantos vivem em grandes profundidades, e não sobem à superfície para buscar oxigênio. [...]

O celacanto *Latimeria chalumnae* vive entre 110 e 400 metros de profundidade em ambientes rochosos.

Fonte: CHAGAS, C. *Ciência Hoje das Crianças*. Disponível em: <http://mod.lk/jrtmf>. Acesso em: jul. 2018.

ATIVIDADES

1. Cite duas características que permitem classificar os celacantos como peixes.

2. Os ancestrais dos celacantos são considerados próximos aos primeiros animais que saíram para conquistar o ambiente terrestre. Cite características que indicam essa semelhança.

3. Nesse estudo foi utilizada uma técnica para evitar danos aos peixes e embriões, a tomografia de raio X. Por que é importante ter esse tipo de cuidado em pesquisas?

ATITUDES PARA A VIDA

Área de São Paulo e US$ 25 mi por ano salvariam anfíbios da Mata Atlântica

Proteger quase toda a diversidade de anfíbios (sapos, rãs, pererecas e cobras-cegas) da Mata Atlântica brasileira exigiria uma área um pouco maior que a do município de São Paulo e um investimento anual relativamente modesto, em torno de US$ 25 milhões.

A conta, feita por pesquisadores brasileiros e espanhóis, é a primeira a colocar na ponta do lápis tanto os aspectos biológicos únicos dos bichos quantos os fatores necessários para que a conservação deles funcione do ponto de vista econômico.

"Se a gente ficasse só na questão biológica, o trabalho não seria tão inovador", explica Felipe Siqueira Campos, goiano que faz doutorado no Departamento de Biologia Evolutiva da Universidade de Barcelona. "A sacada da pesquisa é levar em consideração os aspectos de custo-benefício também."

Campos e seus colegas do Brasil e da Espanha acabam de publicar a análise na revista especializada *Science Advances*. Os resultados obtidos pelo grupo de cientistas indicam que a área-chave para evitar o sumiço em massa dos anfíbios da Mata Atlântica abrange basicamente a serra do Mar de São Paulo e do Rio de Janeiro, bem como áreas do Espírito Santo e do sul da Bahia correspondentes ao chamado Corredor Central do bioma.

Prestadores de serviços

Pensar nos benefícios econômicos da preservação de sapos e companhia pode parecer estranho, mas o fato é que tais bichos são relevantes prestadores de serviços ambientais – ou seja, sua presença e diversidade ajudam a manter funcionando aspectos do ambiente que são vitais também para os seres humanos.

Além do estereótipo do sapo comedor de moscas – ou seja, um bicho que ajuda no controle da população de insetos, inclusive os nocivos para a população –, os anfíbios ajudam a reciclar os nutrientes do solo, tornando-o mais fértil, e a eliminar detritos dos rios e outros corpos d'água, o que contribui para que a água se torne potável.

Essas e outras funções de espécies nativas motivaram a ideia de pagamento por serviços ambientais. Segundo essa lógica, produtores rurais que mantêm em bom estado as reservas de floresta em suas propriedades poderiam ser compensados financeiramente para que elas continuem assim, sem virar plantação ou pasto.

A ideia é um dos pilares da conta feita por Campos e seus colegas. Levando em consideração os valores que já são gastos em iniciativas-piloto de pagamento por serviços ambientais Brasil afora, eles estimaram uma remuneração anual de US$ 13 mil por quilômetro quadrado de área preservada.

O valor é cerca de um quarto do valor médio que um fazendeiro dessas regiões poderia obter com atividades agrícolas tradicionais. "Não estamos falando em restauração florestal nessas áreas, o que seria bem mais caro. A ideia é apenas manter o que já existe", explica o pesquisador brasileiro.

Iniciativa-piloto: iniciativa inovadora sendo testada, antes de ser aplicada em outros locais.

Sapo do gênero *Eleutherodactylus,* que pode ser encontrado na Mata Atlântica.

Além de considerar esse custo, a análise leva em conta ainda o número de espécies de anfíbios identificadas na Mata Atlântica (mais de 500, correspondendo a cerca de metade de todos os tipos de anfíbios encontrados no país), os diferentes grupos nos quais os bichos foram se dividindo ao longo de sua evolução e seus aspectos funcionais (coisas como o tamanho, o tipo de hábitat, o sistema de reprodução etc.).

Ao cruzar todos esses dados com informações sobre o custo da terra e do pagamento dos serviços ambientais, foi possível estabelecer quais locais "cobririam" de forma mais ampla a diversidade de anfíbios da Mata Atlântica e ajudariam a protegê-los.

Estima-se que um terço dos anfíbios do planeta estejam ameaçados de extinção. Além da perda de hábitat trazida pelo desmatamento, infecções por fungos e alterações climáticas estão entre os principais fatores que colocam esses animais em risco.

Fonte: LOPES, R. J. *Folha de S.Paulo*, 21 jun. 2016. Disponível em: <http://mod.lk/f6iej>. Acesso em: jul. 2018.

Regiões de biomas preservados, como de Mata Atlântica, influenciam em diversas características da região em que estão, como qualidade da água e do solo (Cunha, SP, 2014).

OBTER INFORMAÇÕES

1. Cite uma atividade dos anfíbios que auxilia as pessoas.
2. Qual é a inovação desse estudo?

TROCAR IDEIAS SOBRE O TEMA

3. Se o mecanismo proposto no texto fosse aprovado e você tivesse uma área de 10 km² de Mata Atlântica em uma região com alto índice de desmatamento, você poderia receber US$ 130 mil dólares por ano para conservá-la ou US$ 520 mil dólares por ano se a cultivasse. Porém, além desses valores, outros fatores devem ser pensados, como:

   - Quanto custa cada operação (manutenção e cultivo, horas trabalhadas, necessidade de ajuda de outras pessoas etc.)?
   - Quais são os benefícios e os malefícios não financeiros (aumento da população de mosquitos transmissores de doenças, possível infertilidade do solo, desaparecimento de espécies pouco conhecidas etc.)?
   - Considerando esses e outros fatores, qual seria a sua opção?

   Para responder às questões, pense em **assumir riscos com responsabilidade**. Para isso, é importante perceber todos os aspectos que envolvem essa decisão, verificar sua importância e se são positivos ou negativos sob diversos pontos de vista. É importante também verificar se a decisão a se tomar pode causar algum problema que não pode ser prevenido ou resolvido.

COMO EU ME SAÍ?

- Compreendi os aspectos abordados no texto?
- Listei aspectos positivos e negativos para tomar uma decisão?
- Sei como abordar os aspectos negativos da minha decisão?
- Alguma das escolhas é muito mais benéfica ou interessante?

COMPREENDER UM TEXTO

Maior densidade de polinizadores aumenta produção agrícola

Promover a biodiversidade pode ser um caminho sustentável para ampliar a oferta de alimentos no mundo, principalmente a produção vinda de pequenos agricultores. Um estudo [...] comprova que a diferença de produtividade entre pequenas áreas agrícolas com baixa e alta produção poderia ser melhorada 24%, em média, somente com o aumento do número de visitantes florais (polinizadores). Em grandes propriedades, para a melhora ocorrer, deve-se diversificar também as espécies desses visitantes. [...]

Os polinizadores são os "responsáveis" por levar o pólen de uma flor para a outra para que ocorra a fecundação da planta. Eles podem ser de variados tipos, desde animais até mesmo o vento. No entanto, a maioria e os mais frequentes são os insetos, principalmente as abelhas. [...]

"Algumas espécies de plantas necessitam da presença do polinizador para que o fruto e a semente sejam formados. Se você não tiver o polinizador, a planta não gera o fruto ou o gera, mas com uma eficiência muito menor, então, essas plantas são chamadas de dependentes de polinizador", explica Antonio Saraiva, professor da Escola Politécnica (Poli) da USP, [...] um dos autores do estudo.

Por isso, a quantidade de visitas do polinizador à planta reflete na produtividade. No estudo, os pesquisadores identificaram a relação entre o aumento da produção nas pequenas propriedades agrícolas (aquelas com até 2 hectares) por causa da densidade de visitantes. Para as áreas maiores, apenas a quantidade de visitantes florais não aumentou a produtividade, mas sim a diversificação das espécies visitantes.

"Quando temos propriedades maiores, é comum a presença de polinizadores com longo alcance de voo que, em geral, não são específicos de uma planta. Esses polinizadores podem visitar várias plantas numa área maior. Por isso, para aumentar os visitantes florais em grandes áreas, é preciso diversificar as espécies para provocar o aumento da visitação na mesma planta", informa o professor.

Segurança alimentar

O estudo alerta que muitos sistemas de produção agrícola têm negligenciado a importância do polinizador. "Há um estímulo para práticas de manejo da produção relacionadas principalmente ao solo, mas praticamente se esquece da importância da polinização. E a pesquisa comprova que, somente com o aumento dos polinizadores, temos um incremento de 24% na produção das pequenas propriedades", destaca Saraiva.

Morcegos polinizam diversas espécies de plantas. Na imagem, *Leptonycteris yerbabuenae* poliniza flor de agave.

A produtividade dos pequenos agricultores tem um impacto direto na questão da segurança alimentar. A pesquisa [...] indica que há mais de 2 bilhões de pessoas em países em desenvolvimento dependentes da produção de alimentos vinda das pequenas propriedades.

O professor Saraiva lembra ainda para os cuidados com a preservação dos polinizadores, que em sua maioria são as abelhas. Estudos apontam para a relação entre o desaparecimento delas e o uso indiscriminado de agrotóxicos. [...]

DIAS, H. *Agência USP de Notícias*, 22 jan. 2016.
Disponível em: <http://mod.lk/nds1d>. Acesso em: jul. 2018.

ATIVIDADES

OBTER INFORMAÇÕES

1. O que os polinizadores fazem?
2. Que outros animais ou fatores, além das abelhas, podem atuar como agentes polinizadores?

INTERPRETAR

3. Julgue as frases a seguir como verdadeiras (V) ou falsas (F). Justifique sua resposta.
   a) Somente os animais atuam como agentes polinizadores.
   b) A variedade de agentes polinizadores é mais importante que a quantidade.
   c) A ausência de polinizadores no ambiente não interfere na produção agrícola.

4. Como a polinização está relacionada com a segurança alimentar mundial?

PESQUISAR

5. Em duplas, pesquisem alternativas para o uso de pesticidas e para o cultivo do tipo monocultura que diminuam o impacto sobre os polinizadores. Produzam um texto e o apresentem para os colegas da sala.

A criação de abelhas, denominada apicultura, pode gerar empregos e melhorias na agricultura. Elas são polinizadores de algumas espécies de plantas (Poconé, MT, 2016).

UNIDADE 6

RELAÇÕES ECOLÓGICAS E ECOSSISTEMAS BRASILEIROS

POR QUE ESTUDAR ESTA UNIDADE?

No planeta Terra, existe grande diversidade de ambientes: campos, florestas, desertos, montanhas, geleiras, mares, rios, entre outros. Nesta Unidade, vamos conhecer um pouco das paisagens do Brasil e as relações que seus seres vivos estabelecem entre si e com o ambiente. Com base nesse conhecimento, podemos compreender melhor as características dos diferentes ambientes, sua influência na vida do ser humano e na de outras espécies e a importância de conservá-los.

COMEÇANDO A UNIDADE

1. De que modo você acha que o ambiente influencia os hábitos e os costumes das pessoas de uma região?

2. Que elementos compõem o ambiente desta imagem? O que aconteceria com os pescadores se o rio de onde eles retiram peixes fosse atingido por um volume de poluentes que inviabilizasse a vida dos seres aquáticos?

3. Pense em alguns pontos turísticos do estado em que você mora. Quais deles são paisagens naturais? Como são essas paisagens?

Barco de pesca na Ilha de Tinharé, BA (2015).

ZJTMATH/SHUTTERSTOCK

ATITUDES PARA A VIDA

- Aplicar conhecimentos prévios a novas situações
- Pensar de maneira interdependente

TEMA 1 — RELAÇÕES ECOLÓGICAS EM ECOSSISTEMAS

> Entender as relações entre os seres vivos ajuda as pessoas a conservar e a preservar os ecossistemas.

O Brasil tem um território extenso tanto no sentido leste-oeste quanto no sentido norte-sul e apresenta uma grande variedade de condições ambientais, ecossistemas e espécies de seres vivos.

Fatores ambientais como latitude, longitude, precipitação de chuvas, massas de ar, relevo e tipo de solo influenciam profundamente o ecossistema. As relações estabelecidas entre os seres vivos e entre eles e o ambiente são importantes para a manutenção do equilíbrio dos ecossistemas; o conhecimento sobre essas relações é fundamental para que as pessoas se conscientizem da importância de conservar o ambiente.

RELAÇÕES ECOLÓGICAS

Em todos os ecossistemas da Terra, observamos que os indivíduos se relacionam uns com os outros, sejam eles da mesma espécie ou de espécies diferentes.

A interação entre indivíduos de duas espécies pode trazer benefícios para ambos; beneficiar um deles sem interferir no desenvolvimento do outro; ser vantajosa apenas para um deles, prejudicando o outro; ou trazer prejuízos para os dois.

COMENSALISMO

O **comensalismo** é uma relação ecológica, ligada principalmente à necessidade de obtenção de alimentos, que ocorre entre espécies diferentes e na qual uma delas se beneficia sem prejudicar a outra.

Um exemplo de comensalismo é a interação entre a formiga-correição e certas espécies de aves. Essas formigas, nômades e carnívoras, usam suas fortes mandíbulas para cortar pedaços de suas presas e levá-los até seu ninho temporário.

De tempo em tempo, todas as formigas-correição abandonam o ninho em busca de alimento e de um novo local. Durante essa locomoção, insetos e outros pequenos animais que habitam o solo da floresta tentam fugir das formigas-correição. Esse evento beneficia outros animais, principalmente as aves, que aproveitam para se alimentar dos indivíduos em fuga.

Papa-taoca-do-sul (*Pyriglena leucoptera*) macho, espécie brasileira de ave que se beneficia da marcha das formigas-correição capturando os animais desentocados. 18 cm

Formiga-correição ou taoca são nomes populares para cerca de duzentas espécies de formigas carnívoras, conhecidas por suas marchas periódicas pelo solo da floresta em busca de alimento e de outro local para seus ninhos temporários. 2 cm

INQUILINISMO

O **inquilinismo** é uma relação ecológica em que uma espécie, o **inquilino**, se beneficia obtendo abrigo ou suporte no corpo de outra espécie sem prejudicá-la.

As epífitas, como as orquídeas e as bromélias, são exemplos de plantas inquilinas que crescem sobre os troncos e os galhos maiores de árvores sem lhes causar nenhum prejuízo. A vantagem em crescer nos galhos superiores das árvores é que, desse modo, elas conseguem receber mais luz para realizar a fotossíntese do que receberiam se crescessem no solo (em geral, sombreado). Isso é particularmente importante nas florestas fechadas, onde a luz pode ser escassa nas camadas mais baixas da mata.

Muitas aves constroem seus ninhos em galhos e troncos de árvores, estabelecendo com elas uma relação de inquilinismo.

Orquídeas crescendo sobre tronco de árvore.

Ninho de joão-de-barro (*Furnarius rufus*). Essa ave constrói seu ninho sobre galhos de árvores, estabelecendo com elas uma relação de inquilinismo.

MUTUALISMO

Mutualismo é a relação ecológica entre espécies diferentes na qual ambas se beneficiam. Nessa relação, há dependência entre as espécies envolvidas, ou seja, elas não conseguem sobreviver se estiverem separadas uma da outra.

Um exemplo de mutualismo é a associação entre alguns fungos e as raízes de determinadas plantas, formando as chamadas **micorrizas**. Os fungos facilitam a absorção de alguns compostos pelas plantas, beneficiando-as, enquanto se nutrem de açúcares produzidos por elas.

De forma semelhante, as bactérias do gênero *Rhizobium* se associam às raízes de plantas leguminosas, formando nódulos. Essas bactérias transformam o gás nitrogênio do ar em substâncias nitrogenadas, necessárias para o bom desenvolvimento das plantas e absorvidas por elas pelas raízes. Em contrapartida, as bactérias se beneficiam de abrigo e alimento.

Associação das raízes de uma planta e do fungo (filo Basideomiceto), formando as micorrizas. Os filamentos brancos são as hifas do fungo, e os filamentos marrons são as raízes.

PROTOCOOPERAÇÃO

Na relação de **protocooperação**, também há benefício para as duas espécies envolvidas, porém não existe dependência entre elas.

A associação entre crustáceos do gênero *Paguros*, conhecidos como bernardos-eremitas ou ermitões, e algumas espécies de anêmonas-do-mar é um exemplo de protocooperação. O bernardo-eremita abriga-se em conchas de moluscos vazias, que protegem seu abdome mole e servem de substrato para a fixação e o crescimento das anêmonas-do-mar.

Nos casos de anêmonas-do-mar fixadas em uma concha habitada por um bernardo-eremita, a anêmona se beneficia do transporte (busca por recursos) e das eventuais sobras de alimento do crustáceo. O crustáceo, por sua vez, se beneficia dos mecanismos de defesa das anêmonas-do-mar, cujos tentáculos contêm substâncias que podem ferir o predador que tocá-los.

O crustáceo bernardo-eremita da espécie *Clibanarius erythropus* abrigado dentro da concha, sobre a qual vivem anêmonas-do-mar.

PREDAÇÃO E HERBIVORIA

Predação, ou **predatismo**, é a relação em que um indivíduo se alimenta de partes ou de todo o indivíduo de outra espécie. Quando um indivíduo se alimenta de uma espécie animal, o indivíduo que se alimenta é o **predador** e o indivíduo que serve de alimento é a **presa**. Os predadores são geralmente maiores em tamanho, porém suas populações são menos numerosas que as de suas presas.

Quando o indivíduo se alimenta de uma planta, o indivíduo que se alimenta é **herbívoro**, e sua relação com o alimento recebe o nome de **herbivoria**.

As corujas, como as da espécie *Asio otus*, são animais predadores de hábito noturno e geralmente se alimentam de pequenos mamíferos, aves e serpentes. Seus bicos curvos e garras fortes são importantes adaptações para a captura das presas.

PARASITISMO

O parasitismo é a relação em que um indivíduo de uma espécie, o **parasita**, se instala no corpo de um indivíduo de outra espécie, o **hospedeiro**. O parasita retira alimento do corpo do hospedeiro, causando-lhe danos que podem levá-lo à morte, embora esse não seja geralmente o caso.

Alguns parasitas, como pulgas, pulgões e piolhos, instalam-se sobre o corpo do hospedeiro. Outros, como os "vermes" intestinais, vivem no interior do organismo do hospedeiro.

Os carrapatos (*Dermacentor variabilis*) parasitam animais, incluindo o ser humano, e se alimentam do seu sangue.

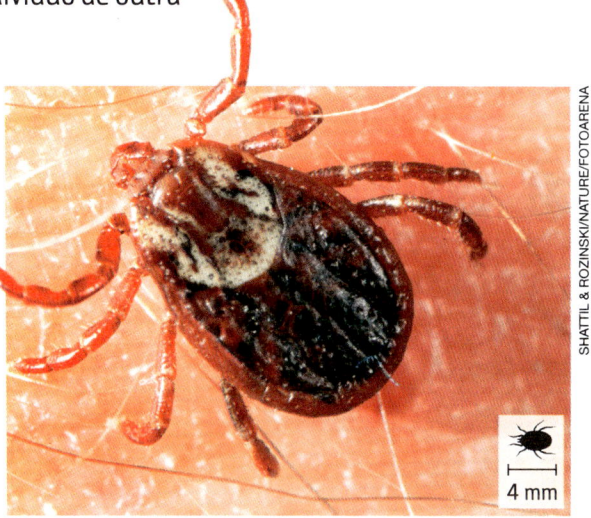

COMPETIÇÃO

Quando o ambiente não apresenta recursos suficientes para toda a comunidade ou população, os indivíduos disputam alimento, água, espaço, luminosidade, locais para reprodução e refúgio e até mesmo parceiros sexuais. Esse tipo de interação é denominado **competição** e pode ocorrer entre indivíduos da mesma espécie ou de espécies diferentes.

Espécies trazidas de outros continentes pelo ser humano podem competir com as que existem em determinado ambiente, causando alterações no ecossistema. Foi o que ocorreu com a introdução do caramujo-gigante-africano (*Achatina fulica*), espécie proveniente do leste e nordeste africano, trazida para o Brasil no final da década de 1980 com o objetivo de substituir o *escargot* para o consumo humano.

Acredita-se que alguns criadores do *A. fulica* soltaram esses animais no ambiente onde havia espécies nativas de caramujos com hábitos alimentares e nichos ecológicos semelhantes aos do caramujo africano. Por compartilhar um mesmo **hábitat**, essas espécies passaram a competir por alimento e por outros recursos do ambiente. No entanto, a espécie invasora apresentou vantagens sobre as nativas e atualmente é encontrada em mais de 23 estados brasileiros.

Esses caramujos são grandes e suas populações são muito numerosas. O caramujo-gigante-africano oferece riscos ao equilíbrio ambiental e à agricultura, além de ser um animal transmissor de doenças.

Nicho ecológico: conjunto de relações e de atividades próprias de uma espécie ligadas ao seu modo de vida. Entre os componentes desses conjuntos estão o local onde a espécie vive, o tipo de alimento que consome e a maneira como o obtém, seus inimigos naturais, seu local de reprodução etc.

A VIDA EM GRUPO

Diversas atividades realizadas pelos seres vivos de uma mesma espécie são executadas em colaboração ou com divisão de trabalho entre os indivíduos. Em alguns casos, os indivíduos são bastante interdependentes e a sobrevivência só ocorre quando seus indivíduos estão agrupados; já em outros, apesar de também estarem reunidos, eles não dependem tanto uns dos outros.

COLÔNIAS

Colônias são agrupamentos de vários indivíduos da mesma espécie ligados fisicamente entre si. Os integrantes de uma colônia dependem uns dos outros para sobreviver, ou seja, a vida para eles é impossível quando isolados do conjunto. Em muitos casos, há divisão de trabalho entre os indivíduos. A caravela-portuguesa (*Physalia physalis*) é um exemplo de colônia, e seus indivíduos apresentam especialização e divisão de funções tão bem definidas que se assemelham a órgãos de um único indivíduo.

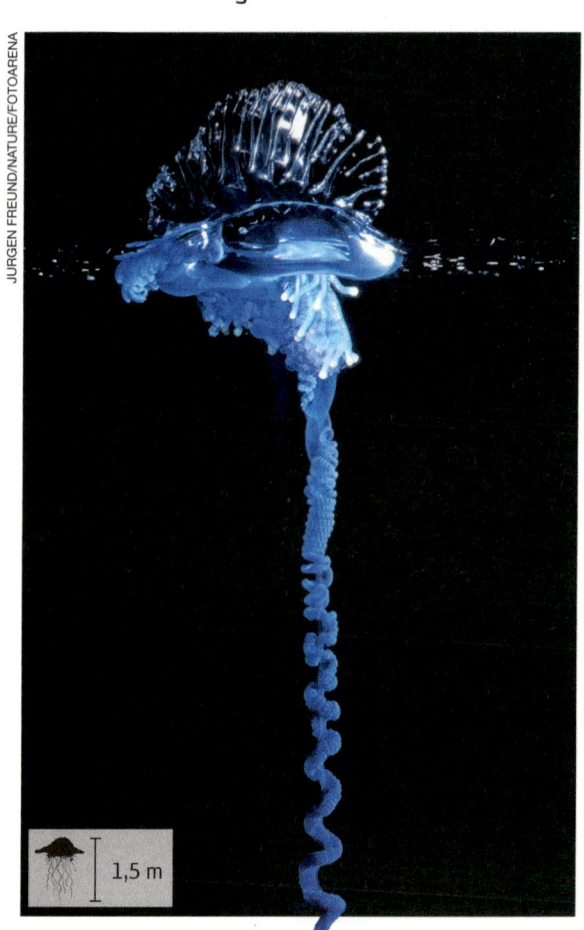

SOCIEDADE

Sociedades são agrupamentos de indivíduos de uma mesma espécie, organizados de modo cooperativo, com divisão de trabalho, facilitando a sobrevivência do grupo. Ao contrário do que ocorre nas colônias, nas sociedades os indivíduos não estão fisicamente ligados.

É comum, nesse tipo de agrupamento, a presença de castas, que são indivíduos especializados em cada tarefa, como a rainha, o rei ou zangão, o soldado e o operário. As castas podem ser vistas em formigueiros, colmeias e cupinzeiros. As formigas, as abelhas e os cupins são conhecidos como **insetos sociais**.

A abelha da espécie *Apis mellifera* faz parte de sociedades complexas nas quais existem divisão de tarefas, comunicação e cooperação entre os indivíduos. A abelha-rainha difere das operárias quanto à forma e ao tamanho do corpo e à sua função no interior da colmeia: é a única fêmea fértil e, portanto, responsável pela origem de todos os indivíduos da colmeia. As operárias são fêmeas estéreis que exercem inúmeras funções, como produzir os favos de cera e o mel, proteger a colmeia e recolher pólen e néctar das flores.

A caravela-portuguesa (*Physalia physalis*) é formada por indivíduos diferentes com funções distintas, como defesa, reprodução e flutuação.

ALGUMAS RELAÇÕES ECOLÓGICAS

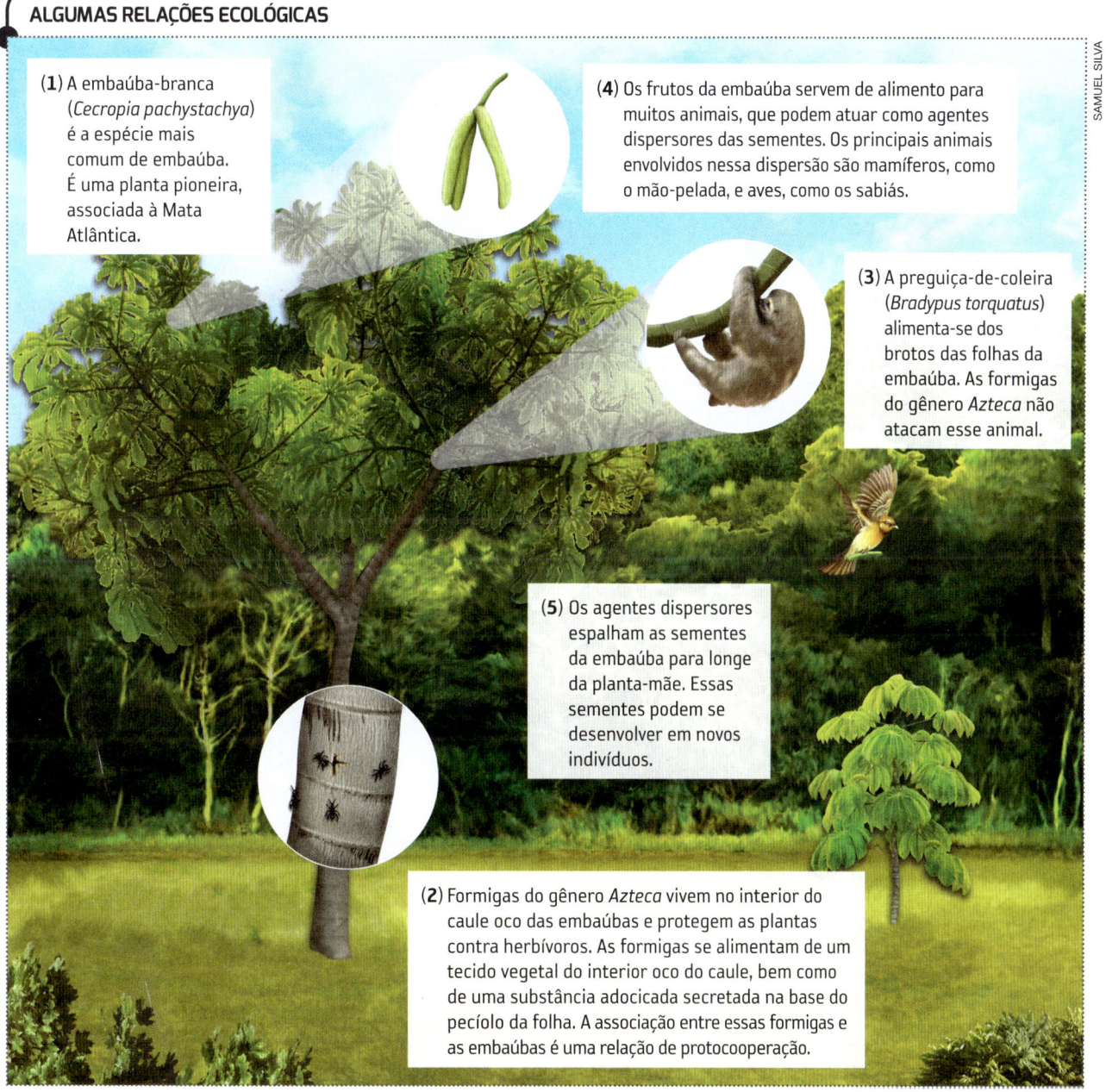

(1) A embaúba-branca (*Cecropia pachystachya*) é a espécie mais comum de embaúba. É uma planta pioneira, associada à Mata Atlântica.

(4) Os frutos da embaúba servem de alimento para muitos animais, que podem atuar como agentes dispersores das sementes. Os principais animais envolvidos nessa dispersão são mamíferos, como o mão-pelada, e aves, como os sabiás.

(3) A preguiça-de-coleira (*Bradypus torquatus*) alimenta-se dos brotos das folhas da embaúba. As formigas do gênero *Azteca* não atacam esse animal.

(5) Os agentes dispersores espalham as sementes da embaúba para longe da planta-mãe. Essas sementes podem se desenvolver em novos indivíduos.

(2) Formigas do gênero *Azteca* vivem no interior do caule oco das embaúbas e protegem as plantas contra herbívoros. As formigas se alimentam de um tecido vegetal do interior oco do caule, bem como de uma substância adocicada secretada na base do pecíolo da folha. A associação entre essas formigas e as embaúbas é uma relação de protocooperação.

As diferentes espécies em um ecossistema estabelecem muitas relações ecológicas simultaneamente. Esse esquema representa um exemplo de interações entre a embaúba, a preguiça-de-coleira, as formigas do gênero *Azteca* e os animais dispersores. (Imagem sem escala; cores-fantasia.)

DE OLHO NO TEMA

Analise o esquema acima e, com seus colegas, discuta as questões a seguir.

1. Identifiquem as relações ecológicas apresentadas na representação esquemática.
2. O que aconteceria com as embaúbas se os mamíferos e as aves envolvidos na dispersão das sementes dessa árvore deixassem de existir?
3. Identifique algumas das relações que você estabelece com os demais seres vivos.

ATITUDES PARA A VIDA

- **Aplicar conhecimentos prévios a novas situações**

  Usar o conhecimento e a experiência adquirida em um contexto em outros contextos ou situações torna mais fácil a resolução de problemas e desafios.

TEMA 2

DOMÍNIOS MORFOCLIMÁTICOS BRASILEIROS

> Um domínio morfoclimático é uma região geográfica com características que resultam em áreas que podem abranger vários biomas.

O QUE SÃO DOMÍNIOS MORFOCLIMÁTICOS?

Uma área geográfica na qual predominam certas características de clima, relevo, hidrografia, vegetação e solo constitui um domínio morfoclimático. Já um bioma é uma comunidade estável adaptada às condições ecológicas de certa região. Isso significa que o domínio geralmente é constituído por um bioma típico predominante, mas também pode incluir outros tipos de bioma em menor proporção.

Portanto, o bioma corresponde a uma região geográfica com características uniformes, enquanto o domínio morfoclimático pode ser mais amplo e heterogêneo ao longo de sua extensão.

OS SEIS DOMÍNIOS BRASILEIROS

O Brasil pode ser dividido em seis domínios morfoclimáticos e em áreas de encontro entre domínios, chamadas **faixas de transição**.

- **Domínio Amazônico**. Região localizada no norte do país, com predominância do bioma do tipo floresta tropical.

- **Domínio Atlântico**. Região situada na área costeira, com predominância do bioma do tipo floresta tropical.

- **Domínio do Cerrado**. Região que ocorre principalmente no centro do país, com predominância do bioma do tipo savana.

- **Domínio das Caatingas**. Região que prevalece no nordeste do país, com predominância do bioma do tipo savana.

- **Domínio das Pradarias**. Região própria do sul do Brasil, com predominância do bioma do tipo pradaria.

- **Domínio das Araucárias**. Região localizada no sul do Brasil, com predominância do bioma do tipo floresta subtropical úmida.

As faixas de transição são áreas que apresentam um conjunto de características dos domínios que as cercam. Nessas áreas, as mudanças nas características de relevo, clima, vegetação e fauna ocorrem de maneira gradual. O Pantanal Mato-Grossense, por exemplo, corresponde à área indicada pela letra **C** no mapa a seguir; trata-se de uma área de transição que apresenta características do domínio Amazônico e do domínio do Cerrado.

DOMÍNIOS MORFOCLIMÁTICOS BRASILEIROS

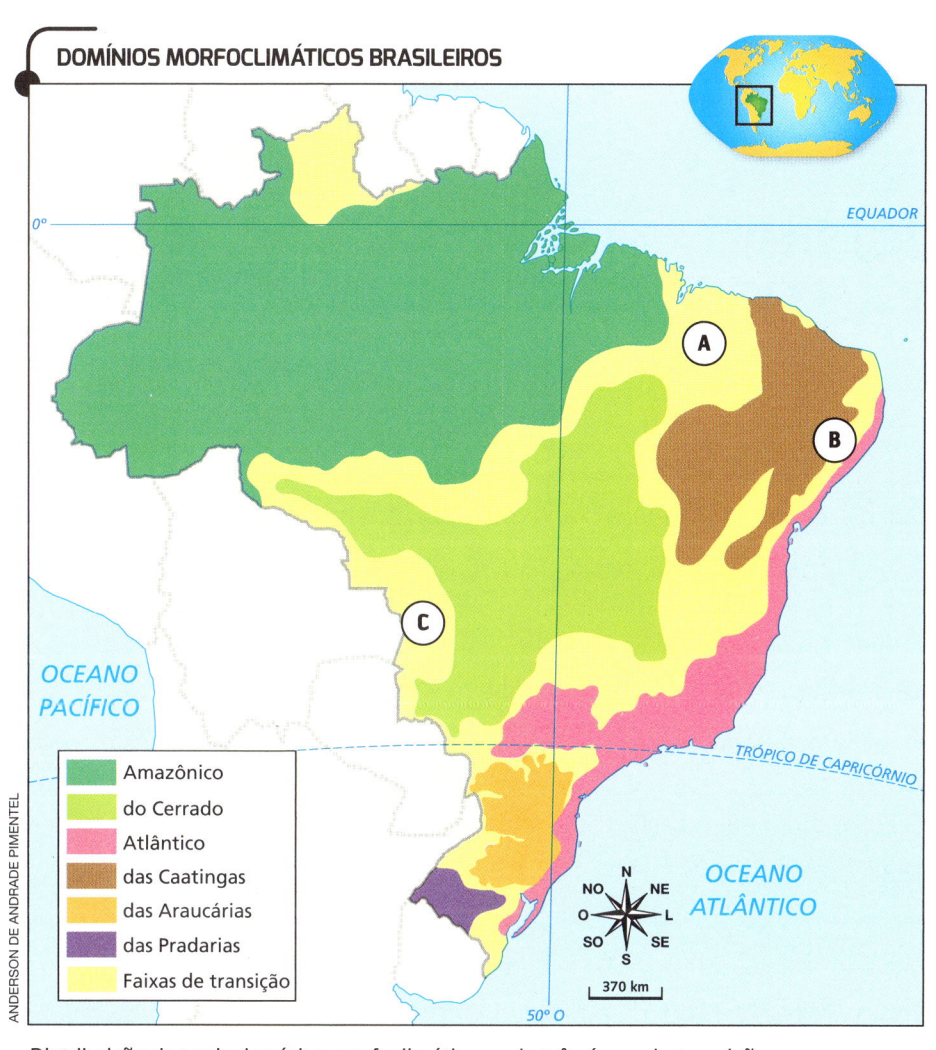

Legenda:
- Amazônico
- do Cerrado
- Atlântico
- das Caatingas
- das Araucárias
- das Pradarias
- Faixas de transição

Distribuição dos seis domínios morfoclimáticos e de três áreas de transição (identificadas pelas letras **A**, **B** e **C**) no território brasileiro.

Fonte: AB'SÁBER, A. N. *Os domínios de natureza no Brasil: potencialidades paisagísticas.* São Paulo: Ateliê Editorial, 2003.

Outros exemplos de faixas de transição são a Mata de Cocais e o Agreste, indicadas no mapa, respectivamente, pelas letras **A** e **B**.

> **DE OLHO NO TEMA**
>
> - Escreva no caderno um pequeno texto relacionando os termos: bioma, ecossistema e domínio morfoclimático.

(**A**) A Mata de Cocais é uma faixa de transição entre os domínios Amazônico, o do Cerrado e o das Caatingas (Ilha Grande de Santa Isabel, PI, 2014).
(**B**) A faixa de transição encontrada entre os domínios Atlântico e o das Caatingas recebe o nome de Agreste (Parque Nacional do Catimbau, PE, 2014).

185

TEMA 3

O DOMÍNIO ATLÂNTICO

A Mata Atlântica é uma das regiões de maior biodiversidade do mundo e também uma das mais ameaçadas.

A MATA ATLÂNTICA

O domínio Atlântico está localizado predominantemente no litoral brasileiro. Recebe também o nome de Mares de Morros, por apresentar uma cadeia de montanhas ao longo da costa. O principal bioma que compõe esse domínio é a floresta tropical, que recebe o nome de Mata Atlântica.

Entre as principais características da Mata Atlântica destacam-se:

- clima quente e chuvoso;

- solo relativamente raso e pobre, embora seja sempre úmido, receba pouca luz e tenha, em sua camada superior, grande quantidade de matéria orgânica (serrapilheira). Essas características favorecem a decomposição, que libera nutrientes necessários para o desenvolvimento da vegetação. Muitos animais vivem no solo, como minhocas e insetos, e também contribuem para a qualidade do solo;

- grande quantidade e variedade de plantas, como jequitibás-rosa, cedros, figueiras, ipês, bromélias, orquídeas e samambaias. A floresta é densa e há uma forte competição por luz e espaço. As árvores mais altas, de cerca de 30 metros de altura, barram a maior parte dos raios solares. Nos estratos mais baixos, há muitas epífitas e lianas, plantas pequenas que vivem sobre outras, para obter maior quantidade de luz, briófitas e pteridófitas, que são favorecidas pela grande disponibilidade de água;

DOMÍNIO ATLÂNTICO

Distribuição do domínio Atlântico no território brasileiro.

Fonte: AB'SÁBER, A. N. *Os domínios de natureza no Brasil: potencialidades paisagísticas*. São Paulo: Ateliê Editorial, 2003.

Estrato: porção ou camada da estrutura vertical de uma floresta.

Paisagem típica da Mata Atlântica (Guaratuba, PR, 2016).

- grande diversidade de animais, favorecidos pelo clima e pela grande disponibilidade de alimentos e hábitats, como micos-leões, onças-pintadas, preguiças, cutias, tamanduás, insetos, serpentes e pererecas. Muitos desses animais alimentam-se das plantas e acabam auxiliando na polinização e dispersão de sementes;
- uma das maiores biodiversidades do planeta, com muitas **espécies endêmicas**, ou seja, espécies que ocorrem exclusivamente em determinada região geográfica.

IMPACTOS AMBIENTAIS NA MATA ATLÂNTICA

Mais de 70% da população brasileira e também os grandes polos industriais, petroleiros e portuários do Brasil estão localizados em áreas onde anteriormente havia Mata Atlântica.

Originalmente, a vegetação da Mata Atlântica ocupava cerca de 16% do território brasileiro, estendendo-se do nordeste ao sul do país. Hoje, por causa da intensa ação humana, restam cerca de 7% da floresta original. Os trechos de floresta mais preservados encontram-se na faixa litorânea dos estados de São Paulo, Bahia, Rio de Janeiro, Paraná e Santa Catarina. Até mesmo esses trechos de floresta estão sob constante ameaça em função de desmatamento, degradação, poluição e caça.

O crescimento urbano sem limites, a agropecuária e a extração de madeira são as principais causas de desmatamento. Muitas espécies endêmicas da Mata Atlântica encontram-se ameaçadas de extinção, principalmente em decorrência da destruição do seu hábitat natural.

O muriqui-do-norte (*Brachyteles hypoxanthus*) é uma espécie endêmica da Mata Atlântica que está ameaçada de extinção.

Área de Mata Atlântica desmatada (Lima Duarte, MG, 2016).

ENTRANDO NA REDE

No endereço **http://mod.lk/CXhZl** você encontra informações sobre a fundação SOS Mata Atlântica, uma organização não governamental que possui projetos de conservação da diversidade biológica e cultural da Mata Atlântica.

Acesso em: jul. 2018.

DE OLHO NO TEMA

1. Na Mata Atlântica, existem mais de 20 mil espécies de plantas, das quais 8 mil delas são endêmicas. Explique o que são espécies endêmicas e a importância de conservar os locais onde vivem essas espécies.

2. Escreva um parágrafo relacionando algumas causas de desmatamento da Mata Atlântica e suas consequências.

3. Cite três relações ecológicas que foram apresentadas para o domínio Atlântico.

TEMA 4

O DOMÍNIO AMAZÔNICO

A Floresta Amazônica é a floresta tropical de maior extensão do planeta.

A FLORESTA AMAZÔNICA

Quase metade do território brasileiro é ocupado pelo domínio Amazônico. O principal bioma que compõe esse domínio é a floresta tropical, que recebe o nome de Floresta Amazônica. Essa floresta está localizada em nove países da América do Sul, tendo maior extensão no Brasil.

As principais características da Floresta Amazônica são:

- clima marcado por calor intenso e chuvas abundantes;
- solo pobre, mas com grande quantidade de matéria orgânica em decomposição, processo favorecido pelo clima. Os nutrientes disponibilizados pela decomposição possibilitam que esse solo suporte a vegetação exuberante típica do bioma;
- imensa rede de rios que constitui a Bacia Amazônica (rio Amazonas e todos os seus afluentes) e corresponde a cerca de 20% das reservas de água doce do planeta;
- vegetação exuberante, composta de várias espécies de plantas. A grande disponibilidade de água favorece o desenvolvimento dessa vegetação, que inclui árvores altas, de cerca de 40 metros de altura, com grandes copas e muitas plantas epífitas e lianas que se apoiam nelas. Também há árvores de menor porte, arbustos e plantas rasteiras, adaptadas à menor incidência de luz, característica dos estratos mais baixos da floresta;
- grande diversidade de animais, que exploram os diversos estratos da floresta, desde a copa das árvores mais altas até o solo.

DOMÍNIO AMAZÔNICO

Distribuição do domínio Amazônico no território brasileiro.

Fonte: AB'SÁBER, A. N. *Os domínios de natureza no Brasil*: potencialidades paisagísticas. São Paulo: Ateliê Editorial, 2003.

Vista aérea do rio Negro, que faz parte da Bacia Amazônica (Parque Nacional de Anavilhanas, AM, 2017).

REPRESENTAÇÃO DE TRECHO DA FLORESTA AMAZÔNICA

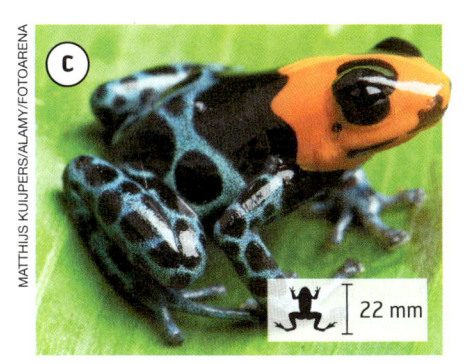

Esta representação esquemática mostra a grande diversidade de plantas que compõem a Floresta Amazônica. Atente para duas características típicas das florestas tropicais: a diferença de tamanho das plantas e a proximidade entre elas. (Imagem sem escala; cores-fantasia.)

Alguns animais que habitam a Floresta Amazônica:
(**A**) macaco-aranha da espécie *Ateles marginatus*, que habita os estratos mais altos;
(**B**) galo-da-serra (*Rupicola rupicola*), que vive nos estratos intermediários e baixos da floresta;
(**C**) rã da espécie *Ranitomeya benedicta*, encontrada nos estratos mais baixos.

IMPACTOS AMBIENTAIS NA FLORESTA AMAZÔNICA

Mais de 19% da área original da Floresta Amazônica brasileira já foi destruída por causa do uso sem planejamento dos recursos naturais em atividades como extração de madeira, mineração e agropecuária. Isso interfere na vida das diversas espécies que habitam esse bioma, muitas das quais encontram-se atualmente ameaçadas de extinção. Nos últimos anos, o governo intensificou a fiscalização e a proteção ambiental, o que pode contribuir para o uso mais responsável da floresta.

DE OLHO NO TEMA

1. Relacione as características do clima e do solo da Floresta Amazônica à vegetação exuberante que ela apresenta.

2. Tanto a Floresta Amazônica como a Mata Atlântica são biomas do tipo floresta tropical. O que elas apresentam em comum?

ATIVIDADES
TEMAS 1 A 4

ORGANIZAR O CONHECIMENTO

1. Classifique nas categorias abaixo as seguintes relações ecológicas: mutualismo, predação, inquilinismo, parasitismo, comensalismo, protocooperação.
   - Vantajosa para ambas as espécies.
   - Vantajosa para uma das espécies e neutra para a outra.
   - Vantajosa para uma das espécies e prejudicial para a outra.

2. Os domínios Atlântico e Amazônico apresentam predominância de um mesmo bioma. Retome as características desses dois domínios e explique o que os diferencia.

ANALISAR

3. As linhas do gráfico a seguir indicam o que acontece ao longo do tempo com o tamanho das populações das espécies A e B quando elas estão isoladas (situação I) e quando são reunidas em um mesmo local (situação II). Observe o gráfico e responda às questões.

   a) O que acontece com o tamanho das populações quando elas são reunidas?

   b) A relação que as duas espécies estabelecem é positiva, negativa ou neutra?

   c) Que relação ecológica deve estar representada pelos gráficos? Justifique.

VARIAÇÃO NO TAMANHO DA POPULAÇÃO DAS ESPÉCIES A E B AO LONGO DO TEMPO

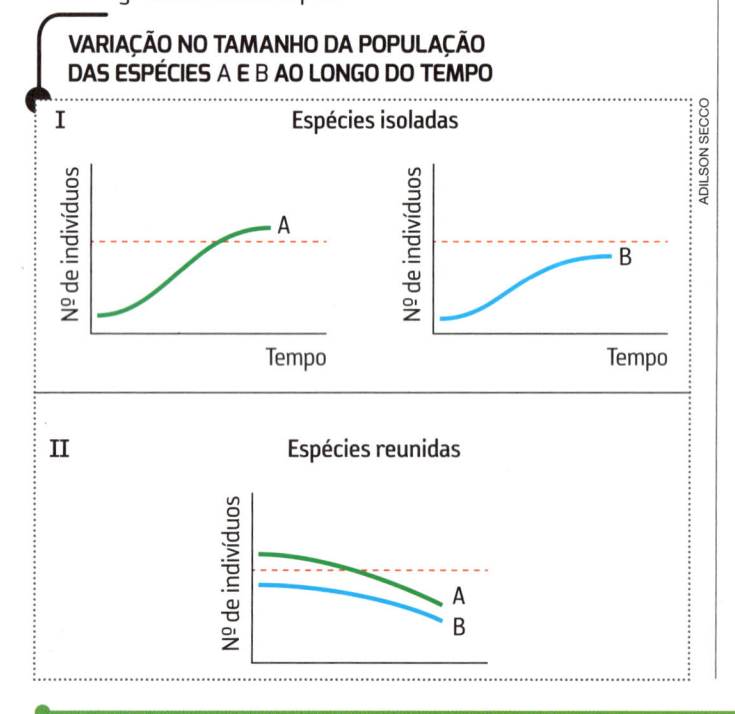

4. Observe o mapa abaixo e o compare com o mapa de domínios morfoclimáticos da página. Em seguida, faça o que se pede.

DISTRIBUIÇÃO DA POPULAÇÃO BRASILEIRA EM 2014

Fonte: Mapa elaborado com base em dados do IBGE. Disponível em: <http://mod.lk/ovO6Q>. Acesso em: abr. 2018.

   a) Em qual domínio morfoclimático se concentra a maior parte da população brasileira? E a menor?

   b) Relacione as respostas anteriores com o grau de degradação desses dois domínios.

5. Faça uma pesquisa dos mapas de clima e de vegetação do Brasil e os compare com o mapa de domínios morfoclimáticos da página 185. Em seguida, responda:
   - Há semelhanças na delimitação de áreas entre os mapas pesquisados e o mapa de domínios morfoclimáticos? Justifique.

COMPARTILHAR

6. Pesquise projetos e organizações de preservação ambiental e discuta com seus colegas que ações poderiam ser realizadas para a conservação do bioma da região próxima à escola. Escrevam uma carta com as sugestões de ação para a prefeitura ou órgão ambiental da região para tentar concretizar a ideia de vocês. Divulguem essa proposta e incorpore pequenas ações para promover a conservação ambiental.

PENSAR CIÊNCIA

A compreensão das paisagens

O modo de compreender e fazer ciência mudou muito ao longo do tempo. Veja, por exemplo, estas duas representações científicas da Mata Atlântica.

A primeira ilustração foi retirada da obra *Flora brasiliensis*, produzida por Carl Friedrich Philipp von Martius (1794-1868) e colaboradores entre 1840 e 1906, durante uma expedição científica no Brasil. A segunda é de um artigo científico de 2010 do ecólogo Luiz Fernando Silva Magnago e de colaboradores.

Representação de trecho da Mata Atlântica.

Fonte: MARTIUS, C. F. P. von et al. *Flora brasiliensis*. 1906. v. I, parte I, prancha 36.

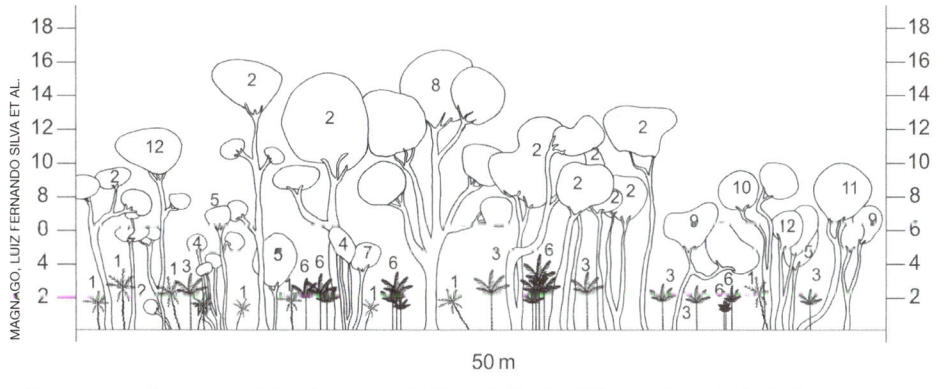

Representação esquemática de trecho da Mata Atlântica (Floresta Inundada do Parque Natural Municipal de Jacarenema, ES).

Fonte: MAGNAGO, L. F. S. et al. *Acta Botanica Brasilica*, 24(3): 734-746, 2010. Disponível em: <http://mod.lk/Pumr9>. Acesso em: jul. 2018.

Embora as duas imagens representem o mesmo bioma, elas são claramente muito diferentes. Na época em que Martius viveu, muitos cientistas que estudavam as paisagens naturais julgavam importante descrevê-las em detalhes, procurando até mesmo transmitir as sensações subjetivas que esses locais proporcionavam. Atualmente, no entanto, a ciência valoriza as informações objetivas, como o número de espécies e o tamanho delas.

ATIVIDADES

Converse com seus colegas:

1. Na visão de vocês, quais informações na primeira imagem são objetivas? Quais são subjetivas?

2. Quais são as principais diferenças entre as duas imagens? Que informações estão presentes em uma e ausentes na outra?

3. Na opinião de vocês, a representação artística de Martius foi relevante para a Ciência realizada em sua época?

TEMA 5

O DOMÍNIO DO CERRADO

> O domínio do Cerrado é constituído principalmente pelo bioma savana e apresenta grande biodiversidade.

O CERRADO

O domínio do Cerrado é o segundo maior domínio morfoclimático brasileiro, ocupando cerca de 20% do território nacional. Está localizado principalmente na região central do país, abrangendo dez estados brasileiros. O bioma predominante nesse domínio é a savana, que nessa região recebe o nome de Cerrado.

O Cerrado é caracterizado por:

- clima com verão chuvoso e inverno seco;
- área cortada por três bacias hidrográficas: Tocantins, São Francisco e Prata. No entanto, isso não garante uma grande disponibilidade de água no bioma. Os maiores reservatórios de água estão localizados a grandes profundidades, no subsolo;
- grande variedade de fisionomias;
- grande biodiversidade, a maior entre as savanas do mundo. Nele vivem muitas espécies de animais adaptadas à alternância entre as estações seca e chuvosa.

DOMÍNIO DO CERRADO

Distribuição do domínio do Cerrado no território brasileiro.

Fonte: AB'SÁBER, A. N. *Os domínios de natureza no Brasil: potencialidades paisagísticas*. São Paulo: Ateliê Editorial, 2003.

Animais que habitam o Cerrado: (**A**) lobo-guará (*Chrysocyon brachyurus*), mamífero carnívoro, do mesmo grupo dos cães, lobos e raposas; (**B**) seriema da espécie *Cariama cristata*, ave cujo canto marcante pode ser ouvido a mais de um quilômetro de distância.

AS FISIONOMIAS DO CERRADO

O Cerrado abriga campos de herbáceas, com maior ou menor presença de árvores e arbustos, o que resulta em fisionomias diferentes da vegetação. Geralmente a vegetação apresenta características relacionadas ao clima seco, ao fogo e ao solo pobre em nutrientes, que são restritivos ao desenvolvimento das plantas. Muitas plantas desse bioma apresentam raízes profundas, que atingem os profundos reservatórios de água subterrânea. Há também muitas plantas com cascas grossas e folhas espessas, que evitam a perda de água. Além disso, algumas árvores perdem as folhas na estação seca.

As fisionomias vão do campo limpo, em que há apenas plantas rasteiras, até o cerradão com vegetação mais densa, incluindo árvores de grande porte (cerca de 15 metros de altura), com troncos retorcidos e vegetação mais baixa, que recebe pouca quantidade de luz.

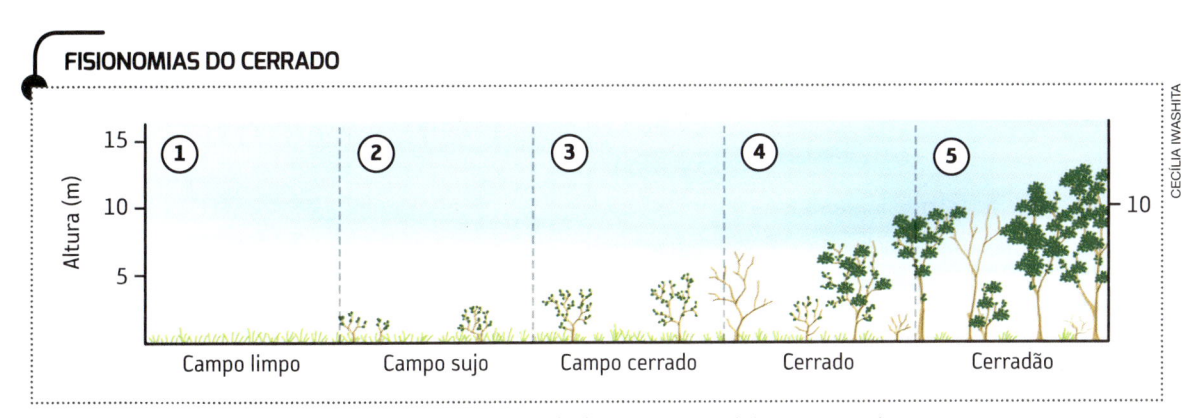

(**A**) Campo limpo (São Roque de Minas, MG, 2017).
(**B**) Cerradão (Chapada das Mesas, MA, 2018).

FISIONOMIAS DO CERRADO

① Campo limpo
② Campo sujo
③ Campo cerrado
④ Cerrado
⑤ Cerradão

No Cerrado, existe variação gradual de fisionomias relacionadas, que vai dos campos abertos sem árvores (campo limpo) às florestas fechadas (cerradão).

O fogo no Cerrado pode ter causas naturais ou humanas (Chapada dos Veadeiros, GO, 2016).

IMPACTOS AMBIENTAIS NO CERRADO

A paisagem do Cerrado foi e continua sendo muito modificada, restando menos de 60% de sua área original. Muitos rios foram contaminados com mercúrio por causa do garimpo, e a vegetação nativa foi desmatada para a comercialização de madeira, a produção de carvão, a expansão urbana e a agropecuária. Essas alterações impactam diretamente os seres vivos que habitam esse bioma: muitas espécies endêmicas estão ameaçadas de extinção, e alguns animais migraram para regiões que não costumavam ocupar.

O FOGO

O fogo é um importante fator ecológico no Cerrado e influencia o ciclo de vida de diversas espécies. Algumas plantas, por exemplo, só produzem flores e frutos após eventos de queimadas.

Eventos naturais como os raios podem provocar fogo na vegetação, sobretudo na transição entre as estações seca e chuvosa, quando as plantas estão secas.

No caso das queimadas naturais, o fogo geralmente não dura muito porque logo em seguida chove e ele se apaga, deixando apenas pequenos focos de incêndio. No entanto, atualmente muitas queimadas decorrem de ações humanas, em especial aquelas relacionadas à agropecuária. O uso frequente e indiscriminado do fogo em vastas áreas, ao contrário do fogo natural episódico, pode levar à diminuição da diversidade de espécies e à alteração da vegetação do Cerrado.

DE OLHO NO TEMA

1. Quais são as características típicas das árvores do Cerrado? Como essas características estão relacionadas ao clima e ao tipo de solo?
2. O fogo no Cerrado é sempre um evento prejudicial? Explique.

TEMA 6

O DOMÍNIO DAS CAATINGAS

> A Caatinga também é um tipo de savana, mais seca que o Cerrado.

A CAATINGA

O domínio das Caatingas ocupa cerca de 10% do território brasileiro, distribuindo-se pela maior parte da região Nordeste e pelo norte de Minas Gerais. O principal bioma que compõe esse domínio é a savana, ali chamada de Caatinga. Ela ocorre exclusivamente no Brasil e apresenta grande diversidade de espécies de plantas, muitas das quais são endêmicas.

As principais características da Caatinga são:

- clima semiárido, ou seja, com pouca chuva e temperaturas altas. Ocorre pouca variação de temperatura ao longo do ano, e as chuvas são irregulares;

- solos rasos, que promovem o escoamento superficial da água na época das chuvas, formando rios. Muitos rios que iniciam na Caatinga só existem durante a época de chuvas, secando o resto do ano. Porém, mesmo durante a estiagem (período de seca), os rios São Francisco e Parnaíba não secam completamente. Esses rios permanentes provêm água durante todo o ano;

- no período de seca, a forte incidência da luz solar e a temperatura do solo (que pode atingir 60 °C) aceleram a evaporação da água das lagoas e dos rios. A maior parte da vegetação perde as folhas e fica esbranquiçada; daí o nome Caatinga, que em tupi significa "mata branca". Essa paisagem caracteriza a chamada Caatinga seca;

- durante o período de chuvas, a água encharca o solo, as plantas formam folhas e o verde toma conta da paisagem, caracterizando a Caatinga verde.

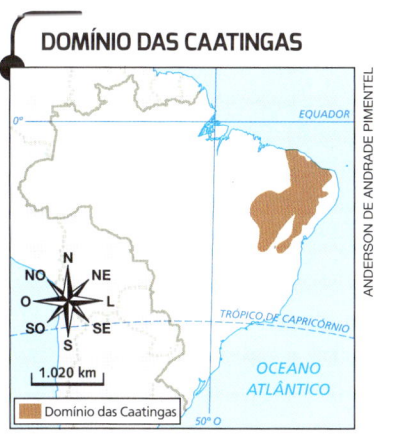

DOMÍNIO DAS CAATINGAS

Distribuição do domínio das Caatingas no território brasileiro.

Fonte: AB'SÁBER, A. N. *Os domínios de natureza no Brasil: potencialidades paisagísticas*. São Paulo: Ateliê Editorial, 2003.

(**A**) Caatinga seca. (**B**) Caatinga verde. Observe as diferenças da vegetação entre as duas fotos tiradas no mesmo local em épocas do ano distintas (Penaforte, CE, 2018).

Biomas brasileiros

Como as características das plantas e animais refletem os biomas em que eles vivem?
Disponível em <http://mod.lk/ac7u06>

AS ADAPTAÇÕES DOS SERES VIVOS DA CAATINGA

Muitos seres vivos da Caatinga possuem adaptações que permitem sua sobrevivência durante o longo período de seca. Conheça alguns exemplos.

- As plantas, em geral, são de pequeno porte. Muitas têm folhas reduzidas, galhos retorcidos com espinhos e cascas grossas, que evitam ou diminuem a perda de água para o ambiente.
- Cactos, como o mandacaru e o xiquexique, armazenam água em seus tecidos.
- Algumas espécies de peixes conseguem adiar o nascimento à espera das chuvas, isto é, os ovos só eclodem com a chegada das águas.
- A perereca jia-de-parede (*Corythomantis greeningi*) tem uma fina camada de cálcio sobre a pele, que reduz a perda de água. No final do período chuvoso, esse anfíbio se insere de costas em buracos nos troncos das árvores ou em rochas e usa a cabeça como tampa e escudo, podendo ficar assim por meses ou até anos.

O caule do mandacaru (*Cereus jamacaru*), cacto típico da Caatinga, armazena água, e suas folhas são modificadas em espinhos. Essas adaptações contribuem para diminuir a área de perda de água para o ambiente.

Existem pererecas que produzem veneno na Caatinga, como a *Corythomantis greeningi*.

7,5 cm

IMPACTOS AMBIENTAIS NA CAATINGA

Mais de 30% da paisagem natural da Caatinga já foi modificada. Atualmente ocorre um processo intenso de **desertificação**, em decorrência da substituição da vegetação natural por campos cultivados e pastagens, principalmente por meio de queimadas. O desmatamento para extração de madeira, utilizada na produção de lenha e de carvão vegetal, e a retirada de argila para olarias também ameaçam esse bioma.

Desertificação: processo de modificação do ambiente que leva à formação de uma paisagem seca ou de um deserto propriamente dito.

VAMOS FAZER

O velho Chico

Rio São Francisco em Delmiro Gouveia, na região conhecida como "cânion do Xingó" (AL, 2016).

A Caatinga é cortada por um rio muito importante para a região, o rio São Francisco. Com cerca de 2.700 km de extensão, ele percorre cinco estados (Minas Gerais, Bahia, Pernambuco, Alagoas e Sergipe).

Esse rio é usado no transporte, como fonte de energia elétrica e irrigação para a região, além de fornecer oportunidades de lazer para os habitantes das proximidades. Por atravessar regiões muito áridas, alguns de seus afluentes secam no período de estiagem.

Atualmente há um projeto de transposição das águas do rio São Francisco, que tem o objetivo de direcionar parte da água deste rio para as regiões semiáridas da Caatinga. Algumas das etapas deste projeto já foram concluídas, e o eixo leste foi inaugurado em 2017, levando água para quase cem municípios.

- Em grupo, façam uma pesquisa sobre esse projeto destacando seus benefícios e consequências negativas. Ao final, elaborem um vídeo, uma animação, um texto ou outro tipo de material expondo a opinião do grupo sobre o projeto. Expliquem se são a favor ou contra e por quê. Compartilhem sua produção com o restante da turma e da comunidade escolar.

ENTRANDO NA REDE

Para assistir ao documentário **Bioma Brasil – Caatinga**, no portal da TV Escola, a televisão pública do Ministério da Educação, acesse **http://mod.lk/S4NYC**. Acesso em: jul. 2018.

DE OLHO NO TEMA

- A Caatinga é um tipo de savana, assim como o Cerrado. Quais são as principais diferenças entre esses ambientes?

TEMA 7

O DOMÍNIO DAS PRADARIAS

O domínio das Pradarias é formado por campos localizados no sul do Brasil.

OS PAMPAS

O domínio das Pradarias é composto principalmente do bioma do tipo pradaria, que nessa região recebe o nome de Pampas ou Campos Sulinos. Esse domínio ocupa cerca de 2% do território brasileiro e localiza-se no sul do Rio Grande do Sul.

As principais características dos Pampas são:

- clima com temperaturas amenas e estações bem definidas. As chuvas, embora não tão abundantes como nas florestas, estão distribuídas ao longo do ano e não há períodos longos de seca;

- solo fértil, por isso a região é muito utilizada para agricultura;

- vegetação predominantemente composta de gramíneas e arbustos de pequeno porte e esparsos. Nos campos podem ocorrer matas ciliares, ou seja, vegetação ao longo das margens de rios e pequenos trechos de mata isolados, chamados capões. A luminosidade e os ventos influenciam a vegetação.

Nas proximidades do litoral, a paisagem dos Pampas é marcada por regiões alagadas e com densa vegetação de plantas aquáticas. Essas áreas são chamadas de banhados. Nelas são encontrados diferentes animais. Os banhados são muito importantes para inúmeras aves aquáticas e migratórias que ali se alimentam e se reproduzem.

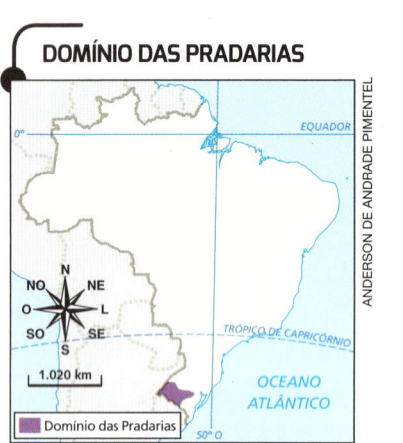

DOMÍNIO DAS PRADARIAS

Distribuição do domínio das Pradarias no território brasileiro.

Fonte: AB'SÁBER, A. N. *Os domínios de natureza no Brasil: potencialidades paisagísticas.* São Paulo: Ateliê Editorial, 2003.

Quero-quero (*Vanellus chilensis*), ave conhecida como "sentinela dos Pampas".

Paisagem dos Pampas (São Martinho da Serra, RS, 2012).

Criação de ovelhas em área originalmente coberta por vegetação típica dos Pampas (Pedras Altas, RS, 2014).

IMPACTOS AMBIENTAIS NOS PAMPAS

Grande parte dos Pampas está devastada: mais de 50% de sua paisagem natural já foi modificada, dando lugar principalmente à agricultura e a pastos para a pecuária. Nesses pastos, o capim nativo é substituído por capim exótico, isto é, que não é natural dessa região. Além disso, a criação dos animais prejudica o solo, compactando-o. A intensa atividade agrícola, especialmente de arroz, milho, trigo e soja, também contribui para esse processo de degradação, promovendo o desgaste do solo.

COLETIVO CIÊNCIAS

Quem vai cuidar dos Pampas?

Os Pampas estão entre os biomas menos protegidos do Brasil, apresentando menor área de preservação. Neles são encontradas diversas fontes importantes de água, espécies vegetais e animais endêmicas, muitos animais polinizadores fundamentais para a produção de alimentos e paisagens belíssimas, que atraem turistas em busca de contato com a natureza.

Pensando em todas essas características, que profissionais você imagina que poderiam participar de projetos e da formulação de leis de conservação dos Pampas? Antes de responder, pense nos problemas que devem ser solucionados por eles. Converse com seus colegas e apresentem as ideias ao professor.

DE OLHO NO TEMA

1. As atividades pecuárias estão entre as principais causas da degradação dos Pampas. Em sua opinião, o que favoreceu o desenvolvimento da criação de animais nesse bioma?

2. Ao longo desta Unidade, foram mostrados diferentes exemplos de impactos ambientais por ações humanas. Por outro lado, há muitas pessoas engajadas na preservação ambiental. Com seus colegas, citem exemplos de pessoas, projetos ou organizações que vocês conheçam que desenvolvam esse tipo de trabalho. Qual é a importância deles?

TEMA 8 — O DOMÍNIO DAS ARAUCÁRIAS

O domínio das Araucárias está localizado entre o sul paulista e o norte gaúcho.

MATA DE ARAUCÁRIAS

O domínio das Araucárias situa-se nos estados do Rio Grande do Sul, Santa Catarina, Paraná e São Paulo. O principal bioma desse domínio é a Mata de Araucárias, um tipo de floresta úmida, mas com temperaturas mais baixas que a das florestas tropicais.

Essa região caracteriza-se por:

- clima ameno, com temperaturas moderadas e grande quantidade de chuvas, que são bem distribuídas ao longo do ano;
- solo, em geral, fértil e profundo, que sustenta árvores altas;
- vegetação composta predominantemente pela araucária ou pinheiro-do-paraná (*Araucaria angustifolia*). Essa é uma árvore de grande porte, que se ramifica apenas no topo. Suas sementes (pinhões) são consumidas por muitos animais do ecossistema e também fazem parte da alimentação humana;
- a floresta apresenta três estratos definidos; o mais alto é formado principalmente pelas copas das araucárias, que filtram grande parte da luz. O segundo estrato é denso e formado principalmente por arbustos. O estrato mais baixo é formado por plantas rasteiras.

DOMÍNIO DAS ARAUCÁRIAS

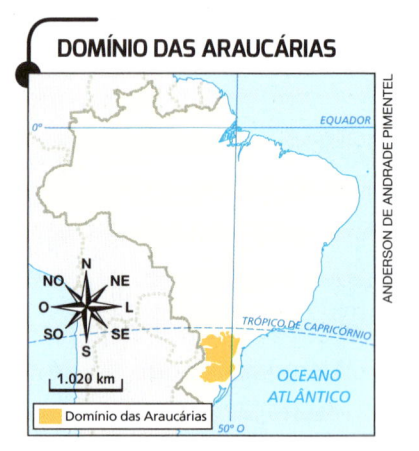

Distribuição do domínio das Araucárias no território brasileiro.

Fonte: AB'SÁBER, A. N. *Os domínios de natureza no Brasil*: potencialidades paisagísticas. São Paulo: Ateliê Editorial, 2003.

(A) Região de Mata de Araucárias (Pinhão, PR, 2016).
(B) Fruto da araucária aberto, mostrando os pinhões.

DE OLHO NO TEMA

- Pesquise quais são as principais causas da diminuição da vegetação original da Mata das Araucárias.

TEMA 9

O PANTANAL MATO-GROSSENSE

> O Pantanal é um ambiente caracterizado por alagamentos periódicos.

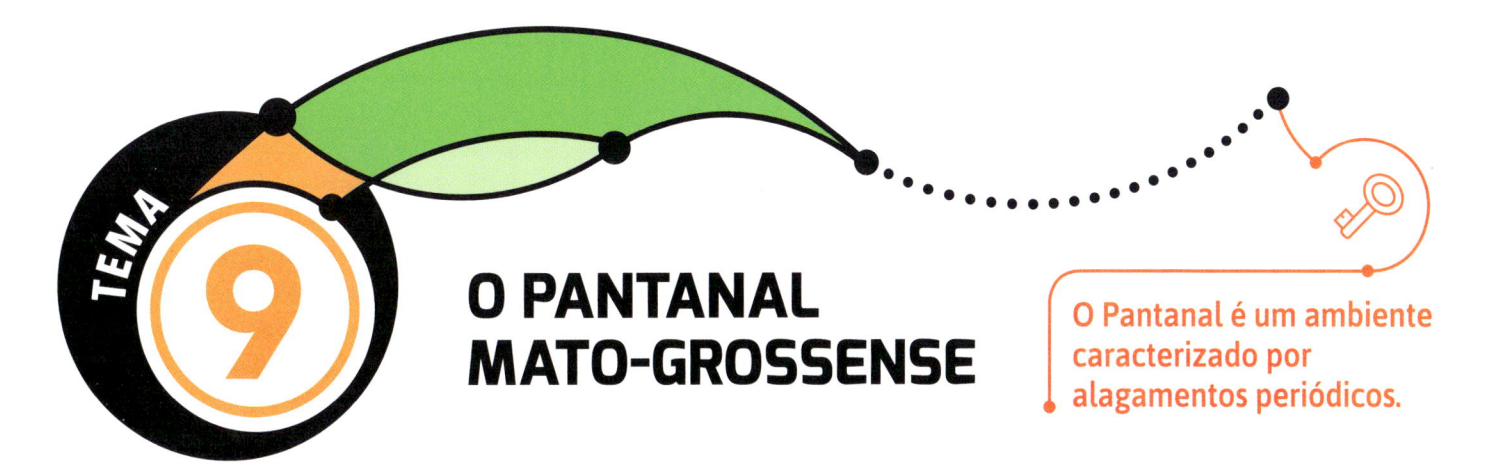

O tuiuiú (*Jabiru mycteria*), também conhecido como jaburu, é a ave-símbolo desse ambiente.

DE OLHO NO TEMA

- Como as vazantes podem beneficiar os seres vivos do Pantanal?

CARACTERÍSTICAS DO PANTANAL

O Pantanal é uma grande planície inundável e ocupa cerca de 150 mil km² nos estados de Mato Grosso e Mato Grosso do Sul. Além do Brasil, o Pantanal estende-se pelo Paraguai e pela Bolívia. Trata-se de uma região de transição, com características dos domínios Amazônico e do Cerrado.

Essa região caracteriza-se por:

- clima marcado por verões úmidos e quentes e invernos secos e frios;
- típico alagamento periódico dos rios, que está relacionado ao clima e à baixa inclinação da região pantaneira. Há dois períodos evidentes que caracterizam o alagamento periódico: o das cheias e o das vazantes;
- solo pouco permeável, com excesso de água e baixa fertilidade. Nas épocas de seca, o solo torna-se mais fértil;
- biodiversidade rica.

As principais atividades humanas no Pantanal são a pecuária, a pesca, o turismo, a mineração e a agricultura. Muitas vezes essas atividades são realizadas de maneira ilegal e descontrolada, provocando a degradação desse ambiente.

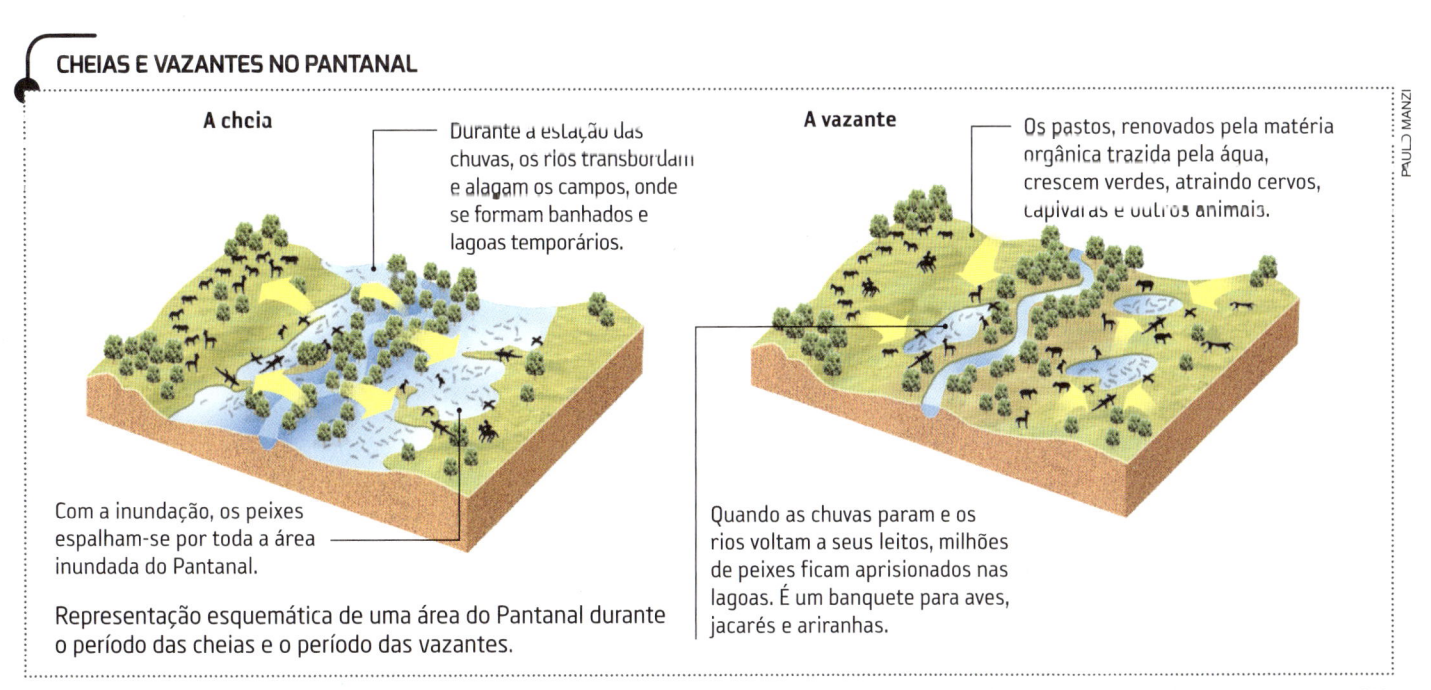

CHEIAS E VAZANTES NO PANTANAL

A cheia
Durante a estação das chuvas, os rios transbordam e alagam os campos, onde se formam banhados e lagoas temporários.

Com a inundação, os peixes espalham-se por toda a área inundada do Pantanal.

A vazante
Os pastos, renovados pela matéria orgânica trazida pela água, crescem verdes, atraindo cervos, capivaras e outros animais.

Quando as chuvas param e os rios voltam a seus leitos, milhões de peixes ficam aprisionados nas lagoas. É um banquete para aves, jacarés e ariranhas.

Representação esquemática de uma área do Pantanal durante o período das cheias e o período das vazantes.

Elaborada com base em: GOMES, L.; VILLELA, R. A. 1999.

TEMA 10

ECOSSISTEMAS AQUÁTICOS

> O Brasil apresenta abundância de reservatórios de água e, consequentemente, muitos tipos de ecossistemas aquáticos.

CLASSIFICAÇÃO DOS ECOSSISTEMAS AQUÁTICOS

De maneira geral e simplificada, os ecossistemas aquáticos podem ser de água doce ou de água salgada. Os de água doce costumam ser classificados em dois grupos, de acordo com a existência de movimento das águas:

- ecossistemas de água corrente, como rios e córregos;
- ecossistemas de água parada, como lagos, lagoas, açudes e reservatórios artificiais (represas).

Já os de água salgada correspondem aos mares e oceanos e constituem o maior de todos os ambientes do planeta, pois ocupam mais de 70% da superfície da Terra.

Rio, um ecossistema de água doce corrente (Foz do Iguaçu, PR, 2016).

Represa, ecossistema de água doce parada, criado artificialmente (São Sebastião, SP, 2018).

Vista aérea de lago, um ecossistema de água doce parada (Corumbá, MS, 2016).

Mar, ecossistema de água salgada (Filipinas, 2005).

MANGUEZAIS

Nas regiões tropicais do planeta, em algumas áreas de transição entre ecossistemas terrestres e marinhos, encontramos os manguezais. Nesses ambientes, há grande abundância de seres vivos. No Brasil, os manguezais são encontrados do Amapá a Santa Catarina, podendo ser incluídos entre os ambientes naturais mais produtivos de nosso país.

O manguezal é um ecossistema alagadiço, com solo de lama. É inundado duas vezes ao dia durante as marés cheias e sofre grande influência da água doce dos rios. A água nos manguezais é salobra, ou seja, menos salgada que as águas oceânicas e mais salgada que as águas dos rios, tendo baixo teor de gás oxigênio.

As árvores do manguezal são dotadas de adaptações que lhes permitem se fixar no solo mole desse ambiente. Algumas espécies possuem adaptações que possibilitam a sobrevivência no solo pobre em gás oxigênio.

Muitas famílias que habitam a região litorânea próxima aos manguezais sobrevivem do extrativismo de animais desse ecossistema, como mariscos e caranguejos. Os troncos das árvores do manguezal também são muitas vezes utilizados para a construção de casas, extração de lenha e carvão.

O guará (*Eudocimus ruber*) é uma das aves típicas dos manguezais da América do Sul, geralmente encontrado em bandos.

O caranguejo uçá (*Ucides cordatus*) é encontrado em manguezais e serve de alimento para os guarás.

Paisagem típica do manguezal. Observe as raízes das árvores, adaptadas para a fixação no solo (Santa Cruz Cabrália, BA, 2017).

Trilha de estudo

Vai estudar? Nosso assistente virtual no *app* pode ajudar!
<http://mod.lk/tr7u06>

DE OLHO NO TEMA

- Relacione as características das árvores típicas do manguezal com o solo dessa região.

ATIVIDADES
TEMAS 5 A 10

ORGANIZAR O CONHECIMENTO

1. Observe as regiões destacadas no mapa do Brasil e faça o que se pede.

   DOMÍNIOS MORFOCLIMÁTICOS

   Fonte: Mapa elaborado com base em Ab'Sáber, 2003.

   a) Identifique os domínios morfoclimáticos característicos das regiões A e B.

   b) Nomeie e caracterize os biomas predominantes em cada um dos domínios em relação à vegetação, fauna, solos e clima.

2. Leia o texto e responda.

   Ocupa áreas de estados como Ceará, Pernambuco, Bahia, Sergipe e Rio Grande do Norte. Sua vegetação é caracterizada por árvores pequenas, arbustos e muitos cactos de aspecto espinhoso. Na época das chuvas, a vegetação rebrota. Nele, podemos encontrar o mandacaru e o juazeiro.

   • A que bioma o texto se refere? Justifique.

3. Identifique a região brasileira à qual as frases a seguir estão relacionadas.

   I. Alagamento periódico dos rios.

   II. Verões úmidos e quentes e invernos secos e frios.

   III. Região de transição entre domínios morfoclimáticos.

4. Faça no caderno uma tabela indicando a localização e o tipo de bioma predominante para os seis domínios morfoclimáticos brasileiros.

5. Em suas fases iniciais de vida, grande número de espécies marinhas visita os manguezais. Isso acontece porque nesses ambientes ocorrem as condições a seguir, exceto:

   a) As marés revolvem o fundo lodoso, deixando em suspensão nutrientes e matéria orgânica assimilável.

   b) Folhas, frutos e galhos que caem dos mangues constituem rica fonte de alimento.

   c) As águas rasas e claras favorecem a penetração de luz, estimulando a produção de alimento pelas algas microscópicas do plâncton.

   d) Raízes e galhos entrelaçados da vegetação de mangue oferecem proteção contra predadores.

   e) Os materiais trazidos pela água dos rios são decompostos e transformados em nutrientes.

ANALISAR

6. Analise o mapa dos principais domínios morfoclimáticos brasileiros do Tema 2 e responda.

   a) Em qual domínio está localizada sua cidade?

   b) Qual é o estado de preservação desse domínio em sua cidade?

COMPARTILHAR

7. Pesquise sobre reflorestamento em livros ou na internet e faça o que se pede.

   a) O que é o reflorestamento? Se for necessário faça uma pesquisa.

   b) Você acha que todo reflorestamento é indicativo de preservação ambiental?

   c) Em grupo, proponham atitudes que possam contribuir para a manutenção da vegetação dos domínios morfoclimáticos brasileiros. Divulgue as atitudes sugeridas pela turma para a comunidade próxima à escola.

   d) Ainda em grupo, façam uma pesquisa sobre a importância de adquirir móveis e outros objetos de madeira com certificado de procedência. Com as informações obtidas, elaborem um material para ser compartilhado com a comunidade escolar e com os familiares com o objetivo de orientar as pessoas sobre o assunto.

EXPLORE
GRÁFICO DE DOMÍNIOS

Mais questões no livro digital

Como você pôde perceber no estudo desta Unidade, temperatura e pluviosidade (quantidade de chuvas) estão entre as principais características dos domínios morfoclimáticos brasileiros. De fato, com base nas médias anuais de temperatura e pluviosidade de uma região, podemos identificar o domínio em que ela se insere.

Essas informações podem ser inseridas em um gráfico, como o mostrado a seguir, que permite relacionar a quantidade anual de chuvas (no eixo vertical) com a temperatura média anual (eixo horizontal) em três regiões, identificadas por **A**, **B** e **C**.

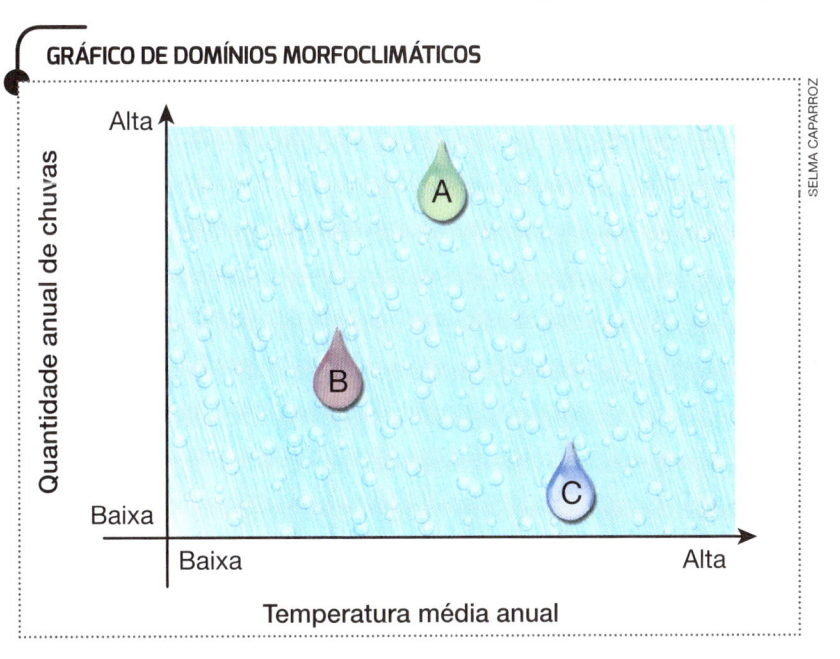

GRÁFICO DE DOMÍNIOS MORFOCLIMÁTICOS

(Gráfico: eixo vertical "Quantidade anual de chuvas" de Baixa a Alta; eixo horizontal "Temperatura média anual" de Baixa a Alta. Ponto A: alta pluviosidade e temperatura média-alta; Ponto B: pluviosidade média e temperatura baixa-média; Ponto C: pluviosidade baixa e temperatura alta.)

SELMA CAPARROZ

ATIVIDADES

INTERPRETAÇÃO

1. Analise o gráfico e identifique os biomas predominantes dos domínios A, B e C como Floresta Amazônica, Caatinga e Pampas. Justifique sua resposta.

PRODUÇÃO

2. Procure informações sobre as temperaturas e a pluviosidade médias anuais de três cidades, cada uma localizada em um dos biomas indicados na questão anterior. Boa parte dessas informações é disponibilizada para a população em atlas e *sites* de entidades que estudam fatores climáticos. Compare as informações obtidas com as informações apresentadas no gráfico e explique as semelhanças e as diferenças encontradas.

REFLEXÃO

3. Você diria que a temperatura média anual da região onde vive é alta ou baixa? E a pluviosidade? Discuta essas questões com os colegas e decidam qual seria o melhor ponto do gráfico para desenhar um círculo que represente a sua cidade.

4. Procure informações sobre a temperatura e a pluviosidade anual média da sua cidade. Com base nesses dados, em que posição ela ficaria no gráfico acima?

ATITUDES PARA A VIDA

Quais as consequências do desastre de Mariana (MG)?

O impacto ecológico, social e econômico é tão grande que ainda há dificuldades para medi-lo. Em 5 de novembro de 2015, a barragem de Fundão, em Mariana (MG), se rompeu e liberou 62 milhões de m³ de lama e rejeitos que recebia da Mina de Germano, pertencente à empresa Samarco (que, por sua vez, é controlada pela Vale do Rio Doce e pela companhia australiana BHP Billiton).

O lamaçal se espalhou rapidamente pela região, matou pessoas, desalojou famílias, contaminou a bacia hidrográfica do Rio Doce e, 17 dias depois, chegou ao mar. Foi o maior desastre desse tipo em toda a história do planeta.

A Samarco sabia que a barragem estava acima da capacidade, tinha falhas na estrutura e problemas de drenagem. O excesso e o tipo de rejeitos podem ter ajudado a liquefazer a estrutura (mas as causas exatas do desastre ainda estão sendo apuradas). Para piorar, em 2009, a mineradora não utilizou um plano de contingência mais amplo, proposto por uma consultoria de segurança terceirizada.

A investigação da Polícia Federal apontou que, entre 2012 e 2015, a Samarco reduziu em torno de 30% seu orçamento na área responsável pelo controle de barragens. Além disso, ainda segundo a PF, o complexo de Germano estava recebendo, indevidamente, rejeitos de outras minerações da Vale, em volume bem acima do divulgado pelas empresas.

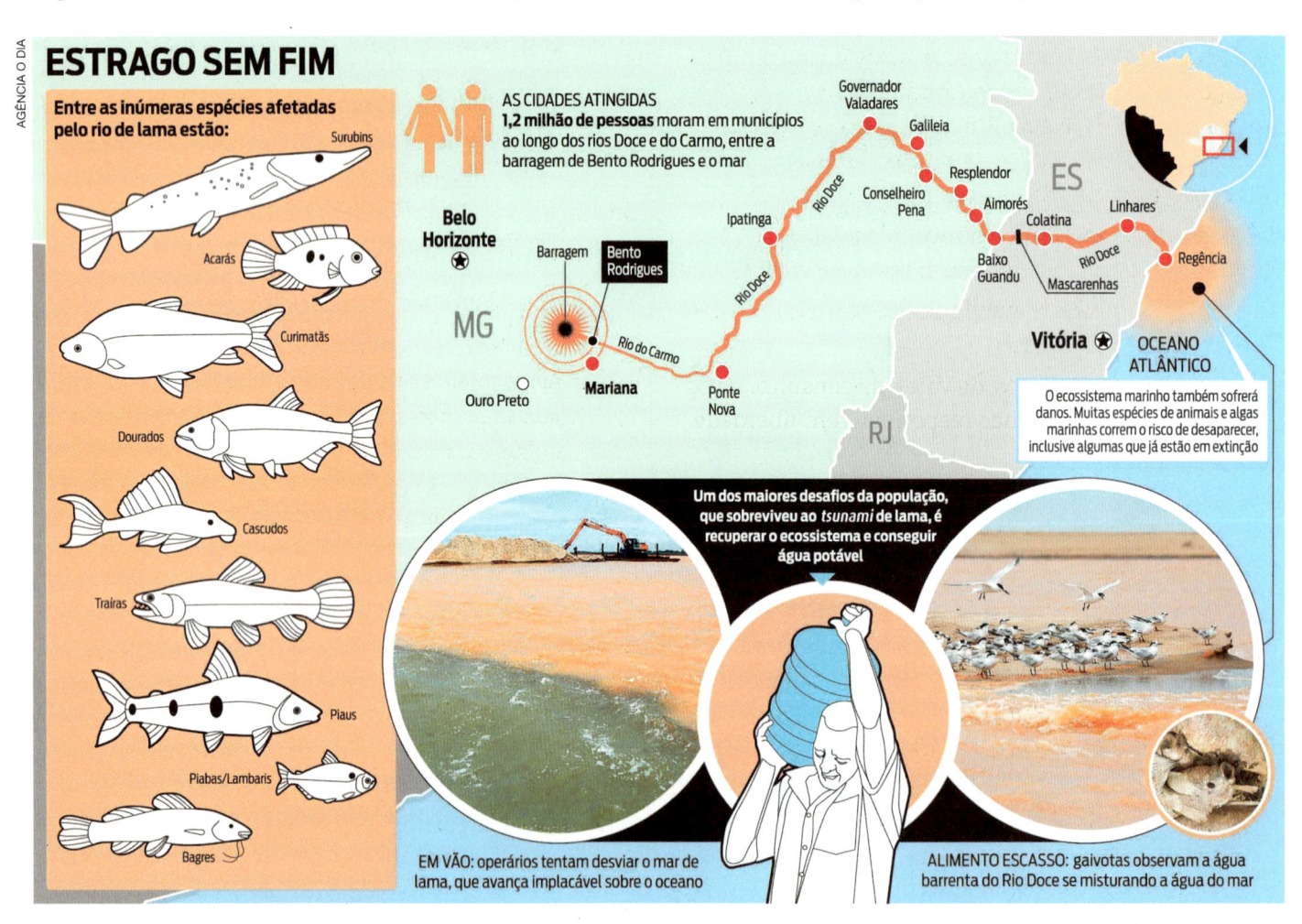

ESTRAGO SEM FIM

Entre as inúmeras espécies afetadas pelo rio de lama estão: Surubins, Acarás, Curimatãs, Dourados, Cascudos, Traíras, Piaus, Piabas/Lambaris, Bagres.

AS CIDADES ATINGIDAS
1,2 milhão de pessoas moram em municípios ao longo dos rios Doce e do Carmo, entre a barragem de Bento Rodrigues e o mar.

O ecossistema marinho também sofrerá danos. Muitas espécies de animais e algas marinhas correm o risco de desaparecer, inclusive algumas que já estão em extinção.

Um dos maiores desafios da população, que sobreviveu ao *tsunami* de lama, é recuperar o ecossistema e conseguir água potável.

EM VÃO: operários tentam desviar o mar de lama, que avança implacável sobre o oceano

ALIMENTO ESCASSO: gaivotas observam a água barrenta do Rio Doce se misturando a água do mar

As punições*

- R$ 292,8 milhões de multa aplicada pelo Ibama
- R$ 112 milhões de multa aplicada pelo Conselho de Política Ambiental de MG
- R$ 68,6 milhões de multa aplicada pela Secretaria de Meio Ambiente e Desenvolvimento Sustentável de MG
- R$ 143 milhões de multa aplicada pelo ICMBio
- R$ 500 mil de multa aplicada pelo Instituto de Meio Ambiente e Recursos do ES
- R$ 300 milhões em bens da Samarco bloqueados pelo Ministério Público de MG (R$ 6,5 milhões já foram liberados para indenizar vítimas)
- R$ 20 bilhões ao longo de dez anos foram exigidos em uma ação civil do Ministério Público Federal para reparar os prejuízos
- R$ 20 bilhões foram previstos num Termo de Transação de Ajustamento de Conduta, em março, para restauração dos danos. Em agosto, a Justiça anulou a homologação do TACC, mas a mineradora ainda segue o acordo, por meio da recém-criada Fundação Renova
- 7.555 cartões de auxílio financeiro entregues pela Samarco a pessoas que perderam renda com o desastre
- 10 mil ações judiciais individuais contra a mineradora em diversas comarcas
- 8 executivos da Samarco, da Vale e da consultoria Vog-BR foram indiciados, mas respondem em liberdade.

* última atualização: novembro/2017 [...]

MENEGHETTI, D. *Mundo Estranho*. Disponível em: <http://mod.lk/ptxbr>. Acesso em: jun. 2018.

COMO EU ME SAÍ?

TROCAR IDEIAS SOBRE O TEMA

Em grupo, discutam as seguintes questões:

1. Quais impactos ambientais do desastre de Mariana são apontados no texto e no infográfico? Esses impactos ficaram restritos ao município de Mariana?
2. Vocês consideram as punições citadas adequadas para esse desastre ambiental?
3. Vocês acham que o desastre de Mariana poderia ter sido evitado? Discuta com seus colegas medidas para evitar que outros desastres ambientais como esse aconteçam.

COMPARTILHAR

Além de afetar o ecossistema, o desastre de Mariana provocou a morte de moradores da região e causou a destruição de muitas residências e a interrupção no abastecimento de água e energia.
Muitos viviam da pesca e da agricultura e com a contaminação do ambiente não podem mais desenvolver essas atividades.

- Em grupo, proponham medidas que poderiam reparar os danos sofridos pela população.
- Procure **pensar de maneira interdependente**, ouvindo as ideias dos colegas e propondo suas próprias.

4. Apresentem suas propostas à turma e ouçam as dos outros grupos. Em conjunto, façam uma seleção das melhores propostas e, com o auxílio do professor, enviem a elas em um *e-mail* para uma instituição que esteja trabalhando na recuperação da região.

- Analisei cada solução de vários ângulos e avaliei a viabilidade de cada estratégia?
- Escutei as propostas dos meus colegas e fiz sugestões positivas com a intenção de melhorá-las?
- Aceitei críticas e sugestões dos colegas sobre a minha ideia?
- Se eu fosse explicar por que trabalhar e pensar de maneira interdependente é importante em um trabalho em grupo, eu diria que...

COMPREENDER UM TEXTO

As massas de ar que causam chuva na Floresta Amazônica são responsáveis por chuvas em outras áreas do país (Porto Velho, RO, 2017).

Fenômeno dos rios voadores

Os rios voadores são "cursos de água atmosféricos", formados por massas de ar carregadas de vapor de água, muitas vezes acompanhados por nuvens, e são propelidos pelos ventos. Essas correntes de ar invisíveis passam em cima das nossas cabeças carregando umidade da Bacia Amazônica para o Centro-Oeste, Sudeste e Sul do Brasil.

Essa umidade, nas condições meteorológicas propícias como uma frente fria vinda do sul, por exemplo, se transforma em chuva. É essa ação de transporte de enormes quantidades de vapor de água pelas correntes aéreas que recebe o nome de rios voadores – um termo que descreve perfeitamente, mas em termos poéticos, um fenômeno real que tem um impacto significante em nossas vidas.

A floresta amazônica funciona como uma bomba d'água. Ela puxa para dentro do continente a umidade evaporada pelo oceano Atlântico e carregada pelos ventos alísios. Ao seguir terra adentro, a umidade cai como chuva sobre a floresta. Pela ação da evapotranspiração da árvores sob o sol tropical, a floresta devolve a água da chuva para a atmosfera na forma de vapor de água. Dessa forma, o ar é sempre recarregado com mais umidade, que continua sendo transportada rumo ao oeste para cair novamente como chuva mais adiante.

Propelidos em direção ao oeste, os rios voadores (massas de ar) recarregados de umidade – boa parte dela proveniente da evapotranspiração da floresta – encontram a barreira natural formada pela Cordilheira dos Andes. Eles se precipitam parcialmente nas encostas leste da cadeia de montanhas, formando as cabeceiras dos rios amazônicos. Porém, barrados pelo paredão de 4.000 metros de altura, os rios voadores, ainda transportando vapor de água, fazem a curva e partem em direção ao sul, rumo às regiões do Centro-Oeste, Sudeste e Sul do Brasil e aos países vizinhos.

É assim que o regime de chuva e o clima do Brasil se deve muito a um acidente geográfico localizado fora do país! A chuva, claro, é de suma importância para nossa vida, nosso bem-estar e para a economia do país. Ela irriga as lavouras, enche os rios terrestres e as represas que fornecem nossa energia. [...]

Fonte: EXPEDIÇÃO RIOS VOADORES. Disponível em: <http://mod.lk/v0ylr>. Acesso em: jun. 2018.

RIOS VOADORES

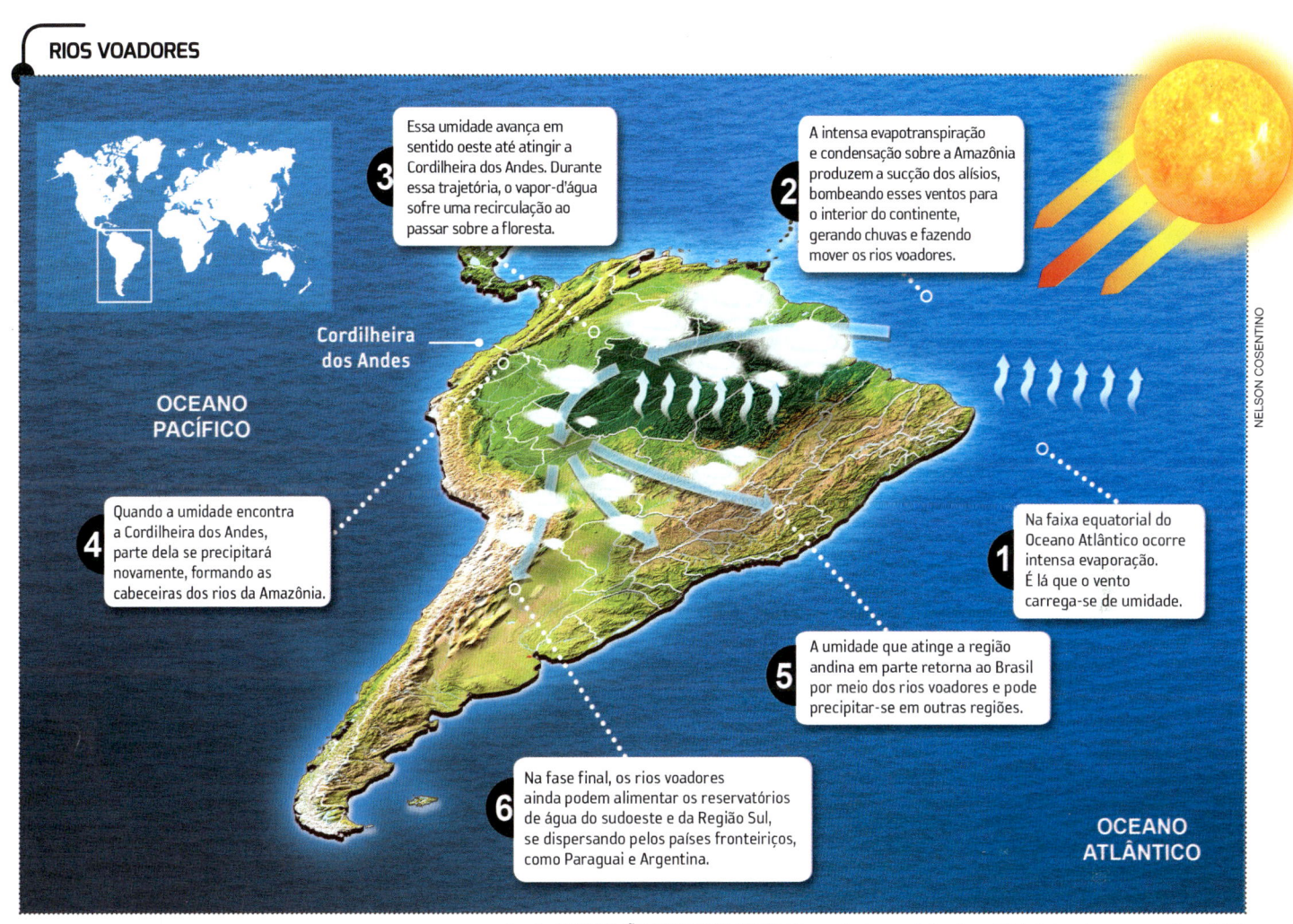

1. Na faixa equatorial do Oceano Atlântico ocorre intensa evaporação. É lá que o vento carrega-se de umidade.

2. A intensa evapotranspiração e condensação sobre a Amazônia produzem a sucção dos alísios, bombeando esses ventos para o interior do continente, gerando chuvas e fazendo mover os rios voadores.

3. Essa umidade avança em sentido oeste até atingir a Cordilheira dos Andes. Durante essa trajetória, o vapor-d'água sofre uma recirculação ao passar sobre a floresta.

4. Quando a umidade encontra a Cordilheira dos Andes, parte dela se precipitará novamente, formando as cabeceiras dos rios da Amazônia.

5. A umidade que atinge a região andina em parte retorna ao Brasil por meio dos rios voadores e pode precipitar-se em outras regiões.

6. Na fase final, os rios voadores ainda podem alimentar os reservatórios de água do sudoeste e da Região Sul, se dispersando pelos países fronteiriços, como Paraguai e Argentina.

Fonte: EXPEDIÇÃO RIOS VOADORES. Disponível em: <http://mod.lk/v0ylr>. Acesso em: jun. 2018.

ATIVIDADES

OBTER INFORMAÇÕES

1. O que são rios voadores?
2. É possível dizer que a Floresta Amazônica é responsável por características do sul e sudoeste do país?
3. As condições climáticas do Brasil dependem apenas de fatores próprios ou também de outros países?

REFLETIR

4. A preservação de florestas costuma ser vista como um custo e uma dificuldade que atrapalha o progresso. Você concorda com essa opinião?
5. Você acha que projetos que envolvem a exploração e o desmatamento de áreas naturais no país devem ser aprovados por órgãos locais ou devem ser debatidos por pessoas de todo o país?

UNIDADE 7

ATMOSFERA, CALOR E TEMPERATURA

POR QUE ESTUDAR ESTA UNIDADE?

Nesta Unidade, serão estudados a composição dos gases da atmosfera, os efeitos de algumas ações humanas sobre o equilíbrio térmico do planeta, a propagação do calor e as formas usadas para medir as temperaturas. Esses estudos podem ajudar a compreender os movimentos do ar, o efeito estufa e o aquecimento global, assim como a elaborar ações que permitam minimizar as alterações causadas pelo ser humano sobre o ambiente.

Tuvalu é um país da Oceania formado por nove ilhas. Tem cerca de 12 mil habitantes e 85% do seu território está apenas um metro acima do nível do mar. Segundo dados da Organização das Nações Unidas (ONU), o país deve ser um dos primeiros a desaparecer com a elevação do nível do mar em função do aquecimento global. As constantes inundações dos últimos anos, causadas pelas mudanças climáticas, já atrapalham o cultivo local, a pesca e a obtenção de água potável. Foto de 2016.

MICHAEL RUNKEL/ALAMY/FOTOARENA

COMEÇANDO A UNIDADE

1. O que você entende por efeito estufa?
2. Explique com suas palavras o que é temperatura.
3. O que acontece com a temperatura de um suco quando acrescentamos pedras de gelo a ele?

ATITUDES PARA A VIDA

- Imaginar, criar e inovar
- Pensar com flexibilidade

TEMA 1

OS GASES DA ATMOSFERA

> O ar é formado por uma mistura de gases. Cada gás tem características próprias.

A COMPOSIÇÃO DO AR

Logo que o planeta Terra surgiu, não havia atmosfera estável. Essa camada gasosa se formou aos poucos e, no começo, era constituída por gases diferentes dos atuais. Fenômenos como a fotossíntese realizada por bactérias e a emissão de gases pelos vulcões estão entre aqueles que provocaram as mudanças na composição da atmosfera.

A atmosfera é essencial para a vida em nosso planeta, não só pelo fato do gás oxigênio ser indispensável para a maioria dos seres vivos. A atmosfera também ajuda a controlar a temperatura na superfície da Terra, para que o planeta não fique muito quente durante o dia ou muito frio durante a noite. A Lua, por exemplo, não possui atmosfera. Lá, a temperatura de dia pode chegar a 130 ºC, e à noite a −170 ºC.

O ar atmosférico é constituído majoritariamente por uma mistura de gás nitrogênio, gás oxigênio, gás carbônico e vapor-d'água. Existem ainda outros gases, cuja quantidade total representa menos de 1% do ar.

Os mais abundantes são o gás nitrogênio e o gás oxigênio, que correspondem a 78% e a 21% do ar, respectivamente. Eles representam, portanto, 99% do total de gases da atmosfera.

Os gases do ar não estão distribuídos igualmente por toda a extensão da atmosfera, pois a composição do ar varia com a altitude. Alguns, como o gás oxigênio, predominam nas camadas inferiores, tornando-se raros nas camadas superiores. O vapor-d'água também está presente no ar em quantidades variáveis, de acordo com o local ou o clima.

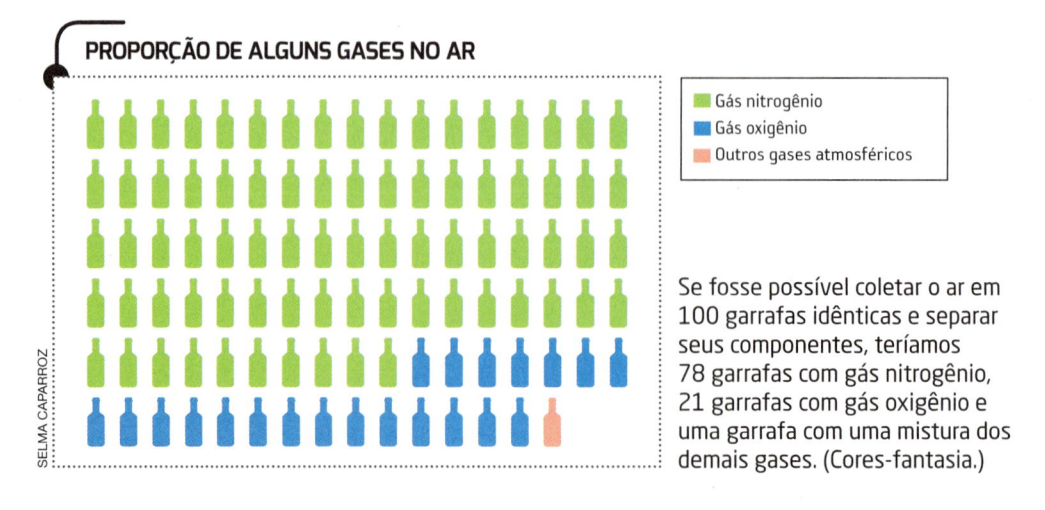

PROPORÇÃO DE ALGUNS GASES NO AR

- Gás nitrogênio
- Gás oxigênio
- Outros gases atmosféricos

Se fosse possível coletar o ar em 100 garrafas idênticas e separar seus componentes, teríamos 78 garrafas com gás nitrogênio, 21 garrafas com gás oxigênio e uma garrafa com uma mistura dos demais gases. (Cores-fantasia.)

CARACTERÍSTICAS DE ALGUNS COMPONENTES DO AR

GÁS OXIGÊNIO

A maioria dos seres vivos respira gás oxigênio. Apenas algumas espécies de microrganismos sobrevivem na ausência desse gás, como é o caso da bactéria causadora do tétano.

O gás oxigênio também participa do processo de queima ou **combustão**. Nesse processo, os materiais que queimam são chamados de **combustíveis**; são exemplos a madeira, o carvão e a gasolina. Para que esses materiais queimem, é necessária a presença do gás oxigênio, que é denominado **comburente**. Além disso, a combustão só tem início quando se fornece energia, a partir de uma faísca elétrica ou uma pequena chama, por exemplo. Nesse caso, a fonte de energia é chamada de **fonte de ignição**.

GÁS NITROGÊNIO

É o gás mais abundante na atmosfera. Os seres vivos necessitam de nitrogênio, mas a maioria não consegue obtê-lo diretamente do ar. Alguns microrganismos são capazes de transformar o gás nitrogênio em substâncias que as plantas absorvem pelas raízes. Ao se alimentar dessas plantas, os animais obtêm o nitrogênio de que precisam.

> **SAIBA MAIS!**
>
> ### PRESSÃO ATMOSFÉRICA
>
> Todo o ar presente na atmosfera possui massa e, portanto, é atraído pela gravidade da Terra, o que faz com que ele tenha peso. A **pressão atmosférica** é decorrente do peso de todo o ar que há sobre nós. Quanto menor for a altitude de um local, maior será a pressão do ar. Em locais com maior altitude, onde há menor concentração de ar sobre a superfície, a pressão atmosférica é menor. Por esse motivo, a pressão atmosférica em uma cidade na praia é menor que no alto de uma montanha.

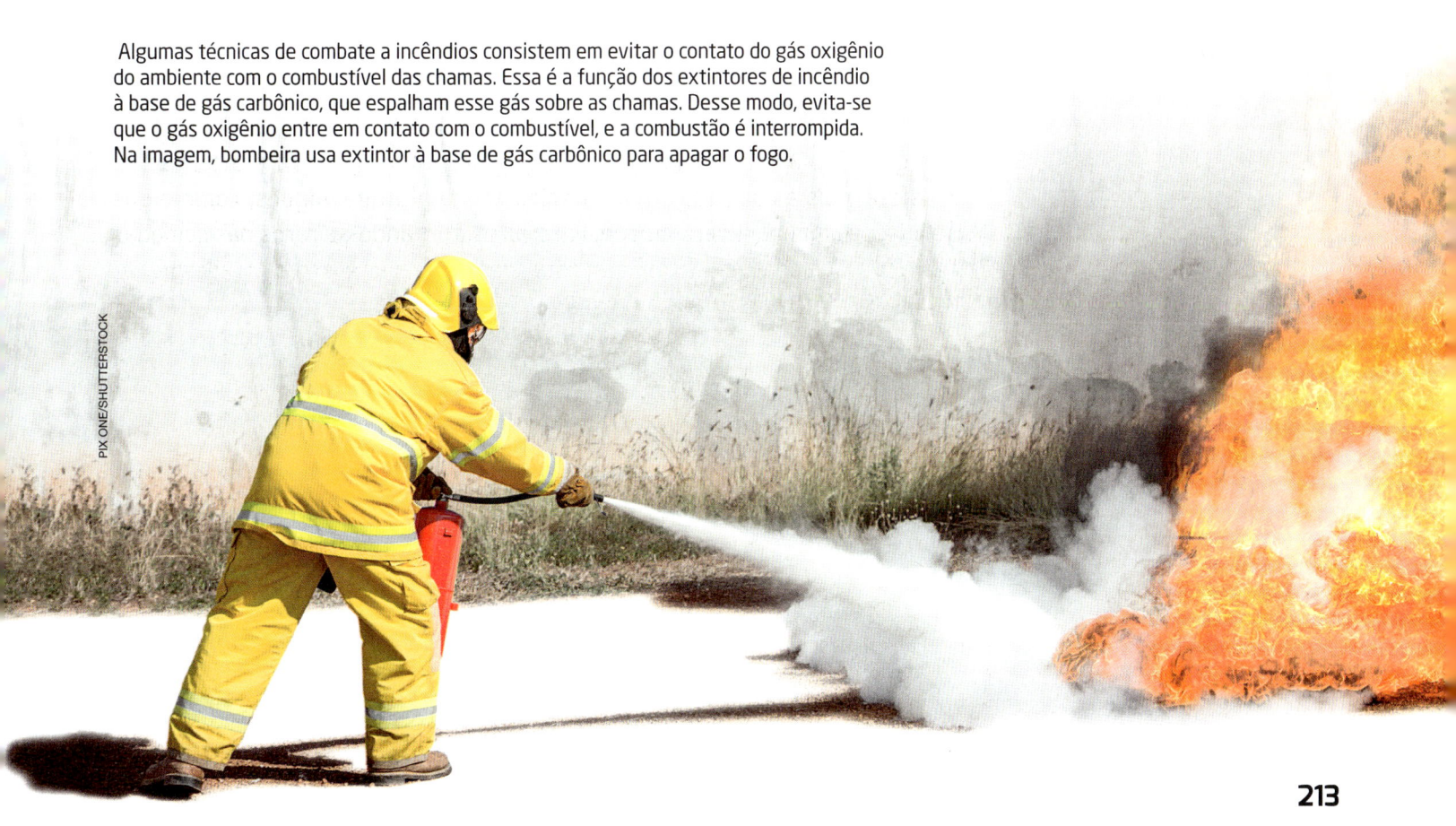

Algumas técnicas de combate a incêndios consistem em evitar o contato do gás oxigênio do ambiente com o combustível das chamas. Essa é a função dos extintores de incêndio à base de gás carbônico, que espalham esse gás sobre as chamas. Desse modo, evita-se que o gás oxigênio entre em contato com o combustível, e a combustão é interrompida. Na imagem, bombeira usa extintor à base de gás carbônico para apagar o fogo.

Os seres humanos não conseguem obter o gás nitrogênio diretamente do ar porque, ao contrário do gás oxigênio, ele não é absorvido nos pulmões. Quando respiramos, o gás oxigênio se liga a uma substância que está presente no sangue, e é levado por todo o nosso organismo. O gás nitrogênio não se liga a nenhuma substância, portanto ele não é absorvido nos pulmões.

O gás nitrogênio é um material muito **estável**. Isso significa que ele não se combina facilmente com outros materiais. Ainda assim, ele pode ser transformado, por exemplo, quando é convertido em nutrientes por microrganismos.

GÁS CARBÔNICO

Esse gás está presente em pequena quantidade na atmosfera, mas é importante para a vida no planeta. Com a água e a luz, ele é usado na produção de alimento pelos seres fotossintetizantes. Além disso, é responsável por reter parte do calor na atmosfera, no fenômeno natural chamado **efeito estufa**, que mantém as temperaturas atmosféricas dentro dos limites adequados para a existência da vida. Ele também é produto da respiração dos seres vivos.

VAPOR-D'ÁGUA

Ajuda a regular o clima por meio do ciclo da água. Sua quantidade varia de acordo com o clima de cada lugar e das condições do tempo em determinado momento. Algumas regiões do planeta, como as de Floresta Amazônica, apresentam altos índices de **umidade relativa do ar** e chuvas quase o ano todo. Já outras são bem secas, como o sertão nordestino e os desertos. A umidade relativa do ar está relacionada com a quantidade de vapor-d'água misturada a ele.

Quando essa quantidade de vapor-d'água diminui muito, podemos sentir que o ar está seco ao respirar. A baixa umidade provoca secura nas vias aéreas e nos olhos, e pode fazer com que as pessoas apresentem problemas alérgicos e respiratórios.

Além de afetar a saúde humana, a baixa umidade aumenta o risco de incêndios em pastagens e florestas.

O nível de umidade do ar também interfere na sensação térmica, que é como nosso corpo reage à temperatura do ar. Quando a umidade é maior, sentimos mais calor em dias quentes e mais frio em dias frios.

As nuvens se formam com a condensação do vapor-d'água presente na atmosfera. Ao encontrar camadas mais frias da atmosfera, o vapor-d'água se condensa e produz inúmeras gotículas de água (nuvem). Essas gotículas se aglomeram até atingir um tamanho em que tendem a cair como chuva. (CONSTABLE, John. *Cloud Study*. 1821. Óleo sobre papel, 24,7 cm × 30,3 cm.)

> **DE OLHO NO TEMA**
>
> 1. Em dias quentes, a superfície externa de um copo com água bem gelada fica úmida, cheia de gotículas de água. Converse com seus colegas e, com base em seus conhecimentos sobre a composição do ar e as mudanças de estado físico da água, expliquem de onde vêm essas gotículas.
> 2. Como o gás nitrogênio presente no ar torna-se disponível para plantas e animais?

TEMA 2 — MODIFICAÇÕES NA ATMOSFERA

Ações humanas alteram a composição da atmosfera.

A ATMOSFERA É DINÂMICA

A composição da atmosfera pode ser afetada por fenômenos naturais, como a erupção de vulcões, que lança no ar uma grande quantidade de partículas e de gases.

Atualmente, as atividades humanas também provocam modificações atmosféricas. A queima de combustíveis fósseis (gasolina e óleo diesel, por exemplo), as queimadas e a derrubada de florestas, além da poluição causada por indústrias (emissão de gases e material particulado), entre outras ações humanas, influenciam na composição da atmosfera.

Essas alterações podem causar problemas ambientais, como o aquecimento global, a chuva ácida e a destruição da camada de ozônio.

O EFEITO ESTUFA E O AQUECIMENTO GLOBAL

O **efeito estufa** é um fenômeno natural responsável pela manutenção das temperaturas atmosféricas dentro de limites adequados à vida. Esse fenômeno está relacionado com a retenção de parte da energia solar por gases da atmosfera, o que permite manter aquecida a superfície terrestre.

Do total da radiação solar que atinge a Terra, cerca de 30% é refletido pela atmosfera, não chegando à superfície do planeta. Os outros 70% são absorvidos pela atmosfera, pelas águas (principalmente dos oceanos), pelo solo e pelas plantas. Parte da energia solar absorvida pela superfície terrestre é reemitida para a atmosfera na forma de calor. Gases como o gás carbônico e o gás metano presentes na atmosfera absorvem parte dessa energia e a reemitem de volta para a superfície. Essa troca contínua impede que o planeta esfrie demais. Desse modo, sua temperatura média permanece estável.

Causas naturais e antrópicas das alterações na atmosfera. (**A**) Erupção de vulcão (Filipinas, 2018). (**B**) Queima de combustíveis por veículos automotores (Mairiporã, SP, 2016). (**C**) Desmatamento (Apiacás, MT, 2015).

Antrópico: provocado pelo ser humano.

Os cientistas chamam de **aquecimento global** o aumento da temperatura atmosférica que vem acontecendo gradualmente ao longo dos últimos 100 anos. O aquecimento global é causado pela intensificação do efeito estufa, em consequência do aumento da quantidade de gás carbônico e de alguns outros gases presentes na atmosfera, chamados de **gases de efeito estufa**.

Diversos estudos e evidências indicam que os seres humanos são responsáveis, em certa medida, pelo aquecimento global. Muitas atividades humanas liberam grandes quantidades de gases do efeito estufa para a atmosfera, alterando sua composição e aumentando a retenção do calor.

Representação de como ocorre o efeito estufa. (Imagem sem escala; cores-fantasia.)

Fonte: INTERGOVERNMENTAL PANEL ON CLIMATE CHANGE (IPCC). Disponível em: <http://mod.lk/lcbmh>. Acesso em: jul. 2018.

O EFEITO ESTUFA

1 Parte da radiação solar que chega à Terra não é absorvida; ela é refletida pela atmosfera.

2 70% da energia solar atinge a superfície terrestre e é absorvida pelo solo, pelos rios e oceanos e pelas plantas.

3 Uma parte dessa energia volta para a atmosfera. A outra é refletida de volta para a superfície terrestre, mantendo a temperatura média do planeta.

4 O desmatamento e a construção de grandes centros urbanos, com indústrias e meios de transportes que queimam combustíveis fósseis, aumentam a concentração de gases do efeito estufa na atmosfera. Mais energia é retida na superfície do planeta, causando o aquecimento global.

5 O gás metano, um dos principais gases do efeito estufa, é emitido para a atmosfera pela decomposição dos resíduos em aterros sanitários e lixões, decomposição da matéria orgânica submersa em represas de hidrelétricas e pelas criações de animais.

As imagens mostram evidências do aquecimento global.
(**A**) Geleira Qori Kalis, no Peru, em 1978.
(**B**) A mesma geleira em 2011.

O aquecimento global tem várias consequências. Algumas já podem ser observadas e medidas pelos cientistas, como a elevação do nível médio dos oceanos e uma incidência maior de eventos climáticos extremos, como verões muito quentes ou invernos muito frios.

A queima de combustíveis, como carvão, lenha, gás, álcool, gasolina, óleo diesel etc., produz gás carbônico. Mas, dependendo da origem do combustível, ele pode ter maior efeito sobre o aquecimento global.

O álcool combustível, ou etanol, é produzido a partir da cana-de-açúcar. Durante o processo de crescimento da cana, ela faz fotossíntese. Como já vimos, para fazer a fotossíntese a planta retira gás carbônico do ar. Quando o etanol é queimado, o gás carbônico liberado corresponde, em parte, ao que foi retirado da atmosfera pela cana ao fazer a fotossíntese.

O carvão mineral e os derivados de petróleo (gás, gasolina, óleo diesel, querosene para aviões etc.) têm origem no subsolo e foram formados há milhões de anos. O uso deles adiciona gás carbônico na atmosfera sem ocorrer uma retirada recente desse gás. Já a lenha e o carvão vegetal vêm de florestas onde até mesmo árvores centenárias são derrubadas para obtê-los. Caso as plantas utilizadas para fazer esses combustíveis não sejam substituídas por outras, não há retirada de gás carbônico da atmosfera, apenas acréscimo.

No caso do etanol, o processo de plantio da cana e produção do álcool gera gás carbônico. Mas comparando essa quantidade de gás carbônico com aquela produzida pela queima do carvão ou dos derivados de petróleo, o etanol contribui muito menos para o aquecimento global.

As queimadas também produzem gás carbônico, com um agravante: o desmatamento causado faz com que grandes áreas que antes retiravam o gás carbônico da atmosfera para fotossíntese deixem de existir.

ENTRANDO NA REDE

No endereço **http://mod.lk/nvh77** você encontra uma animação, criada pela Nasa, que mostra a variação da quantidade de gás carbônico na atmosfera no período de um ano.
Acesso em: jul. 2018.

O melhor caminho para evitar o aumento do aquecimento global é a diminuição do consumo de energia. Portanto, priorizar o uso do transporte coletivo, fazer pequenos trajetos a pé ou de bicicleta, não deixar luzes acesas e não demorar no banho são atitudes que podemos adotar para contribuir.

Mas não estamos falando só da energia elétrica que usamos em casa ou do combustível queimado pelos veículos. Por trás de todos os produtos que consumimos há um gasto de energia. Evitar o uso de embalagens desnecessárias e descartáveis, usar sacolas reaproveitáveis e não fazer compras por impulso também contribui para a resolução do problema.

E, claro, devemos cobrar do poder público a fiscalização contra queimadas e desmatamentos, o incentivo ao uso de fontes de energia menos poluentes e o investimento no transporte público.

A CHUVA ÁCIDA

A atividade industrial e a circulação de veículos, além de outras ações humanas, liberam poluentes na atmosfera, como os gases com nitrogênio e enxofre. Esses poluentes combinam-se com o vapor-d'água e o gás oxigênio, formando substâncias ácidas que, dissolvidas na chuva, originam a **chuva ácida**. Ao cair no solo, nos rios e nos lagos, a chuva ácida causa danos a plantas, animais, algas e microrganismos.

O problema da chuva ácida afeta mais intensamente as regiões mais industrializadas, onde a quantidade de poluentes é maior. Florestas e plantações que ficam perto de locais com muitas indústrias também sofrem seus efeitos. Nos centros urbanos, a chuva ácida pode danificar monumentos, estátuas e prédios.

Ácido: nesse contexto, substâncias corrosivas que podem causar queimaduras.

Mesmo os materiais resistentes à ação do tempo não estão livres dos efeitos da poluição. (**A**) Coluna decorativa de um edifício danificada pela chuva ácida (Estados Unidos, 2012). (**B**) A mesma coluna, após restauração (Estados Unidos, 2015).

O OZÔNIO

O ozônio é um gás produzido na atmosfera, em uma camada denominada estratosfera, que compreende a região entre 16 e 50 quilômetros de altitude. A maior parte do ozônio permanece dentro dessa camada da atmosfera. Por essa razão, dizemos que na estratosfera está contida a **camada de ozônio**.

A camada de ozônio é importante porque absorve boa parte dos raios ultravioleta que vêm do Sol, impedindo-os de chegar à superfície da Terra. Essa radiação é emitida pelo Sol e pode afetar o material genético das células. O excesso de radiação ultravioleta pode causar, por exemplo, câncer de pele, enfraquecimento do sistema imunitário e catarata, uma doença dos olhos, por isso esses raios devem ser evitados.

Há alguns anos descobriu-se que, sobre o continente antártico, há uma região na qual a concentração de ozônio na estratosfera é muito menor que em outras regiões do planeta. Esse fenômeno é chamado de **redução da camada de ozônio**. Acredita-se que essa redução tenha acontecido por causa da liberação de determinados gases para a atmosfera.

Os veículos de comunicação costumam chamar a redução da camada de ozônio de "buraco na camada de ozônio". No entanto, não podemos considerá-la um buraco, pois o ozônio nessa região não foi totalmente destruído.

Esse problema ambiental exigiu a adoção de algumas reformas políticas e econômicas que ajudaram a reduzir a emissão de gases poluentes. Por meio de acordos internacionais, os países criaram leis que obrigaram as indústrias a substituírem os gases que destruíam a camada de ozônio por outros que não provocassem esse efeito nocivo.

Estudos recentes indicam que a camada de ozônio está se recuperando. Os pesquisadores acreditam que, se a atual taxa de recuperação for mantida, até a metade deste século a camada de ozônio poderá voltar aos níveis de 1980 – ano em que os cientistas notaram pela primeira vez a ação nociva das atividades humanas sobre ela.

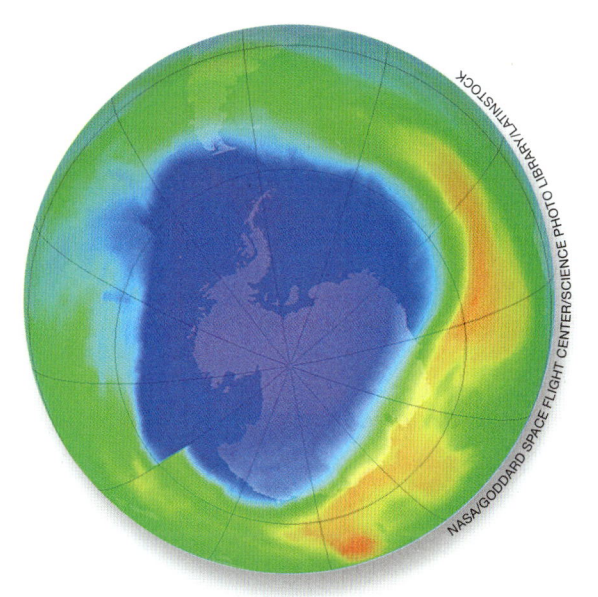

A imagem feita pelo satélite Aura, da Nasa, mostra (em azul) a região sobre o continente antártico em que a concentração de ozônio na estratosfera é menor em relação a outras regiões do planeta. As áreas em verde, laranja e amarelo representam locais com níveis mais altos de ozônio (2013).

O GÁS OZÔNIO PRÓXIMO À SUPERFÍCIE TERRESTRE

Embora a presença do gás ozônio na estratosfera proteja os seres humanos da radiação ultravioleta, próxima da superfície terrestre ela causa danos à saúde, como irritação nos olhos e agravamento de doenças respiratórias.

O gás ozônio, nesse caso, é o que se forma durante a queima dos combustíveis nos motores dos veículos. Portanto, áreas urbanas com trânsito intenso são as mais afetadas por esse poluente.

Medidas para diminuir o tráfego, como o incentivo ao uso do transporte público e a substituição do carro pela bicicleta, por exemplo, contribuem para diminuir a emissão do gás ozônio próximo à superfície da Terra.

DE OLHO NO TEMA

1. Descreva o mecanismo natural do efeito estufa e comente sua importância para a vida na Terra.
2. Cite três atividades humanas que podem provocar a chuva ácida.

ATIVIDADES — TEMAS 1 E 2

ORGANIZAR O CONHECIMENTO

1. A respeito da atmosfera, avalie as afirmações como verdadeiras (V) ou falsas (F).
   I. É formada por um tipo de gás.
   II. Tem a mesma composição desde o surgimento do planeta Terra.
   III. É formada por uma mistura de gases.
   IV. Os gases mais abundantes são o gás nitrogênio e o gás oxigênio.
   V. Os gases se distribuem de forma uniforme pela atmosfera.

2. Relacione os principais componentes do ar a suas características.
   I. Gás oxigênio
   II. Gás nitrogênio
   III. Gás carbônico
   IV. Vapor-d'água

   a) Indispensável para o processo de fotossíntese.
   b) Indispensável para a respiração da maioria dos seres vivos e para a combustão.
   c) Está envolvido na regulação do clima por meio da formação de nuvens e, consequentemente, da chuva.
   d) Gás mais abundante na atmosfera.

3. Cite duas causas do aumento do efeito estufa. Para cada uma delas indique formas pelas quais é possível revertê-las.

4. A composição dos gases da atmosfera vem se alterando desde que ela foi formada. De quais modos essas alterações ocorrem? Cite exemplos.

ANALISAR

5. Leia o texto a seguir e responda às questões.

   Como o aquecimento global está matando recifes de corais

   Com 2.300 km de extensão, a Grande Barreira de Coral, na costa australiana, pode ser vista do espaço e cobre uma área maior do que a Itália. Atualmente, ela está sendo prejudicada pelo aquecimento da água, que contribui para o embranquecimento e morte de corais. [...]

   Fonte: FÁBIO, A. C. Como o aquecimento global está matando recifes de corais. *Nexo*, 13 jun. 2016. Disponível em: <http://mod.lk/5tfka>. Acesso em: jul. 2018.

   Coral que sofreu embranquecimento.

   a) Qual é a relação entre o aquecimento global e a morte dos recifes de corais?
   b) Qual é a relação entre o aquecimento global e o efeito estufa natural?
   c) Em sua opinião, o que você pode fazer para colaborar com a redução da emissão de gases que provocam o aquecimento global?

6. Em outubro de 2010, uma grande região do sul do Chile entrou em estado de alerta devido aos altos índices de radiação ultravioleta, consequência da diminuição da camada de ozônio. As pessoas foram orientadas a usar óculos escuros, camisetas de manga longa e chapéu sempre que se expusessem ao Sol. Por que essas recomendações foram feitas?

COMPARTILHAR

7. Em grupos, procurem informações a respeito de biocombustíveis. Qual é a importância da pesquisa de novas fontes de energia alternativas ao petróleo? Quais são os tipos de biocombustíveis viáveis? Há relação entre a busca por energias renováveis e o aquecimento global? Reúnam as informações obtidas com as dos outros grupos da sala e elaborem uma campanha de divulgação criativa, que chame a atenção das pessoas para a importância do assunto.

ATITUDES PARA A VIDA

- Imaginar, criar e inovar

  Campanhas convencionais nem sempre chamam a atenção do público. Procurem pensar em campanhas diferentes e que sejam eficazes para o objetivo da atividade.

PENSAR CIÊNCIA

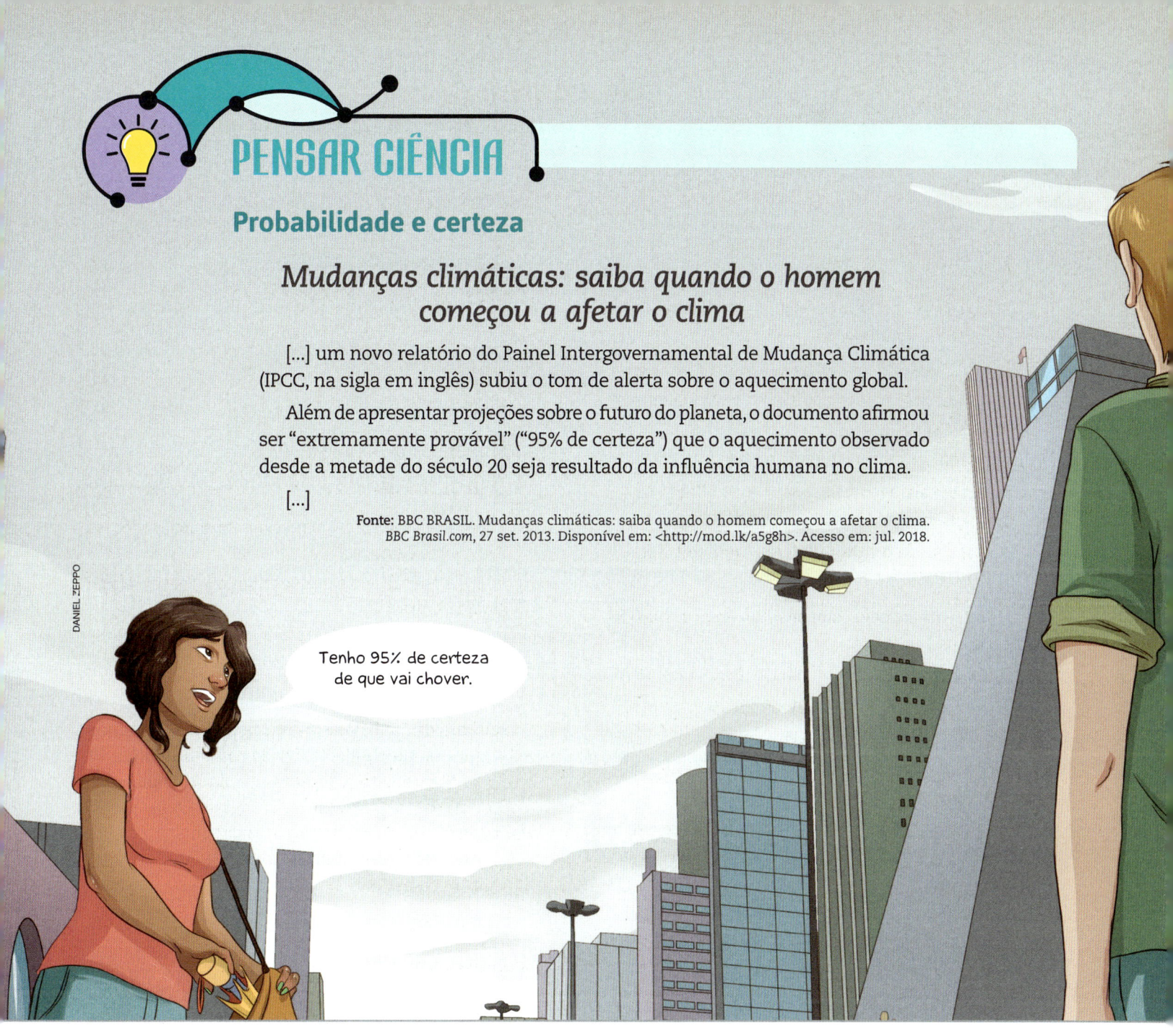

Probabilidade e certeza

Mudanças climáticas: saiba quando o homem começou a afetar o clima

[...] um novo relatório do Painel Intergovernamental de Mudança Climática (IPCC, na sigla em inglês) subiu o tom de alerta sobre o aquecimento global.

Além de apresentar projeções sobre o futuro do planeta, o documento afirmou ser "extremamente provável" ("95% de certeza") que o aquecimento observado desde a metade do século 20 seja resultado da influência humana no clima.

[...]

Fonte: BBC BRASIL. Mudanças climáticas: saiba quando o homem começou a afetar o clima. BBC Brasil.com, 27 set. 2013. Disponível em: <http://mod.lk/a5g8h>. Acesso em: jul. 2018.

Tenho 95% de certeza de que vai chover.

ATIVIDADES

1. Leia as frases a seguir e assinale aquela que está de acordo com o texto.
   a) O relatório do IPCC provou que o ser humano causou o aquecimento no planeta desde a metade do século XX.
   b) As atividades humanas são a provável causa das mudanças climáticas no planeta desde a metade do século XX.
   c) De acordo com as pesquisas do IPCC, podemos ter certeza de que as mudanças climáticas desde a metade do século XX não foram provocadas pelos seres humanos.

2. Converse com seus colegas: o que significa dizer que se tem 95% de certeza sobre a causa de um acontecimento?

3. Cite um exemplo de algo que você possa afirmar com 100% de certeza e outro de algo que você não possa assegurar.

4. Para você, o que significa dizer que algo é "muito provável"? E "pouco provável"?

5. Pelo que estudou em Ciências até o momento, você acredita que os pesquisadores sempre têm certeza de suas descobertas? Converse com os colegas e, juntos, apresentem suas conclusões ao professor. Se puderem, citem exemplos para fundamentar a resposta.

TEMA 3

A MEDIDA DA TEMPERATURA

No Brasil usamos predominantemente a escala Celsius de temperatura. Porém existem outras escalas de medida de temperatura, elaboradas por diversos cientistas.

SENSAÇÃO TÉRMICA

Ao colocar a mão sobre um objeto, o tato nos permite obter a **sensação térmica** que ele transmite: percebemos se está quente, frio, gelado ou morno. Embora essa percepção seja muito útil, ela não tem muita precisão e pode, inclusive, nos enganar.

Pense, por exemplo, na sensação térmica que temos ao sair de uma piscina ou de um rio. Por que sentimos frio? Nesse momento, com o corpo molhado, há sobre nossa pele uma fina camada de água que vai evaporando aos poucos. Nessa evaporação, ocorre uma transferência de energia térmica entre o nosso corpo e a água. O corpo cede uma parte de sua energia, fazendo com que tenhamos a sensação de que o ar está mais frio do que antes de nos molharmos, mesmo que ele não esteja.

Para conhecermos a temperatura de um objeto de maneira precisa, devemos utilizar instrumentos específicos, os **termômetros**.

TERMÔMETROS

Em geral, quando a temperatura de um material varia, outras propriedades dele também podem ser alteradas. Por exemplo, o volume da maioria dos materiais aumenta quando sua temperatura aumenta e diminui quando sua temperatura diminui. No primeiro caso, dizemos que o corpo sofre **dilatação térmica** e, no segundo, **contração térmica.**

Nos termômetros clínicos, a temperatura é medida por meio da dilatação de líquidos. No geral, esses instrumentos possuem um componente que se modifica quando entra em contato com o objeto cuja temperatura será verificada. É possível medir a temperatura usando diferentes tipos de termômetro.

A sensação térmica do corpo humano é alterada por diversos fatores; por isso, ela não é um bom instrumento de medida de temperatura.

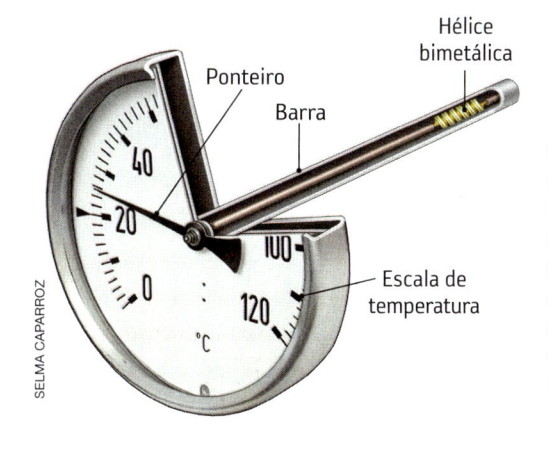

No termômetro bimetálico, usado comumente na indústria, dois metais distintos sofrem dilatação em diferentes intensidades quando a temperatura varia. Essa diferença de dilatação movimenta o ponteiro, permitindo que se faça a medição da temperatura. (Imagem sem escala; cores-fantasia.)

O TERMÔMETRO DE COLUNA LÍQUIDA

O termômetro de coluna líquida é, em geral, utilizado para medir a temperatura do corpo (humano ou de outros animais), do ambiente e de substâncias em laboratórios. Ele tem um recipiente na extremidade inferior, chamado **bulbo**, que contém o líquido. Conectado ao bulbo, há um tubo de vidro bem fino, o **capilar**.

Durante muito tempo, o mercúrio foi o líquido mais utilizado na produção de termômetros, mas sua comercialização foi proibida por ser uma substância altamente tóxica. Atualmente, os termômetros mais comuns de coluna líquida utilizam álcool, geralmente com a adição de corantes.

Mede-se a temperatura de um objeto colocando-o em contato com o bulbo. Espera-se algum tempo para que a temperatura do termômetro se iguale à temperatura do objeto. Se a temperatura do objeto estiver mais alta que a do termômetro, ele aquece o vidro e o líquido. Com isso, o volume do líquido aumenta visivelmente, fazendo-o subir pelo capilar. Se a temperatura estiver mais baixa, o líquido se contrai, descendo pelo capilar.

Como a dilatação do líquido é diretamente proporcional à sua temperatura, cada altura no capilar corresponde a um valor, definido por uma **escala de temperatura**.

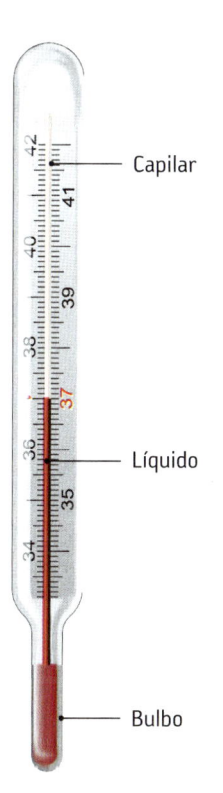

Termômetro de coluna líquida.

AS ESCALAS DE TEMPERATURA

O astrônomo sueco Anders Celsius (1701-1744) concebeu uma escala de temperatura muito utilizada nos dias de hoje. Inicialmente ele definiu dois valores fixos para sua escala, a temperatura de fusão e a temperatura de ebulição da água, ambas ao nível do mar. Atribuiu os números arbitrários zero para a temperatura de fusão e 100 para a temperatura de ebulição. Para criar a escala, Celsius dividiu o intervalo entre essas duas marcas (0 °C e 100 °C) em 100 partes iguais. Assim, cada divisão representa a variação de temperatura de 1 grau Celsius (1 °C). Essa é a chamada **escala Celsius**.

Além da escala Celsius, outras escalas de temperatura são adotadas no mundo. A **escala Fahrenheit**, por exemplo, é utilizada em alguns países de língua inglesa. Foi criada pelo físico e engenheiro alemão Daniel Gabriel Fahrenheit (1686-1736). Nessa escala, os pontos de fusão e de ebulição da água têm os valores de 32 °F e 212 °F, respectivamente.

Outra escala importante, muito utilizada no meio científico, é a **escala Kelvin**, criada pelo físico, matemático e engenheiro britânico William Thomson (1824-1907), o lorde Kelvin. Nessa escala, os pontos de fusão e de ebulição da água têm valores aproximados de 273 K e 373 K, respectivamente. Essa escala é chamada **absoluta**, pois o valor de 0 K, também chamado zero absoluto, era considerado a temperatura mais baixa que se poderia atingir. Em 2013, pesquisadores obtiveram temperaturas menores que 0 K. Mas essas temperaturas ainda estavam muito próximas do zero absoluto, diferindo em alguns bilionésimos de grau. Os efeitos dessa temperatura sobre a matéria ainda não estão completamente explicados, e continuam sendo investigados pelos cientistas.

Temperatura de fusão: temperatura em que uma substância passa do estado sólido para o líquido.

Temperatura de ebulição: temperatura em que uma substância passa do estado líquido para o gasoso a partir do processo de ebulição (fervura).

DE OLHO NO TEMA

1. Explique o mecanismo de funcionamento do termômetro de coluna líquida.
2. O que indicam os valores fixos de temperatura nas escalas Celsius, Fahrenheit e Kelvin?

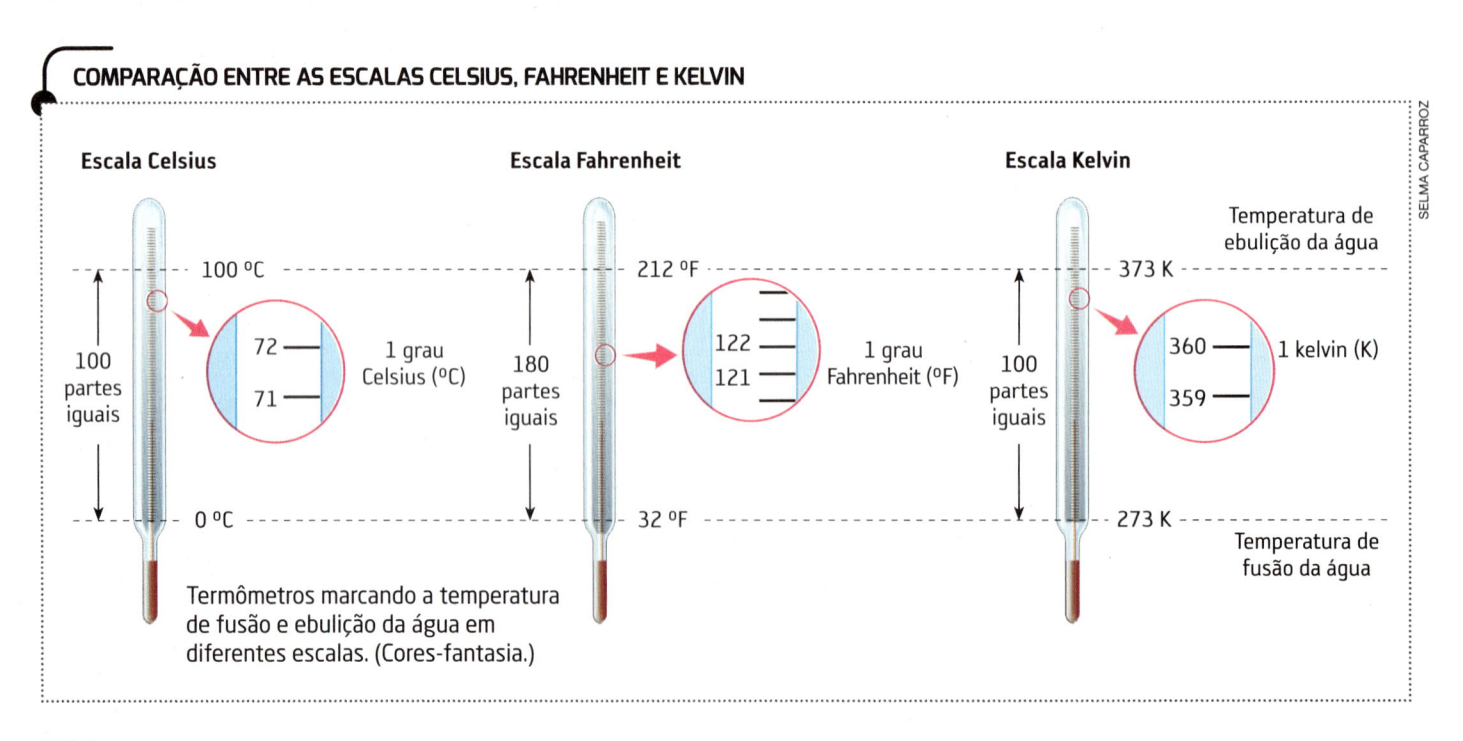

COMPARAÇÃO ENTRE AS ESCALAS CELSIUS, FAHRENHEIT E KELVIN

Escala Celsius: 100 °C (ebulição) e 0 °C (fusão), 100 partes iguais, 1 grau Celsius (°C) — detalhe mostrando 72 e 71.

Escala Fahrenheit: 212 °F (ebulição) e 32 °F (fusão), 180 partes iguais, 1 grau Fahrenheit (°F) — detalhe mostrando 122 e 121.

Escala Kelvin: 373 K (temperatura de ebulição da água) e 273 K (temperatura de fusão da água), 100 partes iguais, 1 kelvin (K) — detalhe mostrando 360 e 359.

Termômetros marcando a temperatura de fusão e ebulição da água em diferentes escalas. (Cores-fantasia.)

TEMA 4

TEMPERATURA E CALOR

TEMPERATURA

No nosso dia a dia, utilizamos as palavras **temperatura** e **calor** quase como sinônimos; entretanto, a Ciência atribui diferentes significados a elas. Vamos começar discutindo o primeiro desses conceitos.

A temperatura de um corpo está relacionada ao movimento das partículas que o constituem. Formalmente, chamamos esse movimento de **agitação térmica** e partimos do princípio de que todos os objetos são formados por partículas em constante movimento.

Para os sólidos, a agitação térmica refere-se principalmente ao movimento de vibração das suas partículas, pois elas não se deslocam no material. No caso de líquidos ou gases, a agitação térmica refere-se à vibração e aos deslocamentos de suas partículas. Dessa forma, a **temperatura** de um corpo é entendida como a medida da **intensidade** de agitação térmica de suas partículas. Por exemplo, quando um recipiente com água é colocado sobre a chama de um fogão, o movimento das partículas de água torna-se mais intenso, então a temperatura dela aumenta. Quando a água esfria, a agitação de suas partículas diminui e, portanto, sua temperatura também diminui. A **energia térmica** é uma forma de energia associada à temperatura.

Energia cinética é outra forma de energia e pode ser associada ao movimento. Portanto, a temperatura de um sistema corresponde ao total de energias cinéticas das partículas.

> A temperatura é uma medida da energia associada ao movimento das partículas que compõem a matéria.

Nas substâncias líquidas (**A**), a vibração e a movimentação das partículas aumenta com a temperatura. Nos sólidos (**B**), como as partículas não se movimentam livremente, somente a vibração delas aumenta com a temperatura.

CALOR

Chama-se **calor** a energia térmica que é transferida de um corpo a outro graças à diferença de temperatura; logo, calor é a **energia térmica em trânsito** ou o fluxo de energia térmica. Uma panela com água no fogão recebe calor da chama e, por isso, sua temperatura aumenta.

De forma espontânea, o calor sempre se transfere de corpos com maior temperatura para corpos com menor temperatura. Esse princípio pode ser constatado em diversas situações. Por exemplo, o que fazemos quando queremos tomar um chá, mas ele está muito quente? Se esperarmos, sabemos que o chá vai esfriar. Isso ocorre porque a bebida cede calor para o ambiente, pois sua temperatura é maior que a dele. Nesse processo, o ambiente recebe calor e sua temperatura se eleva. O calor recebido não é suficiente para aumentar a temperatura do ambiente de maneira perceptível, pois esse ambiente é muito maior que o volume da bebida quente.

Contudo, se estivermos com pressa para tomar o chá, podemos acelerar o processo de resfriamento colocando a xícara com a bebida em uma vasilha cheia de gelo. Nessa situação, como o recipiente do chá encontra-se em um meio com temperatura muito mais baixa, a transferência de calor da bebida para o ambiente será maior. Conforme recebem calor da bebida, as pedras de gelo derretem.

É importante ressaltar que, embora estejam relacionados, temperatura e calor não são sinônimos: o primeiro é a medida da energia média do movimento das partículas de um objeto ou sistema, e o segundo é o fluxo dessa energia em forma de energia térmica.

Ao ceder calor para o ambiente, o chá esfria.

EQUILÍBRIO TÉRMICO

Vimos que, se deixarmos uma xícara de chá quente sobre uma mesa, a temperatura do líquido diminui. Inicialmente, as partículas do chá e as do ambiente se agitam com intensidades distintas. Com o passar do tempo, o chá transfere para o ambiente uma parte de sua energia térmica, o que faz com que sua temperatura diminua. Esse processo se encerra quando os dois corpos atingem a mesma temperatura. Dizemos que, nesse caso, eles estão em **equilíbrio térmico**.

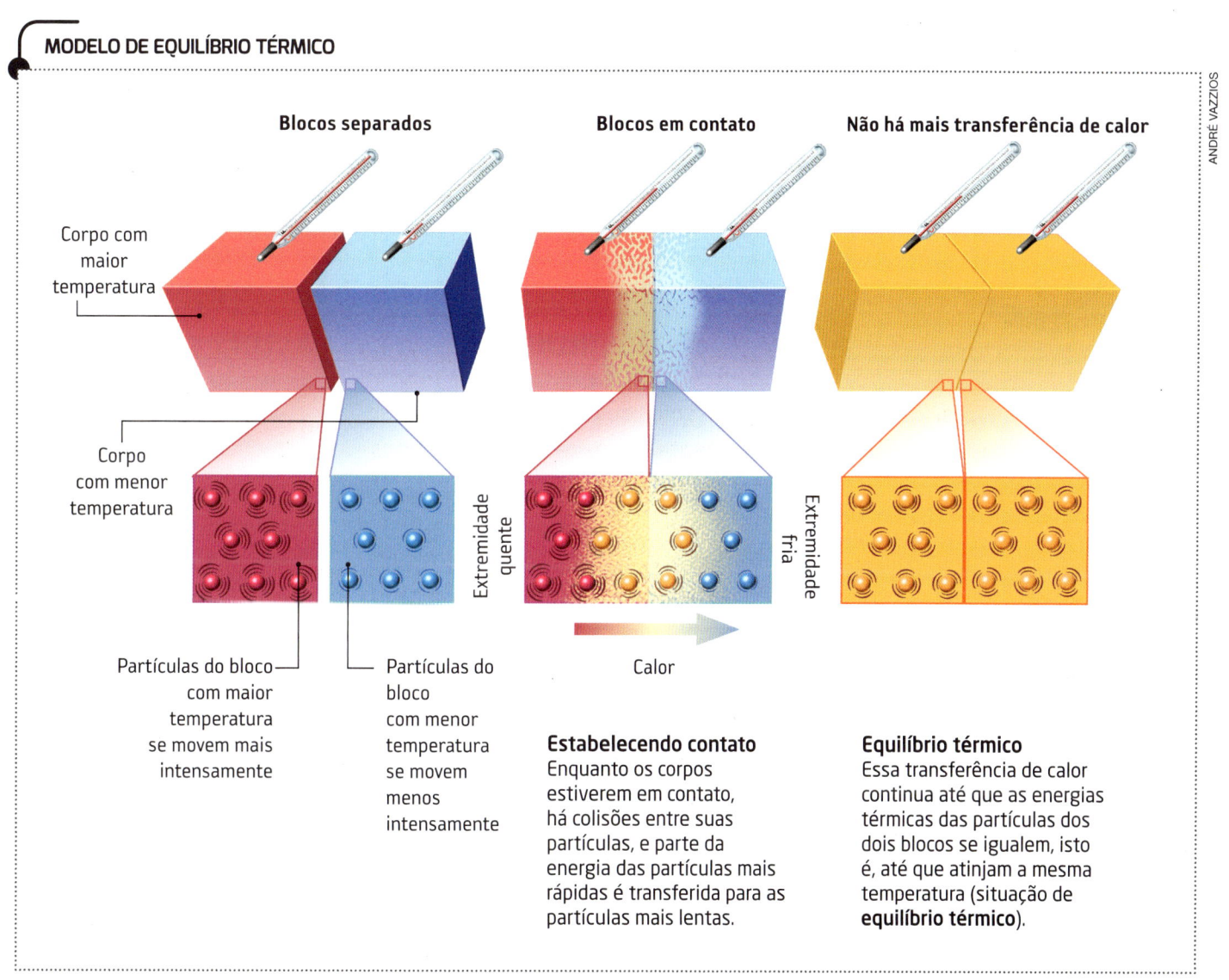

MODELO DE EQUILÍBRIO TÉRMICO

Blocos separados

Corpo com maior temperatura

Corpo com menor temperatura

Partículas do bloco com maior temperatura se movem mais intensamente

Partículas do bloco com menor temperatura se movem menos intensamente

Blocos em contato

Extremidade quente

Calor

Estabelecendo contato
Enquanto os corpos estiverem em contato, há colisões entre suas partículas, e parte da energia das partículas mais rápidas é transferida para as partículas mais lentas.

Não há mais transferência de calor

Extremidade fria

Equilíbrio térmico
Essa transferência de calor continua até que as energias térmicas das partículas dos dois blocos se igualem, isto é, até que atinjam a mesma temperatura (situação de **equilíbrio térmico**).

Representação da mudança na agitação térmica das partículas de materiais com diferentes temperaturas quando colocados em contato. (Imagens sem escala; cores-fantasia.)

Fonte: CHALLDNER, J. *Física*. São Paulo: Ática, 1999.

Vamos pensar agora numa mistura de café com leite. Suponha que o café, retirado de uma garrafa térmica, esteja a 50 °C. E o leite, retirado da geladeira, esteja a 5 °C. Essas são as temperaturas iniciais de cada bebida. Misturando as duas, o café cede calor para o leite e sua temperatura diminui. Como o leite recebe calor, sua temperatura aumenta. Essa transferência de energia ocorre até que toda a mistura atinja a mesma temperatura, em equilíbrio térmico.

DE OLHO NO TEMA

1. Qual é a relação entre a temperatura de um corpo e a energia do movimento das partículas que o compõem?

2. Descreva como se dá o equilíbrio térmico entre dois corpos que têm, inicialmente, temperaturas diferentes.

TEMA 5

A PROPAGAÇÃO DO CALOR

A transferência ou propagação de calor pode ocorrer de três formas distintas: condução, convecção, irradiação

AS FORMAS DE PROPAGAÇÃO DO CALOR

Vimos que o calor é a energia térmica em movimento, que se propaga espontaneamente de corpos de maior temperatura para outros de menor temperatura. A propagação do calor pode se dar de três maneiras: condução térmica, convecção térmica e irradiação. Vamos conhecer cada uma delas.

CONDUÇÃO TÉRMICA

Já reparou que a maioria das panelas é feita de metal e possui um revestimento de madeira ou de plástico no cabo e na tampa? Você consegue formular alguma explicação para isso?

Quando a panela está sobre a chama do fogão, as partículas que estão no fundo agitam-se com intensidade cada vez maior, transferindo energia às partículas vizinhas, num processo contínuo até chegar ao cabo. Esse processo de propagação de calor é chamado de **condução térmica** e ocorre principalmente nos sólidos.

A rapidez com que um corpo conduz calor depende do material de que é feito. Ao utilizarmos uma colher de metal para mexer um alimento, por exemplo, em pouco tempo ela fica tão quente que pode queimar nossa pele. Isso não acontece se a colher for de madeira ou de plástico. É por essa razão que a maioria dos cabos de panela é feita de um material não metálico.

Metais são muito utilizados na fabricação de panelas por conduzirem de forma eficiente o calor, enquanto os cabos costumam ser de materiais não metálicos para tornar o manuseio das panelas mais seguro.

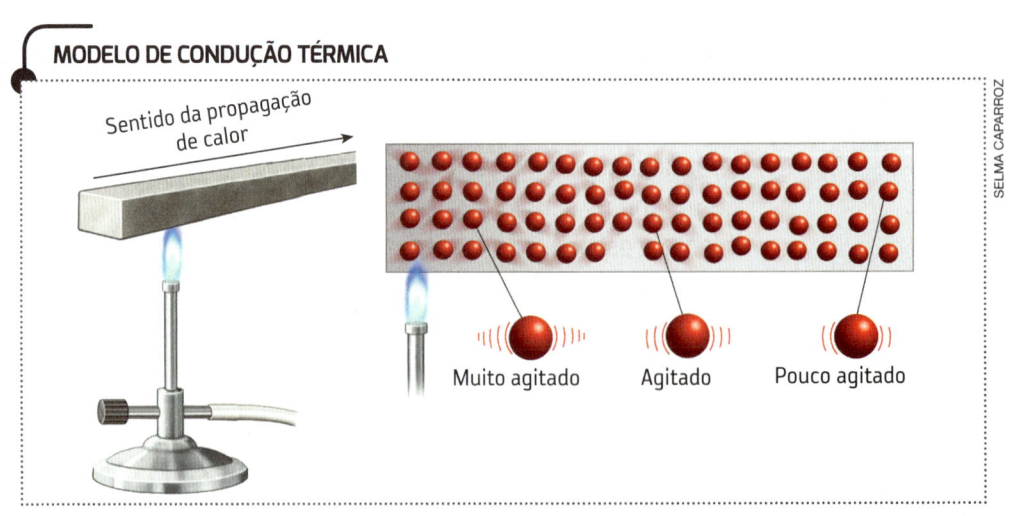

MODELO DE CONDUÇÃO TÉRMICA

Sentido da propagação de calor

Muito agitado — Agitado — Pouco agitado

Inicialmente, as partículas mais próximas à fonte de calor estão mais agitadas. Essa agitação é continuamente transferida para as partículas vizinhas e, após algum tempo, toda a barra estará aquecida. Essa forma de propagação de calor é denominada condução térmica. (Imagens sem escala; cores-fantasia.)

CONDUTORES E ISOLANTES TÉRMICOS

Os materiais que conduzem calor rapidamente são denominados **condutores térmicos**. Os metais são ótimos condutores de calor e por isso são utilizados na fabricação de panelas. Materiais como madeira, gelo, plástico, vidro, cortiça e ar são maus condutores de calor e são chamados **isolantes térmicos**.

As roupas de lã são boas opções para os dias mais frios, porque a lã é um material isolante. Por esse motivo, ela ajuda a impedir a troca de calor do nosso corpo com o ambiente.

A grandeza física que indica a eficiência na propagação do calor nos materiais é chamada **condutividade térmica**. Os materiais condutores têm alta condutividade térmica; os isolantes, baixa.

A gordura sob a pele de animais que vivem nas regiões polares, como a morsa (*Odobenus rosmarus*), é um isolante térmico e ajuda a diminuir a perda de calor para o ambiente.

DILATAÇÃO E CONTRAÇÃO TÉRMICAS

A agitação das partículas de um objeto faz com que elas se afastem umas das outras. Esse afastamento provoca o aumento das dimensões do corpo, processo denominado **dilatação térmica**.

Por outro lado, quando um corpo cede calor a outro, sua temperatura diminui e suas partículas passam a se agitar com menor intensidade, aproximando-se umas das outras. Ocorre, então, a diminuição das dimensões do corpo, denominada **contração térmica**. É importante notar que, quando o corpo se expande ou se contrai, suas partículas não sofrem alteração de tamanho: o que muda é a distância entre elas.

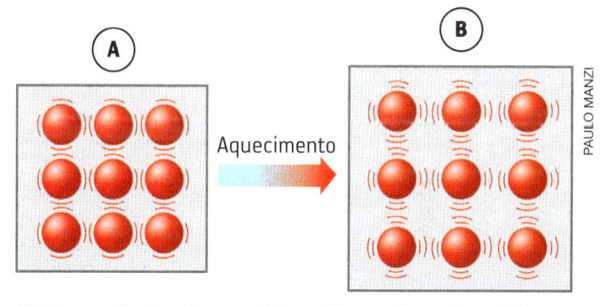

(**A**) As partículas de um objeto frio estão mais próximas e vibram menos. (**B**) Com o aquecimento, elas vibram mais e ficam mais afastadas, causando o aumento do volume. (Imagens sem escala; cores-fantasia.)

Fonte: HEWITT, P. G. *Física conceitual*. Porto Alegre: Bookman, 2015.

CONVECÇÃO TÉRMICA

Nos líquidos e nos gases, o calor pode se propagar por **convecção**, um processo no qual há deslocamento de matéria de uma região para outra.

Convecção térmica no cotidiano

A animação exibe o funcionamento da troca de calor pela convecção térmica, utilizando um exemplo do dia a dia.

Esse processo ocorre, por exemplo, em uma chaleira com água sobre a chama de um fogão. Conforme a água próxima ao fundo da chaleira é aquecida, ela se expande. Essa porção de água mais quente tende a subir e a porção mais fria tende a ir para o fundo da chaleira. Mantido o aquecimento, esse movimento torna-se contínuo, pois a porção de água quente que chega à superfície perde calor para o ambiente e esfria, enquanto a porção próxima ao fundo recebe calor. Com esse deslocamento, formam-se no interior desse líquido fluxos de água denominados **correntes de convecção** ou **correntes térmicas**. Esse processo também pode ocorrer com outros tipos de líquidos e gases.

Correntes de convecção no ar são importantes, por exemplo, para urubus e aviões planadores. Eles aproveitam as correntes ascendentes de ar quente e permanecem voando por horas. Isso acontece porque o ar próximo ao solo se aquece, fica menos denso e, então, sobe, "empurrando" as aves e os planadores.

A água mais quente do fundo do recipiente sobe, deslocando a água menos quente da superfície para baixo. (Imagem sem escala; cores-fantasia.)

Fonte: HEWITT, P. G. *Física conceitual*. Porto Alegre: Bookman, 2015.

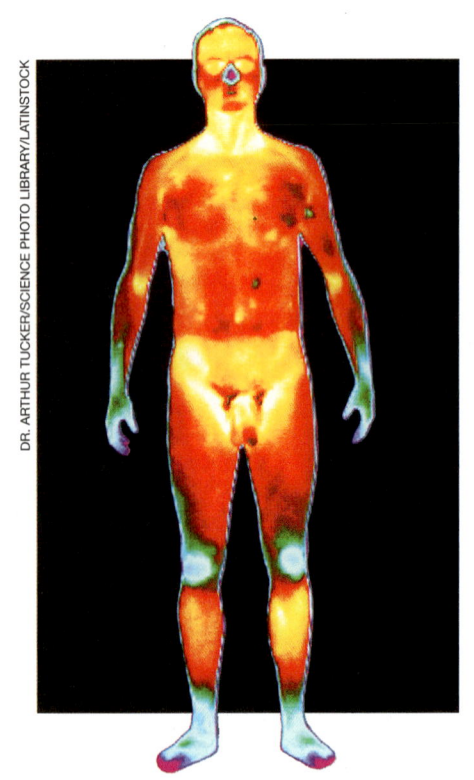

Utilizando aparelhos sensíveis à radiação infravermelha, podemos obter termogramas como o mostrado na imagem. Nosso corpo irradia constantemente calor para o ambiente: as regiões mais quentes são destacadas com a cor vermelha; as mais frias, com a cor azul.

Radiação: de modo geral, é a energia que pode ser transmitida pelo espaço. A luz que conseguimos enxergar e os raios X são tipos de radiação.

IRRADIAÇÃO

A energia emitida pelo Sol viaja cerca de 150 milhões de quilômetros para aquecer nosso planeta. Esse calor não chega até nós por condução ou convecção, mas por um processo chamado **irradiação**.

A irradiação é a forma de propagação de calor que não depende de um meio material para acontecer (ou seja, que pode ocorrer até no vácuo). Todos os corpos irradiam, por exemplo, **radiação infravermelha**, um tipo de radiação que é percebida pela maioria dos seres vivos na forma de calor. É principalmente por irradiação que sentimos, por exemplo, o calor transferido de uma vela ou lâmpada para o ambiente.

A intensidade da radiação infravermelha emitida pelos corpos aumenta ou diminui de modo proporcional à temperatura do corpo.

Alguns animais, como certas espécies de serpente, têm órgãos sensoriais que detectam a radiação infravermelha, o que lhes permite localizar potenciais presas ou predadores mesmo em locais escuros, por exemplo.

A GARRAFA TÉRMICA: UMA APLICAÇÃO DAS FORMAS DE PROPAGAÇÃO DE CALOR

A garrafa térmica serve para manter constante a temperatura do líquido no seu interior. Ela pode ser usada para conservar a temperatura de líquidos frios ou quentes. A garrafa térmica foi desenvolvida para evitar a transferência de calor por condução, convecção e irradiação.

Cada um dos itens representados na figura tem uma função que ajuda a evitar a transferência de calor. Nas paredes de vidro espelhadas (**I**), o calor é refletido, evitando a perda por irradiação. O vácuo entre as paredes (**II**) evita a perda de calor por condução e convecção. O ar é bom isolante de calor, logo, a transferência de calor por convecção na região ao redor das paredes espelhadas (**III**) é pequena. E a tampa (**IV**) evita a perda de calor por convecção.

Sistema de calefação

Explique qual propagação de calor pode ser associada ao aquecimento de ambientes do sistema apresentado e como ele funciona. Disponível em <http://mod.lk/ac7u07>

COMPONENTES DE UMA GARRAFA TÉRMICA

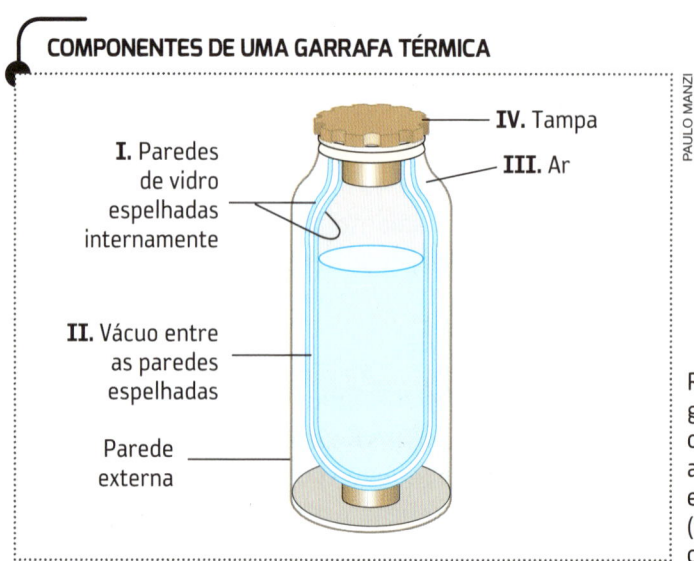

- **I.** Paredes de vidro espelhadas internamente
- **II.** Vácuo entre as paredes espelhadas
- **III.** Ar
- **IV.** Tampa
- Parede externa

Representação de garrafa térmica e de como ela dificulta a transferência de energia térmica. (Imagem sem escala; cores-fantasia.)

VAMOS FAZER

Propagação de calor

Material

- Dois cubos de gelo do mesmo tamanho
- 1 luva de lã

Procedimento

1. Coloque um cubo sobre a mesa.
2. Coloque o outro cubo dentro da luva de lã.
3. Aguarde até que o cubo de gelo colocado sobre a mesa derreta completamente e retire o que restou de dentro da luva.

Registre em seu caderno

1. Qual cubo de gelo demorou mais para derreter?
2. Com base nos resultados, podemos afirmar que dentro da luva é mais quente do que fora dela?

DE OLHO NO TEMA

1. Considerando o processo de convecção, explique por que os aparelhos de ar-condicionado geralmente são colocados no alto das paredes ou no teto dos ambientes.

2. O que uma pessoa precisa fazer para não perder calor para o ambiente em locais muito frios?

Trilha de estudo

Vai estudar? Nosso assistente virtual no *app* pode ajudar!
<http://mod.lk/tr7u07>

COLETIVO CIÊNCIAS

Fogões solares

A capacidade de cozinhar os alimentos foi determinante para a evolução de nossa espécie; o cozimento facilita a mastigação dos alimentos e a absorção de seus nutrientes. Segundo pesquisadores, isso permitiu que os ancestrais da espécie humana aumentassem sua ingestão de calorias, o que possibilitou grande desenvolvimento do cérebro.

No Brasil, a maioria dos fogões funciona a partir da queima de um gás, mas também são utilizados os fogões a lenha e os elétricos.

Em regiões muito pobres ou afastadas, no entanto, o acesso a esses combustíveis ou à energia elétrica não é possível, o que dificulta, ou mesmo impossibilita, o cozimento dos alimentos. Com o intuito de resolver esse problema, cientistas, políticos e voluntários de diversas partes do mundo têm se unido para fornecer às comunidades necessitadas uma solução que não precisa de combustível nem energia elétrica: o fogão solar.

Fogão solar (São José da Tapera, AL, 2007).

Esse tipo de equipamento pode ser construído com materiais de baixo custo e permite o cozimento de alimentos utilizando apenas a radiação solar como fonte de calor. As placas metálicas que compõem esse equipamento refletem a radiação solar, concentrando-a sob o fundo de uma panela. Com isso, é possível ferver água para cozinhar os alimentos ou mesmo assá-los.

ATIVIDADES
TEMAS 3 A 5

ORGANIZAR O CONHECIMENTO

1. Para medir a temperatura do nosso corpo, colocamos um termômetro sob a axila ou sob a língua. Por que é necessário aguardar um tempo antes de fazer a leitura?

2. Reescreva as frases incorretas, fazendo as correções necessárias.
   a) Calor é a energia térmica contida nos corpos.
   b) A temperatura é a medida do calor de um corpo.
   c) O termômetro é um instrumento que associa a energia térmica de um corpo a um valor de temperatura.
   d) Quando um corpo recebe calor, sua temperatura sempre aumenta.

ANALISAR

3. Alguns termômetros, como o da fotografia ao lado, informam a temperatura tanto em Celsius quanto em Fahrenheit. Isso significa que uma variação de temperatura de 1 °C corresponde a uma variação de 1 °F? Justifique.

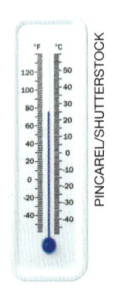

4. Descreva as trocas de calor que ocorrem com um copo de suco com gelo deixado sobre a mesa em um dia quente.

5. Muitos criadores de galinhas utilizam lâmpadas incandescentes para manter os pintinhos aquecidos à noite. Isso é necessário pois, quando jovens, esses animais ainda não possuem a cobertura de penas formada, o que dificulta o controle de sua temperatura corporal.
   a) Por meio de qual mecanismo o calor se propaga da lâmpada para o pintinho?
   b) As penas que recobrem o corpo das aves funcionam como condutoras de calor ou como isolantes térmicas?

6. Leia o texto, observe as imagens e responda às questões.
   Os aquecedores solares são equipamentos que usam a energia do Sol para aquecer a água. Comumente instalados no telhado de residências, eles são compostos por placas que absorvem radiação solar e por um reservatório que armazena a água aquecida. A água fria entra por um dos lados da tubulação de cobre, circula por ela e sai aquecida pelo outro lado, seguindo para o reservatório.

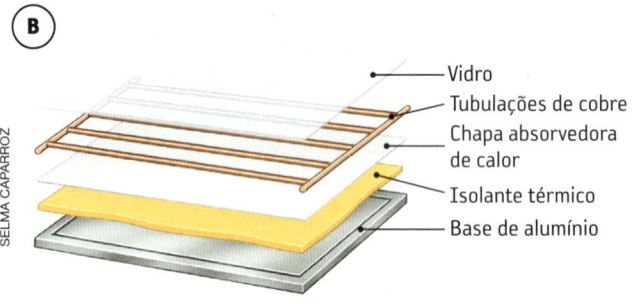

   (A) Coletor solar com reservatório de água.
   (B) Esquema mostrando os componentes das placas de um coletor solar. (Imagem sem escala; cores-fantasia.)

   a) Para que o aquecedor solar seja eficiente, o material usado na chapa absorvedora deve ser condutor ou isolante térmico? E no reservatório? Explique.
   b) A tubulação do coletor solar é um conjunto de canos que podem ser de plástico ou de cobre. Qual dos materiais torna o sistema mais eficiente? Justifique.
   c) Explique a função da chapa de isolante térmico que existe nas placas coletoras.

COMPARTILHAR

7. Os aquecedores solares são sistemas importantes, pois, utilizando a energia solar para aquecer a água, permitem uma grande economia de energia elétrica e evitam o uso de combustíveis fósseis, como o gás natural. É possível construir aquecedores solares utilizando materiais reaproveitados e outros de preço moderado, diminuindo, assim, o custo da implantação desses sistemas. Forme um grupo com alguns colegas e pesquisem formas de construir um aquecedor solar de baixo custo. Montem uma maquete do aquecedor e, com os outros grupos da sala, promovam uma exposição. Vocês também podem gravar vídeos da montagem da maquete, na forma de um tutorial, e compartilhar no *blog* da escola.

EXPLORE

ESTUDANDO A AGITAÇÃO TÉRMICA

A construção de hipóteses e explicações para o calor e a temperatura apoia-se no modelo atômico e admite que toda matéria é formada por partículas em constante movimento. Nesta atividade, mesmo não sendo possível visualizar diretamente essas partículas, podemos inferir sua ação por meio da dissolução de um corante na água.

ATIVIDADES

ELABORAR HIPÓTESES

1. Como você pode explicar a diluição de um corante em água?

2. Quando pingamos corante na água, as partículas que o constituem chocam-se continuamente com as partículas que constituem a água. Isso ocorre por causa da agitação dessas partículas e garante que o corante se misture à água após algum tempo. Com essa informação, discuta com seus colegas:
   - A temperatura influencia na rapidez com que um corante se mistura à água?

3. Nos materiais sólidos, o calor é transmitido principalmente por condução, e nos líquidos a convecção é o principal meio de propagação de calor. Assim, discuta com seus colegas:
   - Que forma de propagação de calor é a principal responsável pelo resfriamento de uma bebida (líquido) com gelo (sólido)?

Anotem suas hipóteses para as questões 2 e 3 e realizem os seguintes procedimentos para testá-las.

Material

- 3 copos de vidro (de 300 mL ou mais)
- 1 copinho de plástico (50 mL)
- Corante alimentício ou groselha
- Água morna
- Água gelada
- Água em temperatura ambiente
- Congelador

Procedimento I

4. Coloquem a água morna em um dos copos de vidro e a água gelada em outro.

5. Pinguem uma gota de corante em cada copo, no mesmo momento.

6. Observem atentamente o que ocorre com a gota do corante em cada um dos copos ao longo do tempo.

Procedimento II

7. Coloquem água em temperatura ambiente no copinho de plástico, acrescentem 5 gotas do corante e levem-no ao congelador até virar gelo.

8. Coloquem água à temperatura ambiente em um dos copos de vidro.

9. Coloquem o gelo com corante no copo e observem o derretimento.

ANALISAR RESULTADOS

10. Confrontem os resultados obtidos com as hipóteses que vocês elaboraram nas questões 2 e 3. Elas foram confirmadas ou refutadas?

(Imagem sem escala; cores-fantasia.)

ATITUDES PARA A VIDA

Carros levam 30% dos passageiros, mas respondem por 73% das emissões em São Paulo

A preferência dos paulistanos pelos carros particulares tem impacto não somente no trânsito da cidade, mas também sobre a qualidade do ar e o aquecimento do planeta. Análise inédita sobre a contribuição de cada modo de transporte de passageiros nas emissões de poluentes revela que os carros são responsáveis por 72,6% das emissões de gases de efeito estufa do setor de transportes, apesar de levarem apenas cerca de 30% dos passageiros. Valores semelhantes ocorrem para outros gases poluentes, que fazem mal à saúde.

Os dados [...] fazem parte do Inventário de Emissões Atmosféricas do Transporte Rodoviário de Passageiros no Município de São Paulo [...].

O levantamento mostra o impacto da escolha pelos carros em vários indicadores. Um deles é o de distância percorrida. O total de carros e o total de ônibus transportam volume parecido de pessoas na cidade (cerca de 30% contra 40%), segundo Pesquisa Origem e Destino. Mas, [...] os carros ocupam 88% do espaço das vias, ante somente 3% usados pelos ônibus.

"É bastante chocante quando se juntam todos esses números. Temos mais de 70% das emissões de gases estufa para transportar 1/3 dos passageiros, ocupando quase 90% do território da cidade", resume o pesquisador David Tsai. "É uma ineficiência tanto pelo uso do espaço público quanto pelo consumo de energia", diz.

Outra forma de ver isso é pela quantidade de gases de efeito estufa que é emitida por uma pessoa por quilômetros percorridos em cada modal. Andando sozinho de carro, o passageiro vai emitir [...] quase quatro vezes mais do que faria se estivesse em um ônibus com outras pessoas [...].

Fonte: GIRARDI, G. Carros levam 30% dos passageiros, mas respondem por 73% das emissões em SP. *O Estado de S. Paulo*, 23 maio 2017. Disponível em: <http://mod.lk/bgasu>. Acesso em: mar. 2018.

Quatro formas diferentes de 48 pessoas ocuparem o espaço em uma avenida utilizando meios de transporte. **(A)** Cada pessoa em um automóvel. **(B)** Todas as pessoas simulando estarem dentro de um ônibus. **(C)** Todas as pessoas simulando estarem dentro de um vagão de trem. **(D)** Cada pessoa em uma bicicleta.

TROCAR IDEIAS SOBRE O TEMA

1. Qual é o principal meio de transporte que você e sua família usam durante a semana? E nos finais de semana?

2. Em sua opinião, você poderia escolher um dia da semana para usar um meio de transporte não poluente? Para responder, **pense com flexibilidade**, avaliando não só as opções de transporte, mas também os prós e os contras de sua escolha.

3. Em alguns estados brasileiros, existem órgãos públicos responsáveis pela medição dos níveis de poluição atmosférica. Pesquise se no estado onde você mora há um órgão com essa finalidade. Você acha que a ausência desse tipo de medição pode fazer falta para a população?

4. Observe as imagens desta seção e faça com seus colegas uma comparação entre o uso do ônibus e do trem (ou do metrô). Para os habitantes de uma cidade, quais são as vantagens e as desvantagens de cada um desses dois tipos de transporte?

5. Organize em sua escola um dia com menos carros. Com a ajuda do professor, escolham um dia para que todos os funcionários, professores e alunos, dentro de suas possibilidades, se desloquem até a escola de transporte coletivo, de carona, de bicicleta ou a pé. Façam uma campanha para conscientizar a comunidade escolar sobre a importância da adoção de alternativas menos poluentes. Anunciem o evento no *site* da escola e nas redes sociais, mobilizem seus colegas, pais e professores. Incentivem as pessoas a participar.

COMO EU ME SAÍ?

- Reavaliei meus hábitos em relação à forma como me desloco na minha cidade?
- Estive aberto para mudar de atitude e adquirir novos hábitos que são bons para mim e para a sociedade?
- Se eu fosse explicar por que é importante pensar com flexibilidade, eu diria...

COMPREENDER UM TEXTO

O caos e a ordem

A vida em grandes metrópoles – como São Paulo, Tóquio, Nova York e Paris – apresenta uma série de vantagens que tornam essas cidades especiais. Nelas encontramos muitos dos atributos que consideramos sinônimos de progresso, como facilidades de acesso aos bens de consumo, oportunidades de trabalho, lazer, serviços, educação, saúde etc.

Por outro lado, em algumas delas, devido à grandiosidade dessas cidades e aos milhões de cidadãos que ali moram, existem muito mais problemas do que benefícios. Seus habitantes sabem como são complicados o trânsito, a segurança pública, a poluição, os problemas ambientais, a habitação etc. [...]

A tendência das coisas a se desordenarem espontaneamente é uma característica fundamental da natureza. Para que ocorra a organização, é necessária alguma ação que restabeleça a ordem. É o que acontece nas grandes cidades: despoluir um rio, melhorar a condição de vida dos seus habitantes e diminuir a violência, por exemplo, são tarefas que exigem muito trabalho e não acontecem espontaneamente. Se não houver qualquer ação nesse sentido, a tendência é que prevaleça a desorganização.

[...]

Trabalho: grandeza física relacionada ao deslocamento de um corpo.

Um baralho com as cartas em ordem apresenta maior entropia do que um com as cartas embaralhadas.

BRONSON CHANG/SHUTTERSTOCK

Entropia

A existência da ordem/desordem está relacionada com uma característica fundamental da natureza que denominamos *entropia*. A entropia está relacionada com a quantidade de informação necessária para caracterizar um sistema. Dessa forma, quanto maior a entropia, mais informações são necessárias para descrevermos um sistema.

Para facilitar a compreensão desse conceito, podemos fazer uma analogia com algo bastante comum: cartas de baralho. Se inicialmente tivermos o baralho com as cartas organizadas de acordo com a sua sequência e naipes, o nosso sistema (baralho) conterá um certo grau de informação. Rapidamente descobrimos qual é a regra que está organizando as cartas.

Por outro lado, quando embaralhamos as cartas, bastam apenas alguns movimentos para que a sequência inicial seja desfeita, ou seja, as cartas ficam mais desorganizadas. Para recolocá-las na ordem inicial, necessitaremos de muito mais informações a respeito da posição da carta (teremos que descobrir onde está o 5 de copas para colocá-lo após o 4 de copas). As cartas embaralhadas apresentam, então, uma entropia maior do que a das cartas organizadas.

A tendência do aumento da entropia está relacionada com uma das mais importantes leis da física: a segunda lei da termodinâmica. Essa lei mostra que, toda vez que realizamos algum trabalho, parte da energia empregada é perdida para o ambiente, ou seja, não se transforma em trabalho útil. Ao organizarmos as cartas, gastamos energia e, consequentemente, liberamos algum calor para o meio ambiente. A energia liberada ajudará a desorganizar as moléculas de ar ao nosso redor, aumentando a entropia ao nosso redor. Dessa forma, para diminuir a entropia de um determinado lugar é necessário aumentar a entropia em outro.

Reprodução proibida. Art. 184 do Código Penal e Lei 9.610 de 19 de fevereiro de 1998.

Embate constante

[...]

A entropia nos mostra que a ordem que encontramos na natureza é fruto da ação de forças fundamentais que, ao interagirem com a matéria, permitem que esta se organize. Desde a formação do nosso planeta, há cerca de cinco bilhões de anos, a vida somente conseguiu se desenvolver à custa de transformar a energia recebida pelo Sol em uma forma útil, ou seja, capaz de manter a organização.

Para tal, pagamos um preço alto: grande parte dessa energia é perdida, principalmente na forma de calor. Dessa forma, para que existamos, pagamos o preço de aumentar a desorganização do nosso planeta. Quando o Sol não puder mais fornecer essa energia, dentro de mais cinco bilhões de anos, não existirá mais vida na Terra. Com certeza a espécie humana já terá sido extinta muito antes disso.

[...]

Fonte: OLIVEIRA, A. de. O caos e a ordem. *Ciência Hoje*, 18 ago. 2006. Disponível em: <http://mod.lk/l8g7q>. Acesso em: jul. 2018.

Para organizarmos cartas de um baralho, gastamos energia.

Como o autor cita no texto, a existência da vida na Terra provoca o aumento da entropia. E essa situação também ocorre quando usamos vários objetos e equipamentos no nosso dia a dia. Por exemplo, os eletrodomésticos que usamos não conseguem aproveitar toda a energia que vem da rede elétrica. Isso pode ser constatado verificando que existem partes desses aparelhos que se aquecem durante o seu funcionamento. Esse aquecimento provoca a liberação de calor para o ambiente, e como consequência o aumento da entropia.

ATIVIDADES

OBTER INFORMAÇÕES

1. No primeiro e no segundo parágrafos, o texto traz alguns pontos positivos e alguns pontos negativos quanto a morar nas grandes cidades. Quais são eles?
2. O que é entropia?
3. Como ocorre a ordenação de um sistema? Como isso é exemplificado pelas cartas do baralho?
4. Como o texto explica a manutenção da vida na Terra por meio da entropia?

INTERPRETAR

5. Como você entende a comparação que o autor faz entre a entropia e as grandes cidades?

REFLETIR

6. Escreva um parágrafo sobre a entropia do quarto onde você dorme.

UNIDADE 8

MÁQUINAS SIMPLES E MÁQUINAS TÉRMICAS

COMEÇANDO A UNIDADE

1. De que maneira as máquinas são usadas no seu dia a dia?
2. O que é um motor a combustão? Você conhece exemplos?

POR QUE ESTUDAR ESTA UNIDADE?

O funcionamento das máquinas simples e das máquinas térmicas envolve conceitos científicos importantes. O estudo de algumas máquinas simples permite entender a ação de uma força para movimentar um corpo. Ao aprender sobre as máquinas térmicas, você conhecerá conceitos como a conservação de energia, que é útil em diversas áreas, como a Engenharia, a Física e a Química.

Na construção civil atual, podem ser usadas tanto máquinas simples como máquinas com tecnologia complexa. Para levar um objeto pesado do solo até o último andar de um edifício em construção, é mais fácil e rápido utilizar um guindaste (máquina com tecnologia complexa) do que empurrar esse mesmo objeto por rampas (máquina simples). Na imagem, reforma do Maracanã (Rio de Janeiro, 2014).

ATITUDES PARA A VIDA

- Pensar e comunicar-se com clareza
- Questionar e levantar problemas

TEMA 1

O QUE SÃO MÁQUINAS SIMPLES

Uma máquina pode ser definida como uma ferramenta construída para ajudar a realizar algumas tarefas de maneira mais fácil, rápida e eficiente.

FORÇA

Em Física, **força** é uma ação que provoca ou modifica o movimento de um corpo ou objeto. Para entender como uma força afeta o movimento de um corpo, é necessário saber sua **intensidade**, sua **direção** e seu **sentido**, que podem ser representados por setas.

No levantamento de peso, os atletas erguem halteres (pesos fixos nas extremidades de uma barra) do chão até acima de sua cabeça. Durante a prática desse esporte, o halterofilista exerce uma força sobre a barra e os halteres, erguendo-os.

A **intensidade** dessa força é uma medida do esforço utilizado para erguer o conjunto (halteres e barra), e a **direção** é uma linha imaginária sobre a qual o objeto se movimenta. No levantamento de peso retratado na imagem, a força que as mãos do atleta aplicam sobre a barra é representada por $\vec{F}$. A direção da força é vertical e o **sentido** é de baixo para cima.

O atleta precisa exercer uma força vertical e de baixo para cima para levantar os halteres.

MÁQUINAS SIMPLES E MÁQUINAS COMPLEXAS

As máquinas podem ser usadas, por exemplo, para aumentar a intensidade de uma força aplicada, aumentar a distância em que essa força age ou mudar a sua direção. Essas ações reduzem o tempo e o esforço necessários para executar uma tarefa.

É possível classificar as máquinas em dois grupos. As **máquinas simples** geralmente facilitam a execução de apenas um tipo de movimento; são exemplos de máquinas simples a roda, a alavanca e a polia. As **máquinas complexas** são formadas por duas ou mais máquinas simples. Elas também podem conter equipamentos de diversas origens tecnológicas, como componentes eletrônicos. É o que acontece, por exemplo, em um guindaste. Uma bicicleta, apesar de não ter componentes eletrônicos, também é uma máquina que combina diferentes máquinas simples, como os pedais e as engrenagens que formam o sistema de transmissão.

O abridor de garrafa, que é um tipo de alavanca, (**A**) aumenta a intensidade de força aplicada. Estradas em locais montanhosos (**B**) são conjuntos de planos inclinados, para facilitar a subida dos automóveis (Bom Jardim da Serra, SC, 2017). Uma corda com uma polia (**C**) permite hastear uma bandeira.

É necessário aplicar força para fazer uma máquina simples funcionar. Por exemplo, quando usamos um martelo para retirar um prego, precisamos aplicar força sobre o cabo com determinada intensidade, direção e sentido. O martelo, além de aumentar a força aplicada sobre o seu cabo, transfere a ação da força aplicada para o ponto de contato com o prego.

FORÇAS EM UM MARTELO

$\vec{F_1}$ indica a força feita para mover o cabo do martelo, e $\vec{F_2}$ é a força que o martelo exerce sobre o prego.

DE OLHO NO TEMA

1. Quais são as vantagens de se usar máquinas para a realização de tarefas?
2. Qual é a diferença entre máquina simples e máquina complexa?
3. O que é necessário para fazer uma máquina simples funcionar?

TEMA 2

ALAVANCAS

As alavancas facilitam a tarefa de mover ou erguer objetos.

COMO FUNCIONAM AS ALAVANCAS

Uma alavanca é um objeto rígido que é usado com um ponto fixo adequado, também chamado ponto de apoio, para aumentar a força aplicada a outro objeto.

Na figura abaixo, uma pessoa usa uma alavanca para erguer uma pedra. Uma das extremidades da barra está sob a pedra. Quando uma força para baixo é aplicada na outra extremidade da barra, a pedra é empurrada para cima. O local da alavanca onde a força é aplicada é chamado **ponto de ação**, e a força aplicada é chamada **força potente**. O local onde é aplicada a força que ergue a pedra é o **ponto de resistência**, e a força contrária ao movimento é chamada **força resistente**. A alavanca possibilita o **aumento da força** aplicada e transfere a força do ponto de aplicação para o ponto de resistência; assim, a tarefa de erguer a pedra fica mais fácil.

Os elementos importantes para o funcionamento da alavanca são os pontos em que agem a força potente, a força resistente e o ponto de apoio. Para funcionar, a força que a alavanca exerce sobre o corpo deve ser maior que a força resistente.

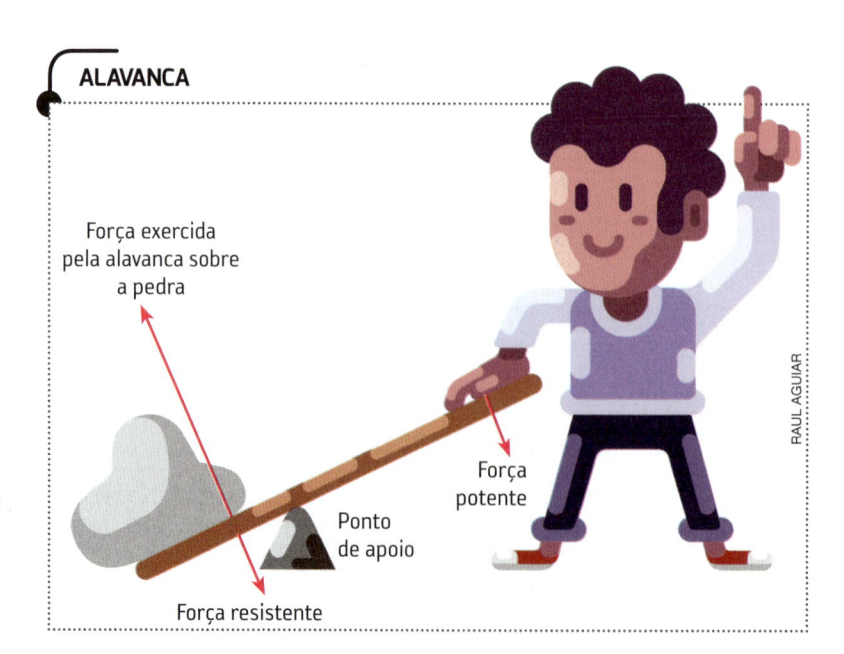

ALAVANCA

Força exercida pela alavanca sobre a pedra

Ponto de apoio

Força potente

Força resistente

Para levantar a pedra, a força que a alavanca exerce sobre ela deve ser maior que a força resistente a esse movimento. (Imagem sem escala; cores-fantasia.)

Fonte: HEWITT, P. G. *Física conceitual*. Porto Alegre: Bookman, 2015.

TIPOS DE ALAVANCAS

As alavancas são classificadas em três tipos, de acordo com as posições do ponto de apoio e dos pontos de ação das forças potente e resistente.

ALAVANCA INTERFIXA

Na alavanca interfixa, o ponto de apoio se localiza entre os pontos de ação das forças potente e resistente, como pode ser observado na figura.

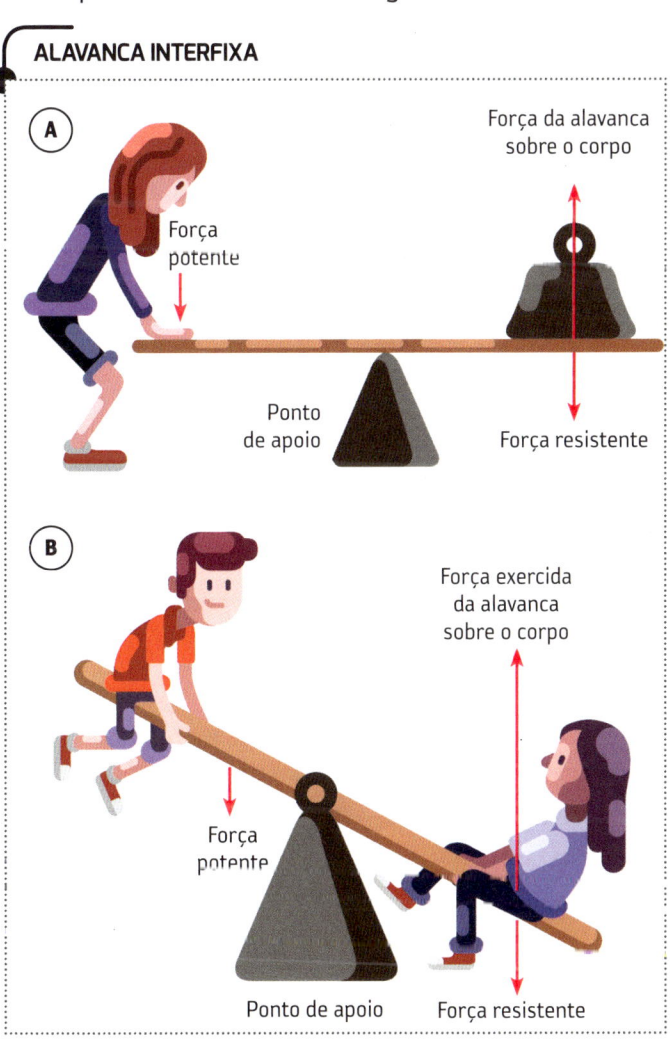

ALAVANCA INTERFIXA

(A) O ponto de apoio das alavancas interfixas fica entre os pontos de ação das forças potente e resistente.
(B) A gangorra é um exemplo de alavanca interfixa.

Fonte: HEWITT, P. G. Física conceitual. Porto Alegre: Bookman, 2015.

É possível controlar a intensidade da força potente mudando a posição do ponto de apoio de uma alavanca. Quanto mais próximo ao ponto de apoio estiver o corpo que se deseja levantar, menor será a intensidade da força potente, porém menor será a altura a que ele será levantado. Se o ponto de apoio estiver perto do ponto de ação da força potente, o objeto será levantado a uma altura maior, mas a intensidade da força potente nessa tarefa será maior que na situação anterior. A direção da força que a alavanca faz sobre um objeto é a mesma da força potente, porém com sentido contrário.

ALAVANCA INTER-RESISTENTE

Na alavanca inter-resistente, o ponto de aplicação da força resistente fica entre os pontos de apoio e de ação da força potente, como mostra a figura a seguir.

Uma alavanca inter-resistente permite que o objeto seja levantado a uma altura menor em relação ao ponto em que a força potente é aplicada.

O esforço feito para erguer um objeto com uma alavanca inter-resistente será menor se ele estiver perto do ponto fixo. Essas alavancas, ao contrário das interfixas, não mudam a direção nem o sentido da força aplicada.

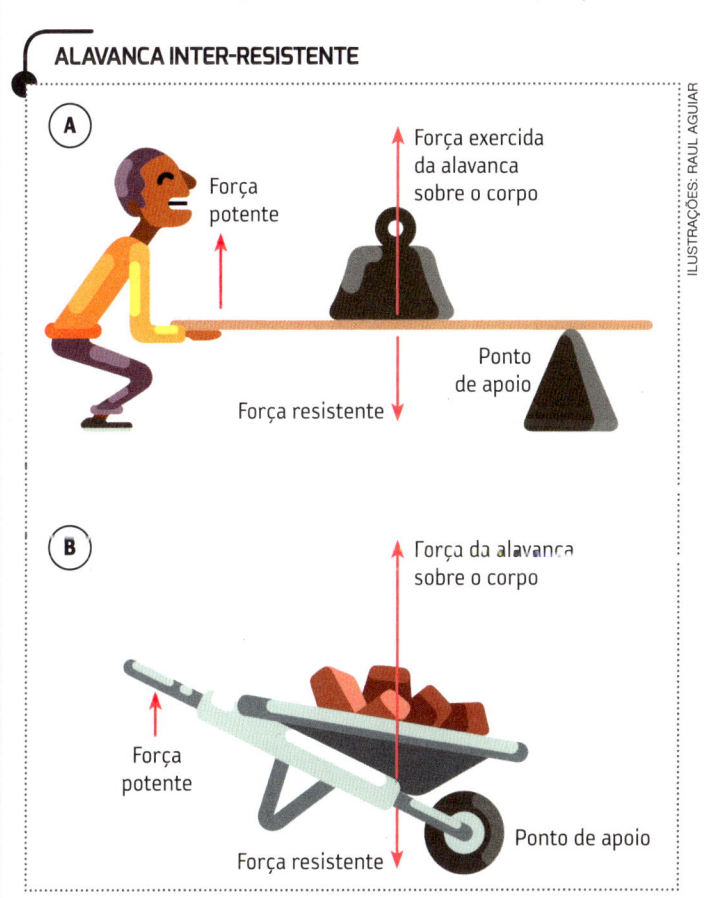

ALAVANCA INTER-RESISTENTE

(A) Nas alavancas inter-resistentes, o ponto de resistência fica entre o ponto de ação da força potente e o ponto de apoio. (B) No carrinho de mão, a roda é o ponto de apoio da alavanca inter-resistente.

Fonte: ZITZEWITZ, P. W. et al. Physics: principles and problems. Ohio: Glencoe/McGraw-Hill, 2009.

ALAVANCA INTERPOTENTE

Uma alavanca é interpotente quando a força potente é aplicada entre o ponto de resistência e o ponto de apoio. A distância entre o ponto de resistência e o ponto de apoio é maior que a distância entre o ponto de ação da força potente e o ponto de apoio. Uma vantagem dessas alavancas é que elas são capazes de erguer um objeto a uma altura maior do que a altura do ponto no qual a força é aplicada.

Nessas alavancas, quanto mais próximo o ponto de ação estiver do ponto de resistência, menor será o esforço. Assim como nas alavancas inter-resistentes, a direção e o sentido da força que a alavanca interpotente exerce sobre o corpo são os mesmos da força potente.

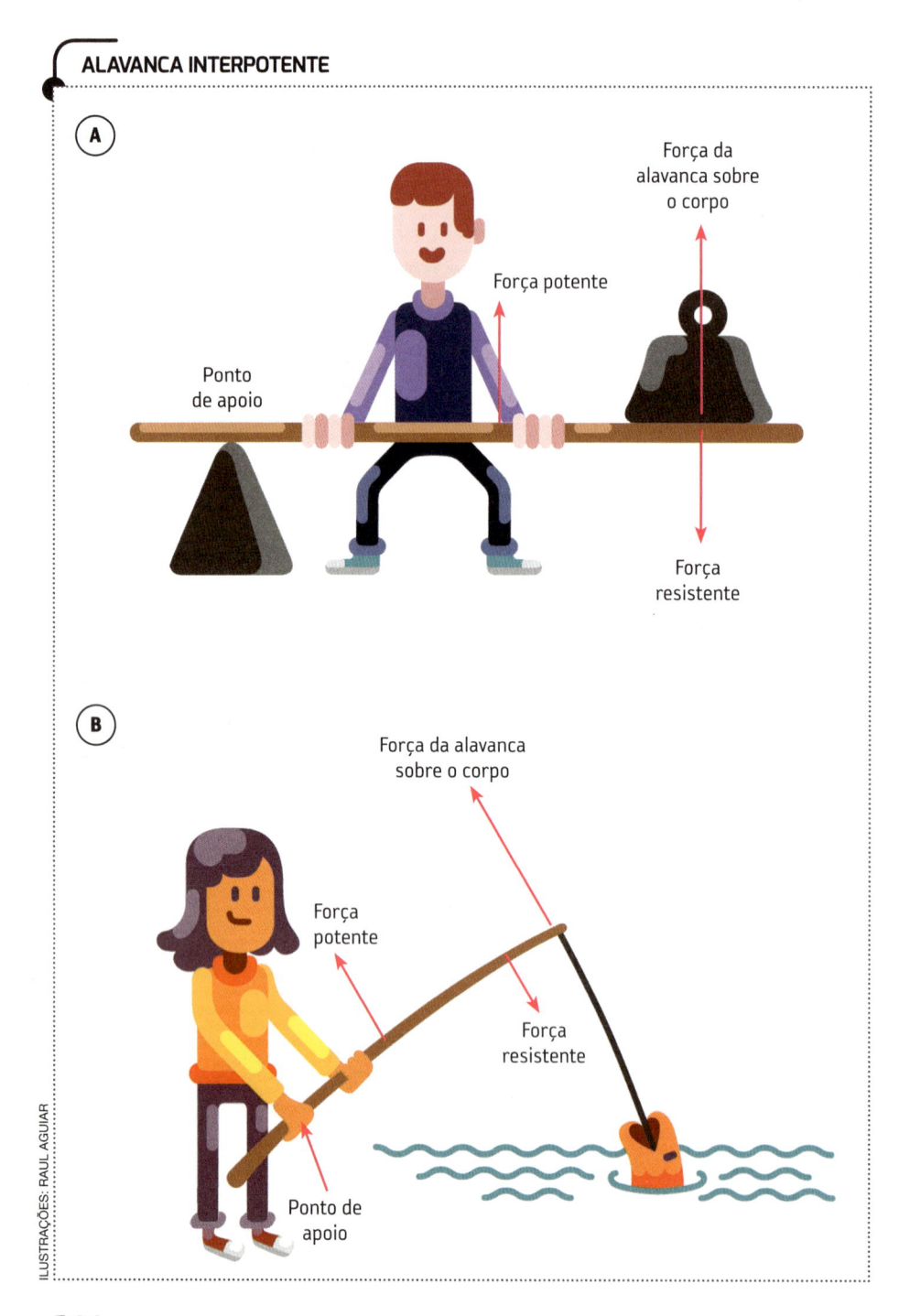

ALAVANCA INTERPOTENTE

(**A**) Quando o ponto de ação da força potente fica entre o ponto de apoio e o ponto de resistência, a alavanca é chamada de interpotente. (**B**) Uma vara de pescar é uma alavanca interpotente. (Imagens sem escala; cores-fantasia.)

DE OLHO NO TEMA

1. Quais são os elementos importantes em uma alavanca?

2. Quais são as posições dos pontos de ação, de resistência e de apoio nos três tipos de alavanca?

3. Qual deve ser a posição do ponto de apoio de uma alavanca interfixa para levantar um objeto o mais alto possível?

4. Qual deve ser a posição de um objeto em relação ao ponto de apoio de uma alavanca inter-resistente para diminuir a força aplicada e erguer um objeto?

TEMA 3

PLANO INCLINADO

O plano inclinado pode ser usado para levar um objeto a um local mais alto, exigindo-se menos esforço.

Um dos modelos de máquina simples mais elementar é o plano inclinado. Ele existe na natureza e já era usado antes mesmo que se entendesse seu funcionamento. Animais e pessoas, por exemplo, usam encostas para subirem em uma montanha. Registros feitos há mais de 4.600 anos mostram o uso do plano inclinado na construção das pirâmides no Egito. O plano inclinado passou a ser considerado uma máquina simples e a ter seus princípios científicos estudados sistematicamente pelo italiano Galileu Galilei (1564-1642).

O plano inclinado mais simples possível é formado por uma única peça e não possui nenhuma parte móvel. Trata-se de uma superfície plana, rígida e inclinada.

O plano inclinado reduz o esforço necessário para levar um objeto de um lugar mais baixo para um lugar mais alto, e vice-versa. A força que uma pessoa faz para mover um objeto sobre um plano inclinado é dividida entre essa pessoa e o próprio plano inclinado. Quanto menor for a sua inclinação, maior será o comprimento do plano e menor será o esforço necessário para mover um objeto para um lugar mais elevado.

Elementar: que tem composição ou funcionamento simples.

PLANO INCLINADO

(**A**) Se uma pessoa não usar a rampa, toda a força que ela vai aplicar para levantar a caixa será na direção vertical e com sentido de baixo para cima. A força será exercida pela distância necessária para levantar a caixa na altura desejada. (**B**) Ao usar a rampa para levar essa mesma caixa a intensidade, a direção e o sentido da força aplicada mudam. (Imagens sem escala; cores-fantasia.)

Fonte: ZITZEWITZ, P. W. et al. *Physics: principles and problems*. Ohio: Glencoe/McGraw-Hill, 2009.

CUNHA

A cunha é formada por dois planos inclinados, tem forma triangular e extremidade afiada. Ela muda a direção da força aplicada, originando forças perpendiculares às superfícies inclinadas. A cunha costuma ser usada para cortar ou separar objetos.

O esforço necessário para cortar um objeto, como um pedaço de madeira, depende da extremidade da cunha. Se o ângulo entre as duas superfícies inclinadas for grande, o esforço para cortar será maior do que usando uma cunha com ângulo menor. Ou seja, quanto mais fina for a extremidade da cunha, menor o esforço necessário para cortar algo.

A talhadeira e o machado são exemplos de máquinas complexas formadas por duas máquinas simples: a cunha (lâmina) e a alavanca (cabo).

PARAFUSO

A rosca do parafuso é um plano inclinado enrolado em torno de um cilindro, como ilustra a figura.

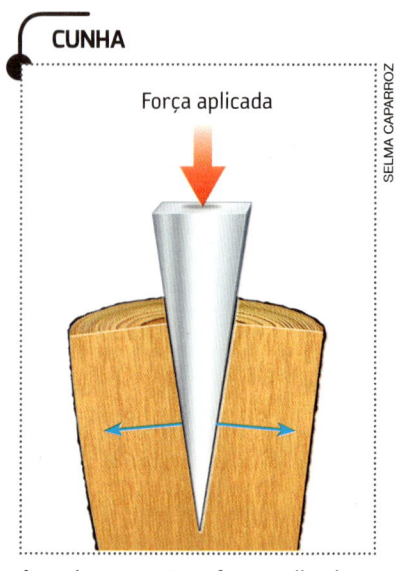

A cunha converte a força aplicada em forças perpendiculares às superfícies inclinadas. (Imagem sem escala; cores-fantasia.)

Fonte: ZITZEWITZ, P. W. et al. *Physics*: principles and problems. Ohio: Glencoe/McGraw-Hill, 2009.

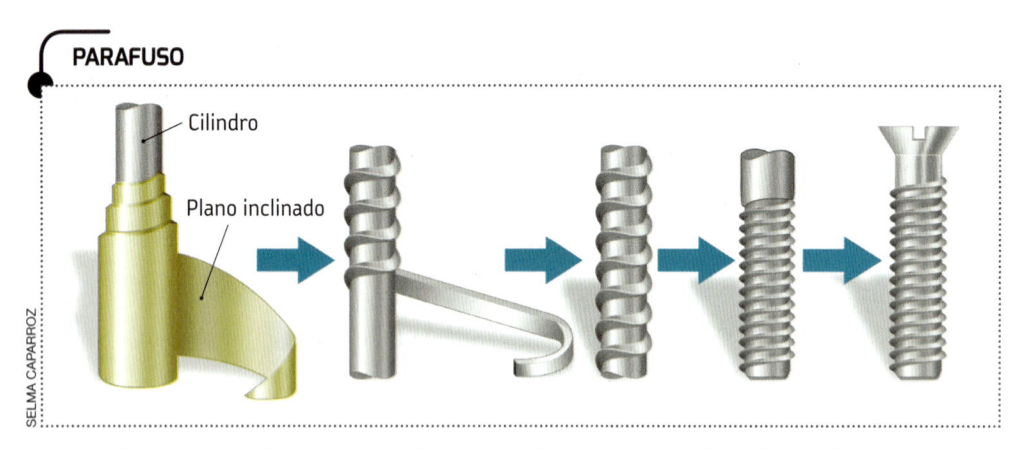

A rosca do parafuso é um plano inclinado enrolado em torno de um cilindro. (Imagem sem escala; cores-fantasia.)

Fonte: ZITZEWITZ, P. W. et al. *Physics*: principles and problems. Ohio: Glencoe/McGraw-Hill, 2009.

Assim como o plano inclinado, o parafuso muda a direção da força aplicada sobre ele. Por exemplo, para prender um objeto usando um parafuso, a força aplicada pela chave de fenda é transformada em uma força perpendicular à rosca. Por isso o parafuso se encaixa no local desejado sem que seja necessário aplicar muita força sobre ele. Os objetos se movem na direção da cabeça do parafuso como se estivessem subindo um plano inclinado.

Além dos modelos tradicionais de parafusos, usados para fixar peças, soquetes de alguns modelos de lâmpadas e o gargalo de alguns potes e garrafas também são parafusos.

Os soquetes de lâmpadas (**A**) e o gargalo de alguns potes de conserva (**B**) são parafusos adaptados.

VAMOS FAZER

O parafuso é um plano inclinado

Material

- Retângulo de papel sulfite com 10 cm de altura e 20 cm de largura
- Quadrado de papel sulfite com 10 cm de altura e 10 cm de largura
- Dois lápis
- Marcador de texto ou caneta hidrográfica colorida
- Tesoura
- Régua
- Fita adesiva

Procedimento

1. Corte o retângulo de papel sulfite na diagonal. Cada pedaço ficará com a forma de um triângulo retângulo.
2. Repita o procedimento anterior com o quadrado de papel sulfite, dando origem a dois novos pedaços, dessa vez com a forma de um triângulo retângulo isóceles.
3. Use o marcador de texto para traçar uma linha ao longo do lado de maior comprimento de cada um dos triângulos de papel.
4. Coloque o lápis sobre o menor lado do maior triângulo de papel.
5. Enrole o lápis com o papel. Certifique-se que o lado com a linha desenhada no item 2 fique visível. Use a fita adesiva para fixar o papel enrolado em torno do lápis.
6. Repita o procedimento anterior com o menor triângulo de papel.

Enrole o papel no lápis de forma que a linha traçada fique visível.

Registre em seu caderno

1. Observe a linha pintada com o marcador no papel enrolado nos dois lápis. O que as suas formas lembram?
2. Com qual dos triângulos de papel foi possível obter a maior quantidade de voltas?
3. A quantidade de voltas está relacionada com que característica do triângulo de papel?

DE OLHO NO TEMA

1. Qual é a principal utilidade do plano inclinado?
2. Por que facas de cozinha têm a lâmina em forma de cunha?

ATIVIDADES
TEMAS 1 A 3

ORGANIZAR O CONHECIMENTO

1. Determine qual é a máquina simples descrita em cada uma das seguintes situações:
   a) Usada para levantar ou mover um objeto pesado. É classificada de acordo com a posição de seu ponto de apoio e das forças envolvidas.
   b) Essa máquina simples pode ser usada para fixar objetos. Pode ser descrita como um plano inclinado enrolado em um cilindro.
   c) Diminui o esforço para levantar uma caixa pesada, mas aumenta a distância a que ela deve ser carregada.

2. Leia as frases a seguir atentamente e informe se elas estão corretas ou erradas. Reescreva corretamente as que estiverem erradas:
   I. A força resistente é usada para fazer um objeto se mover.
   II. Para diminuir a intensidade da força potente em uma alavanca interfixa, o ponto de apoio deve estar próximo do objeto a ser erguido.

3. A imagem ao lado mostra uma pessoa consertando um lustre. Identifique cada uma das máquinas simples que aparecem na imagem.

ANALISAR

4. Classifique as alavancas mostradas nas imagens.

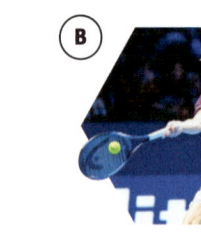

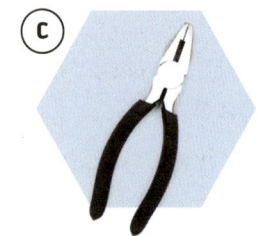

   A B C D E F G H

5. A cavadeira articulada é uma ferramenta usada para abrir buracos na terra. As chapas de metal na sua extremidade têm dupla função: além de cavar, retiram a terra do buraco.

   Essa ferramenta é uma máquina complexa. Identifique quais máquinas simples a compõem explique como elas são usadas.

COMPARTILHAR

6. Você sabe que o seu corpo possui um sistema de alavancas? Suas articulações são o ponto de apoio, e seus músculos e tendões fornecem a força aplicada para mover sua cabeça e membros, por exemplo. Em grupo, preparem um pôster apresentando duas alavancas que você e seus colegas conseguem identificar no corpo humano. Não se esqueça de classificar o tipo de alavanca que foi representada e explicar o seu princípio de funcionamento. Exponha seu trabalho para os seus colegas de aula.

EXPLORE
MONTANDO UMA ALAVANCA

Nesta atividade, você vai construir uma alavanca e verificar na prática como ela funciona. Forme um grupo com seus colegas e siga as instruções.

Material

- Uma régua de 20 cm de comprimento
- Dois copos de plástico descartáveis
- 20 moedas de 5 ou 10 centavos
- Um prendedor de papel grande sem os braços móveis
- Fita adesiva

Procedimento

1. Faça duas etiquetas com a fita adesiva e escreva "Força potente" em uma e "Força resistente" na outra.
2. Fixe cada etiqueta em um dos copos descartáveis.
3. Use a fita adesiva para fixar cada um dos copos em uma das extremidades da régua.
4. Use a fita adesiva para fixar o prendedor de papel na mesa, pois este será o nosso ponto de apoio, como mostra a figura a seguir.

Prendedor de papel fixado na mesa.

5. Coloque a régua com os copos sobre o prendedor de papel. O prendedor de papel deve ficar no meio da régua.
6. Ponha 5 moedas dentro do copo rotulado como "Força resistente". A figura a seguir mostra como ficará a montagem da experiência.

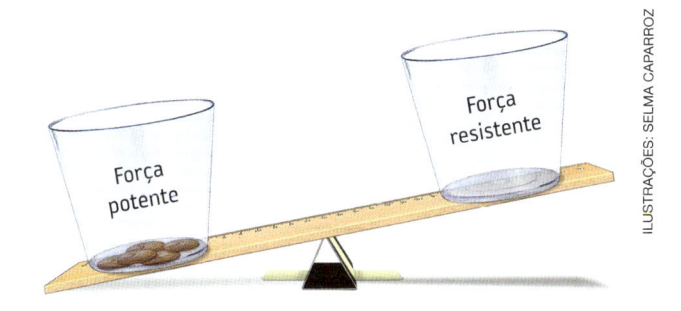

Montagem do experimento.

7. Coloque uma moeda de cada vez dentro do copo com o rótulo "Força potente" até que o copo "Força resistente" seja erguido.
8. Em seu caderno, registre qual é a posição das forças potente e resistente e do ponto de apoio e quantas moedas foram usadas para erguer o copo "Força resistente".
9. Mova a régua de forma que o prendedor de papel fique mais próximo do copo "Força potente" e repita os passos 7 e 8.
10. Mova a régua de forma que o prendedor de papel fique mais próximo do copo "Força resistente" e repita os passos 7 e 8.

ATIVIDADES

1. Qual é o tipo de alavanca usada na experiência?
2. Em qual das três posições do ponto de apoio foram usadas menos moedas para erguer o copo "Força resistente"? Era o que você esperava?
3. O que se pode concluir sobre o funcionamento da alavanca?

TEMA 4

RODAS, POLIAS E ENGRENAGENS

Rodas, polias e engrenagens são instrumentos indispensáveis para a nossa vida.

FORÇA DE ATRITO

A força de atrito se opõe ao movimento entre duas superfícies que estão em contato. Isso significa que ela tem a mesma direção, mas sentido contrário ao movimento. A intensidade da força de atrito depende das superfícies em contato, sendo geralmente maior entre superfícies irregulares do que entre superfícies mais lisas.

Quando o pé de um corredor toca o solo, ele faz uma força que o impulsiona para a frente. A força de atrito entre a sola do tênis e o chão, que é contrária à força exercida pelo atleta, impede que o seu pé escorregue. Para conseguir correr, a intensidade da força feita pelo atleta tem que ser maior que a da força de atrito.

Durante uma corrida, a força de atrito tem mesma direção mas sentido oposto ao da força que o pé do atleta exerce sobre o chão. (Imagem sem escala; cores-fantasia.)

Direção do movimento — Força de atrito

DANIEL ZEPPO

RODAS

Como você pode ter percebido, a força de atrito dificulta a tarefa de mover objetos pesados arrastando-os sobre uma superfície. Se você já tentou empurrar algo e teve dificuldades, parte delas se devem à força de atrito entre o objeto empurrado e o chão.

A roda é uma máquina simples que ajuda nesse tipo de tarefa. Apesar de não se saber quem a inventou, ela é considerada uma das invenções mais importantes da humanidade. É provável que ela tenha sido desenvolvida a partir de troncos de árvores. Esses troncos eram colocados embaixo de objetos pesados, como blocos de pedra, para facilitar o seu transporte. Inicialmente, as rodas eram feitas de um bloco de madeira com uma abertura no seu centro, que servia para fixá-las em um eixo.

A força usada para mover um objeto pesado é menor se ele estiver sobre rodas do que se ele for arrastado.

A roda pode ser fixada em um eixo; dessa maneira, uma força aplicada na roda é transmitida ao eixo e vice-versa. O uso de rodas e eixos facilita a tarefa do deslocamento de objetos.

Não são apenas os veículos de locomoção que usam o sistema de roda e eixo. Alguns exemplos do nosso cotidiano que utilizam esse sistema incluem a maçaneta de portas, o carrinho de mão e a roda-gigante. A força aplicada sobre uma maçaneta para abrir uma porta, por exemplo, faz com que ela gire e transmita o movimento para o eixo.

A roda reduz o esforço necessário para puxar um objeto pesado.

Em carros, ônibus e caminhões, a força do motor gira os eixos, que transmitem o movimento para as rodas, fazendo o veículo se locomover.

POLIAS

A polia, ou roldana, é uma roda com um sulco por onde passa um cabo, corda ou corrente. Quando esse cabo é puxado, a polia gira em torno de seu eixo. Se uma das pontas do cabo for presa a um objeto, a polia pode ser usada para levantá-lo ou baixá-lo. Para que isso aconteça é necessário aplicar uma força na outra extremidade do cabo.

POLIA

É mais fácil retirar um balde com água de um poço quando a corda passa por uma polia. (Imagem sem escala; cores-fantasia.)

POLIA FIXA

Nesse tipo de máquina simples, a polia fica presa a um suporte localizado acima ou ao lado do objeto que será movido. A roda da polia gira quando a corda é puxada, mas a polia em si não sai do lugar. As polias fixas são usadas para içar a vela de um navio, um balde de água de um poço ou uma bandeira em um mastro, por exemplo.

Içar: levantar, erguer, fazer subir.

POLIA FIXA

É mais fácil puxar o cabo do que erguer a caixa sem a ajuda da polia fixa. (Imagem sem escala; cores-fantasia.)

Fonte: HEWITT, P. G. *Física conceitual*. Porto Alegre: Bookman, 2015.

Para mover um corpo usando uma polia fixa, o comprimento de corda a ser puxado é igual à altura que se deseja erguê-lo. Por exemplo, para levantar uma caixa a um metro de altura do chão, é necessário puxar um metro de corda.

Como pode ser observado na figura anterior, a caixa está presa apenas à corda. A polia fixa não muda a intensidade da força aplicada, isto é, a força com a qual uma pessoa puxa o cabo é igual à que ela precisaria usar para levantar o objeto com suas próprias mãos. Se o cabo está sendo puxado para baixo, a pessoa pode usar o peso do seu corpo para ajudar a puxá-lo. Assim, diminui o esforço necessário para erguer o objeto.

Peso: força relacionada à massa de um corpo.

POLIA MÓVEL

Na polia móvel, ao menos uma das extremidades do cabo é fixada em um suporte. O corpo que se deseja mover é preso ao eixo da polia, como mostra a figura a seguir. Para mover o objeto é necessário puxar ou soltar uma ponta do cabo. A roda da polia gira livremente, e a polia se move junto com o objeto.

Na polia móvel, o corpo é preso por dois cabos. A intensidade da força necessária para movimentar um objeto é a metade da intensidade da força caso fôssemos movê-lo utilizando apenas as próprias mãos.

Ao contrário do que acontece com uma polia fixa, a direção e o sentido da força aplicada na polia móvel são os mesmos do movimento do objeto.

POLIA MÓVEL

Força aplicada

A polia móvel permite que a força aplicada para se mover um objeto seja menor em comparação à força aplicada usando uma polia fixa. (Imagem sem escala; cores-fantasia.)

Fonte: HEWITT, P. G. *Física conceitual*. Porto Alegre: Bookman, 2015.

ENGRENAGENS

Quando uma engrenagem se movimenta, o giro é transmitido para as engrenagens conectadas a ela.

Engrenagens são formadas por pelo menos duas rodas com dentes cortados em suas bordas. Essas rodas são acopladas umas às outras. Os dentes garantem que a força aplicada a uma engrenagem movimente também as engrenagens vizinhas sem que escorreguem. Elas são usadas para transmitir força e movimento entre dois ou mais eixos.

Além de transmitirem o movimento de rotação, as engrenagens podem ser usadas para aumentar ou diminuir a velocidade com que elas giram, mudar a direção e o sentido do movimento ou transmitir uma força aplicada de uma parte a outra em uma máquina complexa. Em uma bicicleta, são as engrenagens que transmitem a força aplicada nos pedais até a roda traseira.

Acoplado: que se juntou fisicamente, formando uma unidade.

ENGRENAGENS

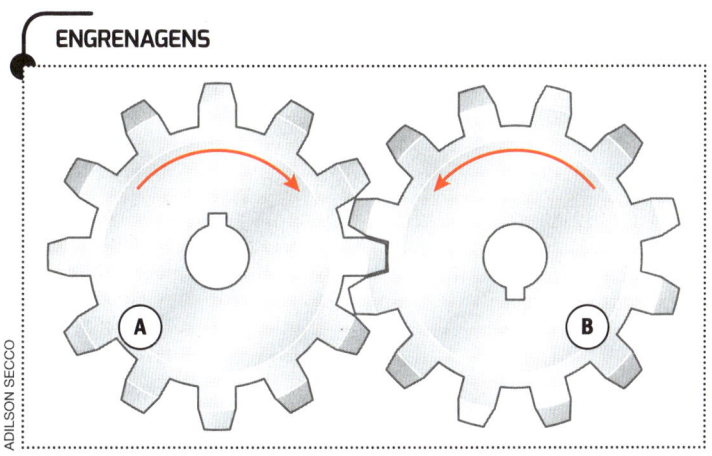

Aplicando força na engrenagem **A**, o seu giro fará a engrenagem **B** girar também, porém em sentido contrário. Se as engrenagens forem de tamanhos iguais, a velocidade com que elas giram será a mesma.

Fonte: ZITZEWITZ, P. W. et al. *Physics*: principles and problems. Ohio: Glencoe/McGraw-Hill, 2009.

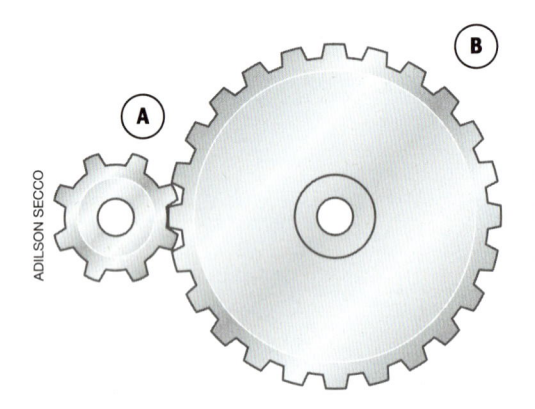

Usar engrenagens de tamanhos diferentes pode mudar tanto a intensidade da força aplicada quanto a velocidade de rotação. Na figura ao lado, a engrenagem **A** tem 8 dentes e a **B** tem 24 dentes.

A razão entre o número de dentes das engrenagens **B** e **A** é:

$$\frac{\text{número de dentes da engrenagem } \mathbf{B}}{\text{número de dentes da engrenagem } \mathbf{A}} = \frac{24 \text{ dentes}}{8 \text{ dentes}} = 3$$

Isso significa que, enquanto a engrenagem **B** completa uma volta em torno de seu eixo, a engrenagem **A** completa três voltas. Então, a velocidade de rotação da engrenagem **B** é menor do que a da engrenagem **A**. Além disso, a intensidade da força necessária para girar a engrenagem **B** é três vezes maior do que a usada para girar a engrenagem **A**.

Para aumentar a intensidade de uma força, ela deve ser aplicada sobre uma engrenagem pequena acoplada a uma maior. Já para aumentar a velocidade, a força deve ser aplicada sobre uma engrenagem grande acoplada a uma engrenagem menor.

As engrenagens são usadas em muitas máquinas compostas, como o sistema de marchas de uma bicicleta: para pedalar mais rápido, combina-se uma engrenagem grande e uma pequena. Também são usadas para controlar a força gerada no motor de um veículo ou para fazer com que os ponteiros da hora e dos minutos em um relógio girem a velocidades diferentes.

Nas primeiras engrenagens, os dentes eram pedaços de madeira colocados em rodas feitas do mesmo material. Depois da Revolução Industrial, as máquinas começaram a precisar de engrenagens mais resistentes, que passaram a ser feitas de metal. Atualmente, elas podem também ser de plástico, como as usadas em alguns relógios de parede.

DE OLHO NO TEMA

1. Por que a roda costuma ser acoplada a um eixo?
2. Qual é o critério usado para classificar as polias?
3. Um sistema é montado com três engrenagens: a engrenagem **A** está acoplada à engrenagem **B**, que, por sua vez, está acoplada à engrenagem **C**. Se a engrenagem **A** se mover em sentido anti-horário por causa da ação de uma força, qual será o sentido de rotação da engrenagem **C**?

TEMA 5 — MÁQUINAS TÉRMICAS

Máquinas térmicas são capazes de fazer a conversão entre energia térmica e energia mecânica.

Locomotiva de Maria Fumaça 156 usada para passeio turístico (Carlos Barbosa, RS, 2010).

A TRANSFORMAÇÃO DE ENERGIA NAS MÁQUINAS TÉRMICAS

De acordo com o princípio de conservação de energia, a energia não pode ser criada nem destruída. Porém, ela pode ser transformada e/ou transmitida de um corpo a outro. Portanto, é possível transformar energia mecânica em energia térmica. A energia mecânica é a soma das energias associadas com o movimento e a posição de um corpo.

O contrário também pode ocorrer, como a transformação de energia térmica em energia mecânica, podendo gerar movimento. Muitos equipamentos funcionam a partir dessas conversões de energia. Por exemplo, um motor elétrico converte energia elétrica em energia mecânica, um gerador elétrico converte energia mecânica em energia elétrica e um motor a vapor converte energia térmica em energia mecânica.

O motor a vapor, citado anteriormente, é um exemplo de máquina térmica. As máquinas térmicas transformam a energia térmica em energia mecânica. Isso acontece quando parte da energia térmica de uma fonte quente é transferida para uma fonte fria. A fonte quente pode ser um líquido, ou gás, aquecido por alguma parte da máquina, podendo envolver combustão ou energia elétrica. Já a fonte fria pode ser o ar ou uma grande quantidade de água, já frios ou esfriados por algum equipamento, a que essa máquina tenha acesso.

MÁQUINA A VAPOR

O aquecimento da água produz vapor, que ocupa um volume maior do que o líquido. Portanto, se a água for aquecida dentro de um recipiente fechado, o vapor exercerá uma força nas paredes desse recipiente. A energia térmica do vapor de água pode ser transformada em energia mecânica e usada para fazer um objeto se mover.

A figura abaixo mostra como a água pode ser usada para movimentar uma roda em uma máquina. A água contida em um recipiente fechado, chamado caldeira, é aquecida até virar vapor, absorvendo energia produzida pela queima de combustível. O vapor passa por uma tubulação bastante fina, que o conduz até um cilindro. O pistão, peça móvel que fica dentro do cilindro, é empurrado enquanto a quantidade de vapor aumenta. O cilindro possui uma válvula que, ao ser aberta, deixa o vapor de água sair e, assim, o pistão volta a sua posição inicial. O pistão pode estar conectado às rodas de uma locomotiva, por exemplo, fazendo com que o trem se mova.

Bolhas de vapor são formadas durante a fervura da água.

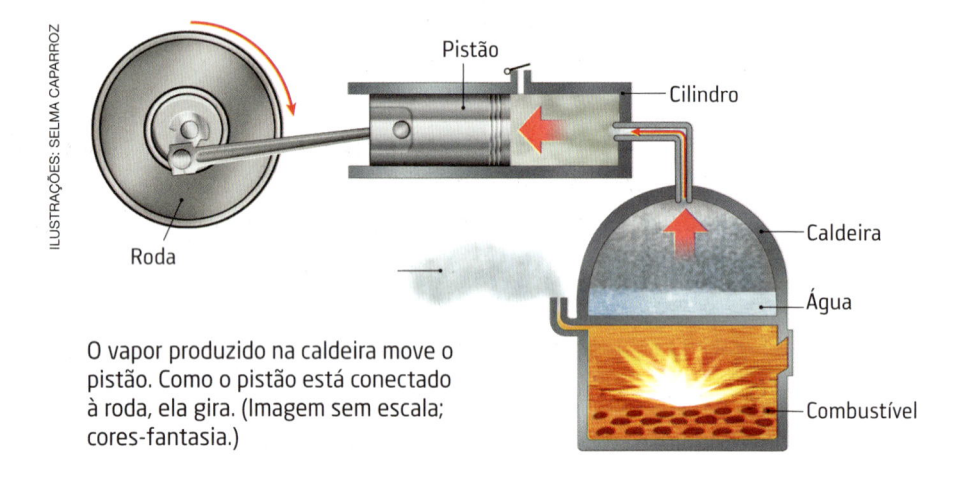

O vapor produzido na caldeira move o pistão. Como o pistão está conectado à roda, ela gira. (Imagem sem escala; cores-fantasia.)

Nas usinas termoelétricas, o calor gerado pela queima de carvão mineral, óleo ou gás natural é usado para aquecer grandes quantidades de água. A figura abaixo mostra como a eletricidade é criada nessas usinas.

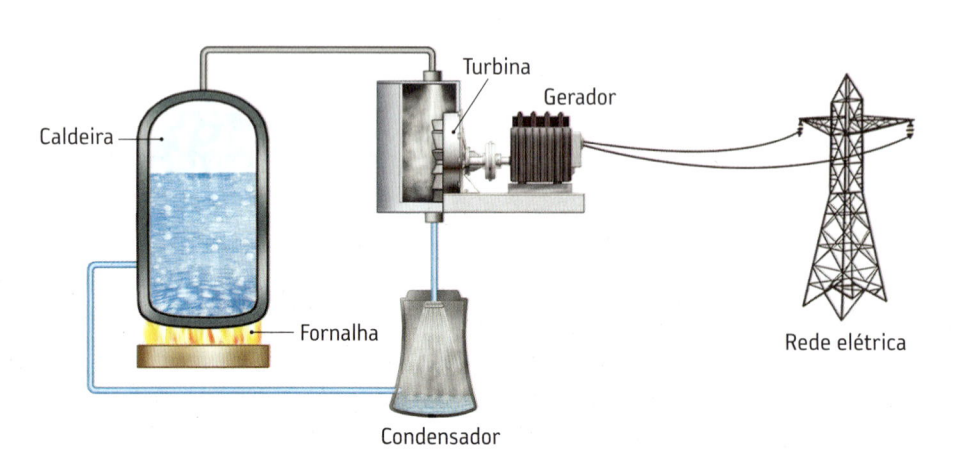

ENTRANDO NA REDE

No endereço da internet **http://mod.lk/ipwmp** há vídeos mostrando diferentes máquinas térmicas em funcionamento. Cada vídeo é seguido de *links* que direcionam o leitor para páginas que discutem o funcionamento de cada uma das máquinas apresentadas. Para acessar os vídeos, selecione a aba **Máquinas Térmicas** no topo da página e clique na opção **Vídeos**. Acesso em: jul. 2018.

O vapor de água obtido pelo aquecimento da água faz a turbina girar, produzindo eletricidade. (Imagem sem escala; cores-fantasia.)

MOTOR A COMBUSTÃO

A energia térmica é produzida em um motor a combustão por meio da queima de combustível. A energia é então aproveitada para fazer as rodas girarem, no caso dos automóveis.

Dependendo de onde ocorre a queima do combustível, é possível classificar os motores de combustão em duas categorias. No motor de **combustão externa**, a queima ocorre fora do motor. A energia térmica é obtida pela queima de combustível e transmitida ao motor através das paredes de uma caldeira. O trem a vapor usa esse tipo de motor.

Nos motores de **combustão interna**, a queima do combustível ocorre dentro do motor. Esses motores são utilizados, por exemplo, em automóveis e geradores elétricos.

Nos motores de combustão interna, a energia criada pela queima do combustível é transferida para os pistões. O movimento de sobe e desce desses pistões é convertido em movimento nas rodas, por exemplo. A figura abaixo mostra a estrutura de um cilindro de motor de combustão interna.

Hoje, já se **questiona** o uso do motor de combustão interna por causa da emissão de gases poluentes. Os veículos movidos a eletricidade, obtida a partir de fontes renováveis como a energia solar, são vistos como os possíveis substitutos dessas tecnologias que poluem.

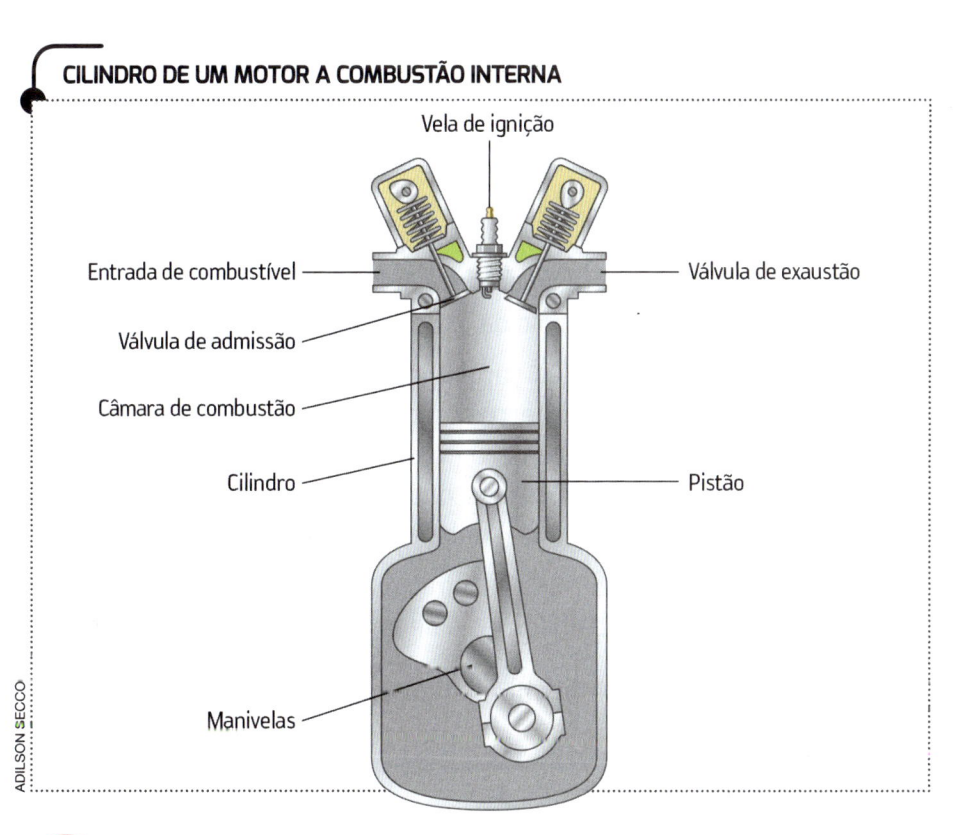

CILINDRO DE UM MOTOR A COMBUSTÃO INTERNA

Legendas: Vela de ignição; Entrada de combustível; Válvula de admissão; Câmara de combustão; Cilindro; Válvula de exaustão; Pistão; Manivelas.

Uma mistura de combustível e ar entra pela válvula de admissão. Quando está dentro da câmara de combustão, a vela de ignição solta uma faísca, provocando a sua explosão. Essa explosão empurra o pistão para baixo, movimentando as manivelas que estão ligadas às rodas de um veículo. A válvula de exaustão abre para a saída dos gases e o pistão sobe. Em seguida, entra mais combustível e o processo se repete. (Imagem sem escala; cores-fantasia.)

Fonte: HEWITT, P. G. *Física conceitual*. Porto Alegre: Bookman, 2015.

ATITUDES PARA A VIDA

- Questionar e levantar problemas

Você já deve ter ouvido falar muitas vezes sobre a poluição causada por automóveis, motos, ônibus e caminhões. Esse é um problema complexo, mas muitas vezes as pessoas falam sobre ele sem ter muitas informações. Para saber quais são os fatos importantes, pergunte a si mesmo o que você não sabe sobre esse assunto. Onde você poderia obter essas informações? Conversar com seus familiares e seus professores e consultar livros pode ajudá-lo a formar uma opinião baseada em informações confiáveis.

DE OLHO NO TEMA

1. Como as máquinas térmicas conseguem produzir movimento?
2. Qual é a diferença entre os motores de combustão externa e interna?
3. O que acontece com os gases que surgem pela queima do combustível?

TEMA 6

O USO DAS MÁQUINAS AO LONGO DO TEMPO

As máquinas, tanto simples quanto complexas, diminuíram o esforço envolvido em tarefas diárias, como empurrar, levantar ou abaixar objetos pesados, cultivar a terra ou se locomover, influenciando os avanços tecnológicos da humanidade.

Registros arqueológicos indicam que as máquinas simples são usadas há pelo menos 1,5 milhão de anos. Seres humanos pré-históricos usavam pedras lascadas em forma de cunha para caçar e cortar alimentos.

O desenvolvimento da agricultura ocorreu de maneira independente em épocas e regiões diferentes do planeta. Os primeiros sistemas de cultivo e de criação apareceram há cerca de 10 mil anos. A agricultura trouxe novos desafios, entre os quais é possível destacar a limpeza da terra, o plantio das sementes, a irrigação, a colheita e o transporte das colheitas.

Os equipamentos desenvolvidos ao longo do tempo para ajudar no trabalho no campo utilizam máquinas simples e suas diversas combinações. A cunha faz parte dos componentes da foice e do machado, por exemplo. As carroças contam com o sistema de roda e eixo. Já o arado, usado para preparar a terra para receber sementes, emprega o princípio da alavanca.

Com o surgimento de vilas e cidades, surgiram novos desafios e necessidades. Trabalhadores especializados, como ferreiros, pedreiros e carpinteiros, usam máquinas simples e complexas para construir casas, templos, pontes e estradas, por exemplo. Entre os equipamentos usados, pode-se citar o martelo, que é uma alavanca, e a chave de fenda, que é uma cunha e um sistema roda-eixo.

A energia necessária para fazer as primeiras máquinas agrícolas funcionarem vinha da força física dos trabalhadores e de animais como o cavalo e o boi.

Máquinas simples

Quais máquinas simples são apresentadas no vídeo? Cite os exemplos dados para cada tipo de alavanca.

Disponível em <http://mod.lk/ac7u08>

O arado era utilizado na agricultura de diferentes civilizações antigas, como a egípcia.

O USO DE MÁQUINAS TÉRMICAS

Em antigas civilizações, como a egípcia, a romana e a chinesa, a força humana era a mais utilizada para fazer as máquinas funcionarem, seguida pela força dos animais e de recursos naturais como o vento e a água. Durante a Idade Média, moinhos usavam a energia do vento ou da água corrente para moer grãos.

Na virada do século XIX para o século XX esse quadro começou a se alterar. A partir de então começou o domínio das máquinas a vapor e, na década de 1950, das máquinas a combustão interna.

Com o aumento da mão de obra necessária para operar as máquinas, principalmente em fábricas, a população das cidades começou a aumentar. Hoje, há mais pessoas vivendo nas cidades do que no campo. Com essa mudança, um número menor de trabalhadores no campo precisa suprir a demanda de alimentos nas cidades.

Suprir: abastecer.

Algumas máquinas simples, como pás e enxadas, ainda são usadas pelo trabalhador do campo atualmente. Porém, em grandes plantações, são usadas máquinas com motores a combustão interna, como tratores e colheitadeiras.

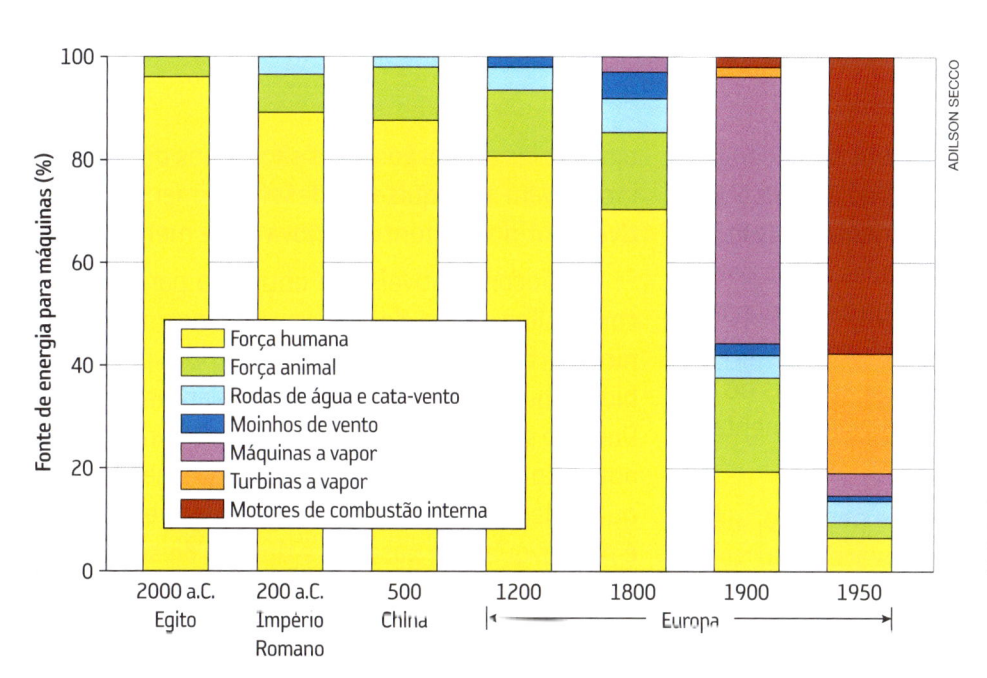

Fonte: SMIL V. *Energy and civilization, a history.* Cambridge: MIT Press, 2017.

Na agricultura mecanizada, são usados tratores (**A**) e colheitadeiras (**B**), que possuem motores a combustão interna.

Usina de etanol em (Pereira Barreto, SP, 2014).

IMPACTOS SOCIAIS E AMBIENTAIS CAUSADOS PELO DESENVOLVIMENTO TECNOLÓGICO

O crescente aumento do uso de combustíveis, como o carvão mineral e os derivados de petróleo, trouxe o aumento da produtividade no campo e na indústria. Esse fenômeno motivou o crescimento das cidades e, ao mesmo tempo, o aumento da poluição. Desde que as máquinas a vapor começaram a ser usadas, gases poluentes gerados pela queima de combustíveis vêm sendo lançados no ar. Acredita-se que o consumo de combustíveis aumenta a poluição atmosférica.

O carvão mineral e os derivados de petróleo, além de causarem poluição, não são renováveis. Ou seja, um dia eles acabarão. Esses são alguns dos motivos que incentivam a pesquisa e o desenvolvimento de combustíveis obtidos de fontes renováveis e menos poluentes.

Os biocombustíveis são obtidos a partir de plantas, como milho e cana-de-açúcar, e até mesmo do lixo orgânico. Parte dos gases que são produzidos pela queima de biocombustíveis é absorvida pelas plantas ao crescerem. Por isso se considera que eles contribuam pouco para o aumento do efeito estufa. Outra vantagem seria que a quantidade de partículas soltas no ar pela sua queima é menor que a da gasolina e do óleo diesel.

Trilha de estudo

Vai estudar? Nosso assistente virtual no *app* pode ajudar! <http://mod.lk/tr7u08>

No período inicial da Revolução Industrial, o uso intensivo de combustíveis sem nenhuma regulamentação provocou impactos ambientais profundos em diversas localidades. (Eduard Bierma. *Estabelecimento de fabricação de máquina de Borsig em Berlim*, 1847, óleo sobre tela, 110,0 × 161,5 cm.)

O desenvolvimento da tecnologia tornou as máquinas cada vez mais complexas. E essas máquinas, por sua vez, modificaram profundamente a vida das pessoas. Por exemplo, considere uma pessoa que deseje entrar em contato com um familiar distante. Em 1870, ela teria de escrever uma carta de próprio punho ou usando uma máquina de datilografar e enviá-la pelo correio. A carta chegaria a seu destino depois de dias, semanas ou mesmo meses, dependendo do local. Uma pessoa que vivesse um século depois poderia tirar o telefone do gancho, discar o número desejado e então conversar com seus familiares e amigos. Hoje, com os computadores, *tablets* e os telefones celulares conectados à internet, podemos conversar por meio de ferramentas que permitem o envio de voz, imagem e textos em tempo real. É possível até mesmo nos comunicarmos com vários destinatários ao mesmo tempo em diferentes lugares do mundo.

A tecnologia sempre teve profundo impacto na vida humana e no meio ambiente. É difícil avaliar com exatidão esses impactos, pois elas continuam acontecendo. Ao pensar no trabalho, ela pode ser usada para aprimorar a produção de bens e serviços. Porém, ela exige que o trabalhador tenha uma formação técnica mais específica. O meio ambiente também é afetado pelo desenvolvimento das máquinas ao longo do tempo. O desenvolvimento e a popularização das máquinas exigiram a intensificação da mineração de ferro e outros metais. Entre as consequências desse setor estão a remoção da vegetação nas áreas de mineração e a poluição do solo, do ar, de rios e lagos por causa dos resíduos químicos provenientes de diversas atividades.

DE OLHO NO TEMA

1. Cite algumas atividades que surgiram junto com a agricultura.
2. O uso de fontes de energia para máquinas se alterou entre 1800 e 1900? Explique.
3. Cite uma consequência relacionada ao uso de combustíveis fósseis.

As tecnologias de comunicação alteraram profundamente a forma como acessamos informação e nos comunicamos com outras pessoas.

ATIVIDADES
TEMAS 4 A 6

ORGANIZAR O CONHECIMENTO

1. Responda às questões.
   a) O que a polia e a engrenagem têm em comum?
   b) Qual é a característica que faz com que elas sejam usadas com objetivos diferentes?

2. Observe as imagens a seguir e responda às perguntas.
   a) Para levantar um objeto usando uma roldana fixa, uma das extremidades do cabo tem que ser presa a esse objeto, enquanto uma força é aplicada na parte do cabo que está solta e a polia gira em torno de seu eixo. O princípio de funcionamento da polia fixa pode ser comparado com qual tipo de alavanca?

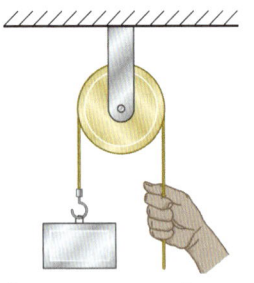

   (Imagem sem escala; cores-fantasia.)

   b) Em uma polia móvel, o objeto que se deseja erguer fica preso ao eixo da polia, por isso a polia se move junto com o objeto enquanto a ponta solta do cabo é puxada. O princípio de funcionamento da polia móvel se parece com qual tipo de alavanca?

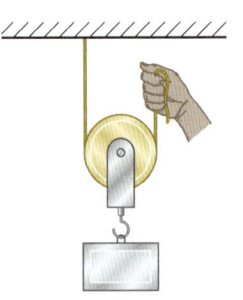

   (Imagem sem escala; cores-fantasia.)

ANALISAR

3. A imagem abaixo mostra como duas polias, uma fixa e uma móvel, podem ser usadas em conjunto para levantar um objeto pesado. Observe a imagem e responda às perguntas.
   a) Qual deve ser a intensidade da força aplicada para puxar o cabo e levantar o peso?

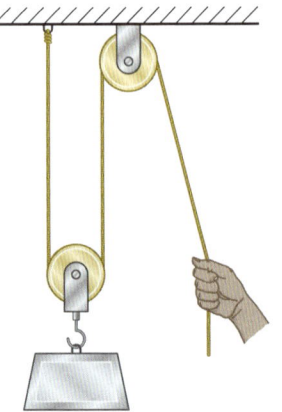

   (Imagem sem escala; cores-fantasia.)

   b) Na figura ao lado, é usada uma combinação de três polias para levantar um objeto. Qual deve ser a intensidade da força aplicada para puxar o cabo comparada com a força necessária quando são usadas as próprias mãos?

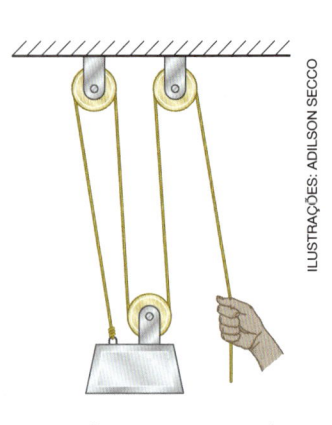

   (Imagem sem escala; cores-fantasia.)

4. A correia da bicicleta transmite o movimento da engrenagem que está conectada ao pedal para a engrenagem que está conectada à roda traseira, fazendo com que a bicicleta se mova a cada pedalada.
   a) Por que as bicicletas usam engrenagens em vez de polias?
   b) Algumas bicicletas possuem um sistema de mudança de marcha que é usado para mudar o tamanho das duas engrenagens que são conectadas pela corrente. Para subir uma ladeira, o ciclista precisa pedalar com mais força. Qual deve ser a relação de tamanho entre as engrenagens conectadas pela corrente para que a força aplicada à engrenagem do pedal seja aumentada pela engrenagem da roda traseira?

5. Se não há a geração de faísca pela válvula de ignição em um motor a combustão interna, quais são as consequências para o objeto que possui esse motor?

6. Explique por que, mesmo com a maior parte da população vivendo em cidades, a produção de alimentos não é afetada pela falta de mão de obra.

COMPARTILHAR

7. Em grupo, pesquisem as alternativas menos poluentes para os combustíveis derivados de petróleo. Inclua em seu trabalho uma análise das opções que vocês pesquisaram para determinar as vantagens e desvantagens associadas a seu uso. Vocês podem também incluir informações sobre os aspectos econômicos e sociais envolvidos no consumo dessas fontes de energia menos poluentes. Preparem um folheto com as informações que vocês encontraram, distribuam em sua comunidade e divulguem no site ou blog da escola.

PENSAR CIÊNCIA

Pesquisadora desenvolve flywheel para veículos elétricos

Considerando que carros elétricos já são realidade em alguns países, na Universidade Federal de Juiz de Fora (UFJF) uma pesquisadora pretende contribuir com o estudo e o desenvolvimento de um dos primeiros volantes de inércia no Brasil, cuja tecnologia permite armazenar, por meio da [energia] cinética, a energia elétrica fornecida a um veículo. O volante, que nada tem a ver com a direção do carro, é mais conhecido em inglês como *flywheel*, e cumpriria boa parte da função da bateria [...].

Para entender o funcionamento do *flywheel* basta pensar em um peão. Você enrola a corda, depois a puxa bem rápido, soltando o brinquedo para girar. Ele roda sozinho a partir da força cinética e, em determinado momento, cai, por causa do atrito com o ar e com a superfície do chão. O *flywheel* é como um volante ou uma roda. Ele recebe um primeiro impulso elétrico (como sua mão quando puxa a corda do peão) e, então, começa a girar armazenando energia cinética. Quanto mais alta for sua rotação, que pode chegar a 60 mil por minuto, e menor atrito houver no seu funcionamento, mais tempo irá girar, armazenando energia. A partir então de um conversor, o carro se alimenta dessa energia cinética, utilizando-a na aceleração.

[...]

• Por dentro do sistema

Cada instituição envolvida aplica sua *expertise* para otimizar o funcionamento do *flywheel*. [...] Isso ocorre por meio do desenvolvimento de diferentes componentes, os quais incluem: uma câmera de vácuo, dentro da qual o volante irá girar; um sistema de levitação magnética, que elimina o atrito mecânico entre as peças; e um sistema de controle. [...]

• Aplicações

[...] A proposta inicial, segundo [a pesquisadora], é de que o protótipo seja pensado para um ônibus, cujo trajeto e velocidade facilitem a projeção sobre o consumo médio de energia necessária. O fato de o ônibus não precisar de um desempenho robusto, ou seja, não atingir altas velocidades, também é um ponto a favor, já que o *flywheel* aumenta o peso do veículo. [...]

[...] Outras aplicações do dispositivo, porém, também podem ser citadas, como em máquinas de construção e de carga, estações de recarga de energia elétrica, balsas, metrôs e trens de superfície. [...]

Em Londres, 500 ônibus com *flywheels* devem chegar às ruas em breve [...]. O equipamento permitirá que o veículo acelere de zero a 50 km/h e recupere energia na frenagem, gerando uma economia de 20% a 25% de diesel, o que significa menos 5,3 mil litros de combustível por ano, por ônibus.

Fonte: NALON, C. A3, n. 9, Juiz de Fora, jan.-jun. 2016. Disponível em: <http://mod.lk/obpk3>. Acesso em: jul. 2018.

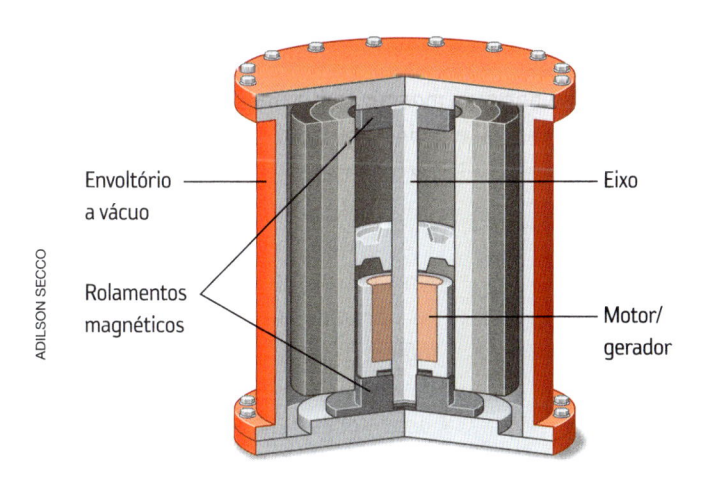

Cada uma das instituições envolvidas – UFJF, Universidade Federal do Rio de Janeiro (UFRJ), Universidade Federal Fluminense (UFF) e Uppsala University (Suécia) – desenvolve uma parte do *flywheel*. (Imagem sem escala; cores-fantasia.)

Legendas da imagem: Envoltório a vácuo; Rolamentos magnéticos; Eixo; Motor/gerador.

Cinética: relacionada ao movimento.
Expertise: competência ou qualidade de especialista.

ATIVIDADES

1. Para que será usado o volante de inércia, ou *flywheel*?
2. Quais seriam as aplicações para o *flywheel*?
3. Você consegue identificar no texto aspectos importantes para o desenvolvimento científico?

ATITUDES PARA A VIDA

A queima de combustíveis polui o ar que respiramos

Até aproximadamente o início do século XVIII, a produção de bens de consumo, como roupas e alimentos, era artesanal. Com a Revolução Industrial, começou-se a utilizar máquinas a vapor, movidas a combustíveis fósseis, como carvão.

O uso dessas máquinas permitiu aumentar a produção, porém começou a gerar poluentes que, na época, eram motivo de pouca preocupação, sendo que a fumaça emitida pelas máquinas era vista como sinal de progresso.

Com o tempo, o número de máquinas aumentou, bem como sua potência, o que aumentou o consumo de combustíveis fósseis.

Isso gerou poluição que causou problemas de saúde para os seres humanos e diversos outros seres vivos, principalmente em centros ubanos. A incidência de asma, bronquite, rinite alérgica e outras doenças aumentou com a poluição, que também já causou a morte de diversas pessoas. A preocupação com os efeitos dos poluentes gerados por esses combustíveis se popularizou apenas a cerca de 60 anos.

TROCAR IDEIAS SOBRE O TEMA

Em grupo, discutam as seguintes questões:

1. Quais são as consequências da queima de combustíveis abordada na tira?
2. O que você acha da qualidade do ar da cidade em que você mora?
3. Que atitudes você poderia adotar no seu dia a dia para diminuir a emissão de poluentes no ar?

COMPARTILHAR

Em grupo, elaborem materiais com o objetivo de informar as pessoas sobre os impactos que a queima de combustível acarreta ao meio ambiente e à vida das pessoas. Ao fazer o material, é importante **pensar e se comunicar com clareza** para que as pessoas entendam a situação exposta e como ela pode afetar o cotidiano delas. Busquem as informações necessárias sobre o assunto em *sites*, revistas, jornais, livros ou conversando com professores. Vocês podem produzir textos, imagens ou vídeos. Compartilhem com os amigos, a família e a comunidade escolar.

COMO EU ME SAÍ?

- Falei e escrevi de forma clara na execução das atividades?
- Busquei utilizar as palavras mais precisas em cada etapa?
- Elaborei perguntas que me ajudaram na compreensão?
- Procurei respostas a perguntas que tenho em mais de uma fonte?
- Busquei utilizar as palavras mais precisas em cada etapa?
- Cuidei com atenção dos detalhes da tarefa, pensando sobre a clareza da mensagem que gostaria de passar?
- Se eu fosse explicar por que é importante pensar e comunicar-se clareza, eu diria...

COMPREENDER UM TEXTO

UMA MORINGA TURBINADA

[...] Como a geladeira consegue resfriar muito mais a água? Será que a geladeira é algum tipo de moringa turbinada? De certo modo, sim, a geladeira também é resfriada pela evaporação, mas de uma forma muito mais sofisticada que aquela que acontece na moringa.

Na moringa, a água atravessa a parede de barro e evapora do lado de fora. Durante a evaporação, o calor é retirado da parede de barro e, por isso, a moringa esfria. Na geladeira também ocorre a evaporação de um líquido, que está escondido em seu interior. Vamos descobri-lo?

No fundo da sua geladeira, atrás daquela placa de plástico, tem um tubo de metal em zigue-zague. Dentro desse tubo tem um líquido especial que está evaporando e retirando a energia do ar de dentro da geladeira. O ar frio acaba esfriando os alimentos que você deixa lá dentro. Por isso, feche a porta da geladeira! Não deixe o ar frio escapar.

Agora, dê uma olhadinha na parte de trás da geladeira. Tem uma grade preta com um tubo fino em zigue-zague, uma serpentina. Dentro dessa serpentina tem um gás condensando e jogando o calor que foi retirado de dentro da geladeira para o ar da sua cozinha.

Moringa de barro.

Moringa: jarro de barro, usado para armazenar água, que mantém a água fresca mesmo em lugares quentes.

Como é que é?

A condensação é o processo inverso ao da evaporação. O gás perde calor e se transforma em líquido. Você já aprendeu que é preciso dar calor para um líquido evaporar. Com a condensação, o processo é inverso, é preciso retirar calor do gás para ele condensar e virar um líquido de novo.

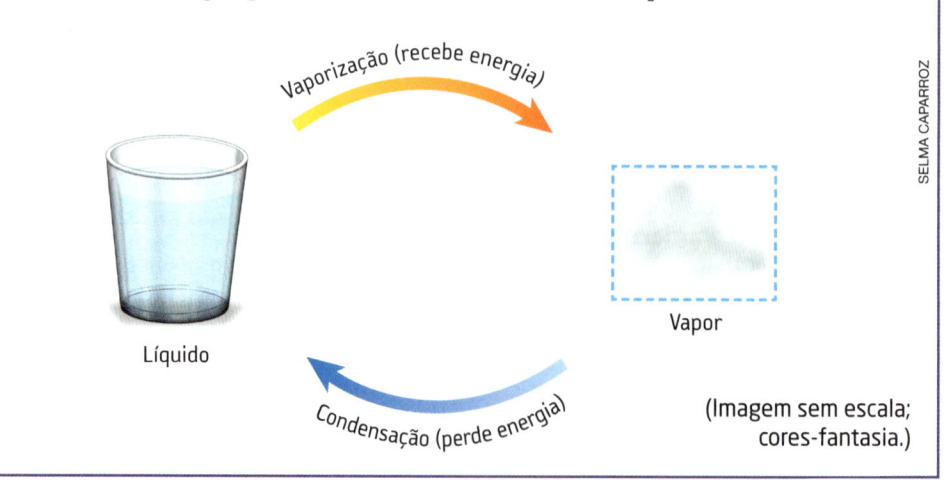

Líquido — Vaporização (recebe energia) → Vapor
Vapor — Condensação (perde energia) → Líquido

(Imagem sem escala; cores-fantasia.)

Nossa, que confusão! Calma, o líquido que está nos tubinhos da parte de dentro e o gás que está na serpentina do lado de fora são a mesma substância. Ela fica circulando pela sua geladeira o tempo todo, mas você não a vê. Este aqui é o percurso dela, acompanhe na figura.

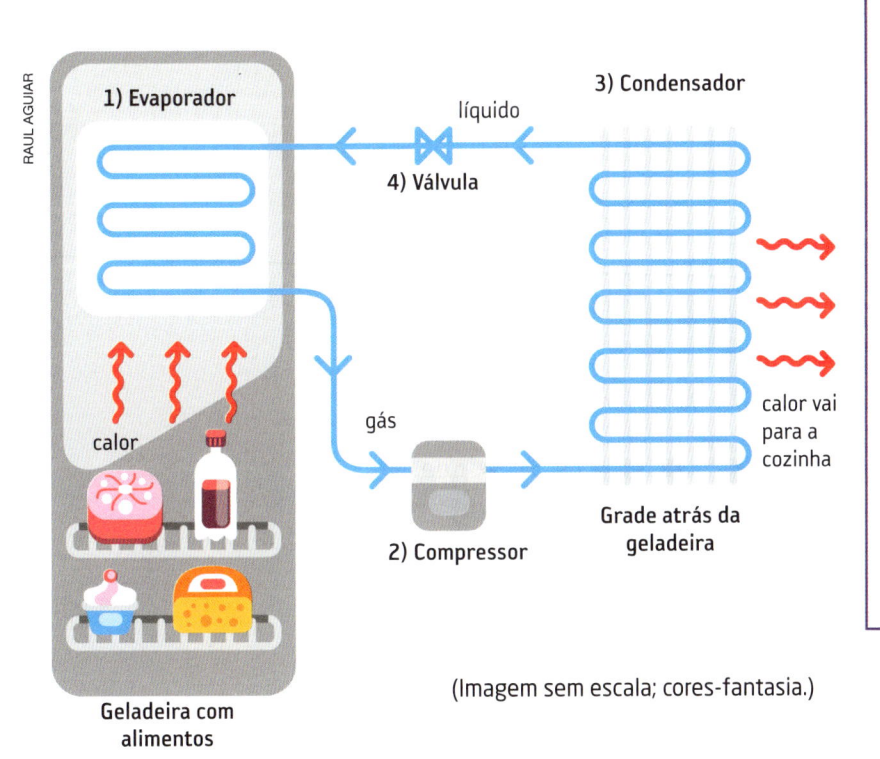

(Imagem sem escala; cores-fantasia.)

1. O líquido está passando pelos tubos na parte de dentro da geladeira (o **evaporador**). Então ele começa a evaporar, retirando o calor de dentro da geladeira, e se transforma num gás.
2. O gás vai para a parte de baixo da geladeira, no qual há um **compressor** (uma peça preta e redonda). O compressor aumenta a pressão do gás e o empurra para dentro da serpentina, que está do lado de fora da geladeira.
3. Nessa serpentina (o **condensador**) o gás está tão apertado, por causa da pressão alta, que começa a condensar e virar líquido de novo. Nesse processo, o calor que foi roubado da geladeira é liberado para o ar da sua cozinha. Por isso é que fica um pouco mais quente atrás da geladeira.
4. O líquido sai da serpentina e passa por uma **válvula de expansão**, que diminui a sua pressão e o manda de volta para os tubos que ficam na parte de dentro da geladeira. Como a pressão é menor, o líquido evapora e retira o calor de dentro. E aí começa tudo de novo. Esse caminho é chamado de **ciclo de refrigeração**.

Fonte: GUT, J. A. W. *Uma moringa turbinada*. Reiko Isuyama & Associados. Disponível em: <http://mod.lk/gsgtb>. Acesso em: jul. 2018.

Como é que é?

A pressão influi muito nos fenômenos de evaporação e condensação. Para um líquido evaporar, ele precisa de espaço para espalhar todas as suas [partículas] [...] e virar gás. Por isso, a pressão baixa facilita a evaporação.

Já o gás, para condensar, precisa reunir todas as suas moléculas para formar o líquido. Por isso, a pressão alta ajuda o gás a se transformar em líquido. Na geladeira existe o compressor elétrico que comprime o gás para que ele possa condensar.

Essa substância fica o dia todo evaporando, condensando, evaporando e condensando. E, assim, vai tirando o calor de dentro da geladeira e jogando-o para fora. [...]

ATIVIDADES

1. Qual é a ideia central do texto?
2. Por que a geladeira é uma espécie de moringa?
3. De onde o líquido usado pela geladeira retira o calor para evaporar?
4. Você conhece outras máquinas térmicas que transferem calor de uma região quente para uma região fria?

OFICINAS DE CIÊNCIAS

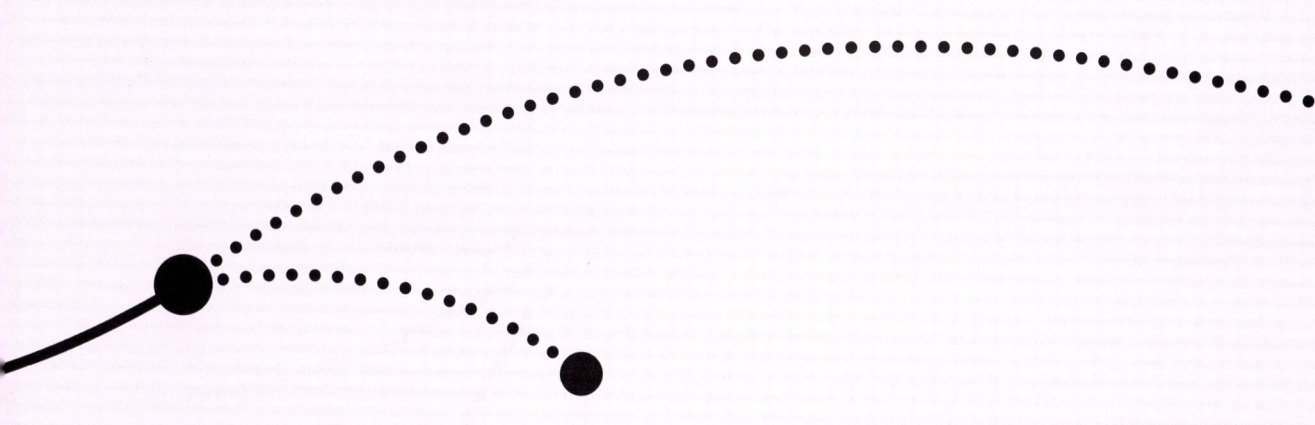

SUMÁRIO

Oficina 1. O calendário do Universo 266

Oficina 2. Conservação de alimentos 268

Oficina 3. Reservas de amido 269

Oficina 4. Flexível e rígido ao mesmo tempo? 270

Oficina 5. Estudando o perfil da vegetação 271

Oficina 6. Que efeito é esse? 272

Oficina 7. Como gelar a bebida mais rapidamente? 273

OFICINA 1 — O CALENDÁRIO DO UNIVERSO

O Universo tem quase 14 bilhões de anos. A Terra, cerca de 4,6 bilhões de anos. Os continentes estavam juntos há 200 milhões de anos. O ser humano surgiu há cerca de 200 mil anos.

Ao longo da história do Universo, houve diversos acontecimentos com intervalos de tempo muito diferentes. Como comparar esses eventos que ocorreram em momentos distintos?

Objetivo

- Construir um calendário que apresenta alguns eventos da história do Universo, compactados em 1 ano. Assim, será possível comparar mais facilmente a distância temporal em que ocorreram alguns eventos. Esse calendário será denominado calendário cósmico.

O calendário cósmico mostra, em uma escala de tempo particular, acontecimentos desde o início do Universo e todos os eventos na Terra com um período de 365 dias.

Material

- Folhas de papel.
- Calendário.
- Caneta ou lápis.

Procedimento

1. Com algumas folhas de papel, monte um calendário com todos os meses e seus respectivos dias. Utilize um calendário oficial como modelo.

2. Em uma folha a parte, faça uma divisão hora a hora do dia 31 de dezembro.

3. Depois, em outra folha, escreva todos os segundos do último minuto do ano (de 23:59:00 até 23:59:59).

4. Nesse calendário, cada segundo equivale a cerca de 434 anos e 5 meses, cada minuto, cerca de 30 mil anos, cada hora, cerca de 1,6 milhão de anos, cada dia corresponde a 38 milhões de anos e cada mês a 1,1 bilhão de anos.

5. Utilizando o calendário, faça as seguintes marcações:

   - 1º de janeiro – *Big Bang*, a origem do Universo.
   - 7 de janeiro – Surgimento das primeiras estrelas.
   - 26 de janeiro – Formam-se as primeiras galáxias, entre elas a Via Láctea, onde fica a Terra.
   - 31 de agosto – Surgimento do Sol.
   - 14 de setembro – Forma-se a Terra.
   - 15 de setembro – Forma-se a Lua.
   - 16 de setembro – Época que remete às mais antigas rochas do planeta.
   - 21 de setembro – Início da vida na Terra.
   - 12 de outubro – Surgimento da fotossíntese.
   - 29 de outubro – O gás oxigênio fica disponível na atmosfera terrestre.
   - 9 de novembro – Surgimento de células eucarióticas.
   - 5 de dezembro – Surgimento da primeira forma de vida multicelular.
   - 7 de dezembro – Surgimento dos animais.
   - 14 de dezembro – Surgimento dos ancestrais dos insetos e das aranhas atuais.
   - 17 de dezembro – Surgimento dos peixes.

- 20 de dezembro – As plantas começam a colonização do ambiente terrestre.
- 21 de dezembro – Surgimento dos insetos e das sementes.
- 22 de dezembro – Surgimento dos anfíbios.
- 23 de dezembro – Surgimento dos répteis.
- 25 de dezembro – Surgimento dos dinossauros.
- 26 de dezembro – Surgimento dos mamíferos.
- 27 de dezembro – Surgimento das aves.
- 28 de dezembro – Surgimento das flores.
- 30 de dezembro – Extinção dos dinossauros.
- 30 de dezembro – Surgimento dos primatas, grupo que tem os macacos e os seres humanos.
- 31 de dezembro (14:24) – Surgimento dos hominídeos, que dariam origem aos seres humanos.
- 31 de dezembro (22:24) – Fabricação de ferramentas de pedra.

As ferramentas de pedra da Antiguidade tinham diversas funções: cortar, cavar etc.

- 31 de dezembro (23:52) – Surgimento dos seres humanos atuais.
- 31 de dezembro (23:59:20) – Domesticação dos animais.
- 31 de dezembro (23:59:32) – Surgimento da agricultura.
- 31 de dezembro (23:59:47) – Primeiros registros escritos.
- 31 de dezembro (23:59:48) – Primeira dinastia egípcia.
- 31 de dezembro (23:59:49) – Invenção da roda.
- 31 de dezembro (23:59:53) – Início dos Jogos Olímpicos.
- 31 de dezembro (23:59:55) – Invenção do 0 (zero).
- 31 de dezembro (23:59:58) – Cristóvão Colombo parte para as Américas.
- 31 de dezembro (23:59:59) – 1ª Guerra Mundial e 2ª Guerra Mundial; Ciência moderna; viagens espaciais; robótica.

ATIVIDADES

1. O Universo é o mesmo desde seu início?
2. Qual é a diferença de idade, aproximadamente, entre a Terra e a Lua?
3. Várias datas no calendário estão vazias. O que você acha que ocorreu nesse período?
4. Você acha que o calendário cósmico é adequado para a história da humanidade? Justifique, indicando se é possível representar outros eventos que não foram apontados.
5. De acordo com a escala de tempo, em que momento você nasceu?
6. Nesse calendário, a Terra se formou há cerca de 96 dias, e os seres humanos apareceram nos últimos 8 minutos. Apesar disso, as marcas da humanidade no planeta são amplas, como construção de cidades, poluição, destruição de florestas. Descreva o que você pensa sobre os impactos do ser humano no planeta e as consequências a longo prazo.

OFICINA 2 — CONSERVAÇÃO DE ALIMENTOS

Os alimentos apodrecem devido à ação de microrganismos. Nesse processo, eles perdem suas características e podem causar problemas de saúde se forem ingeridos.

Já que a proliferação de microrganismos causa a degradação de alimentos, é importante saber quais fatores influenciam na conservação deles. Debatam em grupo e formulem hipóteses sobre como é possível retardar o aparecimento desses microrganismos.

Objetivos

- Compreender que microrganismos decompositores estão presentes em diversos lugares.
- Elaborar um relatório indicando como retardar o aparecimento de microrganismos.

Material

- 3 placas de Petri ou potes transparentes que podem ser fechados com tampa.
- Amido de milho.
- Água.

Procedimento

1. Peçam a seu professor, ou a um adulto responsável, que faça um mingau com um copo de água e duas colheres de amido de milho. O conteúdo deve ser aquecido no fogo e mexido constantemente até engrossar.

2. Distribuir o conteúdo nas 3 placas de Petri. A primeira deve ser fechada imediatamente; a segunda deve ser fechada após o conteúdo esfriar; a terceira deve ser deixada aberta.

3. Durante três dias, o conteúdo deve ser examinado. Façam anotações, desenhos e fotos mostrando o que aconteceu com cada placa nesse período. Não toquem nas placas sem utilizar luvas. Após 3 dias, descartem o conteúdo em uma pia, lavando as placas com água morna e detergente. Não se esqueçam de utilizar luvas para esse descarte.

ATIVIDADE

Façam um relatório descrevendo as hipóteses, a atividade e as conclusões. O relatório deve conter:

- Título.

- Introdução e objetivos: Nessa sessão, deve-se explicar um pouco sobre os motivos para a realização da atividade. Por exemplo, a importância dos microrganismos e do processo de decomposição de alimentos, na higiene, entre outros, e ter um objetivo inicial que a atividade prática pretende responder. Nesse ponto, devem entrar as hipóteses levantadas pelo grupo.

- Materiais e métodos: Nessa sessão, os materiais podem vir em forma de tópicos, explicando o que foi usado. Após isso, deve-se relatar o que foi feito. Este texto deve ser corrido e não em tópicos. Utilize linguagem impessoal.

- Resultados: Explicar exatamente o que foi obtido ao final do último dia da atividade, sem debater. Apenas relatar como se encontra o mingau em cada placa.

- Discussão: Debater as conclusões de acordo com o andamento da atividade e as hipóteses iniciais. Relacione os resultados observados com essas hipóteses, identificando fatores que afetam a conservação dos alimentos e como eles puderam ser identificados no experimento.

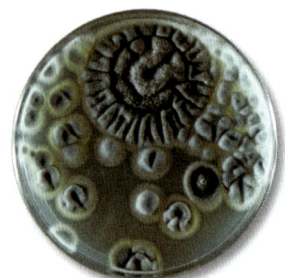

Diferentes tipos de microrganismos podem ser observados em placas de petri. À esquerda, bactérias, e à direita, fungos.

OFICINA 3 — RESERVAS DE AMIDO

O lugol é um material que indica a presença de amido. Ao entrar em contato com o amido, o lugol apresenta coloração azul-escura.

Objetivo
- Verificar a presença de amido em folhas.

Material
- Álcool.
- Uma planta com bastante folhagem em um vaso.
- Estante de tubo de ensaio.
- 2 tubos de ensaio.
- 1 placa de Petri de plástico.
- 1 pinça.
- 1 conta-gotas.
- Lugol.
- Papel-alumínio.

Procedimento
1. Cubra com o papel-alumínio uma folha da planta, vedando bem a entrada de luz.
2. Deixe a planta em um local iluminado durante uma semana.
3. Após esse tempo retire o papel-alumínio e observe o aspecto da folha, comparando-o com o de uma folha que não foi coberta. Faça anotações das suas observações no caderno.
4. Destaque uma folha qualquer da planta e a insira em um tubo de ensaio.
5. Faça o mesmo com a folha que estava coberta com o papel-alumínio, inserindo-a em outro tubo.
6. Adicione álcool nos tubos de ensaio até cobrir as folhas.
7. Tampe os tubos e deixe-os em repouso por no mínimo um dia.
8. Com o auxílio de uma pinça, retire as folhas de dentro do tubo de ensaio e coloque-as sobre a placa de Petri.
9. Pingue uma ou duas gotas de lugol sobre cada folha e observe o que ocorre.

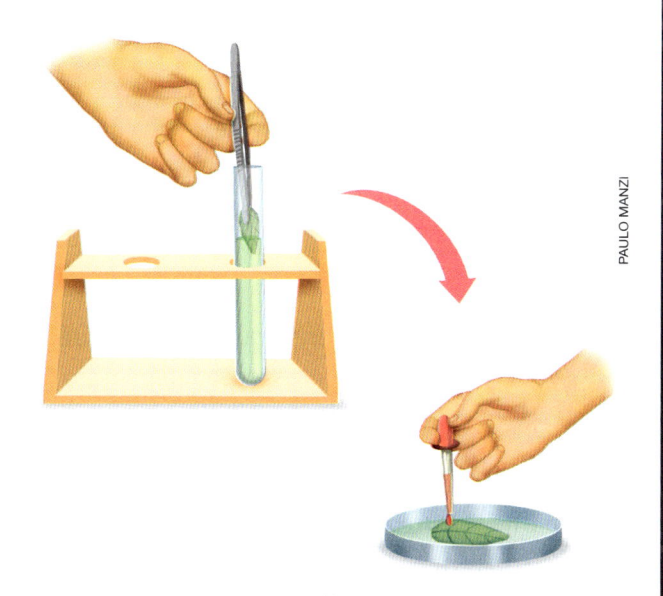

Após um dia mergulhadas no álcool, retire as folhas dos tubos de ensaio e pingue o lugol sobre elas. (Cores-fantasia.)

ATIVIDADES

1. O que você observou após pingar o lugol em cada uma das folhas?
2. O amido é um açúcar formado a partir de materiais produzidos na fotossíntese. Sabendo disso, em grupo, interpretem o resultado do experimento. Elaborem um relatório com suas conclusões.
3. Considerando que o amido é um tipo de açúcar muito comum na dieta do ser humano, explique por que os açúcares não podem estar ausentes em uma alimentação saudável. Indique pelo menos mais três alimentos ricos em amido que são comuns em sua casa.
4. Considerando as grandes extensões de terrenos destinadas à agricultura na Terra, reflita sobre a importância da fotossíntese para a humanidade.
5. Nessa atividade, que fator ambiental foi responsável pelos resultados observados? Como é possível controlá-lo em uma plantação?

OFICINA 4 — FLEXÍVEL E RÍGIDO AO MESMO TEMPO?

O esqueleto dos vertebrados protege seus órgãos internos, sustenta o organismo e participa da movimentação do corpo, além de desempenhar outras funções.

A composição do esqueleto dos animais vertebrados geralmente apresenta ossos mais rígidos e cartilagens mais maleáveis.

Representação de esqueleto de uma galinha, visto por meio de uma radiografia.

BIOPHOTO ASSOCIATES/SCIENCE SOURCE/FOTOARENA

Objetivo

- Analisar algumas características dos ossos que possibilitam a essas estruturas desempenharem suas funções.

Material

- 250 mL de vinagre.
- 3 ossos de coxa ou asa de galinha limpos (sem carne e outros resíduos, apenas o material ósseo).
- 2 frascos de vidro com tampa.
- Bico de Bunsen ou fogareiro.
- Pinça com pontas arredondadas.
- Luvas de látex.
- Etiqueta autoadesiva.

Procedimento

1. Em grupos, identifiquem o frasco de vidro com o nome do grupo e despejem nele os 250 mL de vinagre.
2. Mergulhem um dos ossos no frasco com vinagre e tampem-no. Coloquem o outro osso em outro frasco, vazio e tampado. Coloquem o segundo frasco na geladeira.
3. Mantenham o frasco com o osso mergulhado no vinagre em um local protegido da luz e acompanhem a atividade por uma semana. Registrem suas observações durante esse período.
4. Após uma semana, com o auxílio das luvas, retirem o osso do frasco com vinagre. Manipulem o osso e tentem dobrá-lo. Comparem o material experimental com o osso de galinha que ficou na geladeira. Registrem as alterações do osso que ficou mergulhado no vinagre.

> **ATENÇÃO**
> Os passos 5 e 6 deste procedimento devem ser realizados pelo professor.

5. Com o auxílio de uma pinça, o professor vai expor um dos ossos que estava na geladeira à chama por dois a três minutos.
6. O professor vai retirar o osso do fogo e esperar que esfrie. Em seguida, entregará o osso para ser analisado pelos grupos de alunos.
7. Manipulem o osso e tentem dobrá-lo. Comparem o material experimental com o outro osso de galinha que ficou na geladeira. Registrem as alterações do osso que foi aquecido pela chama.

ATIVIDADES

1. Em grupo, interpretem o resultado do experimento do osso mergulhado no vinagre. Proponham uma hipótese para explicar o que ocorreu.
2. O que foi possível observar em relação ao osso exposto ao fogo?
3. Com base na análise dos resultados dos dois procedimentos, o que é possível concluir sobre as características dos ossos? Como essas particularidades são importantes para as funções que eles desempenham?
4. Elaborem um relatório descrevendo a metodologia, os resultados e concluam sobre como o fogo e o vinagre interferiram nos resultados analisados. Depois, comparem as conclusões com a dos outros grupos: todos tiveram a mesma conclusão?

OFICINA 5 — ESTUDANDO O PERFIL DA VEGETAÇÃO

Uma maneira de estudar os tipos de plantas de um local é fazer um diagrama de perfil da vegetação.

Esses diagramas são feitos com base em uma área selecionada, que contenha a vegetação típica da região. As plantas encontradas nessa área são ilustradas, respeitando a proporção de tamanho e a distância entre elas, e cada espécie é identificada, por exemplo, por um número. Esse desenho é feito dentro de dois eixos; o vertical indica a altura das plantas e o horizontal a largura do trecho selecionado.

A partir do diagrama é possível fazer inferências sobre a vegetação da região, como seu grau de estratificação, altura das plantas, diversidade, entre outras.

Inferência: tirar algumas conclusões com base em outras informações.

Diagrama de perfil de vegetação de um local, com indicação de altura das árvores, número de espécies e quantidade de plantas.

Objetivo
- Fazer o diagrama de perfil da vegetação de um ambiente natural próximo à escola.

Material
- Lápis.
- Borracha.
- Folha de papel sulfite.
- Prancheta.
- Quatro pedaços de madeira.
- Barbante.
- Trena.
- Régua.

Procedimento
1. Em grupo, visitem um ambiente natural, que contenha vegetação nativa, próximo à escola.
2. Com a trena, selecionem uma área de cerca de 3 por 10 metros, que seja bem representativa da vegetação da região.
3. Demarquem essa área com as madeiras e o barbante.
4. Observem todas as espécies encontradas nessa área e identifique-as por números.
5. Estimem a altura de todas as plantas da área. As mais baixas podem ser medidas com a trena. Calculem a altura das mais altas, a partir da relação de proporção com as menores.
6. Façam na folha sulfite o eixo vertical, graduado até a altura da maior planta da área, e o eixo horizontal, com a largura de 10 metros.
7. Desenhem dentro dos eixos as plantas observadas na área. Atente para a representação do tamanho e da distância entre elas.
8. Incluam o número de identificação da espécie para cada planta ilustrada.

ATIVIDADES

1. Quais foram as maiores dificuldades para realizar esse trabalho? O que vocês fizeram para resolvê-las?
2. Que características da vegetação podem ser verificadas no diagrama feito?
3. Como vocês descreveriam a vegetação dessa região a partir da análise do seu perfil?
4. Vocês acham que a análise de um diagrama de perfil de vegetação pode ter vantagens em relação à análise de uma foto? Comentem.
5. Pesquisem qual é o tipo de bioma da região estudada. O diagrama de perfil produzido concorda com o que vocês aprenderam sobre esse bioma?

OFICINA 6 — QUE EFEITO É ESSE?

A Terra está passando por uma fase de aquecimento que muitos cientistas atribuem a uma alta produção e acúmulo de gases. Para melhor entender esse fenômeno, pode-se construir um modelo que permite visualizar e interpretar o que acontece em uma escala muito maior (escala do planeta).

Objetivos

- Construir um modelo.
- Verificar se ocorrem diferenças de temperatura no modelo construído.

Material

- 2 garrafas plásticas iguais, com tampa e lavadas.
- Meia garrafa de solo (terra) seco.
- Barbante.
- 2 termômetros.
- Fita adesiva.
- Água.
- Funil.
- Colher.

Procedimento

1. Destampe uma das garrafas plásticas lavadas e coloque o funil na boca da garrafa.
2. Coloque a terra seca no funil, com a ajuda da colher, até completar mais ou menos $\frac{1}{3}$ do volume da garrafa.
3. Coloque 2 ou 3 colheres de água no funil para umedecer a terra no interior da garrafa.
4. Amarre uma das extremidades do barbante no termômetro e fixe a outra na garrafa, pelo lado de fora, com a fita adesiva.
5. Retire o funil e coloque o termômetro dentro da garrafa, deixando-a sem tampa e exposta aos raios solares.
6. De tempos em tempos, em uma tabela, anote a temperatura, bem como a data e o horário da observação. As observações devem ser feitas durante um período estabelecido pelo professor.
7. Com a outra garrafa, repita os passos 1 a 6, mas mantendo-a tampada após inserir o termômetro. Anote os resultados na mesma tabela.

   Nota 1: A leitura das duas garrafas deve ser feita ao mesmo tempo; portanto, será mais fácil realizar esta oficina em grupo.

Nota 2: Sugestão de horários para a coleta de dados: 6 horas da manhã; 9 horas da manhã; 12 horas (meio-dia); 15 horas e 18 horas.

Observação: A montagem do experimento deve ser semelhante ao esquema a seguir. A única diferença é a colocação da tampa em uma das garrafas.

(Imagem sem escala; cores-fantasia.)

ATIVIDADES

1. Compare os dados obtidos em um mesmo dia e horário para as duas garrafas. A temperatura é maior na garrafa tampada ou na garrafa destampada? A que você atribui esse fato?
2. É possível relacionar o aquecimento das duas garrafas com a energia solar? Justifique.
3. A temperatura mais elevada em uma das garrafas pode ser relacionada a que fenômeno?
4. Redija um texto relacionando o modelo elaborado a ciclos naturais, como o da água.
5. Imagine a situação a seguir: a temperatura na Terra aumentou de maneira radical e nenhuma energia térmica está sendo liberada. Em sua opinião, o que poderia acontecer com nosso planeta nessa situação? Justifique.
6. Agora imagine esta outra situação: não existem gases que retenham calor na Terra. O que aconteceria com os seres vivos se essa situação fosse real? Justifique.

OFICINA 7 — COMO GELAR A BEBIDA MAIS RAPIDAMENTE?

Algumas bebidas costumam ser servidas geladas, isso geralmente as deixa mais refrescantes. Em alguns eventos, pode ser necessário gelar bebidas rapidamente, o que nem sempre é possível. Existe alguma forma de acelerar o processo de resfriamento delas?

Você já deve ter visto em alguma festa as pessoas colocarem as bebidas dentro de recipientes cheios de gelo e sal. Salgar o gelo é uma boa ideia? O que vai acontecer ao misturar esses dois materiais?

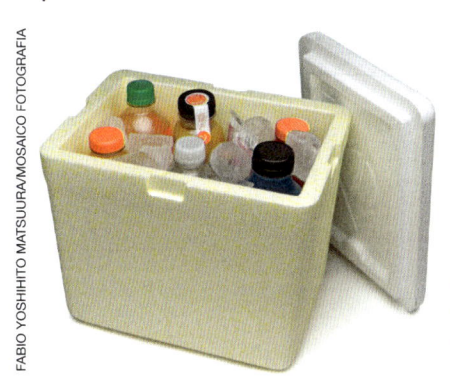

É comum o uso de embalagens de isopor para adicionar gelo e resfriar bebidas.

Objetivo

- Investigar o que acontece quando se mistura gelo e sal para gelar uma lata.

Material

- 2 latas de conserva limpas.
- Cubos de gelo.
- 3 colheres de sopa de sal de cozinha.
- 2 colheres de sopa de sal grosso.
- 2 etiquetas de papel.
- Lápis ou caneta.
- Folha de papel ou caderno.
- Cronômetro ou relógio.

Procedimento

1. Organizem-se em grupos. Coloquem a mesma quantidade de gelo nas duas latas.
2. Uma das latas será usada como controle. Marquem ela como contendo apenas gelo, utilizando uma das etiquetas.
3. Na segunda lata acrescentem o sal, tanto o sal grosso como o sal fino, e misturem. Marquem essa lata como contendo a mistura de sal e gelo, utilizando a outra etiqueta.
4. Disparem o cronômetro, marcando o tempo após misturar o sal com o gelo. Observem e registrem no caderno como estão as latas. Vocês podem fotografá-las também.
5. Depois de 15 minutos, observem novamente as duas latas. Tirem novas fotos e façam novos registros para comparar com a situação inicial.

ATIVIDADES

1. Embalagens de isopor são comumente utilizadas para resfriar bebidas. Que propriedade esse material tem que o torna adequado para esse uso?
2. Produzam um relato da atividade, considerando que o texto poderá ser lido por pessoas que não participaram do experimento.
   O texto deve conter uma descrição do experimento (material e procedimentos), os resultados alcançados e as conclusões do grupo; também pode ser acompanhado por imagens. No relatório, vocês devem escrever um texto comparando as latas, mostrar os resultados obtidos e utilizá-los para mostrar se a mistura de sal com gelo é uma boa ideia para resfriar bebidas mais rapidamente.
   No final, postem o texto em um *blog* da classe que reúna os relatos de todos os grupos.
3. Em grupo, elaborem outro experimento para determinar se misturar sal com gelo permite resfriar uma bebida mais rapidamente.
   Listem os materiais necessários, como cada um deles deve ser utilizado, a ordem das etapas do experimento e como os resultados devem ser mensurados.

FIQUE POR DENTRO

CENTROS E MUSEUS DE CIÊNCIA

- **Aquário de Ubatuba**
  Ubatuba, SP
  Disponível em: <http://aquariodeubatuba.com.br/>

- **Associação Brasileira de Centros e Museus de Ciência**
  Disponível em: <http://www.abcmc.org.br>

- **Bosque da Ciência**
  Instituto Nacional de Pesquisas da Amazônia (Inpa) – Manaus, AM
  Disponível em: <http://bosque.inpa.gov.br>

- **Casa da Ciência**
  Centro Cultural de Ciência e Tecnologia da UFRJ – Rio de Janeiro, RJ

- **Federal do Rio de Janeiro (UFRJ)**
  Disponível em: <http://www.casadaciencia.ufrj.br>

- **Centro de Divulgação Científica e Cultural (CDCC)**
  Universidade de São Paulo – São Carlos, SP
  Disponível em: <www.cdcc.sc.usp.br>

- **Espaço Ciência**
  Secretaria de Ciência, Tecnologia e Meio Ambiente – Olinda, PE
  Disponível em: <http://www.espacociencia.pe.gov.br>

- **Fundação de parques municipais e zoobotânica**
  Prefeitura de Belo Horizonte, MG
  Disponível em: <https://prefeitura.pbh.gov.br/fundacao-de-parques-e-zoobotanica>

- **Fundação Parque Zoológico de São Paulo**
  Governo de São Paulo – São Paulo, SP
  São Paulo, SP
  Disponível em: <http://www.zoologico.com.br/>

- **Jardim Botânico de Brasília**
  Governo do Distrito Federal – Brasília, DF
  Brasília, DF
  Disponível em: <http://www.jardimbotanico.df.gov.br>

- **Jardim Botânico de João Pessoa**
  Governo da Paraíba – João Pessoa, PB
  Disponível em: <http://www.sudema.pb.gov.br/>

- **Jardim Botânico de São Paulo**
  Governo de São Paulo – São Paulo, SP
  Disponível em: <http://jardimbotanico.sp.gov.br/>

- **Instituto Butantan**
  Governo de São Paulo – São Paulo, SP
  Disponível em: <http://www.butantan.gov.br/Paginas/default.aspx>

- **Instituto de Ciências Biológicas da UFMG**
  Belo Horizonte, MG
  Disponível em: <https://www.ufmg.br/rededemuseus/mcm/>

- **Instituto Inhotim**
  Brumadinho, MG
  Disponível em: <http://www.inhotim.org.br/>

- **Museu Catavento**
  Catavento Cultural e Educacional – São Paulo, SP
  Disponível em: <http://www.cataventocultural.org.br/>
- **Museu da Vida**
  Rio de Janeiro, RJ
  Disponível em: <http://www.museudavida.fiocruz.br>
- **Museu de Ciência e Técnica**
  Escola de Minas da Universidade Federal de Ouro Preto – Ouro Preto, MG
  Disponível em: <http://www.museu.em.ufop.br/museu/>
- **Museu de Ciência & Tecnologia**
  Pontifícia Universidade Católica do Rio Grande do Sul – Porto Alegre, RS
  Disponível em: <http://www.pucrs.br/mct/>
- **Museu Dinâmico Interdisciplinar**
  Universidade Estadual de Maringá – Maringá, PR
  Disponível em: <http://www.mudi.uem.br>
- **Museu do Amanhã**
  Prefeitura do Rio de Janeiro – Rio de Janeiro, RJ
  Disponível em: <https://museudoamanha.org.br/pt-br>
- **Museu do Homem Americano**
  Fundação Museu do Homem Americano (FUMDHAM) – São Raimundo Nonato, PI
  Disponível em: <http://www.fumdham.org.br/>
- **Museu Exploratório de Ciências**
  Universidade Estadual de Campinas – Campinas, SP
  Disponível em: <http://www.mc.unicamp.br/>
- **Museu Interativo da Física**
  Universidade Federal do Pará, Departamento de Física – Belém, PA
  Disponível em: <http://www.minf.ufpa.br/>
- **Museu Paraense Emílio Goeldi**
  Belém, PA
  Disponível em: <http://www.museu-goeldi.br>
- **Museu de Zoologia da USP – MZUSP**
  Universidade de São Paulo – São Paulo, SP
  Disponível em: <http://www.mz.usp.br/>
- **Parque Viva a Ciência**
  Universidade Federal de Santa Catarina – Florianópolis, SC
  Disponível em: <http://vivaciencia.ufsc.br>
- **Usina Ciência**
  Universidade Federal de Alagoas – Maceió, AL
  Disponível em: <http://www.usinaciencia.ufal.br>
- **Zoológico de Sorocaba**
  Prefeitura de Sorocaba – SP
  Disponível em: <http://www.sorocaba.sp.gov.br/zoo/>

Acessos em: jul. 2018.

REFERÊNCIAS BIBLIOGRÁFICAS

ALBERTS, B. et al. *Molecular Biology of the Cell*. 5. ed. Nova York: Garland Science/Taylor & Francis Group, 2007.

ÁVILA, V. *El músculo*: órgano de la fuerza. Barcelona: Parramón, 2006. (Col. Mundo Invisible)

BARNES, R. D.; RUBERT, E. E. *Zoologia dos invertebrados*. 7. ed. São Paulo: Roca, 2005.

BLOOMFIELD, L. A. *How things work*: the physics of everyday life. 4. ed. Nova York: John Wiley & Sons, 2009.

BOCZKO, R. *Conceitos de Astronomia*. São Paulo: Edgard Blücher, 1998.

BRUNO, S. F. *100 animais ameaçados de extinção no Brasil e o que você pode fazer para evitar*. Rio de Janeiro: Ediouro, 2008.

CAMPBELL, N. A.; MITCHELL, L. G.; REECE, J. B. *Biology*. 10. ed. Menlo Park: Benjamim Cummings, 2013.

CAMPERGUE, M. et al. *Sciences de la vie et de la Terre*. 3. ed. Paris: Nathan, 2003. (Col. Périlleux)

_____. *Sciences de la vie et de la Terre*. 4ª edição. Paris: Nathan, 2007. (Col. Périlleux)

_____. *Sciences de la vie et de la Terre*. 5. ed. Paris: Nathan, 2006. (Col. Périlleux)

CASCUDO, L. C. *História da alimentação no Brasil*. 4. ed. São Paulo: Itatiaia, 2011.

DAVIDSON, J. P.; REED, W. E.; DAVIS, P. M. *Exploring Earth*: an introduction to physical geology. 2. ed. Nova Jersey: Prentice-Hall, 2001.

DOW, K.; DOWNING, T. E. *O atlas da mudança climática*: o mapeamento completo do maior desafio do planeta. São Paulo: PubliFolha, 2007.

FILHO, G. F. *Máquinas térmicas – Estáticas e dinâmicas*. 1. ed. Editora Érica, 2014.

FUTUYMA, D. J. *Biologia evolutiva*. 3. ed. Ribeirão Preto: Funpec, 2009.

HALLIDAY D.; RESNICK R.; WALKER, J. *Fundamentos de Física – Mecânica*. 10. ed. LTC, 2016. v. 1.

_____. *Fundamentos de Física – Gravitação, Ondas e Termodinâmica*. 10. ed. LTD, 2016. v. 2.

HEWITT, P. G. *Física conceitual*. 11. ed. Trad.: Trieste Freire Ricci e Maria Helena Fravina. Porto Alegre: Bookman, 2011.

HILDEBRAND, M.; GOSLOW, G. *Análise da estrutura dos vertebrados*. São Paulo: Atheneu, 2006.

LORENZI, H. *Árvores brasileiras*: manual de identificação e cultivo de plantas arbóreas nativas do Brasil. São Paulo: Plantarum, 2012.

MARGULIS, L.; SAGAN, D. *O que é vida?* Rio de Janeiro: Jorge Zahar, 2002.

_____; SCHWARTZ, K. V. *Cinco reinos*: um guia ilustrado dos filos da vida na Terra. 3. ed. Rio de Janeiro: Guanabara Koogan, 2001.

MARZOCCO, A.; TORRES, B. B. *Bioquímica básica*. 3. ed. Rio de Janeiro: Guanabara Koogan, 2007.

MEYER, D.; EL-HANI, C. N. *Evolução*: o sentido da Biologia. São Paulo: Editora Unesp, 2005.

NORTON, R. L. *Projetos de máquina – Uma abordagem integrada*. 4. ed. Porto Alegre: Bookman, 2013.

PIANKA, E. R. *Evolutionary ecology*. 6. ed. Nova York: Harper Collins, 1999.

POUGH, F. H.; HEISER, J. B.; JANIS, C. M. *A vida dos vertebrados*. 4. ed. São Paulo: Atheneu, 2008.

RAVEN, P. H.; EVERT, R. F.; EICHHORN, S. E. *Biologia vegetal*. 8. ed. Rio de Janeiro: Guanabara Koogan, 2014.

REECE, J. B. et al. *Biology*: concepts and connections. 6. ed. Menlo Park: Benjamim Cummings, 2010.

RIDLEY, M. *Evolução*. Trad. Henrique Ferreira, Luciane Passaglia e Rivo Fischer. 3. ed. Porto Alegre: Artmed, 2006.

_____. *O que nos faz humanos*: gene, natureza e experiência. São Paulo: Record, 2004.

ROSS, J. L. S. (Org.). *Geografia do Brasil*. 5. ed. São Paulo: Edusp, 2008.

SCHMIDT-NIELSEN, K. *Fisiologia animal*: adaptação e meio ambiente. 5. ed. São Paulo: Santos, 2002.

SCHMIGELOW, J. M. *O planeta azul*: uma introdução às Ciências Marinhas. Rio de Janeiro: Interciência, 2004.

STORER, T. I. et al. *Zoologia geral*. 6. ed. São Paulo: Companhia Editora Nacional, 1995.

TEIXEIRA, W.; FAIRCHILD, T. R.; TOLEDO, M. C. M.; TAIOLI, F. (Org.). *Decifrando a Terra*. 2. ed. São Paulo: Companhia Editora Nacional, 2009.

TIPLER, P. A.; MOSCA, Gene P. *Physics for scientists and engineers*. 6. ed. Basingstoke: W. H. Freeman, 2009.

TOLENTINO, M.; ROCHA-FILHO, R. C.; SILVA, R. R. *A atmosfera terrestre*. São Paulo: Moderna, 2004. (Col. Polêmica)

TORTORA, G. J.; FUNKE, B. R.; CASE, C. L. *Microbiologia*. 10. ed. Porto Alegre: Artmed, 2013.

WALKER, J. *O circo voador da Física*. 2. ed. Rio de Janeiro: LTC, 2008.

ATITUDES PARA A VIDA

ATITUDES PARA A VIDA

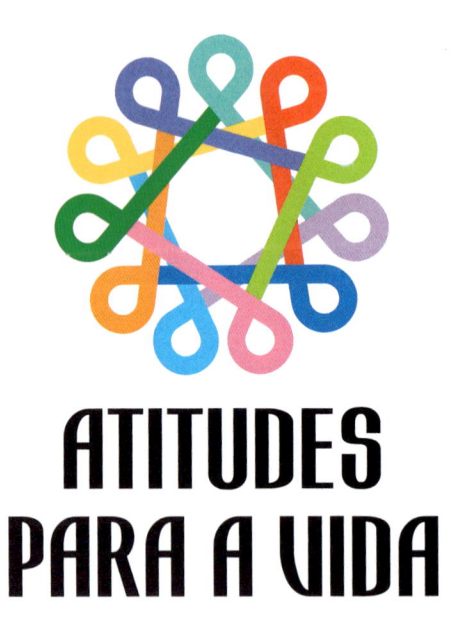

As *Atitudes para a vida* são comportamentos que nos ajudam a resolver as tarefas que surgem todos os dias, desde as mais simples até as mais desafiadoras. São comportamentos de pessoas capazes de resolver problemas, de tomar decisões conscientes, de fazer as perguntas certas, de se relacionar bem com os outros e de pensar de forma criativa e inovadora.

As atividades que apresentamos a seguir vão ajudá-lo a estudar os conteúdos e a resolver as atividades deste livro, incluindo as que parecem difíceis demais em um primeiro momento.

Toda tarefa pode ser uma grande aventura!

PERSISTIR

Muitas pessoas confundem persistência com insistência, que significa ficar tentando e tentando e tentando, sem desistir. Mas persistência não é isso! Persistir significa buscar estratégias diferentes para conquistar um objetivo.

Antes de desistir por achar que não consegue completar uma tarefa, que tal tentar outra alternativa?

Algumas pessoas acham que atletas, estudantes e profissionais bem-sucedidos nasceram com um talento natural ou com a habilidade necessária para vencer. Ora, ninguém nasce um craque no futebol ou fazendo cálculos ou sabendo tomar todas as decisões certas. O sucesso muitas vezes só vem depois de muitos erros e muitas derrotas. A maioria dos casos de sucesso é resultado de foco e esforço.

Se uma forma não funcionar, busque outro caminho. Você vai perceber que desenvolver estratégias diferentes para resolver um desafio vai ajudá-lo a atingir os seus objetivos.

CONTROLAR A IMPULSIVIDADE

Quando nos fazem uma pergunta ou colocam um problema para resolver, é comum darmos a primeira resposta que vem à cabeça. Comum, mas imprudente.

Para diminuir a chance de erros e de frustrações, antes de agir devemos considerar as alternativas e as consequências das diferentes formas de chegar à resposta. Devemos coletar informações, refletir sobre a resposta que queremos dar, entender bem as indicações de uma atividade e ouvir pontos de vista diferentes dos nossos.

Essas atitudes também nos ajudarão a controlar aquele impulso de desistir ou de fazer qualquer outra coisa para não termos que resolver o problema naquele momento. Controlar a impulsividade nos permite formar uma ideia do todo antes de começar, diminuindo os resultados inesperados ao longo do caminho.

ESCUTAR OS OUTROS COM ATENÇÃO E EMPATIA

Você já percebeu o quanto pode aprender quando presta atenção ao que uma pessoa diz? Às vezes recebemos importantes dicas para resolver alguma questão. Outras vezes, temos grandes ideias quando ouvimos alguém ou notamos uma atitude ou um aspecto do seu comportamento que não teríamos percebido se não estivéssemos atentos.

Escutar os outros com atenção significa manter-nos atentos ao que a pessoa está falando, sem estar apenas esperando que pare de falar para que possamos dar a nossa opinião. E empatia significa perceber o outro, colocar-nos no seu lugar, procurando entender de verdade o que está sentindo ou por que pensa de determinada maneira.

Podemos aprender muito quando realmente escutamos uma pessoa. Além do mais, para nos relacionar bem com os outros — e sabemos o quanto isso é importante —, precisamos prestar atenção aos seus sentimentos e às suas opiniões, como gostamos que façam conosco.

PENSAR COM FLEXIBILIDADE

Você conhece alguém que tem dificuldade de considerar diferentes pontos de vista? Ou alguém que acha que a própria forma de pensar é a melhor ou a única que existe? Essas pessoas têm dificuldade de pensar de maneira flexível, de se adaptar a novas situações e de aprender com os outros.

Quanto maior for a sua capacidade de ajustar o seu pensamento e mudar de opinião à medida que recebe uma nova informação, mais facilidade você terá para lidar com situações inesperadas ou problemas que poderiam ser, de outra forma, difíceis de resolver.

Pensadores flexíveis têm a capacidade de enxergar o todo, ou seja, têm uma visão ampla da situação e, por isso, não precisam ter todas as informações para entender ou solucionar uma questão. Pessoas que pensam com flexibilidade conhecem muitas formas diferentes de resolver problemas.

ESFORÇAR-SE POR EXATIDÃO E PRECISÃO

Para que o nosso trabalho seja respeitado, é importante demonstrar compromisso com a qualidade do que fazemos. Isso significa conhecer os pontos que devemos seguir, coletar os dados necessários para oferecer a informação correta, revisar o que fazemos e cuidar da aparência do que apresentamos.

Não basta responder corretamente; é preciso comunicar essa resposta de forma que quem vai receber e até avaliar o nosso trabalho não apenas seja capaz de entendê-lo, mas também que se sinta interessado em saber o que temos a dizer.

Quanto mais estudamos um tema e nos dedicamos a superar as nossas capacidades, mais dominamos o assunto e, consequentemente, mais seguros nos sentimos em relação ao que produzimos.

QUESTIONAR E LEVANTAR PROBLEMAS

Não são as respostas que movem o mundo, são as perguntas.

Só podemos inovar ou mudar o rumo da nossa vida quando percebemos os padrões, as incongruências, os fenômenos ao nosso redor e buscamos os seus porquês.

E não precisa ser um gênio para isso, não! As pequenas conquistas que levaram a grandes avanços foram — e continuam sendo — feitas por pessoas de todas as épocas, todos os lugares, todas as crenças, os gêneros, as cores e as culturas. Pessoas como você, que olharam para o lado ou para o céu, ouviram uma história ou prestaram atenção em alguém, perceberam algo diferente, ou sempre igual, na sua vida e fizeram perguntas do tipo "Por que será?" ou "E se fosse diferente?".

Como a vida começou? E se a Terra não fosse o centro do universo? E se houvesse outras terras do outro lado do oceano? Por que as mulheres não podiam votar? E se o petróleo acabasse? E se as pessoas pudessem voar? Como será a Lua?

E se...? (Olhe ao seu redor e termine a pergunta!)

APLICAR CONHECIMENTOS PRÉVIOS A NOVAS SITUAÇÕES

Esta é a grande função do estudo e da aprendizagem: sermos capazes de aplicar o que sabemos fora da sala de aula. E isso não depende apenas do seu livro, da sua escola ou do seu professor; depende da sua atitude também!

Você deve buscar relacionar o que vê, lê e ouve aos conhecimentos que já tem. Todos nós aprendemos com a experiência, mas nem todos percebem isso com tanta facilidade.

Devemos usar os conhecimentos e as experiências que vamos adquirindo dentro e fora da escola como fontes de dados para apoiar as nossas ideias, para prever, entender e explicar teorias ou etapas para resolver cada novo desafio.

PENSAR E COMUNICAR-SE COM CLAREZA

Pensamento e comunicação são inseparáveis. Quando as ideias estão claras em nossa mente, podemos nos comunicar com clareza, ou seja, as pessoas nos entendem melhor.

Por isso, é importante empregar os termos corretos e mais adequados sobre um assunto, evitando generalizações, omissões ou distorções de informação. Também devemos reforçar o que afirmamos com explicações, comparações, analogias e dados.

A preocupação com a comunicação clara, que começa na organização do nosso pensamento, aumenta a nossa habilidade de fazer críticas tanto sobre o que lemos, vemos ou ouvimos quanto em relação às falhas na nossa própria compreensão, e poder, assim, corrigi-las. Esse conhecimento é a base para uma ação segura e consciente.

IMAGINAR, CRIAR E INOVAR

Tente de outra maneira! Construa ideias com fluência e originalidade!

Todos nós temos a capacidade de criar novas e engenhosas soluções, técnicas e produtos. Basta desenvolver nossa capacidade criativa.

Pessoas criativas procuram soluções de maneiras distintas. Examinam possibilidades alternativas por todos os diferentes ângulos. Usam analogias e metáforas, se colocam em papéis diferentes.

Ser criativo é não ser avesso a assumir riscos. É estar atento a desvios de rota, aberto a ouvir críticas. Mais do que isso, é buscar ativamente a opinião e o ponto de vista do outro. Pessoas criativas não aceitam o *status quo*, estão sempre buscando mais fluência, simplicidade, habilidade, perfeição, harmonia e equilíbrio.

ASSUMIR RISCOS COM RESPONSABILIDADE

Todos nós conhecemos pessoas que têm medo de tentar algo diferente. Às vezes, nós mesmos acabamos escolhendo a opção mais fácil por medo de errar ou de parecer tolos, não é mesmo? Sabe o que nos falta nesses momentos? Informação!

Tentar um caminho diferente pode ser muito enriquecedor. Para isso, é importante pesquisar sobre os resultados possíveis ou os mais prováveis de uma decisão e avaliar as suas consequências, ou seja, os seus impactos na nossa vida e na de outras pessoas.

Informar-nos sobre as possibilidades e as consequências de uma escolha reduz a chance do "inesperado" e nos deixa mais seguros e confiantes para fazer algo novo e, assim, explorar as nossas capacidades.

PENSAR DE MANEIRA INTERDEPENDENTE

Nós somos seres sociais. Formamos grupos e comunidades, gostamos de ouvir e ser ouvidos, buscamos reciprocidade em nossas relações. Pessoas mais abertas a se relacionar com os outros sabem que juntos somos mais fortes e capazes.

Estabelecer conexões com os colegas para debater ideias e resolver problemas em conjunto é muito importante, pois desenvolvemos a capacidade de escutar, empatizar, analisar ideias e chegar a um consenso. Ter compaixão, altruísmo e demonstrar apoio aos esforços do grupo são características de pessoas mais cooperativas e eficazes.

Estes são 11 dos 16 Hábitos da mente descritos pelos autores Arthur L. Costa e Bena Kallick em seu livro *Learning and leading with habits of mind*: 16 characteristics for success.

Acesse http://www.moderna.com.br/araribaplus para conhecer mais sobre as *Atitudes para a vida*.

CHECKLIST PARA MONITORAR O SEU DESEMPENHO

Reproduza para cada mês de estudo o quadro abaixo. Preencha-o ao final de cada mês para avaliar o seu desempenho na aplicação das *Atitudes para a vida*, para cumprir as suas tarefas nesta disciplina. Em *Observações pessoais*, faça anotações e sugestões de atitudes a serem tomadas para melhorar o seu desempenho no mês seguinte.

Classifique o seu desempenho de 1 a 10, sendo 1 o nível mais fraco de desempenho, e 10, o domínio das *Atitudes para a vida*.

Atitudes para a vida	Neste mês eu...	Desempenho	Observações pessoais
Persistir	Não desisti. Busquei alternativas para resolver as questões quando as tentativas anteriores não deram certo.		
Controlar a impulsividade	Pensei antes de dar uma resposta qualquer. Refleti sobre os caminhos a escolher para cumprir minhas tarefas.		
Escutar os outros com atenção e empatia	Levei em conta as opiniões e os sentimentos dos demais para resolver as tarefas.		
Pensar com flexibilidade	Considerei diferentes possibilidades para chegar às respostas.		
Esforçar-se por exatidão e precisão	Conferi os dados, revisei as informações e cuidei da apresentação estética dos meus trabalhos.		
Questionar e levantar problemas	Fiquei atento ao meu redor, de olhos e ouvidos abertos. Questionei o que não entendi e busquei problemas para resolver.		
Aplicar conhecimentos prévios a novas situações	Usei o que já sabia para me ajudar a resolver problemas novos. Associei as novas informações a conhecimentos que eu havia adquirido de situações anteriores.		
Pensar e comunicar-se com clareza	Organizei meus pensamentos e me comuniquei com clareza, usando os termos e os dados adequados. Procurei dar exemplos para facilitar as minhas explicações.		
Imaginar, criar e inovar	Pensei fora da caixa, assumi riscos, ouvi críticas e aprendi com elas. Tentei de outra maneira.		
Assumir riscos com responsabilidade	Quando tive de fazer algo novo, busquei informação sobre possíveis consequências para tomar decisões com mais segurança.		
Pensar de maneira interdependente	Trabalhei junto. Aprendi com ideias diferentes e participei de discussões.		

Atitudes para a vida